KB262245

문장의 기초

문장의 기초

정 기 철

도서출판 역락

서 문

‘나’를 표현하고, ‘우리의 것’을 세계에 알리는 일이 무엇보다 중요해졌
다.

21세기 고도의 지식정보화 사회는 지식을 얼마나 많이 알고 있는가는
별반 의미가 없다. 알고 있는 지식을 어떻게 표현하여야 ‘나’를 효율적으
로 알릴 수 있으며, ‘살아 있는 지식’으로 활용하느냐 하는 일이 새로운
과제가 되었다. 뿐만 아니라 ‘세계화’, ‘국제화’ 사회에서는 ‘우리의 것’을
세계의 것으로 만드는 민족만이 번영을 맞이할 수 있게 되었다. 따라서
‘우리의 것’을 다른 나라에 설득력 있게 알리는 효과적인 표현이 민족의
사명이 되었다.

남을 흉내내는 ‘나’, 다른 나라의 문화를 모방하는 ‘우리’는 결코 발전할
수도 살아남을 수도 없게 되었다. 그러나 다행하게도 우리는 세계에서 가
장 과학적이고 우수한 언어인 ‘한글’을 가지고 있다. 이것은 우리가 세계
의 발전을 주도할 수 있는 기본 자질과 능력을 갖추고 있음을 의미한다.

이곳에서 한글의 과학성과 우수성을 다 말할 수는 없다. 그러나 28자의
자음과 모음으로 모든 소리를 표기할 수 있다는 것은 세계의 모든 언어를
자유롭게 사용할 수 있다는 것을 의미한다. ‘세계화’, ‘국제화’ 사회에서 이
러한 능력을 가지고 있다는 것은 우리가 선택받은 민족임을 말해주고 있
다. 또한 표현력이 풍부하고 정확한 전달력을 가지고 있다는 것 역시 고
도의 지식정보화 사회에서 가장 핵심적인 능력을 보유하고 있다는 것을
의미한다.

세계 공용어는 한글이어야 한다고 생각하는 언어학자들이 늘고 있다. 그 만큼 배우기 쉬우며, 세계 어느 언어보다 의사소통의 수월성과 정확성을 지니고 있기 때문이다.

그 민족이 쓰는 언어의 어휘를 보면 그 민족의 의식 수준과 문화의 양상을 알 수 있으며, 문장의 구조는 그 민족의 사고 구조를 나타낸다고 한다. 이점에서도 한글은, 아니 우리 민족은 미래 사회에 필요한 의식과 문화를 지니고 있으며 사고 구조를 가지고 있다.

그러나 현재 우리의 언어사용 양상을 살펴보면 한글의 장점을 충분히 살리지 못하고 있음을 깨닫게 된다. 특히, 컴퓨터가 표현의 매체가 되면서 한글 왜곡은 더욱 극심하게 일어나고 있다.

도상 문자를 사용하는 것은 컴퓨터 시대의 새로운 표현 형식이라고 이해할 수 있다. 그러나 언어 규정과 원칙을 무시한 표기는 문제가 아닐 수 없다. '반갑다'를 '방가'로, '열심히'를 '열시미 · 열씨미'로, '재미없다'를 '잼없덩'으로 표기하는 것은 한글의 기본 정서법을 무너뜨린 결과이다. 뿐만 아니라 '번개', '폭탄', '강간', '잠수' 등 현실 세계의 의미를 왜곡한 새로운 단어사용은 의사소통을 단절하고 있다.

그러나 이보다 더 문제가 되는 것은 사고의 단절과 무절제한 감정 표현이다. 컴퓨터 자판으로 글을 쓰다보면 그 속도감에 빠져 미처 생각을 다듬지 못하거나 충동적인 글을 쓰게 된다. 따라서 문장이 짧게 끊어지거나 거친 경우를 종종 보게 된다. 요즘 인터넷 동호인들이 벌이는 자정 노력은 인터넷상의 글쓰기가 얼마나 충동적이고 감정적인가 하는 것을 역설적으로 보여주는 것이라 하겠다.

컴퓨터 글쓰기의 결과물인 글이 가볍고 충동적이라는 것은 사고와 인식의 깊이가 낮다는 것을 의미하는 것이며 동시에 논리적이거나 객관적이지 못하다는 것을 나타낸다. 미래 사회가 고도의 지식과 객관적인 정보를 필요로 하는 사회임을 감안할 때, 사고와 인식의 깊이가 낮고 객관적이지 못하다는 것은 글쓰기 교육의 입장에서 커다란 문제이자 사회의 손실이 아닐 수 없다.

이제 기본으로 돌아가야 한다. 우리 한글이 지니고 있는 과학성과 우수성을 살리고 우리 문장 구조가 가지고 있는 사고의 구조를 올바르게 펼칠 수 있는 글쓰기 교육으로 돌아가야 한다.

이 책은 기본으로 돌아가야 한다는 절박한 당위성을 지니고 있다. 더 이상 글쓰기를 방치해서는 안 된다. 일상 생활의 어휘를 다듬고 올바른 문장 쓰기를 강조하여 교육하는 일은 무엇보다 중요한 일이다.

따라서 글을 생성하는 사고의 힘을 기르는 데 집중했다. 아울러 우리 한글의 기본 의미를 살리는 어휘 선택과 비문법적인 문장을 바로 잡는 데에도 초점을 두었다.

이 책이 나오기까지 도움을 주신 분들이 있다. 생각의 깊이를 더 할 수 있게 하고 문학의 본질을 탄탄하게 가르쳐주신 박요순, 김균태, 민영대, 김종구 교수님, 국어학에 눈뜨게 해주신 류구상, 강정희, 박영환 교수님께 진심으로 감사드린다. 그리고 어렵고 힘든 길이었지만 내게 힘을 주신 선배님들과 동기, 후배들에게도 고맙다는 인사를 빠뜨릴 수 없다.

모든 분들께 머리 조아려 감사드린다. 아무쪼록 이 책이 우리의 문장교육에 보탬이 되기를 기도 드린다.

저자 드림

차례
contents

■ 서문 / 5

I 문장론 • 13

1.1 문장이란 • 13
1.2 좋은 문장이란 • 20
1.3 좋은 문장의 요건 • 23
   1.3.1 문법적인 문장 • 26
   1.3.2 간결한 문장 • 28
   1.3.3 명확한 문장 • 30
   1.3.4 충실한 문장 • 31
   1.3.5 표현의 묘미를 살린 문장 • 32
   1.3.6 연결이 잘된 문장 • 35
   1.3.7 강조가 적절하게 된 문장 • 36

II 좋은 문장을 쓰기 위한 사전 연습 • 39

2.1 생각과 글, 삶 • 39
2.2 글과 쓸거리 • 42
   2.2.1 쓸거리의 범위 • 43
   2.2.2 쓸거리와 관심 • 44
   2.2.3 쓸거리와 폭 넓은 지식 • 46
   2.2.4 쓸거리와 생각하는 힘 • 50

 **Ⅲ 생각하는 힘 기르기 • 63**

3.1 생각하여 문제점 풀기 • 63
3.2 결여된 정보, 단계 생각하기 • 66
3.3 고정관념 버리고 생각하기 • 67
3.4 관점 달리하여 생각하기 • 69
3.5 바꾸어 생각하기 • 71
3.6 끝에서부터 생각하기 • 72
3.7 종합적으로 생각하기 • 74

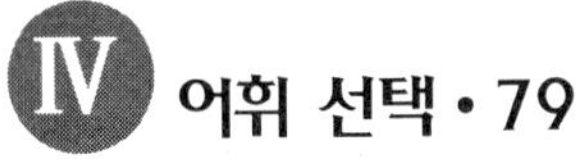 **Ⅳ 어휘 선택 • 79**

4.1 문맥에 맞는 어휘 선택 • 79
4.2 고유어에 대응하는 한자어 • 84
4.3 형태는 비슷하나 뜻이 다른 단어 • 89
4.4 집약적인 표현을 위한 숙어 · 속담 • 91
4.5 감동시키는 순우리말 • 98

 **Ⅴ 문장 • 121**

5.1 올바른 문장 쓰기 • 121
5.1.1 국어의 기본 문형 • 122
5.1.2 비문법적인 문장 • 123
5.1.3 영어 직역투 • 140
5.1.4 일어 직역투 • 143
5.1.5 품사를 혼동한 경우 • 149
5.2 효과적인 문장 쓰기 • 150
5.2.1 문장 만들기 • 150
5.2.2 주어 바꾸기 • 152

5.2.3 문장의 결합 • 154

5.2.4 문장의 연결 • 159

5.2.5 문장 전개 • 172

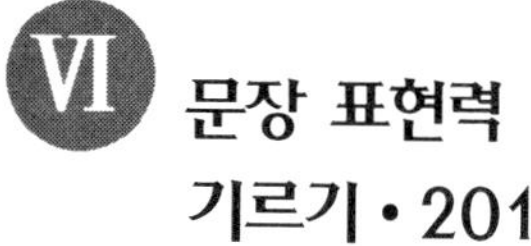
VI 문장 표현력 기르기 • 201

6.1 어휘 수준의 표현력 기르기 • 202

6.2 문장 수준의 표현력 기르기 • 205

6.2.1 부드러운 문장으로 • 207

6.2.2 용서를 청하는 문장으로 • 209

6.2.3 부탁하는 문장으로 • 210

6.2.4 상황을 상상하는 문장으로 • 212

6.3 낯설게 하기와 사이비 진술 • 214

6.3.1 낯설게 하기 • 214

6.3.2 사이비진술(似而非陳述) • 217

VII 문단 쓰기 • 219

7.1 소주제문 전개 • 220

7.2 문단의 구성 • 222

VIII 기술양식 • 227

8.1 설명 • 228

8.1.1 정의 • 228

8.1.2 비교와 대조 • 233

8.1.3 예시 • 235

8.1.4 분류와 구분 • 239

8.1.5 분석 • 242

8.2 논증 • 245

    8.2.1 논증과 명제 • 246

    8.2.2 명제의 유형 • 246

    8.2.3 논증의 방법 • 246

    8.2.4 논증과 명제의 입증 • 247

8.3 묘사 • 259

8.4 서사 • 263

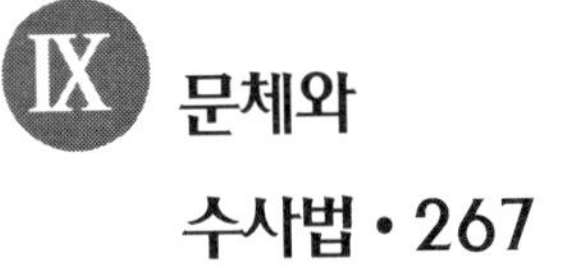

IX 문체와 수사법 • 267

9.1 문체 • 267

9.2 수사 • 272

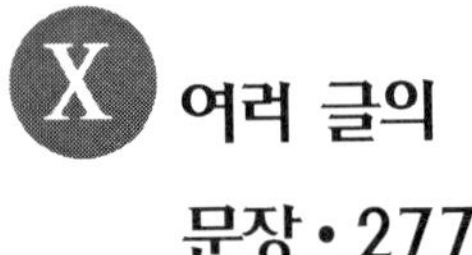

X 여러 글의 문장 • 277

10.1 사설의 문장 • 277

10.2 칼럼의 문장 • 280

10.3 기사문의 문장 • 282

10.4 광고문의 문장 • 284

■ 부록 I 문제로 푸는 한글 맞춤법 • 297

■ 부록 II 문제로 푸는 표준어 규정 • 371

■ 부록 III 한글 맞춤법 · 표준어 규정
    종합문제 • 405

■ 참고문헌 • 417

I

문장론

1.1 문장이란

문장을 간단하게 정의하면, 단어의 결합체로써 글의 기본 단위라 할 수 있다. 문법적으로 문장은 단어와 단어들의 결합으로 이루어지며 문장이 모여 단락, 또는 글이 되는 것이다. 이를 도식으로 나타내면 다음과 같다.

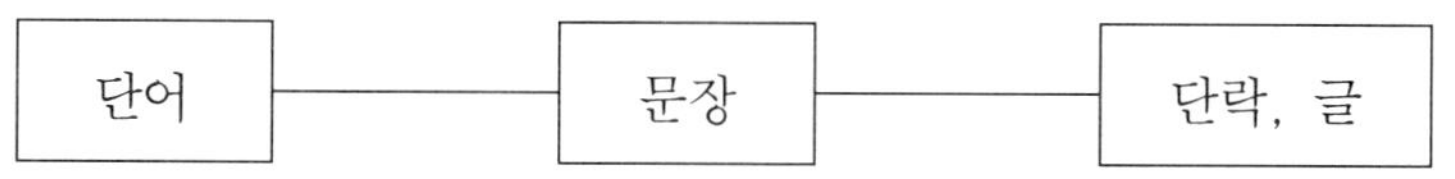

따라서 문장을 올바르게 이해하거나 정확한 문장을 쓰기 위해서는 단어와 단락, 글에 대한 이해와 지식을 먼저 갖추어야 한다. 가령, 정확한 문장을 쓰기 위해서는 먼저 문법적으로 정확한 단어를 선택하여 쓰는 훈련을 거쳐야 하며, 완결된 문장을 쓰기 위해서는 그 문장들이 어떠한 관련들을 맺을 것인가 하는 단락 차원의 고려가 이루어져야 한다.

단어는 뜻을 나타내지만 생각을 나타내지는 못한다. 그러나 문장은 단어를 잘 배열하여 생각을 나타낼 수 있다. 이러한 점에서 문장은 글의 기본 단위라고 할 수 있는 것이다. 그리고 단락은 하나 이상의 문장으로 이루어지며 사고 또는 관념의 단위이다. 단락은 하나의 주제문과 하나 이상의 보조 문장을 갖추고 있어서 전달 표현하고자 하는 내용을 체계적이고 구체적으로 만들 수가 있다.

① 사회주의. 민주주의. 더욱. 나. 신봉하다.
② 나는 사회주의보다 민주주의를 더욱 신봉한다.
③ 나는 사회주의보다 민주주의를 더욱 신봉한다. 왜냐하면 전체주의를 지향하는 사회주의보다 민주주의가 개인의 세계를 향유하고 개인의 능력을 마음껏 발휘하는 데 강점이 있기 때문이다. 뿐만 아니라 각개인의 서로 다름을 인정하면서도 하나의 질서 속에서 서로의 발전을 도모할 수 있기 때문이다.

①은 단어들을 나열한 것이다. 단어들은 나름의 뜻(개념)을 가지고는 있지만 하나의 생각을 나타내지는 못한다. 적어도 ②처럼 단어들을 결합하여 문장으로 만들었을 때 하나의 생각이 완성되는 것이다. ③은 보조 문장을 뒷받침하여 하나의 단락을 이룬 것이다. 생각과 생각들이 결합하여 하나의 사고 또는 관념을 표출하고 있다.

문장에 대한 접근은 문법적인 것 외에 여러 관점에서 시도할 수 있다. 그 중 기호학적 관점과 수사학적 관점이 대표적이다.

기호학적인 관점에서 문장을 접근하면 문장은 기호의 결합체라고 할 수 있다. 즉 모든 단어는 하나의 기호이며, 따라서 문장은 기호의 결합체라는 정의가 가능하다. 모든 단어는 기호라고 해석한다면 기호는 랑그와 빠롤, 기표와 기의로 분석되며 기표가 기의를 얼마만큼 빠르고 정확하게 불러내는가 하는 것이 중요한 문제가 된다. 뿐만 아니라 기호학적 관점에서 본다면 문장 부호 역시 하나의 기호이므로 적확한 문장 부호 사용도 매우 중요한 의미를 갖게 된다.

수사학적 관점에서 본다면 문장은 단순히 단어, 혹은 기호의 결합체라고 해석되지 않는다. 간단히 말하면 수사학은 글쓴이와 읽는 이의 모든 관련 상황 속에서 효율적인 전달과 표현 방식을 찾아내려고 고민한다. 따라서 무슨 생각을 쓸 것인지 찾아내는 '발견'과, 생각의 순서를 결정하는 '배열', 생각을 나타내는 글을 다듬는 '문체'를 다루게 된다. 따라서 수사학은 다양한 지식과 방식이 동원되고 이들을 종합적이고도 선택적으로 적용하는 기술을 필요로 한다.

그러나 문장(글)을 쓸 때 이러한 복잡한 지식과 과정을 늘 머리 속에 둘 수는 없다. 너무 단순한 감이 있긴 하지만, 글을 쓸 때 우리는 우리가 나타내고자 하는 생각을 효율적으로 전달·표현하기 위해 단어를 선택·배열하고 여러 보조 생각들을 뒷받침하여 전개하거나 강조하는 것이다.

또 하나 염두에 두어야 할 것은 컴퓨터를 중심으로 한 의사소통 환경의 변화는 우리의 글쓰기에도 많은 영향을 미치고 있다는 것이다. 단적으로 말한다면 컴퓨터 세계의 문장은 문어와 구어의 결합체적 성격을 띄고 있다. 즉 말하듯이 쓰는 문장이 많아지고 그러한 경향이 더욱 짙어진다고 할 수 있다. 문어와 구어의 결합적 성격을 가지고 있는 문장의 긍·부정은 논외로 한다하더라도 이러한 형태의 문장(글)에서는 띄어읽기가 중요해지고 따라서 문장 쓰기에서 띄어쓰기가 더욱 강조되어야 할 것이다.

문장이 무엇인가를 더욱 구체적으로 파악하기 위해서 문장에 대한 정의를 몇 가지 살펴보기로 하자.

⑴ 문장이란 언어의 기록이다. 언어를 문자로 표현한 것이다.[1]

⑵ 잘 정리된 하나의 통일된 뜻덩이가 되는 글을 우리는 문장이라 부른다.[2]

⑶ 문장이란 일정한 사람(쓰는이)이 특정한 觀點에서 선택한 課題(the subject)를 그 處地(the occasion) -쓰는이의 動機·읽는이의 性格·쓰는 이와 읽는이의 관계 -에 맞도록 적절한 媒材(the medium)

---

1) 이태준 지음, 임형택 해제, 『문장강화』, 창작과 비평사, 1988. 11쪽.
2) 이상태, 『문장의 이해와 표현』, 형설출판사, 1984. 146쪽.

　　　로써 傳達 表現한 것이다.3)
　⑷ 문장은 단어의 집합체이다.4)
　⑸ 우리의 생각을 나타내는 기본 단위는 문장이다.5)
　⑹ 하나로 통합된 사상(思想)이나 느낌을 글자로 기록하여 나타내는 단
　　어의 결합. 흔히 글자의 수효나 압운(押韻)의 제한이 없이 자유로운
　　형식의 산문을 말함.6)
　⑺ 【文章】〈문장〉 ① 무늬, 문채(文采) ② 예악(禮樂)·제도(制度) 등
　　한 나라의 문명을 형성하는 것. ③ 글. 글월.7)

　⑴에서 "언어"는 '입말'의 의미가 강하다. 즉 발음할 수 있는 언어로서
의 입말을 의미하고 있다. "언어를 문자로 표현한 것이다"에서 살필 수
있는 것처럼 문장을 일상 생활에서 사용하는 '말'을 문자로 표현한 것으로
개념 규정하고 있다. 이러한 해석의 근거는 다음 글에서도 확인할 수 있다.

　'말하듯 쓰면 된다'
　'글이란 문자로 지껄이는 말이다'8)

　즉, "벌써 진달래가 피었구나!"를 지껄이면 말이요, 문자로 쓰면 글, 곧
문장이라는 것이다. 그러나 말과 글이 다른 점도 소개하고 있다. 다른 점
의 핵심은 말은 절로 배우는 것이나 글은 배워야 한다는 것이다.
　⑵에는 수사학적 관점과 문법적 관점이 동시에 내재해 있다. "잘 정리
된"에는 문법적인 관점과 수사학적 관점이 공존해 있고, "뜻덩이"이는 문
법적 해석의 결과이다. 굳이 두 관점의 순서를 찾는다면 문법적인 관점이
먼저이고 그 다음이 수사학적 관점이라 할 수 있을 것이다. 그러나 이러
한 관점은 문장의 기본 조건이고 이 기본 조건에서 여러 층위의 다른 조

---

3) 金奉郡, 『文章技術論』, 三英社, 1990. 12쪽.
4) 송준호, 『문장부터 바로 쓰자』, 태학사, 1996. 9쪽.
5) 서정수, 『글쓰기의 기본 이론과 서사문/기술문 쓰기』, 정음문화사, 1995. 11쪽.
6) 신기철·신용철 편저, 『새 우리말 큰 사전』, 三省出版社, 1985. 1244쪽.
7) 李相殷 監修, 『漢韓大字典』, 民衆書林, 1991. 555쪽.
8) 이태준, 앞의 책, 12쪽.

건들이 생긴다.

> ㈎ 어떤 단어를 쓰는 것이 좋은가?
> ㈏ 단어와 문은 어떻게 엮이는가?
> ㈐ 생각은 어떻게 전개되며 표현되는가?
> ㈑ 뜻덩이는 어떻게 분석되고 통합되는가?
> ㈒ 어떻게 표현되는 것이 더 잘 전달되는가?9)

　이러한 조건들을 설정하는 데에도 문법적인 관점과 수사학적인 관점이 작용하고 있다. 다시 말하면 문장은 문법적일 것과 효율적일 것을 요구하고 있다. 이러한 관점에서 본다면 문장은 문법에 맞는 정확한 문장이어야 하며, 효율적으로 전달·표현하는 문장이어야 한다.

　(3)은 읽는이를 적극적으로 끌어들이는 자세를 보이고 있다. 문장(글)을 쓰는 일은 글쓰는이의 단독적인 행위가 아니라 그 글을 읽는이와의 상호교류적인 행위이다. '모든 글은 읽힐 목적으로 쓰여진다'거나 '모든 글은 읽는 사람이 있을 때 완성된다'는 말은 글이 곧 글쓴이와 글읽는이 사이에서 일어나는 적극적인 의사소통 행위라는 것을 의미하기도 한다.

> 　表現의 動機로써 글을 쓰는이(筆者)는 읽는이(讀者)로 하여금 자기가 표현한 體驗에 同參하여 충분히 共感할 수 있도록 하는 것이 목적이며, 傳達의 動機에 의하여 글을 쓰는이의 목적은 읽는이가 글에 담긴 뜻을 충분히 알도록 하는 데 있다.10)

　결국 문장은 표현과 전달을 동기로 하기에 반드시 읽는이가 필요하며, 표현은 읽는이의 공감을, 전달은 읽는이의 이해를 목적으로 한다는 것이다. 이러한 관점에서는 읽는이가 강조될 수밖에 없고, 따라서 읽는이의 수준과 성향에 비추어 어법이나 어조 등을 알맞게 선택하는 일까지 강조된다.

---

9) 이상태, 앞의 책, 146쪽.
10) 김봉군, 앞의 책, 12쪽.

(4)와 (5)는 다분히 문법적인 관점에서 표현한 것이다. (4)는 문장을 이루는 문법적 단위를 명시한 것이고 (5)는 문장을 이루는 내용은 생각임을 밝히고 동시에 전체 글에서 문장이 지니는 문법적 성격을 나타낸 것이다.

(6)은 국어사전답게 문법적 관점과 일반적 관점을 모두 밝히고 있다. 한 가지 유념할 것은 일반적으로 문장은 산문을 지칭한다고 하였으나 운문의 문장도 역시 문장이라 지칭할 수 있다는 것이다. 오히려 읽는이의 공감과 감동을 이끌어내고 효율적인 전달과 표현을 이루기 위해서는 운문적인 문장이 더욱 효과적일 수 있다.

(7)은 문장이란 겉으로 드러나는 구체물이라는 것과 그 글을 사용하는 겨레의 정신 문화를 대표하고 있다는 것, 그리고 일반적으로 문장은 글과 같은 개념으로 쓰이거나 적어도 몇몇의 경우를 제외하고는 구분 없이 사용되는 점을 지적하고 있다.

위의 내용을 정리하면 문장은 단어의 결합체이며 생각을 나타내는 기본 단위이고 읽는이와의 의사 소통 방식으로 전달과 표현의 동기에 의한 구체물이라는 것이다. 덧붙인다면 읽는이가 효율적으로 공감하고 이해할 수 있도록 여러 조건들을 구비하여야 한다는 것이다.

문장이란 무엇인가를 조금 더 구체적으로 파악하기 위하여 『문장백과대사전』11)에 실려있는 문장의 뜻과 관련된 글들을 정리할 필요가 있을 것이다.

① 문장은 사상의 옷이다. (*리키라우스에게 보낸 편지에서)
《L. A. 세네카》

② 나는 나의 문장으로 예민한 하나의 악기를 만들려고 했다. 그러므로 구두점 하나라도 잘못 찍으면 그 조화를 파괴하게 된다.
《A. 지드/日記》

③ 근심할 건 없어. — 네가 할 일은, 하나의 진실한 문장을 쓰는 일뿐이다. 네가 알고 있는 가장 진실한 문장을 써라.
《E. 허밍웨이/움직이는 祭典 제2장》

---

11) 李御寧 編著, 『文章百科大事典』, 金星出版社, 1988. 632~634쪽의 내용을 정리함.

④ 소리가 나팔의 좁은 구멍으로 몰려서 빠져나갈 때에 더 날카롭고 더
   힘차게 나오는 것처럼 문장은 시의 운(韻)과 각(脚)의 수에 억제되어
   더 벅차게 솟아 나와 더 강하게 감명을 주어야 한다.

《M. E. 몽테뉴》

⑤ 말을 하듯 문장을 만들어야 한다.

《볼테르/哲學事典》

⑥ 사람마다 코 모양이 다르듯이 사람마다 고유의 문체로써 만든 문장이
   있다.

《G. E. 레싱/라오쿤》

⑦ 문장은 호매(豪邁)하고 장일(狀逸)한 것으로써 기(氣)로 하고, 경준
   (勁峻)한 것으로써 뼈대로 하며, 부섬(富瞻)하고 굉사(宏肆)한 것으
   로써 말을 만들고, 간고(簡古)하고 굴강(倔强)한 것으로써 체(體)로
   한 것인데, 만약 생삽(生澁) · 쇄약(瑣弱) · 무천(蕪淺)한 데에 국(局
   限)된다면 병통이다.

《崔滋/補閑集》

⑧ 문자로 이루어지는 문장은 도(道)를 꿰뚫는 그릇이다. 이에 깊지 않
   고 도에 이르는 자는 없다.

《李漢/韓昌黎集序》

⑨ 땅이 온갖 물체를 싣고 바다가 온갖 물건을 포괄하며 구름이 울결하
   고 우뢰가 서리듯 하여 마침내 닫아 두려야 닫을 수가 없다. 그러한
   연후에 외의 사물이 감촉을 주며 흔들고 격동하면 자기 내부로부터
   외부에 발표되는 것이 큰 물결치듯이 호탕하며 번개 빛처럼 휘황찬란
   하여 가까이는 사람을 감동할 수 있게 하며 멀리는 천지를 움직이고
   귀신을 느끼게 할 수 있다. 이것이 참으로 문장이다. 문장은 외부에서
   구할 수 없다.

《丁若鏞/論》

⑩ 글을 쓴다는 것은 말을 아름답게 꾸미는 일이 아니다. 이와 같은 사실
   은 지극히 평범한 것임에도 좀처럼 일반에게 쉽게 이해되는 것이 아
   니다. 왜냐하면 글이란 화려하고 아름다운 말로써 유창하게 꾸미는 일
   이며, 그와 같은 것이 문명이라는 막연한 의식에 사로 잡혀 있기 때문
   이다. 그러므로 글을 쓰려면 꾸미려는 수사의식이 앞서게 되고 그와
   같은 허황한 노력에 제 자신이 지쳐 버리거나 아니면 쓸모 없는 미사
   여구(美辭麗句)를 나열하게 되는 것이다.

《朴木月/巧言令色》

⑪ 미문(美文)은 때에 따라 글의 타락이 된다.

《金南祚/그 먼 길의 길벗》

앞의 문장에 대한 정의들과 위의 예문들을 통해서 문장이 얼마나 섬세한 것이며 문장을 쓰기 위해 많은 훈련을 거쳐야 함을 알게 되었을 것이다. 특히 진실되지 않은 글, 나의 생각이 아닌 다른 사람이 그럴 듯하다고 여길 만한 글을 쓰려는 태도와 아름답게 꾸며 미문(美文)을 쓰려는 자세가 결코 옳은 것이 아님을 깨닫게 되었을 것이다.

1.2 좋은 문장이란

좋은 문장이 어떤 문장인지 몇 마디 말로 단언하기는 매우 어려운 일이다. 앞에서 말했듯이 문장은 단순히 쓰기의 결과물이 아니라 글쓴이와 읽는이의 상호 교류적 과정이요 결과물이기 때문이다. 따라서 글쓴이의 사상 배경, 글 쓸 당시의 상황과 읽는이의 글 읽는 동기와 목적, 세계관 등 많은 조건들이 고려되어야 한다. 그리고 글쓴이의 개성(문체)이 다 다르기 때문에 그 점도 고려하여야 좋은 글의 기준을 세울 수 있다.

다시 말하면 좋은 문장이 무엇인가에 대한 일반적인 정의는 불가능하다는 것이다. 문장 각 편에 대하여 위에서 말한 여러 조건들을 점검하였을 때 좋은 문장에 대한 정의는 가능해 진다.

그러나 굳이 좋은 문장이란 무엇인가에 답한다면, 조금은 포괄적이긴 하지만 다음과 같이 대답할 수 있을 것이다.

첫째, 이해가 잘 되는 문장이어야 한다. 문장은 '전달'에 목적이 있으므로 우선은 글쓴이의 생각이 읽는 이에게 잘 전달되어야 한다. 그러기 위해서는 구체적인 의미를 가진 단어를 선택하여야 하고, 문법에 맞는 문장을 써야 한다. 따라서 잘 이해되는 문장을 쓰기 위해서는 자신의 생각을 효과적으로 드러낼 수 있는 단어 선택 능력을 지녀야 하며, 문장 구조에 관한 지식을 갖추어야 한다.

둘째, 감동을 주는 문장이어야 한다. 좋은 문장은 지식과 정보의 전달만을 목적으로 하지 않는다. 이해를 목적으로 하는 설명문이나, 사건 전달을 목적으로 하는 일부 서사문 역시 감동을 배제할 수는 없다. 가령, 같은 제품에 대한 설명을 들었을 때에도 그 중 어느 한 설명에 유독 마음이 끌리는 경우가 있는데 마음이 끌리는 이유는 그 곳에 감동이 내재해 있기 때문이다. 문장이란 글쓴이와 읽는이의 교감이라는 점을 잊어서는 안 될 것이다.

셋째, 읽는이의 마음이나 행동의 변화를 일으키는 문장이어야 한다. 모든 문장은 읽는이의 마음이나 행동의 변화를 이끌어냈을 때 완성되는 것이다. 제품에 대한 설명문이라 해도 읽는이로 하여금 제품을 구입하겠다는 마음의 변화를 일으켜야 하며 결국엔 제품을 구입하였을 때 완성되는 것이다. 특히 논증문은 이러한 성격을 더욱 강하게 지녀야 한다. 문학 작품 역시 읽는이의 세계관, 인생관을 변화시키고 일상 생활의 행동을 변화시킬 때 완결되는 것이다.

결국 좋은 문장은 읽는이를 이해시키고 그를 바탕으로 감동을 줄 수 있어야 하며, 결국에 읽는이의 마음과 행동의 변화를 이끌어 내는 문장이어야 한다. 정보나 지식 전달을 목적으로 하는 문장이라 하더라도 이해와 감동을 바탕으로 읽는이의 머리 속에 각인되는 문장이어야 한다는 것이다.

그러나 문장을 완벽하게 구사하는 사람은 없으며 동시에 완벽한 문장이란 있을 수 없다. 단지 완벽한 문장을 쓰기 위한 노력만이 있을 뿐이다.

엄마 무릎

임길택

귀이개를 가지고 엄마한테 가면
엄마는 귀찮다 하면서도
햇볕 잘 드는 쪽을 가려 앉아
무릎에 나를 뉘여 줍니다

> 그리고선 내 귓바퀴를 잡아 늘이며
> 갈그락갈그락 귓밥을 파냅니다
>
> 아이고, 니가 이러니까 말을 안 듣지
> 엄마는 들어 낸 귓밥을
> 내 눈앞에 내 보입니다
> 그리고는
> 뜯어 놓은 휴지 조각에 귓밥을 털어놓고
> 다시 귓속을 간질입니다
>
> 고개를 돌려 누울 때에
> 나는 다시 엄마 무릎내를 맡습니다
> 스르르 잠결에 빠져듭니다.

누구나 한번쯤 경험이 있는, 또는 누구나 이해하고 공감할 수 있는 일상 생활을 소재로 쓴 글이다. 문장 하나 하나가 꾸민 데가 없고 평이하다. 화려하고 복잡하지 않은 군더더기가 없는 문장들로 이루어져 있다. 과연 진솔하고 기교 없는, 명문장이라고 할 것이다.

일상적인 소재를 선택해 이해의 바탕을 이루었고, 화려함의 요구를 억제하며 간결하게 표현함으로써 이해를 높였다. 누구나 그리워하고 누구에게나 다정한 엄마와의 사건을 통해 정감을 이끌어냄으로써 감동을 준비하고 자신의 주장이나 느낌을 억제하여 정감의 깊이를 더했다. 이러한 장치는 읽는이로 하여금 잊혀진 그 무엇을 불러일으키고 있다. 어쩌면 읽는이로 하여금 엄마에게 귓밥을 파 달라거나, 나중에 부모가 되었을 때 내 아이의 귓밥은 내가 파주겠다는 생각을 갖게 했을 지도 모른다.

좋은 문장이란 바로 이런 것이다. 물론 개인의 시각 차에 따라 이해와 감동의 수준이 다르긴 하겠지만, 좋은 문장은 이처럼 쉽게 이해되고 감동을 불러일으키며 마음과 행동의 변화나 혹은 변화의 바탕을 마련할 수 있는 문장이어야 한다.

1.3 좋은 문장의 요건

좋은 문장이란 일반적으로 적확한 어휘로 글쓰는 이의 동기와 목적에 맞도록 표현 · 전달된 글을 말한다. 좀더 구체적으로 말한다면 좋은 문장의 성립 역시 '무엇을' 썼느냐, '어떻게' 썼느냐의 문제라고 할 수 있다. 즉 좋은 문장은 '무엇을(내용)'과 '어떻게(표현 방식)'를 모두 갖추고 있어야 한다.

'무엇을'은 갖추었지만 '어떻게'를 충족하지 못하였다든지, '어떻게'는 갖추었지만 '무엇을'이 약한 문장은 결코 좋은 문장이라고 할 수 없다. '무엇을'과 '어떻게'는 문장이 갖추어야 할 필요충분조건이라고 할 수 있다. 와트(Watt, William W)는 그의 저서 『An American Rhetoric』[12]에서 좋은 문장이 갖추어야 할 요건을 10가지로 정리하였다.

(1) **충실성** : 글의 내용이 장황하거나 무의미하지 않게 알차고 밀도 있어야 한다. 내용이 충실한 글은 표현력이 다소 부족하더라도 읽는이에게 감동을 줄 수 있다. 내용이 불충실한 글은 대부분 글쓴이가 아는 것이 부족하거나 기교에 너무 치우친 글이다.

(2) **독창성** : 글쓴이의 경험과 지식, 상상력이 그의 인성에 작용하여 표현되는 언어 능력의 창의적 실현이 문장이다. 독창성 있는 글은 인생(대상)을 어떻게 보느냐에 달려 있다. 즉, 사물을 새롭게 보는 관점이 독창성의 바탕이 된다. 따라서 소재가 반드시 독창적이어야 하는 것은 아니다.

(3) **정직성** : 정직성이란 자신의 독창적인 사고를 쓴 글인가 아니면 다른 사람이 쓴 글을 인용한 것인가를 분명히 밝히는 태도를 말한다. 만일 다른 사람이 쓴 글이라면 반드시 출처를 밝혀야 한다.

(4) **성실성** : 자신의 글을 정성스럽게 쓰는 태도를 말한다. 문장을 잘 쓰지 못하거나 문장 쓰는 일을 어렵게 생각하는 이유는 자신

---

12) William W. Watt, An American Rhetoric (Hoit, Rinehart and Winston) 1964.

의 생각을 쓰려고 하기보다는 다른 사람이 옳다고 생각하는
것을 쓰려고 하기 때문이다.

(5) **명료성** : 문장이 지닌 '선명한 뜻'을 명료성이라고 한다. 무엇을 쓴 글
인가를 분명히 파악할 수 있도록 써야 한다.

(6) **경제성** : 꼭 필요한 자리에 꼭 필요한 말만 쓰는 것이 문장의 경제성
이다. 쓸 데 없는 말을 부연하거나 장황하게 늘어놓는 것은
문장의 경제성에 어긋난다. 되도록이면 최소한의 표현으로
자신의 생각이나 주장을 전달하고 표현하면 된다.

(7) **정확성** : 적절한 어휘로 어법과 문맥에 맞도록 쓰는 태도를 말한다.
정확한 문장을 쓰기 위해서는 정서법과 문장의 원리·구조
에 맞게 쓰는 훈련을 거쳐야 한다.

(8) **타당성** : 문장을 시점·독자·목적 등에 맞도록 쓰는 것을 말한다. 문
맥에 맞게 시점을 조정하여야 하며, 누가 읽을 것인가를 고
려해야 하고, 서술 양식을 선택하는 것이 타당성을 높이는
일이다.

(9) **일관성** : 일관성은 글의 시점, 난해도, 형식적 요건, 내용 등이 일률
적인 것을 뜻한다. 특히 문맥이 서로 호응되도록 유념하여
문장을 써야 한다. 어미·시제·대명사의 인칭 등을 동일하
게 기술하는 것이 중요하다. 더욱 중요한 것은 내용의 논리
성, 일관성이 유지되어야 한다는 것이다.

(10) **자연성** : 문장의 흐름이 순탄하고 동시에 문맥에 어긋나는 어구가 없
이 이해하기 편한 것을 의미한다. 문장을 읽다가 어느 낱말
이해가 되지 않아 읽기를 멈춘다든지, 읽은 문장으로 되돌아
뜻을 다시 조합해야 하는 문장은 좋은 문장이라 할 수 없
다.13)

좋은 문장이 갖추어야 할 이러한 요건들을 간단하게 정리하면 이른바
3C원칙, CREAR(선명하게), COLLECT(정확하게), CONCIES(명료하게)로
정의할 수 있다. 조금 더 간단하게 정리한다면, "좋은 문장을 쓰고 싶다면
짧게 쓸 것"을 권하고 싶다.

---

13) 金奉郡, 『文章技術論』, 三英社, 1990. 32~92쪽의 내용을 필자가 요약 정리, 첨가한
것임.

짧은 문장이라고 해서 모두 좋은 문장은 아니겠지만, 문장을 짧게 쓰면 앞에서 이야기한 좋은 문장의 요건을 갖추는 데 매우 유리하다. 즉, 주어와 서술어 관계가 명확해 뜻을 분명하게 나타낼 수 있고, 필요 없는 성분·표현을 삭제함으로써 쓸데없는 혼란을 막을 수가 있다.

이 말은 좋지 않은 문장일수록 문장의 길이가 대체적으로 길다는 것을 뜻한다.

> 인간으로서 실수는 어쩔 수 없지만 문제는 사형 제도에 있어서는 실수를 다시는 회복할 수 없다는 점이다. 제대로 알지도 못하고 정확한 증거도 없이 오히려 죽은 자매를 살리려고 노력했던 '존 커피'를 사형시킨 영화 〈그린마일〉의 사람들과 판사들에게서 유한한 인간에 의해 집행되는 사형 제도의 위험성을 절실히 깨달을 수 있다.
>
> 《학생 글》

이 글은 문장이 너무 길어 주술관계가 잘 파악이 되지 않는다. 특히 두 번째 문장은 너무 길어 글쓴이가 무슨 말을 하려고 하는지 파악하기가 어렵다. 글쓴이가 무슨 말을 하려고 하는지 정확하게 알기 위해서는 글을 꼼꼼히 분석하고 나름대로 문장을 나누어 의미를 따져 보고 조합하여야만 한다. 게다가 "유한한"의 '유한'이 무엇을 의미하는지 명확하지 않아 읽는 이에게 글쓴이의 생각이 잘 전달되지 않는다.

두 번째 문장은 적어도 다음과 같이 몇 개의 문장으로 나누어 써야 한다.

> 영화 〈그린마일〉에서 주인공 '존 커피'는 아무런 죄도 없이 사형을 당한다. 그의 죄는 죽은 자매를 살리려고 노력한 것뿐이다. 그러나 마을 사람들과 판사는 정확한 증거도 없이 '존 커피'를 사형대에 세우고 말았다. 이는 인간의 판단력이 얼마나 완전하지 않은가를 보여주고 있다. 따라서 불완전한 인간의 판단력에 의해 한 사람을 영원히 살릴 수 없는 사형으로 내모는 일은 있을 수 없는 일이다.

고친 문장은 적어도, 주술 관계가 분명하여 글쓴이가 무엇을 썼는지를 쉽게 이해할 수 있다. 이 문장에 읽는이의 취향과 심리 상태 등을 고려하여 감명을 줄 수 있는 문장으로 손을 본다면 더 좋은 문장이 될 것이다.

그러면, 좋은 문장이 갖추어야 할 요건에 대해 좀더 체계적으로 살펴보자.

좋은 문장은 우선 '무엇'을 '어떻게' 쓰느냐에 따라 결정된다. '무엇'을 강조하면서 '어떻게'를 소홀히 한다거나, 그 반대의 경우에는 좋은 문장을 쓸 수가 없다. 물론 문장은 글을 이루는 하위 단위로써, 글의 목적이나 성격, 혹은 읽는 대상에 따라 문장 표현은 달라지게 마련이다.

한유(韓愈)는 "풍부하되 한 말도 남아서는 안 되고, 간결하되 한 마디도 빠뜨려서는 안 된다(豊而不餘一言, 而不失一辭)." 라고 하여 문장의 명확성, 충실성, 간결성을 요건으로 들고 있다. 물론 이러한 요건 외에도 '독창성', '성실성', '정직성', '경제성', '타당성' 등을 더 꼽을 수 있겠다. 이러한 요건을 바탕으로 실제적인 문장을 쓰는 훈련을 하기로 하자.

1.3.1 문법적인 문장

좋은 문장의 요건에서 제일 먼저 갖추어야 할 요건은 문법적인 문장이다. 문법이란 그 언어를 사용하는 구성원(言衆)들이 서로의 원활한 의사소통을 위해서 마련한 규칙이기 때문이다. 이 규칙에서 벗어난 문장은 읽는이에게 글쓴이의 생각을 제대로 전달할 수 없다.

앞에서 말했듯이 문장을 쓰는 가장 기본적인 목적은 '전달'이다. 따라서 글쓴이의 생각을 읽는이에게 효과적으로 전달하기 위해서는 사회 구성원이 마련한 규칙, 즉 문법에 맞는 문장을 써야 한다. 물론, 문법에 어긋나는 문장을 쓸 수 있다. 그러한 경우는 일반적으로 글쓴이가 문장 안의 어떠한 의미를 강조하기 위해서인 경우이다. 그러나 이 때에도 문법을 알고 있어야 글쓴이가 강조하고자 하는 의미를 찾아낼 수 있고, 동시에 글쓴이는 문법에 어긋나는 문장이 어느 수준을 넘어서서는 안 된다.

"모로 가도 서울만 가면 된다"는 속담은 행위의 결과가 같으면 큰 문제가 되지 않는다는 뜻을 나타낸다. 그러나 문장 쓰기는 결과이기 이전에 과정이다. 즉 글을 쓰는 행위나 글을 읽는 행위는 생각을 체계적으로 표현하는 과정이요, 생각을 체계적으로 이해하는 과정이다. 과정을 무시한 결과는 온전할 수 없다.

　문법적인 문장이 갖추어야 할 기본적인 것은 기본 문형을 지켰느냐 하는 것이다. 즉, 문장 성분의 호응이 제대로 이루어졌는가, 생략하지 않아야 할 성분을 생략하지는 않았는가, 성분들의 위치가 정확하게 지켜지고 있는가, 조사나 어미가 제대로 갖추어졌는가 등이 문법적인 문장이 갖추어야 할 기본 원칙이라 할 수 있다.

　　지난 30일 새벽 2시 복면 강도들이 식칼을 들고 가정집에 침입하여 시계, 카메라, 금반지 등 시가 300여 만원 어치의 금품을 빼앗아 갔는가 하면, 그날 새벽 5시경에는 출근길에 손가방을 날치기 당하는 화를 입었다.

　이 문장은 여러 가지 문제를 안고 있는 문장이다. 그러나 이 문장의 대표적인 문제는 주체가 바뀌었는데도 새로운 주체를 생략하였다는 것이다. 이 문장을 그대로 해석하면 강도들이 금품을 빼앗기도 하고, 5시경에는 출근하다 날치기 당하는 화를 입기도 하였다는 것이다.

　이 문장은 적어도 다음처럼 주체를 명확히 밝혀야 한다.

　　㈎ 지난 30일 새벽 2시 복면 강도들이 식칼을 들고 가정집을 침입하여 시계, 카메라, 금반지 등 시가 300여 만원 어치의 금품을 빼앗아 갔다. 한편 그날 새벽 5시경에는 어느 회사원이 출근길에 손가방을 날치기 당하는 화를 입었다.

　　㈏ 지난 30일 새벽 2시 복면 강도들이 식칼을 들고 가정집을 침입하여 시계, 카메라, 금반지 등 시가 300여 만원 어치의 금품을 빼앗아 갔다. 한편 그날 새벽 5시경에는 출근하는 회사원의 손가방을 날치기 하기도 하였다.

　　㈐ 지난 30일 새벽 2시 복면 강도들이 식칼을 들고 가정집을 침입하여 시계, 카메라, 금반지 등 시가 300여 만원 어치의 금품을 빼앗아 갔

> 다. 한편 그날 새벽 5시경에는 20대로 보이는 강도들이 출근하는 회
> 사원의 손가방을 날치기하기도 하였다.

㈎는 주어진 문장에 생략된 주어를 밝힌 문장이다. 그러나 하나의 단락에 서로 대립되는 성격을 가진 주어가 양립하는 것은 좋지 않다. ㈏ '복면 강도들이'를 일관된 주어로 놓고 문장을 고친 것이다. 복면 강도들이 두 사건의 주체일 때는 ㈏의 문장이 옳다. 그러나 두 사건의 주체가 다를 때에는 문장 ㈐처럼 다시 주체를 명확하게 표시해 주어야 한다.

이처럼 문법에 어긋나는 문장은 의미 파악을 어렵게 하거나 표현하고자 하는 의미와는 전혀 다른 의미로 해석될 수 있다. 따라서 좋은 문장이 갖추어야 할 요건 중에서 가장 우선되어야 하는 것은 바로 문법이다.

1.3.2 간결한 문장

문장을 쓰는 데 길게 쓰느냐 짧게 쓰느냐의 문제는 모든 글에 두루 적용될 수 있는 원리는 아니다. 글의 성격이나 목적에 따라 문장의 길이는 달라지기 때문이다. 또한, 짧게 쓰되 설명의 충족성을 기하고, 길게 쓰되 명료성을 갖출 수도 있기 때문이다.

요즈음에 나온 문장 기술론을 보면, "문장은 짧을수록 좋다"고 한다. 이는 곧바로 주제를 피력할 수 있어서 서툰 수식이나 장황한 표현을 피할 수 있는 이점이 있기 때문이다. 물론 글의 성격에 따라 수식어나 삽입구, 연결 어미 등을 사용하여 문장을 길게 써야 할 경우도 있을 것이다. 그러나 전달을 목적으로 하는 글이나, 글을 많이 써 보지 않은 사람은 한 문장으로 자신의 생각을 간추려 간단 명료하게 표현하는 것이 자기 의사를 전달하는 데 유리할 것이다.

간결한 문장을 쓰기 위해서는 의미의 중복은 피하고, 불필요한 성분은 빼고, 될수록 단문을 쓰는 것이 좋다. 특히 수식어가 너무 길면 글의 내용이 산만해지므로 짧게 쓰고, 삽입구나 연결 어미를 써서 문장이 길어지지 않도록 하여야 한다.

가) 사람들에 있어 그가 민주 시민이라면 자기 스스로를 다스릴 줄 알아야 한다.

  ☞ 민주 시민은 (누구나) 스스로를 다스릴 줄 알아야 한다.

나) 소위 구닥다리라 여기며 구시대의 산물이니 어쩌니 하는 것들에서부터 미래 사회에 대한 구상까지 이 시대를 살면서 우리는 배울 것이 너무 많다.

  ☞ 우리는 구시대의 산물에서 미래 사회에 대한 구상까지 배울 것이 많다.

다) 나는 이 소설을 고등학교 때 접하여 읽었는데, 대학교에 들어와서 다시 읽고 감상하면서 작가의 어린 시절이 그 시대 사람과 마찬가지로 춥고, 배고프고, 외롭고, 기다림에 지쳐 잠이 들곤 했던 아주 초라한 시골 아이였다.

  ☞ (나는) 고등학교 때 읽었던 이 소설을 대학에 들어와서 다시 읽었다. 이 소설을 쓴 작가는 아주 초라한 시골 아이였다. 그는 어린 시절에 다른 사람과 마찬가지로 춥고, 배고프고, 외롭고, 기다림에 지쳐 잠이 들곤 하였다.

가)는 불필요한 부분을 삭제하고 간결하게 다듬은 예문이며, 나)는 주어 앞에 긴 수식어를 문장을 변환시켜 간단명료하게 다듬었다. 다)는 문장을 길게 서술하여 주어와 서술어가 호응하지 않은 비문이다. 이러한 경우에는 두세 개의 단문으로 다듬으면 표현이 훨씬 명확해진다.

다음 문장들은 간결하지 못해 의미 전달이 효과적으로 안 되는 문장들이다. 간결하게 고쳐 보자.

(1) 철수는 친구를 우연히 만나서 길거리에서 만나서 이야기를 하였는데 인사도 없이 떠나가 버렸다.

(2) 나라의 일꾼으로서 최선을 다하여 열심히 일하고 자기 책임을 다하고 있는 자랑스러운 우리 젊은이가 여기 모였습니다.

(3) 일요일만 되면 산이나 강에는 많은 사람들이 휴일을 즐기려고 몰려드는데, 그 몰려드는 사람 가운데에는 즐기기 위해 산이나 강에 온

갖 쓰레기들을 버리는 내가 보기에도 아주 몰상식하기 짝이 없는 못된 사람들이 있어서 그들은 음식 찌꺼기, 휴지 등을 마구 버려 산이나 강을 오염시키기까지 하니 한심하기 짝이 없다.

(4) 막중한 등록금, 하숙비나 책값에 비해 내게 필요 없는 많은 숙제, 불필요한 시간 낭비 등이 대학 생활에서 생각한 것들이다.

(5) 다른 시와는 판이하게 다르게 구체적인 의미를 지닌 것이 아닌, 밝혀진 사물의 본질에 따라 관념적으로 불려진 '꽃' 이라는 제재로 쓰여진 김춘수의 이 시는 작자의 존재 확인에 대한 소망이 아주 잘 나타나 있다.

1.3.3 명확한 문장

문장은 명확히 써야 한다. 문장의 명확성은 설명문, 논증문 등의 학술문에서 더욱 요청된다. 글쓴이가 의도하는 바를 독자에게 정확히 전달하려면 되도록 구체적인 용어를 사용하고, 지시를 분명히 하며, 대용어와 중의어를 삼가야 한다. 일반적으로 명확하지 않은 문장은 필요한 문장 성분을 갖추어 쓰지 않은 글이나, 수식어를 바르게 쓰지 않은 모호문 등에서 많이 발견된다.

(가) 경제 성장의 고속화는 우리들에게 주체성의 결여를 부여해 왔다.

(나) 경제가 빠른 속도로 성장하여 외국과의 상품 거래가 활발히 이루어졌다. 그 결과로 우리는 수입된 외국 상품을 선호하게 되어 주체성이 없어졌다.

(가)는 추상적인 서술이라서 글쓴이가 무엇을 말하려 했는지 알 수 없다. (나)처럼 내용을 구체적으로 서술할 때 독자는 필자가 무엇을 이야기하려 했는지 알 것이다. 추상적인 이야기만 나열한 글은 독자의 입장을 고려하지 않았기 때문이다.

다음 문장들은 내용이 명확하지 않은 문장이다. 의미가 명확한 문장으로 고쳐보자.

> (1) 지하자원의 무계획적 고갈로 심각한 자원난을 겪게 될 것이다.
> (2) 성격 차이로 인한 불화로 파국 직전에 이른 그들 부부의 사기를 진척시키기 위하여, 우리 부부는 흉금을 털어놓고 만나 이야기할만한 장소를 물색하였다.
> (3) 통신수단의 발달로 전화가 편지를 대신하는 세상, 하물며 편리한 컴퓨터 통신이나 팩시밀리가 있는데도 그가 내게 아름다운 편지지를 이용하여 편지를 보내와서 그에 대한 인상이 좋았다.
> (4) 극락전이 해체 복원되었어도, 요사이 불사가 진행 중이어서인지 안내판도 없고 등도 파괴된 채로 아직은 경내가 어수선하지만 산사(山寺)의 적막이 심신을 정화시켜 준다.

1.3.4 충실한 문장

문장은 하나의 완결된 생각의 표현 단위이므로 내용이 충실하여야 한다. 부질없이 긴 글을 써 놓아도 담긴 내용이 공허하거나 무의미하다면 그 글은 알맹이 없는 빈 껍질에 불과하다. '충실성'은 글쓰기를 계획하는 단계에서부터 이루어진다. 즉, '무엇'을 쓸 것인가를 설정하고, 제재를 선택 정리하는 과정이 충실한 내용의 문장을 이루는 토대가 된다.

> (가) 이번 겨울에는 꼭 바다에 가련다. 겨울 바람. 바람. 차갑다고 해도 좋고 외롭다고 해도 좋다. 차가운 파도에 멀리 씻겨 나가는 나의 시체를 보고 오리다. 비워진 자리. 나무를 심으련다.
> (나) 이번 겨울에는 바다에 꼭 가련다. 겨울 바다엔 바람이 불겠지. 차가워도 좋고 외로워도 좋다. 차갑고 외로운 파도에 나의 묵은 타성들은 던지리라. 씻겨 나가는 내 타성의 주검을 보고 오리라. 그리하여 내 묵은 타성이 비워놓은 자리에 새로운 결실의 나무를 심으리라.

(가)는 글쓴이가 감정에 휩쓸려 내용을 충실히 전달하지 못한 글이다.

이를 보완하면 (나)와 같이 표현하고자 하는 내용이 충실한 글이 된다. 이처럼 내용이 충실하지 못한 문장이나 글은 쓰는이가 아는 것이 부족하거나, 기교에 치중하여 내용이 종잡을 수 없이 된 경우에서 찾아볼 수 있다.

1.3.5 표현의 묘미를 살린 문장

옛말에 "아 다르고 어 다르다"는 말이 있다. 이 말은 같은 내용이라 하더라도 표현하는 방식에 따라 전달과 이해의 폭이 다르다는 것을 의미한다. 똑같은 내용이라 하더라도 어떻게 표현하느냐에 따라 읽는이의 이해와 공감, 감동과 변화의 방향과 수준은 각기 달라진다는 것이다.

표현의 묘미를 살리는 문장을 쓰기 위해서 다양한 수사법이 동원된다. 비유 · 환유 · 상징 · 강조 등등 수사법의 수는 일일이 열거할 수 없을 정도이다. 그러나 표현의 묘미를 살리기 위한 기본 원칙은 우선 '감추기'와 '새롭게 하기' 기법을 들 수 있다.

'감추기'란 쓰고자 하는 생각을 문면에 드러내지 않는 기법을 말한다. 글을 쓰는 목적이 글쓴이가 가지고 있는 생각을 표현하여 전달하는 것이라는 것을 상기할 때, '감추기'는 상당히 역설적인 기법이라고 할 수 있다. 그러나 글쓰기란 글쓴이의 단독적인 행위가 아니라 읽는이와 상호 교감하는 역동적인 행위라는 것을 감안한다면 이 '감추기' 기법은 매우 효과적인 표현의 묘미를 살릴 수 있는 것이다.

문장이란 자신의 생각을 마구 쏟아 놓은 것이 아니다. 그리고 읽는이에게 주입하려는 태도는 문장 쓰기의 올바른 태도가 아니다.

생각을 문장으로 표현할 때 뼈를 깎는 억제와 절제가 있어야만 한다. 이미 앞에서 말했듯이 좋은 문장은 간결하고 명료해야 한다. 생각을 주절이 주절이 다 풀어낸 문장은 오히려 읽는이로 하여금 지루한 느낌을 주거나 효과적으로 생각을 파악하지 못하는 혼동을 가져다 줄 뿐이다.

'새롭게 하기'는 두 가지 측면에서 접근해야 한다. 하나는 소재(대상)를 바라보는 시각을 새롭게 하여 내용과 주제를 새롭게 하는 것이다. 또 하나는 소재(대상)에 대한 시각이 일반적이라 하더라도 표현을 새롭게 하는 것이다.

가령, '봄'을 제목으로 글을 쓸 때 "아지랑이 피는 계절…"로 시작되는 문장은 읽는이의 관심을 끌지 못할 수 있다. 그러나 "4월(봄)은 잔인한 달(계절)"로 문장을 시작한다면 읽는이의 관심을 충분히 끌 수 있을 것이다.

다음 예문을 우선 읽어보자.

비

정기철

비의 성분은 무엇일까?

비도 물이니만큼 수소 분자 둘과 산소 분자 한 개로 이루어졌을 것이다. 그러나 비의 성분은 물의 그것과 사뭇 다른 점이 있다. 비에는 물보다 유기 물질이 더 많이 함유되었다든지, 하늘에서 땅으로 하강하면서 공기 중의 먼지나 이산화탄소, 질소 등을 물보다 더 많이 함유하고 있다는 그런 류의 다른 점이 아니다.

비에는 물에는 없는, 살아있는 그 무엇이 함유되어 있다. 비에는 시간이 함유되어 있다. 비에는 인간의 감정이 살아 있으며, 인류의 애환과 추억, 희망이 포함되어 있다.

"애인을 물에 묻었다"하면, 애인이 물에 빠져 죽었다는 객관적인 사실을 전달하는 데 그치지만, "애인을 비에 묻었다"라는 말에는 애인과의 시간과 애환, 추억 등이 함유되어 있다.

물이 함유하는 인간의 감정과 비가 함유하는 인간의 감정도 사뭇 다르다. '물'은 가뭄이나 홍수, 또는 바닷가의 추억들을 연상하게 하는 분자들을 함유하고 있지만, '비'는 애잔함, 그리움 등과 같은 고요하고 세밀한 분자들을 끌어안고 있다.

비와 물이 무엇이 달라서 이렇게 큰 성분의 차이를 보이는 것일까?. 비가 모여서 물이 되는 것일진대, 그래서 비도 곧 물이라고 말할 수 있을진대, 비와 물은 어떻게 다른가?

아마도 비는 객체들의 모습이 선명한 군집이라면, 물은 객체들의 몰개성적인 군집이라 그러할 것이다. 비는 그 한방울 한방울을 확인하면서, '나'와 동질감을 갖게 하지만, 휩쓸려 내려가는 물은 객체의 모습을 확인할 수 없기에 함유하는 성분들의 차이를 보이는 것이다.

　그래서 요즘처럼 '쏟아 붓는 비'는 비가 아니다. '비'는 비이어야 한다. 그래서 내리는 비를 바라보면서 '물난리'의 걱정 저 안편에 지나온 시간과, 애환과, 추억과, 희망을 떠올릴 수 있게끔 하여야 한다.
　우리가 비를 좋아하는 것은, 비가 우리들 인생의 속성을 담고 있기 때문이다. 한 방울의 비는 비가 아니라 물방울이듯이 함께 하지 않는 인생은 인생이 아니다. 휩쓸려 내려가는 빗물이 비가 아니듯이 '우리'만을 강조하며 개성 없이 휩쓸려 살아가는 인생도 인생이 아니다.
　하나의 독립된 객체이면서 적당히 다른 개체들과 간격을 두고 같이 내릴 때 그것이 비이고 인생이다.
　비가 오는 지금. 물난리 걱정의 저 안편에 다른 개체들과의 간격에, 지나온 시간과 애환과 추억을 담을 줄 아는, 그러면서 동시에 희망을 함유할 줄 아는 그런 인간이 되고 싶다.

　이 글은 우선 '비' 하면 떠오르기 쉬운 그렇고 그런 이야기인 '애상', '애절한 추억', '쓸쓸함' 같은 시각에서 벗어나 있다는 점이 돋보인다. '비'를 통해 어떻게 살았으면 좋겠다는 한 차원 높은 안목도 중요하지만, 그러한 주제를 펼치기 위해 '비의 성분은 무엇일까?'로 시작하는 문장 표현은 소재(대상)에 대한 새로운 접근 방식을 보여주고 있다.
　즉, '성분'이라는 과학적인 낱말을 사용해서 '비'라는 소재가 지니고 있는 감상적인 분위기에서 벗어나고 있다. 뿐만 아니라 비와 물을 대조하면서 분석적인 방법으로 비의 속성을 이야기하고 있어 설득력과 감동의 힘을 높이고 있다.
　'성분'을 비롯하여 '함유', '분자', '객체' 등의 단어를 사용함으로써 '비'에 대한 새로운 접근을 시도하고 있다. 특히, 물과 대비되는 비의 속성을 통해 자신의 삶을 소원하는 결말 부분은 글쓰기를 통해 우리가 얻을 것이 무엇인가 하는 것을 절실하게 보여주고 있다.
　이 글에서 글쓴이가 나타내고자 하는 생각은 '비를 통해 인간과의 관계를 다시 음미하고, 애환과 추억, 희망을 갖는 인간이 되고 싶다'가 될 것이다. 그러나 글쓴이는 이러한 생각을 절제하고 억제하여 공감의 효과를 높이고 있다.

1.3.6 연결이 잘된 문장

문장의 연결이란 소주제문을 펼치는 문장들을 순리적으로 배열하는 방식을 의미한다. 동일한 소주제를 다루는 뒷받침문장들이라도 그 배열 순서는 여러 가지로 다를 수 있다. 그 가운데에서 가장 자연스럽고 합리적인 순서로 뒷받침문장들을 늘어놓아야 한다는 것이 연결성의 원리이다.

흔히 문장과 문장 사이의 연결은 '그리고, 또, 그러나, 한편, 이런 점에서, 이상에서 살핀 바와 같이' 등의 접속사를 사용하여 얻어지기도 하고, 앞 문장의 어떤 단어나 한 구절로 새로운 문장을 시작함으로써 얻어진다.

【문제】

다음 글의 (　　) 안에 알맞은 접속어를 넣어 글을 완성하여라. 단, 문장이나 단락을 긴밀히 연결하려면 접속어를 쓰는 것이 좋은지 그렇지 않은지에 유의하여 써라.

(1) "모든 정치가는 거짓말쟁이다."라는 어떤 정치가의 말은 참일까? 거짓일까? 우선 이 정치가가 한 말은 진실인가? (　　) 모든 정치가는 거짓말쟁이일 것이다. (　　) 그 말을 한 사람도 정치가이므로 그의 말은 거짓말이며, 그는 거짓말쟁이이다.

(　　) 거짓말쟁이가 한 말은 진실이 아니므로 이 말은 진실이 될 수 없다.

(　　) 이 정치가가 한 말은 거짓인가? (　　) 모든 정치가는 거짓말쟁이가 아니고, 그 말을 한 사람 역시 정치가이므로 거짓말쟁이가 될 수 없다.

(　　) 그가 한 말은 참말이다.

(2) 사람들은 신(神)이 존재한다고 믿을 수도 있고, 믿지 않을 수도 있다. '신이 존재한다는 것', (　　) 진실일 수도 있고, 또 거짓일 수도 있다.

(　　) 엄밀히 말해서 사람은 결코 그것을 알 수 없으므로 신의 존재 여부에 관한 확률은 똑같다. (　　) 신의 존재에 대한 증명 방법은 중세 시대부터 끊임없이 제기되어 왔다. 예를 들면, '신이 존재하지 않는다고는 생각할 수 없다.'라는 존재론적 증명 방법과 '신은 물체의 기원을 설명할 때 필요하다.'는 우주론

적 증명, (   ) '자연 산물들이 보여 주는 증거에 따르면, 그들은 지적 존재자에 의해 설계되었다.'라는 목적론적 논법 등이 그것이다.

(3) 언어중추(言語中樞)는 다른 점에서도 특이하다. 인간의 두뇌는 좌우가 서로 다르다. 가장 손쉬운 증거로 인간에게는 왼손잡이와 오른손잡이가 있다.
(   ) 왼손잡이든 오른손잡이든 언어중추는 거의 두뇌 왼쪽에 있다.
(   ) 심장이 오른쪽에 있는 사람이 있듯이 예외는 있다. 그러나 그 예외는 아주 드물다.
(   ) 두뇌 오른쪽, 언어중추에 대응하는 부분은 무엇을 하는가? 아직 정확하게 규명된바가 없다. 왼쪽에서는 열심히 하고 있을 때 오른쪽에서는 무엇을 하고 있는지 확실치 않다. 눈을 통해 들어온 망막에 걸린 2차원적 영상을 3차원으로 구성하는 임무를 맡고 있지 않은가 추측할 뿐이다. (   ) 그것이 사실이라면 내 생각 같아서는 언어의 메커니즘도 대상을 3차원으로 구성해 보는 것처럼 이 부분에 상(像)을 모으고 조직하는 것이 아닌가 한다.

1.3.7 강조가 적절하게 된 문장

강조가 적절하게 된 문장이란 주제에 대한 풀이를 충분하고 또 두드러지게 나타낸 문장을 의미한다. 글을 읽는이가 글쓴이가 나타내고자 하는 생각의 요점을 인상 깊게 받아들이고 충분히 이해하고 납득할 수 있도록 주제를 강도 높게 드러내도록 해야 한다. 우리가 말을 할 때 어떤 중요한 점에 대해서는 어조를 높인다든지, 되풀이해서 말한다든지 해서 강조하듯이, 문장을 쓸 때에도 그러한 강조의 서술이 필요하다.

강조의 효과를 나타내는 방식은 대개 3가지로 나누어 볼 수 있다. (1) 서술 내용에 의한 강조, (2) 위치에 의한 강조, (3) 표현 기교에 의한 강조 등이 그것이다.

서술 내용에 의한 강조는 중요한 사항에 대해서는 되도록 충분한 서술을 해서 읽는이의 관심을 오래도록 붙잡아 두고 납득을 시키는 것이 서술 내용에 의한 강조이다.

　사람은 눈을 통하여 많은 값진 정보를 얻는다. '백문이불여일견'이라 하였듯이 귀보다는 눈으로 보고 배우는 것이 훨씬 효과적이다. 누구나 항상 경험하는 일이지만 텔레비전으로 본 기억은 라디오를 통해 들은 것과는 비교가 안 될 만큼 생생하게 오래도록 남아 있다. 또 귀로 들을 적에는 잘 모르거나 불확실한 일이라도 눈으로 직접 확인하고 볼 때에는 명확한 지식으로 간직이 된다. 더구나 귀로 들을 경우에는 전해 주는 사람의 주관이나 악의가 개입되어 정확한 정보가 손상되는 일도 있을 수 있으나, 눈으로 보는 경우에는 그러한 염려가 거의 없다.

　위 글의 소주제는 "눈을 통하여 많은 값진 정보를 얻음"인데 그것에 대하여 뒷받침문장들이 상당히 상세히 기술되어 있다. 옛말을 끌어오기도 하고 귀로 듣는 것과 눈으로 보는 것과 비교하여 설명하기도 했다.

　또한 위치에 의한 강조법이란 글의 중요한 내용을 글을 읽는 이의 관심이 가장 많이 집중되는 위치에 두는 것을 말한다. 일반적으로 문단의 첫부분은 강조 효과가 가장 큰 곳이다. 문단의 첫 부분은 제일 먼저 시선을 받으며, 심리적으로 긴장된 기대감을 불러일으키는 부분이다. 따라서 소주제문이나 그와 관련된 사항을 문단의 첫 부분에 두는 것은 효과적인 기술 태도이다. 문단의 끝 부분도 역시 강조 효과가 큰 곳이다. 이 부분에서 읽기를 마친 내용은 독자에게 여운을 남겨서 오래 기억되는 효과가 있다.

　따라서 문단의 첫 부분과 끝 부분을 함께 활용하는 것은 강조 효과를 가장 크게 하는 방법이 될 것이다.

Ⅱ

좋은 문장을 쓰기 위한 사전 연습

2.1 생각과 글, 삶

글은 무엇으로 쓸까? '생각'이다.

생각 없이는 글을 쓸 수 없을 뿐만 아니라, 삶을 영위하지 못한다. 조금 고전적인 이야기이지만, 인간과 동물을 구분 짓는 가장 중요한 요소가 바로 생각과 언어이다. 그래서 흔히 '인간은 사유의 동물이며, 사유를 전달할 수 있는 언어를 가진 동물'이라고 하는 것이다.

이런 의미에서 인간의 삶은 '생각의 틀 속에서 이루어지는 언어의 흐름'이라고 정의할 수 있을 것이다. 물론 인간의 삶이 인간의 생각 안에서만 이루어지는 것은 아니다. 어떻게 생각하면 우리 주변에는 뜻하지 않는 일들이 더 많이 일어나는 것 같기도 하다.

그러나 우리 주변에서 일어나는 뜻하지 않는 일의 대부분은 '인간'에게서 일어난다. 설령 인간에게서 일어나지 않는 일, 천재지변이라든가 죽음 같은 것들은 인간만이 겪는 것이 아니라 모든 생물이 겪는 일이므로 인간과 동물을 구분하는 요소가 될 수 없다.

그러므로 인간의 삶에서 일어나는 모든 일들은 인간의 생각 안에서 이루어지며, 언어에 의해 실행된다고 해도 과언이 아닐 것이다.

하지만 우리는 잘못된 교육 방식과 비대해진 방송 매체 때문에 생각하는 힘을 잃었다. 자신에 대해 생각할 수 있는 시간은 입시 제도에게 빼앗기고, 인간의 문화와 삶의 특성에 대한 자신의 생각과 견해는 방송 매체에게 그 주도권을 빼앗기고 말았다. 이제 우리가 하는 일은 텔레비전에서 흘러나오는, 적당히 꾸며지고 달콤한 맛이 가미된 말을 마치 자기의 생각인 양 머리 속에 꾸겨 넣는 일이다. 실제로 우리들의 대화 내용은 그 전날의 텔레비전 방송 내용에 한정되어 있다.

현 시대를 특징짓는 말 중에 '정보화 시대'라는 말이 있다. 그만큼 현대인은 정보의 홍수 속에서 살고 있으며, 현대인의 삶은 그가 가지고 있는 정보의 양과 가치에 의해 결정되고 있다. 정보의 내용을 정리하여 내 것으로 만들고, 그 정보의 가치를 판명해 내는 능력이 없는 현대인은 시대에 뒤떨어질 수밖에 없다.

때문에 현대인에게 '생각하는 힘'은 더욱 중요하다. 그리고 생각과 정보를 전달하는 데에는 언어가 필수적인 역할을 한다. 언어 중에서도 말보다는 글이 더 효과적이다. 말은 전달의 힘은 있으나 공간과 시간의 제약을 받는데 반해 글은 오래도록 보존하는 힘을 가지고 있다. 공간과 시간의 제약으로부터 자유롭다는 점에서 글은 어떠한 것보다도 가장 효과적이고 강력한 의사 표현의 방법인 것이다. 따라서 정보와 생각을 정리해 전달하는 글쓰기의 중요성이 커진다. 자신의 정보나 생각을 정확하고 체계적인 방식으로 전달하고 보관하는 글쓰기의 능력은 현대인의 삶을 형성하는 기초라고 할 수 있다. 좀 거창하게 말한다면, 현대인에게 있어서 글쓰기는 결코 벗어날 수 없는 운명과도 같은 것이다.

글쓰기는 현대를 살아가는 우리들에게 주어진 운명일 뿐만 아니라, 우리가 인류사에 동참할 수 있는 기회이기도 하다. 글쓰기는 기본적으로 지적인 창조행위이다. 그러한 지적 행위로서 글쓰기는 인류의 지적 자산을 기초로 해서 이루어지며, 또한 인류의 지적 자산의 일부가 되는 것이다.

이처럼 생각과 글은 상보적이며, 이러한 상보적 관계 안에서 삶이 이루어지는 것이다.

　　최근의 심리학 연구에서는 말이 생각을 전적으로 지배하지는 않는다 할지라도 언어가 생각하는 능력에 미치는 영향이 지대하다는 사실을 여러 실험의 결과로 밝힌 바 있다. 게록스 부부 등 많은 현대의 심리학자들이 침팬지와 어린 아이를 갓났을 적부터 한 가정에서 기르며 관찰을 하였다. 어린이가 말을 배우기 전에는 침팬지보다 그 행동과 능력이 훨씬 뒤떨어졌으나, 말을 배우기 시작하면서부터는 어린이의 생각하는 힘이 날로 달라지고 마침내 그 동물과는 비교도 할 수 없을 만큼 사고 능력이 크게 발전하였음을 확인하였다. 또 루리아라는 심리학자는 농아 부모 밑에서 따로 떨어져 자란 다섯 살 난 쌍둥이 형제를 발견하여 다른 아이들과 어울리게 해서 말을 배우게 한 결과, 말하는 능력이 나아짐에 따라 생각하는 힘이 빠른 속도로 향상되어 갔음을 실증하였다.

　　그러면, 언어는 우리의 생각에 어떤 방식으로 영향을 미치는가? 그것은 대체로 다음의 두 가지 면으로 요약해 볼 수가 있다. 첫째로, 언어는 생각을 뚜렷하게 가다듬는 구실을 한다. 우리의 마음 속에 맨 처음 떠오르는 생각들은 꿈속의 의식들과 비슷한 성질을 가지고 있다. 꿈속에서 펼쳐졌던 일들은 피어나는 연기처럼 움켜잡기 힘들다. 그러나 그 꿈속에 나타났던 사람들의 이름, 만났던 장소나 시간, 벌어졌던 일들을 말로 표현해 보면 그 막연하던 것들이 정리되고 가다듬어짐을 우리는 경험한다. 이와 마찬가지로 우리는 일상생활에서 처음에 피어나는 희미한 생각의 싹들을 언어(이름, 장소, 사건의 표현 등)를 통해서 뚜렷하게 가다듬고 있는 것이다. 만일 이런 말을 전혀 빌리지 않고 생각을 한다면 그 내용은 자기 자신도 갈피를 잡을 수 없는 의식의 흐름에 그칠 뿐이다.

　　둘째로, 언어는 우리의 생각을 교류시킴으로써 깊고 알차게 만든다. 언어는 말하는 이의 생각을 가다듬어서 뚜렷하게 할 뿐 아니라, 그러한 생각들을 서로 주고 받게 함으로써 한층 더 깊고 참신한 생각을 낳고 가꾸어 간다. 이렇게 우리의 생각이 말을 통하여 만나고 부딪치는 과정에서 끝없이 옹골차고 값진 사상으로 꽃피게 된다. 우리가 대화라는 토론을 통해서 우리의 생각을 더 깊고도 알차게 만들어 가는 대화 문화라는 것은 바로 이것을 말한다. 일찍이 알랑은 그의 「문학론」에서 "가장 깊은 생각을 하는

사람은 남의 생각의 좋은 점을 따와서 그것을 한층 발전시키는 이이다."라
고 하였다. 미국 케네디 대통령도 "우리들에게 무엇보다도 필요한 것은 새
로운 생각의 계속적인 흐름"이라고 갈파하였다.

(서정수, 〈생각과 말〉중에서)

새로운 것을 발견해 기존의 자산 위에 덧붙이는 것, 기존의 것을 새로
운 시각으로 해석하는 것, 기존의 것을 검증하거나 반박하는 것, 산만하게
흩어져 있던 것을 체계적으로 정리하는 것 등이 모두 인류의 지적 자산
위에서 이루어지는 창조 행위이다. 그리고 이러한 창조 행위를 통해 인류
는 더 높은 지적 자산을 갖는 것이다.

자신의 생각하는 힘은 어느 정도이며, 글쓰기 능력은 어떠한가 점검할
필요가 있다. 만일 자신이 생각하는 것을 게을리 하고, 글쓰기 능력에 문
제가 있다고 여긴다면 글쓰기 연습을 할 필요가 있다. 글쓰기는 단순히
삶의 양식이 아니라 생활 그 자체이다. 생각은 글을 통해 표현되고 표현
된 글은 다시 우리의 생각을 발전시킨다. 생각의 발전이 삶의 질을 결정
하는 것이니, 글쓰기야말로 삶의 질을 높일 가장 효과적인 방식이라는 것
을 다시 한번 되새기자.

2.2 글과 쓸거리

글을 잘 못 쓰거나, 글쓰기를 싫어하는 아이들도 견학을 다녀 온 후 메
모한 내용으로 글을 쓰라고 하면 잘 쓰는 경우가 많다. 잘 쓴다는 것이
글쓰기를 피하지 않는다는 차원이 아니라 써놓은 글을 보면 내용도 풍부
할 뿐만 아니라 문장과 구성도 잘 짜여져 있는 것을 볼 수 있다.

왜일까?. 글을 잘 못 쓰던 아이들이, 글쓰기를 싫어하던 아이들이 대상
에 대한 표현력도 제법 쓸만하고 문장도 매끄럽고 구성도 썩 잘된 글을
쓰는 이유는 무엇일까? 그것은 견학을 통해 경험한 것, 알게 된 것, 평상
시와는 다른 새로움 등이 풍부하기 때문이다. 즉, 쓸거리가 풍부하기 때문

에 내용뿐만 아니라 표현 방식과 문장의 흐름까지 다듬어지는 것이다.

문제는 쓸거리이다. 쓸거리가 많아야 글을 잘 쓸 수 있다. 거꾸로 말하면, 아무리 글을 잘 쓰는 사람도 쓸거리가 풍부하지 않으면 억지 소리를 하게 되고, 억지 소리를 하다보면 말이 꼬이고 구성이 뒤틀린다. 따라서 문장 지도에서 가장 먼저 해야 할 것은 풍부한 쓸거리를 마련하는 일이다.

'쓸거리'라는 3말은 넓은 의미로 글의 소재 또는 제재를 통틀어 가리킨다. 쓸거리가 "대학에 관한 것"이라면 그것은 "대학"과 관련된 모든 사항을 가리킬 수 있다. "대학"에 관한 제도·사건·이야기·건물·여러 견해 등 모든 것이 일단 쓸거리로 고려될 수 있다.

그런데 쓸거리는 필자에 따라 그 범위가 한정된다. 즉, 글쓰는 사람이 알고 있는 범위 또는, 조사하여 알 수 있는 범위의 재료들만이 다루어 질 수 있다. 이런 경우의 쓸거리는 적절히 한정된 쓸거리가 되며, 이는 글쓰는 사람이 어디에 초점을 맞추느냐에 결정된다. 따라서, 쓸거리는 일반적으로 글쓰는 사람이 일정한 각도에서 사물을 바라보고 생각하여 글감을 마련했거나 마련될 수 있는 사실이나 견해들을 가리킨다고 할 수 있다.

쓸거리를 풍부하게 하기 위해서는 우선 많이 경험하고, 많이 배우고, 많이 생각해야 한다. 그리고 그 바탕에는 많은 관심이 있어야 한다. 쓸거리는 그냥 생기는 것이 아니다. 관심을 가지고 노력해야만 쓸거리를 풍부하게 할 수 있다.

2.2.1 쓸거리의 범위

우리 주변의 모든 것들은 쓸거리가 될 수 있다. 인물, 장소, 사건, 사물, 관념, 정서 등의 구체적인 것뿐만 아니라, 추상적인 것 모두가 쓸거리가 될 수 있다. 쓸거리의 원천은 여러 범주로 나누어 볼 수 있다.

    1. 자연물 : 하늘. 바다. 구름. 바람. 돌. 햇살. 산. 강 등
    2. 인　물 : 친구. 스승. 부모. 형제. 애인. 역사적 인물 등
    3. 사　건 : 체험. 질병. 화재. 일상적인 일. 신변의 일 등

4. 과거사실 : 역사적 사건. 일화. 잊지 못할 일. 과거 체험 등
5. 취미, 오락 : 운동 경기. 자신의 취미. 좋아하는 오락 등
6. 추상세계 : 진리. 가치. 자유. 이상. 사랑. 이념 등
7. 문화계 : 교육. 학문. 예술. 종교. 풍속 등

이와 같은 범주 외에도 쓸거리는 얼마든지 있을 수가 있다. 또 이들 범주는 얼마든지 더 세분할 수 있다. 이렇게 쓸거리는 우리 주변에 무궁무진하다.

그러나 이것들이 그대로 쓸거리가 되는 것은 아니다. 가령 '바다'가 글 전체의 쓸거리가 될 수도 있지만, 이런 경우 일반적이고 개념적인 글이 되기 쉽다. 그래서, '바다와 나(관계)', '바다와 오염(견해)', '겨울 바다(정서)', '바다와 소녀(추억, 일화)' 등으로 쓸거리를 좁힐수록 짜임새 있는 글이 될 수 있다.

2.2.2 쓸거리와 관심

사물이나 현상을 무심히 바라보면, 그것을 본다 하여도 참모습이 보이지 아니하고, 그것을 듣는다 하여도 참소리가 들리지 않는 법이다. 그래서 옛 바람도 〈心不在焉이면 視而不見하고 聽而不聞이니라(마음에 있지 아니하면 보아도 보이지 아니하고, 들어도 들리지 아니한다)〉고 말하지 않았던가?

이와는 반대로, 덤덤히 보아 넘기는 예사로운 일들도, 면밀하고 예리하게 관찰하면, 그것에서 새로운 진실을 발견하고, 깊은 뜻도 찾아낼 수 있게 된다.

김춘수의 '꽃'은 부르지 않았을 때에는, 관심을 두지 않았을 때에는 그저 몸짓에 불과했다. 그러나 관심을 가졌을 때, 그래서 그 꽃을 인식하고 꽃의 이름을 불렀을 때, 그 꽃은 본래의, 진정한 꽃이 되는 것이다.

우리 주변에는 수많은 삼라만상이, 시시각각 변화하고 우리를 스쳐간다. 그러나 우리는 그것을 깨닫지 못하고 그것들이 우리에게 주는 의미들

을 듣지 못한다. 그 이유는 바로 우리가 그들에게 관심을 갖지 않기 때문이다. 관심을 가졌을 때 비로소 삼라만상은 의미가 되고 더불어 우리 삶도 의미가 되는 것이다.

나는 어느 때, 이발관에서 이런 광경을 본 적이 있었다. 젊은 여종업원 한 사람이 면도칼로 바람이 든 고무 풍선을 열심으로 문지르고 있었다. 예리한 칼날에 고무 풍선이 터질 위험성이 많은데도 줄곧 장난질을 하고 있었다. 하도 잔망(孱妄)궂어 나는 혀를 차며 그러지 말라고 하였다. 그러나 그 때 여종업원의 대답이 너무나도 뜻밖이었다.

"아저씨, 전 공부를 하고 있습니다."

"뭘?, 공부한다고 ?"

"예, 면도 연습을 하고 있습니다"

"……"

"보들보들한 풍선 거죽을 손님의 얼굴이라 생각하고, 칼 쓰는 법을 훈련하고 있습니다."

딴은 그러했다. 칼을 조심조심 쓰지 않으면 보드라운 고무 풍선은 금방 터지게 마련이다. 고무 풍선이 터진다는 것은, 실제로 면도할 때, 손님의 얼굴을 베는 것이 되므로, 이렇게 미리 조련(調練)을 하는 것이라 믿어졌다.

더우기나 이발관 주인의 보조 설명이 나를 더 놀라게 했다. 일류 면도사가 되려면, 고무 풍선 스무 개쯤 터뜨리는 기초 훈련이 있어야 하고, 그 다음엔 면도칼을 집으로 가져가서, 만만한 자기네 오빠나 형부의 얼굴을 적어도 열 번 이상 베어야 된다고 했다.

여종업원이 면도칼로 바람이 든 고무 풍선을 열심으로 문지르고 있는 행위를 무심히 보아 넘겼더라면 그것은 무의미한 장난질에 그쳤을 것이다. 그러나 여종업원의 행동에 관심을 갖고 확인하면서 새로운 사실을 알게 되었고, 그와 관련된 한 편의 글을 쓸 수 있을 것이다. 가령, "삶과 직업", "우리시대의 올바른 직업관", "한 순간에도 최선을 다하는 삶", "자기의 본분에 온 힘을 다하는 삶은 아름답다" 등의 제목과 주제로 한 편의 글을 쓸 수 있을 것이다. 또한, 한 편의 글을 쓰는 것보다 더 중요한 삶의 교훈도 얻을 수 있을 것이다.

이처럼 주변의 사물이나 일어나는 일에 대해 관심을 갖는 것은 글쓰기의 좋은 기초 자료가 될 뿐만 아니라 삶을 풍요롭게 하는 일이다. 왜냐하면 글쓰기, 그것은 삶을 올바르게 세워 가는 일이기 때문이다.

2.2.3 쓸거리와 폭 넓은 지식

쓸거리는 지식에 의해서도 창출된다. 많은 정보와 지식을 가지고 있다는 것은 곧 다른 사람이 갖고 있지 못한 세계를 알고 있다는 것이고 그만큼 다양한 사고를 할 수 있다는 것이다. 그런데 이러한 지식은 독서를 통해 주도적으로 생성되고 메모에 의해 견고하게 기억된다.

사물에 대한 견문과 넓은 지식은 쓸거리를 마련하는 데에도 중요하지만, 쓸거리를 가지고 글을 전개하는 데에도 아주 중요한 요소이다. 견문과 지식을 넓히는 일도 역시 관심을 갖는 데에서부터 출발한다. 항상 주변의 사물, 사건 등에 대해 관심을 가져야 하며, 부족함을 느끼면 다양하게 자료를 모으는 습관을 가져야 한다.

다음 글에서 필자는 동서고금의 고사와 일화 등 숱한 지식을 바탕으로 현실적 사회 문제에서 쓸거리를 마련하고 있다. 이러한 글은 독자에게 늘 새롭고 값진 일깨움을 준다.

'형설의 공'이라는 말이 있다. 진나라 차윤이 기름 살 돈이 없어 반딧불을 모아 등불을 삼았으며, 역시 손강은 창변의 눈을 등불 삼아 책을 읽었다는 고사에서 비롯된 말이다. 신문 읽을 정도의 조명을 반딧불로 얻으려면 2천 마리가 필요하다는 실험이 있다. 하지만 진나라 차윤의 고향은 복건성이요, 그 땅에는 강력한 발광을 하는 대만 반딧불이 있어 20마리만으로 책을 읽을 수 있다 한다. 중미(中美)의 반딧불은 길이가 4센티나 돼 한 마리만으로 책을 읽을 수 있으며 파나마운하 건설 때 이 반딧불로 위급 환자의 수술을 한 기록도 있다.(중략) 이처럼 많은 역사와 문학을 지닌 반딧불이 농약 화학 폐수 등 환경공해로 멸종 위기에 처한 희귀 동물이 되고 말았다.

"청량리 수(雄)반디가 왕십리 암(雌)반디에 반해서 청계천 쌍(雙)반디가 되었네"하는 동요가 있었을 만큼 서울의 50대 성인들에게만도 향수의 명물이었다. 반딧불이 없는 냇물은 먹어서는 안 된다는 전통적 공해 판단의 기준이 되었던 반딧불이기도 하다. 따라서 반딧불의 멸종은 우리 금수강산에 먹을 물이 없다는 상징적 사건이 되기도 한다. 이에 환경처는 반딧불을 찾아 헤맨 끝에 경기도 가평군 조종천 상류서 서식지를 발견, 이를 생태계 보전 지역으로 지정하기로 했다 한다. 전설의 벌레로 묻혀 버릴 뻔한 반딧불의 가슴 조이는 명맥이 아닐 수 없다.

(이규태, 〈반딧불〉 중에서)

한편 한자(漢字)에 대한 폭 넓은 지식이 우리에게 쓸거리를 가져다 주거나, 글의 논리성을 확립해 주기도 한다.

모두가 알고 있듯이 한자(漢字)는 '뜻글자'이며, 몇 개의 글자가 모여 하나의 글자를 이루기도 한다. 그러므로 한자 한 자 한 자의 의미를 정확히 알고, 그 의미를 조합하면 훌륭한 글을 쓸 수 있다. 다음 글은 이어령의 '말' 중 한편이다. '政治'라는 한자(漢字)를 분석하여 논리적인 글을 쓰고 있다.

'정치'를 거꾸로 읽으면 「치정」이 된다고 말한 시인이 있었다. 정치가 거꾸로 되면 그야말로 치정 사건처럼 추문과 싸움과 파탄을 낳는다. 정치의 「政」자에 「正」이라는 글자가 들어 있는 것도 그 때문일 것이다. 그리고 그 옆의 「복(攵)」자는 손에 회초리를 든 모양을 본뜬 것으로 '똑똑 두드리다', '치다'와 같은 뜻을 가지고 있다. 그래서 정치의 「政」은 '채찍을 들어 올바르게 다스린다'는 뜻을 갖는다.

그래서 그런지 한자문화권의 정치는 이따금 말을 모는 것에 비유되곤 한다. 「孔子家語」에도 정치를 하는 사람은 말을 모는 사람이고 관리는 말의 고삐요, 법은 채찍으로 달리는 말은 백성이다.

그 사회와 나라가 올바로 움직이려면 공무원들의 고삐가 단단해야 하고 법의 채찍이 준엄해야 한다. 그런데 그 고삐와 채찍만으로 말을 잘 뛰게 할 수 있는가 하는 의문이 제기된다. 특히 "한국인과 팽이는 때릴수록 잘

돌아간다"는 일본 식민통치자들의 모욕적인 말을 들어온 우리로서는 더욱 그런 생각이 든다. 그 보완책으로 생겨난 말이 요즘 유행하고 있는 「채찍과 당근」이지만 타율적 통치방법이라는 면에서는 그게 그거다. 채찍이 무섭거나 당근이 탐나서 뛰는 말은 스스로 뛰고 싶어서 뛰는 말이 아니기 때문이다.

진정한 정치는 말 그대로 「政」에 「治」 자가 붙을 때 비로소 제 빛을 갖는다. 「治」자에도 역시 다스린다는 강압적인 의미가 들어 있지만 그 글자 뜻을 추적해 가면 타율이 아니라 자율의 의미를 발견하게 된다. 「治」자에 붙어 있는 「台」자는 흙을 파는 괭이 모양에 입 「口」자를 곁들인 것으로 "흙을 경작하여 먹는 입을 채워 자활(自活)하는 것"을 나타낸 글자라고 한다. 「台」자가 붙은 비슷한 한자인 「이끼 苔」를 보면 더욱 그 뜻이 확실해진다. 이끼는 보통 식물과는 달라서 물도 흙도 없는 바위에서도 자란다. 이끼는 다 말라 비틀어져 있다가도 어느새 파랗게 되살아나는 강렬한 자생력을 지니고 있는 생물이다. 「胎兒」라고 할 때의 「胎」자 역시 「台」자가 붙어 있다. 이끼처럼 자기 내부에 생명을 잉태하고 그것을 키워가는 독자적 힘을 지닌 것이 바로 신비한 태의 세계요, 태아이다. 그리고 보면 정치의 「治」자 역시 하천의 물을 인간 스스로의 힘으로 다스려 살아갈 수 있게 하는 自治自活의 뜻을 지닌 글자이다.

배 안에서 태아가 꿈틀대고 바위에서 이끼가 피어나는 그 내면의 자생력은 외부적인 채찍의 힘으로는 얻어질 수가 없다. 「태의 정치」, 「이끼의 정치」로 말을 몰면 그 말들은 제 스스로 뛰고 싶어서 뛴다. 고삐와 채찍으로 혹은 당근으로 모는 말보다 훨씬 빠르게 힘차게 달린다. 오죽하니 고삐 풀린 말이라고 하지 않던가. 채찍으로는 물가에까지 말을 몰고 올 수는 있으나 물을 마시게 할 수는 없다. 「政治」라는 글자에서 우리의 시선이 「政」에서 「治」로 옮기기만 해도 21세기가 보일 것이다. 管理社會에서 參與社會로가는 큰 물결 말이다. 정치는 말을 모는 것이 아니다. 말이 물을 마시도록 하는 힘이다.

정치의 「政」자를 「正」과 「攵」으로, 「治」자를 「水」와 「厶」, 「口」 (「台」)로 분석하여, 참된 정치의 방법을 제시하고 있다.

그러나 이러한 지식도 잘못 사용되거나 완전한 지식이 아닐 때에는 문제가 된다. 위 글도 잘못 인용된 부분이 있다.(이 단원에서 다룰 내용은 아니지만 찾아보자) "고삐 풀린 말이라고 하지 않던가"는 '자율적으로 달리는 말이 더 빨리 달린다'는 내용을 강조하다 보니 생겨난 작은 실수에 지나지 않는다. 더욱 문제가 되는 것은 완전한 지식이 아니거나 완전한 지식이라 하더라도 문맥에 전혀 어울리지 않게 사용된 것이다.

염상섭의 〈표본실의 청개구리〉의 끝 부분이다.

> 그 중에도 나의 머리에 교착(膠着)하여, 불을 끄고 누웠을 때나 조용히 앉았을 때마다 가혹히 나의 신경을 엄습하여 오는 것은, 해부(解剖)된 개구리가 사지(四肢)에 핀을 박고 칠성판 위에 자빠진 형상(形狀)이다.
>
> 내가 중학교 2하년 때에 박물(博物) 실험실에서 수염 텁석부리 선생이 청개구리를 해부하여 가지고, <u>더운 김이 모락모락 나는 오장(五臟)</u>을 차례로 끌어내어, 자는 아이 누이듯이 주점병에 채운 뒤에 발견이나 한듯이, 옹위(擁衛)하고 서서 있는 생도들을 들여다보며,
>
> "자아, 여러분, 이래도 아직 살아 있는 것을 보시오.
>
> 하고 뾰죽한 바늘 끝으로 여기 저기를 꾹꾹 찌르는 대로, 오장을 빼앗긴 개구리는 잰저리를 치며 사지에 못 박힌 채, 바달바달 고민하는 모양이다.

밑줄 친 부분을 꼬집어 말하면, 냉혈(冷血) 동물인 청개구리의 배에서 어찌 김이 나올 수 있는가? 그리고 전광용의 〈꺼삐딴 리〉에 나오는 한 대목을, 외과의사이며 수필가인 박문하는 다음과 같이 지적하였다.

> 의학박사인 이인국이란 주인공이 재북시(在北時), 소련 고문관 스텐코프의 얼굴에 나 있는 혹을 수술하는데, 척수(脊髓) 마취제(痲酔劑)를 놓았다고 했지만, 척수 마취제는 하반신(下半身) 수술에만 쓴다.

이 소설은 이 방면의 전문의나, 지식이 있는 사람이 볼 때 얼마나 우스웠겠는가?

한 편의 글을 쓸 때, 알고 있는 지식의 범주 안에서 쓸거리를 마련하는 일은 이래서 더욱 중요한 것이다. 그러나 정확한 지식의 범주 안에서만

쓸거리를 찾다 보면, 글쓰기가 매우 부담스럽게 되고 때에 따라서는 단한 줄의 글도 쓰지 못하게 된다. 가끔 '글쓰기가 어렵다', 또는 '무엇을써야 할지 모르겠다'라고 말하는 학생들을 본다. 이러한 학생들은 글쓰기를 특별한 것이거나 거창한 일이라 생각하기 때문이다.

그러나 글쓰기는 특별한 것이거나 거창한 일이 아니다. 다시 말하지만글쓰기는 생활의 일부분이요, 쓸거리는 우리 주변에 무궁무진하게 널려있다. 만일 쓸거리를 찾을 수 없거든 자기 자신을 거울에 비추어 보아라.거울에 비친 자화상은 어느 누구보다도 자기 자신이 잘 알고 있지 않은가? 자신이 잘 알고 있는 자기 자신을 쓴다면 훌륭한 글이 될 것이다.

2.2.4 쓸거리와 생각하는 힘

쓸거리를 마련하는 데는 깊이 생각하는 힘을 기르는 일이 가장 중요하다. 사물에 대하여 유달리 관심을 가지는 일, 견문 지식을 넓히는 것이 긴요한 일이지만, 여기에서 한 걸음 더 나아가 스스로 깊이 생각함으로써더욱 알차고 깊이 있는 쓸거리를 가다듬을 수 있다.

생각한다는 것은 독창적인 견해나 깊이 있는 사상을 창조한다. 그러기에 어떤 사물이나 사건에 대해 반드시 "왜", "어떤 것", "무슨 가치 때문에", "어떻게" 등 여러 가지 질문을 통해 생각하는 힘을 길러야 한다. 생각하는 힘 그것은 우리의 삶과 글을 한층 더 고차원적인 세계로 이끌 뿐만 아니라 문장을 전개하는 힘이다.

1) 왜?

어떤 사태가 우리에게 어떤 느낌을 주거나 관심을 끌 때, 왜 그런가를따지고 들어가는 것은 사고 작용의 시발이 된다. "왜?"라는 물음은 보통'원인'을 물을 경우와 '이유'를 따질 경우로 나뉜다.

우리가 "왜?"를 추구하여 사고 작용을 한다는 것은 결국 원인이나 이유를 따져 나가는 일이 된다. 어떤 사태가 일어났을 때 그 원인을 여러각도에서 분석하고 그것을 좀더 깊이 있고 짜임새 있게 뚫고 들어가면 일찍이 아무도 발견할 수 없었던 진리를 캐낼 수가 있다. 또한 우리의 행동에 대하여 그 타당한 이유를 밝히는 것은 대개 추리적이고 합리적인 사고 작용이 된다. 우리가 어떻게 해야 할 것인가에 대하여 해답을 마련해 주는 것은 대개 이유(근거)가 된다. 우리는 주위의 사태나 행동들에 대해서 그 원인이나 이유를 추구하는 사고 과정을 통해 얼마든지 좋은 쓸거리를 마련할 수 있다.

> 왜 우리는 산에 가는가? 산이 우리를 부르기 때문이다. 산은 무언의 표정으로 우리에게 정다운 손짓을 한다. 봄의 산은 연한 초록빛의 옷을 입고 수줍은 처녀처럼 우리를 부른다. 여름의 산은 풍성한 옷차림으로 힘있게 우리를 유혹한다. 가을의 산은 단풍으로 단장하고 화사하게 우리를 초대한다. 겨울의 산은 순백한 옷차림으로 깨끗하게 단장하고 우리에게 맑은 미소를 던진다.
>
> 산은 언제나 우리를 부르고 있다. 산에는 산의 언어가 있다. 산은 몸짓으로 말한다. 큰 바위는 억센 형태로써 말하고, 잔잔한 샘물은 밝은 몸짓으로써 말하고, 흰 폭포는 힘찬 운동으로써 말하고, 푸른 초목은 빛깔로써 말한다. 나무 사이를 스쳐 가는 바람은 소리로써 말하고, 아름다운 꽃은 향기로써 말한다. 산 속의 모든 존재는 저마다 제 언어가 있다.
>
> (안병욱, 〈산의 철학〉 중에서)

윗 글에는 감상적 요소가 상당히 짙게 풍기는 표현들이 있지만, 산의 여러 이채로운 모습들이 사람의 마음을 끌기 때문에 우리는 산에 오른다는 논리가 전체적으로 흐르고 있다. 그만큼 이 글의 필자는 산을 단순히 피상적으로만 보지 않고 여러모로 그 특징을 깊이 살피고 생각하였던 것이다. 곧, "왜?"를 여러 각도에서 제기함으로써 마련된 쓸거리다.

다음 글은 외국어의 범람이 왜 심각한 문제를 제기하는지를 따져 봄으로써 마련된 것이다.

> 외국어와 외래어가 범람하는 현실은 특히 문화적인 차원에서 매우 심각한 문제를 제기한다. 이러한 현실은 자라나는 청소년들의 문화적 주체성을

잠식한다. 외국말을 그토록 많이 쓰는 풍조는 청소년들로 하여금 부지불식 간에 제 나라말을 경시하게 하고, 나아가 제 것을 업신여기는 정신을 심어 주게 된다. 이러한 현상이 계속되다 보면 우리 국민이 문화적 사대주의 또 는 식민주의에 떨어질 가능성이 짙다. 외국어를 그렇게 자주 쓰는 버릇이 생기면 그 나라를 은연중에 존경하게 되고, 그 나라말로 표현된 사물을 숭 상하는 정신이 뿌리를 내리게 마련이기 때문이다. 이러한 언어적인 사대주 의가 얼마나 무서운 결과를 낼 것이냐 하는 것은 역사적인 사실에서 그 예 를 얼마든지 볼 수 있다. 그 한 예로 금나라와 청나라를 세움으로써 중원 을 제패했던 만주족이 제 겨레의 말을 경시하고 한나라 말, 나아가 그 문 화를 숭상하다가 그 겨레 자체가 지상에서 자취를 감추어 버렸다는 사실을 우리는 기억한다. 이런 점에서 볼 때 오늘날 외국어의 범람으로 나라말이 어지러워지고 있는 현상은 매우 중대한 문제가 아닐 수 없다.

(서정우)

【문제1】

> 　스쳐 지나가는 일상 생활 중에 그 이유를 따져 보면 재미있는 일들이 많다. 다음 두 물음에 답하고 그 이유를 곰곰이 생각하자.

(1) 여기에 사과 다섯 알이 있다. 그 중에는 좋은 사과도 있고, 나쁜 사과 도 있다. 이 때 좋은 사과를 먼저 먹어 나가야 할까 아니면 나쁜 사과부터 먹어 나가야 할까? 여러분이 이러한 경우를 당한다면 어떻게 할 것인가? 이유는?

(2) 실연 때문에 미쳐버린 정신병자가 있다. 그는 자기를 버린 애인과 행복한 결혼 생활을 하는 환상에 사로잡혀 매일 행복하게 지낸다. 이때 만일 그를 치료 해 주면, 그는 정상인이 되겠지만 대신에 행복을 잃게 될 것이다. 하지만 그를 치 료해 주지 않으면 영영 병자로 남을 것이다.

자! 여러분은 의사다. 이 환자를 어떻게 할 것인가? 그리고 그 이유는?

2) 어떤 것?

우리의 지적 사고 작용을 이끌어 가는 또 하나의 길잡이는 "어떤 것?" 이라는 물음이다. 이 물음은 "왜?"와 함께 씨줄과 올로 얽혀서 우리의 사고 작용을 일으키고 또 심화시킨다. '어떤 모양인가?〈유형의 사물〉', '어떤 성질/기능인가?〈유형, 무형의 사물〉', '어떤 뜻인가?〈추상적인 말 따위〉' 등 우리의 관심을 끌만한 인물이나 사물, 또는 추상적인 개념에 대하여 이와 같은 물음을 던지며 쫓아갈 때, 우리의 사고력은 왕성하게 움직이게 된다.

우리의 일상생활에서 늘 대하는 사물이나 사람 또는 말에 대해서도 그것을 무심코 지나치지 않고 일단 이와 같은 질문을 던지고 보면 새로운 것이 떠오르게 마련이다. 더구나 그것을 더 깊이 따져 가면 새롭고도 값진 것을 캐낼 수 있다. 또한 비록 널리 알려진 인물이나 역사적 사실 등에 대해서도 다시금 뜯어보고 생각을 해보면 미쳐 깨닫지 못한 바를 발견하는 일이 많다.

서재필은 고종 3년(1886) 10월 28일 전라도 보성군 문덕면 가천리에서 그곳 군수 서광언의 둘째 아들로 태어났다. 고향은 충남 논산이었으나, 아버지가 그곳으로 부임하게 되어 그곳에서 태어났다. 그의 집안은 옛부터 인물이 많이 나왔고, 선대의 서종제라는 분의 딸이 영조대왕에게 출가한 인연으로 왕가와 인척 관계에 있는 명문 귀족이었다.

그는 일곱 살 때 서울로 올라왔다. 아버지가 넓은 곳으로 보내야 견문이 넓어져 훌륭하게 자랄 수 있다고 생각한 때문이다. 그리하여 서재필은 외삼촌인 김성근의 집에서 글을 알게 되었다. 그때 김성근은 판서에 있는 정계의 거물이었다. 그는 이 외삼촌 집에서 그 집 친척으로 자주 집에 온 김옥균을 만나게 되고, 그에게서 많은 감화를 받게 되었다.

그는 외삼촌 집에서 〈동몽선습(童蒙先習)〉, 〈사기(史記)〉, 〈사서삼경(四書三經)〉을 전부 암송하다시피 배웠다. 6년 후에 열 세 살 되던 해에 그는 과거에 응시, 장원급제했다. 나이 불과 13세로 장원 급제를 했으니 세상 사람들은 모두 놀랐고 왕께서도 칭찬이 대단했다.

(송건호)

윗 글은 우리나라 개화기의 인물인 서재필의 출생, 집안, 어릴 때의 사귐, 13세 때 장원 급제한 사실들을 서술하고 있다. 이는 모두 서재필에 대한 여러 견문 지식으로 이루어졌다. 그러나 견문과 지식으로 그 쓸거리가

다 마련되는 것은 아니다. 필자 나름대로 견문 자료를 토대로 해서 추리하고 판단하여 독특한 견해들을 걸러 내야만 필자의 독자적인 쓸거리로 가다듬을 수가 있다. 다시 말하면, 아무리 잘 알고 있는 사물이나 역사적 사실이라도 좋은 쓸거리로 만들려면 "어떤 것?"이냐는 집요한 물음을 통해서 필자 나름의 분석과 견해를 심화시켜야 한다는 것이다.

다음 글은 인간이나 동물이 어떤 기능을 지니고 있는지에 대하여 생각한 끝에 마련된 글이다.

소크라테스는 말했다. 말은 뛰는 게 덕(德)이고, 쇠파리는 쏘는 게 덕이고, 인간은 생각하는 게 덕이라고. 여기에서 말하는 덕이란 그 동물의 가장 뛰어난 기능, 즉 그것으로 자기의 삶을 키울 적성을 말한다.

하나님은 모든 동물에게 다른 동물이 가질 수 없는 귀한 기능과 적성을 하나씩 주셨다. 이것을 키워 자기 삶을 완성시키는 게 그 동물의 사명인 것이다. 그러기에 하나님 앞에서의 한 삶의 높낮이는 이 사명을 어느 정도로 완수하고 있는가에 달려 있지, 결코 어느 한 능력이나 재능의 절대적 비교에 있는 게 아니다. 『중략』

소크라테스의 비유를 좀더 음미하여 보자. 말은 주인이나 주인의 짐을 싣고 달리는 데 삶의 가치가 있고, 쇠파리는 졸고 있는 소를 쏘아대어 그 소가 잠에서 깨어나 다시 일하게 하는 데 삶의 가치가 있다. 사람은 무엇이 옳고 무엇이 그른가를 생각하면서 사는 데 삶의 가치가 있다. 각 동물이 이처럼 자기 몫을 다할 때 이 우주에 정의(正義)가 실현되고 조화(調和)가 이루어지는 것이다. 만일 말이 뛰기를 싫어하고 쇠파리처럼 쏘기를 뽐내거나, 또 사람처럼 사색을 하려 든다면 이 세계는 어떻게 될 것인가 ?

(김정환)

3) 무슨 가치?

우리의 생각을 이끌어 가는 또 하나의 등대는 대상이 지니는 "가치"를 추구하는 것이다. 주위에서 벌어지는 일, 사물의 여러 성질, 인과 관계들이 우리에게 끼쳐 주는 것이 무엇이냐를 생각하는 것이다.

사실, 따져 보면 우리에게 무관한 일들이란 세상에 하나도 없을지 모른다. 하늘, 지구, 세계의 모든 사람들, 모든 민족의 문화, 바깥 세계와 이 사회에서 벌어지는 일들, 과거와 미래의 모든 일들은 다 우리와 직접·간접으로 관련이 있다. 그런데 그 가운데는 우리에게 더 큰 영향을 주고 더 밀접한 관계를 보이는 것이 있다. 이렇게 우리에게 더 큰 영향을 주고 우리의 더 큰 흥미를 끄는 것들은 한 마디로 우리에게 가치가 있다고 한다.

그렇다면 우리가 가치 있다고 생각하는 것이나 흥미를 갖는 것은 무엇일까. 그것은 대략적으로 포괄하여 다음과 같은 것일 것이다.

> 가) 참된 것 (진리, 도리, 바른 이치)
> 나) 선한 것 (착한 행위 들)
> 다) 아름다운 것 (보기 좋은 것, 감흥을 주는 것)

가) 참된 것

"참된 것"은 우리 인간 본성에서 희구하는 가치이며, 우리에게 만족을 주는 원천일 것이다. 우리는 본성적으로 거짓보다는 사실을 추구하고 사물의 바른 이치를 알고자 한다. 그것은 우리를 만족하게 하는 것이기 때문이다. 우리는 누구나 모르는 것에 대하여 늘 궁금해 하고 알고자 애를 쓴다. 이것은 우리가 사물의 이치를 알려는 욕망 곧 진리를 구하는 욕구를 본성적으로 지니고 있기 때문이다.

다음 글은 사랑의 본질, 곧 사랑의 참모습이 무엇인가를 밝히려는 노력에서 얻어진 쓸거리가 바탕이 되었다.

> 사랑이란 본질적으로 "가치를 향한 마음의 세찬 운동"이라고 할 수 있다. 사랑은 여러 가지로 뜻매김하고 있지만 무엇보다도 가치 곧 진, 선, 미의 가치를 발견하였을 때 그것을 향하여 우리 마음이 움직이는 것이 사랑이라는 것이다. 참된 것을 보았을 때 우리는 그것을 희구하고 얻고자 한다. 이것은 진리에 대한 사랑이다. 착한 행위나 거룩한 것을 발견하였을 때 흐뭇해하지 않는 사람은 없다. 우리는 그런 선을 본성적으로 바라고 있기 때문이다. 이는 선행에 대한 사랑이다. 아름다운 대상을 보았을 때 거기에 마음이 끌리지 않는 사람은 없다. 이런 미적 가치를 찾아 우리 마음이 움직이는 것이 또한 사랑의 일면이다. 우리가 하는 갖가지 사랑은 본질

적으로 이런 가치를 향해서 마음이 세차게 움직이는 데서 나타나는 것이
다.

(서정수)

이처럼 우리의 관심사에 대하여 본질적인 참모습을 찾아 밝히려는 노력은 진리를 향한 우리의 본성적 욕구에서 비롯되는 사색이며, 이런 사색의 결과로 쓸거리가 마련된다.

요컨대 진리를 찾는 것이라고 해서 반드시 고정불변의 명제만을 구하는 것이 아니다. 사실상 그런 절대적 진리는 쉽사리 탐구되는 것도 아니다. 주변의 일상사에서 그 참 모습 또는 본질적인 요소가 무엇인가를 찾아 밝히려는 노력은 모두 진리 탐구의 길이라고 할 만하다. 그런 과정을 거쳐 불변의 근본 진리에 가까워질 수 있기 때문이다. 우리는 이런 참된 것을 찾는 사고력을 늘 닦음으로써 사고 능력을 향상시킬 뿐 아니라 진주알 같은 훌륭한 쓸거리를 뽑아낼 수 있다.

【문제2】

우리 주변에는 많은 사람들이 옳다고 믿지만 사실은 그릇되어 있는 상식적 통념들이 많다. 이를테면 〈보기〉의 '흥부집 기둥에 입춘방'이라는 말이 그 하나다. 이처럼 진실처럼 굳어져 버린 상식적 통념들을 뒤집어 생각하는 것은 좋은 사고력 배양 훈련이며, 참 진실을 찾아가는 과정이라고 여겨진다. 〈보기〉의 글을 참고하여 주어진 말들이 왜 잘못되었는지 쓰고, 잘못된 상식적 통념들을 더 찾아라.

'흥부집 기둥에 입춘방'이란 말이 있다. 격에 맞지 않음을 빗대는 말이다. 왜 격에 맞지 않는가는 흥부가 사는 집의 몰골을 먼저 알아야 한다.

수수깡, 뺑대 한 짐으로 반나절에 지은 집으로 방에 누워 발을 뻗으면 발목이 벽 밖으로 나가니 차꼬(발에 끼우는 형틀) 찬 놈 같고, 방에서 멋모르고 일어서면 모가지가 지붕 밖으로 나가니 칼(목에 끼우는 형틀) 쓴 놈 같기도 하다. 잠결에 기지개를 켜면 발은 마당으로 나가고 두 주먹은 벽 밖으로 나가며 엉덩이는 울타리 밖으로 나가, 동네 사람들이 걸리적거린다고 궁둥이 들여들이라는 소리에 깜

짝 놀라 일어나 앉아 대성통곡하는 그런 집이다. 그러한 집 기둥에 입춘을 맞아 입춘대길이며 소지황금출, 개문만복래, 수여산부여애, 호답동서남북재… 하는 입춘방을 써 붙였던 것이다. 가난하지만 그 가난에 비굴하지 않고, 가난에 절망하지 않고, 가난에 비뚤어지지 않고, 가난을 한탄하지 않고, 가난에 남의 탓을 않고, 한 해에 한 번씩 밝디 밝게 희망을 가져 보는 흥부의 입춘방은 우리 한국인이 가난하지만 끈기 있게 살아 온 정신적 원천이기도 한 것이다.

　지방에 따라 입춘날이나 대보름 전날에 베푸는 '아홉 차리'라는 민속도 가난하지만 근면하게 끈기 있게 살라는 교훈적 세시민속이다. 이 날은 각자 소임에 따라 아홉 번씩 부지런하게 일을 되풀이하면 한 해 동안 복을 받고 그렇지 않으면 화를 받는 줄 알았다. 글방에 다니는 아이면 〈천자문〉을 아홉 번 읽고, 나무꾼은 아홉 짐의 나무를 하며, 노인이면 아홉 발의 새끼를 꼰다. 계집아이들은 나물 아홉 바구니를, 아낙들은 빨래 아홉 가지를, 길쌈을 해도 아홉 바디를 삼고 실을 감더라도 아홉 꾸리를 감는다. 심지어는 밥을 먹어도 아홉 번, 매를 맞더라도 아홉 번을 맞았다. 구우일모(九牛一毛), 구절양장(九折羊腸) 하듯이 '아홉 차리'는 꼭 아홉 번 하는 것이 아니라 많이 한다는 뜻으로 일을 꾸준히 많이 하면 잘 살 수 있다는 근면 철학을 세시 풍속에 정착시킨 것이다.

– 〈하략〉

　　① 가난 구제는 나랏님도 못 한다.
　　② 오십 보 백 보.
　　③ 오는 말이 고와야 가는 말이 곱다.
　　④ 꿩을 보아야 꿩을 잡지.

　나) 선한 것

　"선한 것"이란 온갖 착하고 거룩한 것들을 말한다. 윤리 도덕적으로 착한 일, 종교적으로 거룩한 일, 자비로운 행위 등은 선적 가치가 있는 것이다. 이를테면, 조가 없이 깨끗한 마음이나 행동, 남을 위한 희생적 사랑 행위 등은 모두 이 범주에 든다.

　동서고금을 막론하고 인간은 온갖 악과 간사하고 추잡한 행동을 본성적으로 배척하는 반면에 온갖 착하고 깨끗한 마음가짐과 행동을 바라며, 또 좋아한다. 따라서 이런 선적 가치를 찾고 얻으려는 적극적인 노력에서 우리는 가치 있는 쓸거리를 마련할 수 있다.

다음 글은 "소나무"라는 자연물이 상징하는 가치를 쓸거리로 삼아 이루어진 글이다. 이런 자연물의 미덕도 윤리적 관점에서 바라보았을 때는 선한 것 가운데 한 가지로 여겨질 수가 있을 것이다.

우리 할아버지 할머니는 소나무를 사랑하셨습니다. 삼천리 금수강산의 대표적 나무는 뭐니 뭐니해도 늘 푸른 소나무입니다. 깊이 뿌리내리고 비가 오나 눈이 오나 한 자리 내 땅 내 흙을 지켜 사는 소나무야말로 만고불변의 지조를 보여줍니다. 정몽주의 임 향한 일편단심이나 성삼문의 독야청청이 다 이 소나무에서 나왔습니다. 청태종 오랑캐 앞에 무릎을 꿇을 수 없다는 홍익한, 윤 집, 오당제의 지조와 순국정신, 왜놈이 주는 물 한 모금도 마실 수 없다고 한 면암 최익현 대감의 그 꿋꿋한 나라 사랑, 일본은 망한다 망하고야 만다고 외치다가 돌아간 순국소녀 유관순 등의 횃불 같은 지조가 다 이 소나무의 기상에서 나왔습니다. 우람한 솔바람 소리 들어 보셨습니까? 아람드리 솔숲이 우는 소리 태평양 성난 파도보다 더 큰 벼락이었습니다. 바람에 쏴아 우는 솔바람 소리에 온갖 잡념이 다 사라지고 일념으로 타오르는 정의의 신념이 샘솟았습니다. 소나무는 아침저녁으로 변하는 잡목이 아닙니다. 소나무는 이 겨레 기상과 지조의 상징입니다.

다) 아름다운 것

"아름다운 것"은 온갖 미적 가치를 뜻한다. 자고로 아름다운 것을 싫어하는 사람은 없다. 인류 문화의 많은 부분은 아름다움을 쫓는 우리의 본성에서 나왔다고 할 수 있다. 아름다움은 음악, 미술, 문학 따위의 온갖 예술의 목표가 되고 있다. 아름다움은 우리에게 호감, 흐뭇함, 희열, 감흥과 감동을 주는 가치 요소이기 때문이다.

우리는 이런 아름다운을 도처에서 발견할 수 있다. 그런 아름다움을 그냥 지나치지 않고 마음에 두어 그 참모습을 파고들면 알찬 쓸거리를 마련할 수가 있다.

다음 글은 어렸을 때 느꼈던 아름다운 고향 풍경을 쓸거리로 삼고 있다.

고향 뒷산에 피어 있던 도라지꽃을 지금도 잊을 수가 없다. 어린 시절,

나는 땅속에 뿌리를 내리고 줄기가 뻗어 올라와서 청초하고 맑은 꽃을 피우고 있는 도라지꽃의 묘한 색깔과 그 꽃이 풍기는 아름다움을 넋을 잃고 관찰하곤 했다. (중략)

　어린 시절, 나의 유일한 벗은 뒷동산이었고 자연이었다. 봄이면 함박눈 같은 감꽃을 하나 주워 모아 땅바닥에 웅크리고 앉아 감꽃을 연결하여 풍경을 그려보곤 했다. 오후 한 나절은 으레 뒷동산에 올라가 팔베개를 하고는 하늘과 바람과 구름을 바라보며 시간을 보냈다. 그곳에 누워 흘러가는 구름이 소나무에 걸려 있는 것을 감상했고 서산에 넘어가는 붉은 태양의 오묘함을 체험했다.

(송수남)

4) 어떻게 ?

"어떻게?"라는 물음이 또한 지적 사고 작용의 길잡이가 된다. 이 물음은 '어떻게 하나?(방법, 태도)', '어떻게 작용하나? (기능, 과정)'와 같은 사항을 밝히는 사고 작용을 이끌어 간다.

이 "어떻게?"라는 물음은 대개 "왜?"나 "어떤 것?"이라는 물음과 함께 어울려 생각의 깊이를 더해가게 된다. 이처럼 주위의 사람이나 사물의 움직임을 만날 때 어떻게, 어떤 방법이나 태도로 하고 있는가를 뜯어 보고 따져 본다면 많은 쓸거리를 얻을 수가 있다.

다음 글은 우리나라 사람들이 너무 서두는 경향이 있음을 여러 모로 관찰하고 들은 것을 바탕으로 쓰여진 것이다. 글 중에는 이렇게 행동이나 사건을 쓸거리로 삼아서 주제를 부각시키는 일이 많다.

　"우리 중국 사람들은 성격이 너무 느리고, 한국 사람은 급하니 두 나라 사람들이 서로 그 장단점을 보완하면서 같이 일하면 좋은 결과가 있을 것이오." 일전에 만난 한 중국 사람이 이런 저런 이야기 끝에 이렇게 말하자, "나도 그렇게 생각하오."라고 엉겁결에 맞장구는 쳤지만, 나중에 가만히 생각하니 궁금하였다. 그 사람이 도대체 왜 우리나라 사람들의 성격은 조급하다고 말했을까. 그 이유를 당사자에게 미처 물어보지 못했으나, 그 사람 직업이 한국 관광객들의 중국 안내원인 것으로 미루어 볼 때, 우리나라 사람들을 안내하면서 혹시 그렇게 느끼게 된 것은 아니었을까.

누군가에게서 들은 바에 의하면, 우리나라 관광객들이 태국의 식당에 들어가서 한국에서 왔다고 하면, "빨리 빨리" 하고 한국말로 크게 외치면서 식탁에 쌀밥 그릇부터 먼저 가져다 놓는다는 것이었다. 직접 본 것이 아니라 그 진위는 알 수 없으나, 아주 맹랑한 거짓말은 아닐 성도 싶다.

신문에도 났었지만, 우리나라 엘리베이터를 타보면, "문 닫힘"이라는 단추 위의 글자만이 유독 많이 지워져서 잘 보이지 않는다. 가만 놔두어도 1초면 저절로 닫히는 것을 그 순간을 미처 못 참아 빨리 문이 닫히라고, 그것도 한 번이 아니라 두세 번씩 누르고 두들겨대니 그 글자인들 온전할 수 있을 것인가.

【문제3】

우리 주변에는 잘못된 사고방식이 판을 치고 있다. 이러한 잘못된 사고방식은 조금만 생각하면 그 허점을 어렵지 않게 찾아 낼 수 있다. 가령, 국회 감사에서 국회의원과 장관이 보기와 같은 질의 응답을 주고받았다고 가정하자

보 기

국회의원 : 우리나라는 '세계 제일의 고아 수출국'이란 오명을 갖고 있다. 어째서 고아들까지도 수출해야만 하는가?

장   관 : 국내 입양이 부족하니 어쩔 수 없지 않은가? 우선 이 자리에 있는 국회의원 여러분들부터 앞장서서 불쌍한 고아들을 한 명씩만 입양해 주기 바란다. 그러면, 모든 문제는 해결될 것이다. 문제는 국민들의 협조가 부족한 탓이다.

위 대화에서 장관의 말은 분명히 잘못된 것이다. 국회의원의 입장에서 잘못된 점을 지적하라. 또 우리 주변(신문)에서 잘못된 사고 방식을 찾아내라.

생활하면서 의식 전환의 필요성을 가끔 느낀다. 좋은 일은 부정적 측면에서, 나쁜 일은 긍정적 측면에서 바라 볼 수 있을 때에야 비로소 의식 전환을 이룰 수 있다. 이러한 의식 전환은 입장의 차이에서 갈등이 일어났을 때 더욱 필요하게 된다.

보 기

아내

　장모님 하시는 말씀이 불면 날아갈까 놓으면 깨질까 25년 고이고이 키운 자식 자네에게 맡기니 늘 고맙다 여기시라 눈물 머금어 당부하시오나 이 무슨 서운한 말씀이오니까 장모님께오서는 겨우 25년 고생이셨으나 저는 말이 외다 그보다 몇 배에 해당할지도 모를 장구한 세월을 먹이고 입히고 재워야 하는 그 엄청난 고난을 눈앞에 두고 있사온 즉 어이하여 장모님께오서는 저간의 당신 어려우심만 일일이 헤아리시며 저의 딱한 처지는 나 몰라라 하시오는지 저의 이 야속한 마음은 하늘이나 아시올까

(어느 시인의 시)

　〈보기〉에서는 장모님과 나(사위)의 입장 차이에서 오는 서로 다른 의식을 엿볼 수 있다. 우리가 누군가와 의견 대립이 생겼을 때 한번쯤 상대방의 입장에서 생각한다면 바람직한 인간 관계를 유지할 수 있을 것이다.

Ⅲ
생각하는 힘 기르기

앞장에서 글을 쓰는 데에 생각하는 힘이 얼마나 중요한 것인가를 살폈으니, 모두 '생각하는 힘'이 글쓰기와 우리의 삶에 꼭 필요한 것임을 알았을 것이다. 그렇다면 생각하는 힘은 어떻게 기르는 것일까?.

생각하는 힘은 한 순간에 길러지는 것이 아니다. 늘 주변의 일에 의문을 가지고 있어야 하며, 문제점이 있으면 적극적으로 해결하기 위해 노력하여야 한다. 인내를 가지고 꾸준히 노력해야만 생각하는 힘을 기를 수 있다.

3.1 생각하여 문제점 풀기

우리 주변에는 많은 문제가 있다. 아침에, 더 자야 될 것이냐 아니면 그만 일어나야 할 것이냐 부터 시작하여 밥을 먹느냐 아니면 우유 한 잔으로 해결하느냐, 버스를 타야 될 것이냐 택시를 타야 될 것이냐 까지 하루에도 우리가 풀어야 할 문제는 산적해 있다.

이러한 문제들을 회피하고 무시하거나 본능적으로 해결하려고 하지 말고 논리적인 생각을 통해서 해결하는 습관을 들이자. 그러면 생각하는 힘도 늘 것이고 우리의 삶을 더욱 알차게 살 수 있을 것이다.

재호는 다음과 같은 문제점에 봉착하였다. 모두 자신의 문제로 여기고 풀어 가도록 하자.

> 재호는 다리가 부러지 진도개 '완도'와 고양이 '야옹이', 그리고 낚시에서 잡은 붕어가 담긴 바구니를 차에 싣고 아파트 앞에 도착하였다. 그런데 문제가 생겼다. 완도나 야옹이, 붕어 바구니는 무거워서 하나씩밖에 운반 할 수 없다. 완도를 먼저 나르자니 야옹이가 붕어 바구니에 덤벼들 것이고, 붕어 바구니를 먼저 나르면 완도와 야옹이가 다투어 서로 상처를 입을 것이다.
>
> 자! 재호는 어떠한 방법으로 이들을 날라야 할 것인가?.

먼저 문제점을 인식하고 정리하여야 할 것이다. 제호에게 주어진 문제점은

1) 한 번에 하나씩밖에 나를 수 없다
2) 야옹이와 붕어 바구니는 같이 둘 수 없다
3) 야옹이와 완도 역시 같이 둘 수 없다

는 것이다. 이들 문제점을 살펴보면 1)은 변할 수 없는 조건이지만, 2)와 3)은 극복할 수 있는 조건처럼 보인다. 즉,

완도와 붕어 바구니는 같이 둘 수 있다.

라는 문제 해결의 열쇠를 발견하게 된다. 이 열쇠를 잘 활용하면 이 문제는 해결할 수 있을 것이다. 여러 생각 끝에 다음과 같은 과정을 얻어 문제를 풀 수 있을 것이다.

① 야옹이를 집에 두고 나온다.
② 완도를 집으로 데려가서 야옹이를 데리고 나온다.
③ 야옹이를 놓고 붕어 바구니를 집으로 나른다.
④ 마지막으로 야옹이를 집에 데리고 간다.

이러한 문제 해결에 다른 문제점은 없는가? 어떤 학생은 ②와 ③의 과정에서 완도와 야옹이, 야옹이와 붕어 바구니가 함께 있게 된다는 점을 지적하였다. 그러나 ②와 ③의 과정에는 재호가 있으므로 통제가 가능하니 문제가 되지 않는다.

그렇다면 이 문제 해결 방법은 완벽한 것인가? 다시 곰곰이 생각하여 문제점을 적어보자.

【문제1】

다음 주어진 조건들의 순서를 생각하고 그 이유를 쓰라

(　　　　　　　가　　　　　　　)

철수가 배를 타고 항해를 하는데, 갑자기 폭풍우가 닥쳤습니다. 배는 기관 고장을 일으켰고, 파도가 치는 대로 흘러흘러 갑니다. 철수는 구사일생으로 혼자서 무인도에 닿았습니다. 섬에 내려보니 샘이 하나 있을 뿐, 풀 한 포기 없고 바위 뿐입니다. 물고기를 잡을 만한 도구나 그 도구를 만들 만한 재료도 없습니다. 그러나 다행스럽게도 철수가 타고 온 배에 알을 낳는 암탉 두 마리, 젖을 짤 수 있는 염소 한 마리, 그리고 보리가 두 말이 있었습니다.

철수는 이 식량으로 최대한 오래 버텨야 합니다. 구조선이 언제 올지 알 수 없으니까요.

어느 것을 먼저 먹어야 할까? 제일 오래 견딜 수 있게 먹는 방법은 무엇일까? 보리를 닭과 염소한테 주고 그놈들이 내는 알과 젖을 먹고 살다가 나중에 잡아먹을까? 아니면 보리를 내가 다 먹기 위해 이놈들을 먼저 잡아먹을까? 어차피 결과는 같을테니 이런 고민으로 에너지 낭비하지 말고 그

> 냥 아무거나 먼저 먹을까?
>
> 아니, 그래서는 안 되지요. 목숨이 걸린 문젠데, 제일 오래 살아남을 수 있는 방법을 찾아내야만 합니다.
>
> 자, 그럼 어떤 것을 먼저 먹어야 할까요?
>
> (「생물에세이」에서)

3.2 결여된 정보, 단계 생각하기

일상 생활에서 어떤 문제점에 부딪쳤을 때 우리는 충분히 정보를 모으지 않거나 꼭 필요한 단계를 뛰어 넘는 수가 있다. 따라서 잘못된 문제 해결로 인해 더 큰 문제를 일으키거나 손해를 보는 수가 있다. 또한 문제 해결 자체를 포기하는 경우도 종종 있다.

여러분이 즐기는 '넌센스 퀴즈' 중 하나를 살펴보자.

코끼리를 냉장고에 넣는 3단계는?   - 열어, 넣어, 닫어 -
코끼리를 냉장고에 넣는 2단계는?   - 열어, 코끼리 암수를 넣어 -
(저희들이 알아서 닫음)

넌센스 퀴즈로는 재미있는 문제요 답이지만, 일상 생활에서는 맞지 않는다. 코끼리를 의인화하였다는 것은 문제삼지 않더라도 (사실 코끼리를 의인화했다는 것은 문제가 안 된다. 의인화는 일상 생활을 윤택하게 하는 하나의 수법이니까) 코끼리를 넣을 큰 냉장고가 있는가 하는 단계를 무시하고 있다. 코끼리를 넣을 큰 냉장고가 있어야만 위 문제가 성립된다. 생각해야 할 단계를 뛰어 넘은 것이다. 우선 이 문제를 해결해야 한다.

학생들에게 물어보니 재미있는 대답들을 하였다. 신기하게도 전공 학과와 관련 있는 대답을 하였다. 가령, 경제학과 학생들은 '코끼리를 팔아 그 돈을 냉장고에 넣는다'라고 대답했고, 공과대 학생들은 '큰 냉장고를 만들면 된다'고 대답하였다. 그런데 무역학과 학생들은 공과대 학생들의 방법에 이의를 제기했다. 단 하나의 큰 냉장고를 만들기 위해서 설계를 하고 공장 설비를 변경하고, 새롭게 자재를 구하는 것은 너무 돈이 많이 든다는 것이다. 무역학과 학생들이 제시한 것은 큰 냉장고를 싸게 수입하자는 것이었다.

그 중에서 참 재미있는 답은 심리학에 관심이 있다는 학생의 대답이었다. 코끼리에게 "너는 냉장고에 들어 갈 수 있다. 너는 냉장고에 들어 갈 수 있다…"고 반복하면 자기 도취(용어가 정확하지 않다)에 의해 코끼리가 작은 냉장고에 들어 갈 수 있다는 것이다.

여러분은 "코끼리를 냉장고에 넣을 수 있는가?"하는 문제를 어떻게 풀 것인가?

3.3 고정관념 버리고 생각하기

생각하는 힘을 기르기 위해서는 '나'를 버려야 한다. 여기에서 '나'란 자신을 포위하고 있는 고정 관념이나, 감정, 고집(아집) 따위들이다. '나'를 버리는 일은 생각하기나 글쓰기에서만 중요한 것이 아니라, 우리의 생활에서 매우 중요한 일이다.

한 때 "마음을 비웠다"는 말이 유행한 적이 있다. 큰 일을 위해서나 공적인 일을 수행하기 위해서는 마음을 비우는 일이 중요하다는 말이니, '나'를 버리는 일과 다를 바 없다.

거울만 쳐다보고 있는 사람은 자기 자신밖에 볼 수 없다. 거울 뒤에 칠한 은을 벗겨내어야 다른 사람과 사물을 폭넓게 볼 수 있는 유리가 된다. 자기를 포위하고 있는 '나'를 버려야만 좋은 생각을 가질 수 있으며, 좋은 글쓰기를 이룰 수 있다. 뿐만 아니라 아름다운 삶을 영위할 수 있다.

(가) 화가 J씨와 Y씨는 서로 다른 유파에 속해 있어서 사이가 좋지 않았다. 어느 때 J씨가 국전에 작품을 내었는데, 마침 Y씨가 심사원장이 되

었다. Y씨는 J씨의 대선배였던 것이다.

심사는 막바지에 이르러 마침내 최종심이 진행되고 있었다. 심사위원장인 Y씨는 문득 J씨의 작품 앞에 멈추어 섰다. 순간, Y씨의 얼굴은 벌레라도 씹은 듯 잔뜩 찌푸려졌다. Y씨는 내뱉었다.

"개새끼!"

사람들은 J씨가 결국 낙선하고 말 것이라고 생각하여 내심 그를 동정하였다. 그러나 그것은 잘못된 생각이었다. 다음 순간 Y씨는 이렇게 말했던 것이다.

"개새끼! 그래도 그림 하나는 잘 그린단 말야!"

J씨의 작품이 입상하였음은 물론이다.

(나) 漢나라 高祖에게는 蕭何라는 뛰어난 재상이 있었다. 그에 못지 않게 유능한 인재로 曹參이 있었다. 그러나 둘은 원수같이 지내는 사이였다. 조참은 소하가 꼴도 보기 싫다 하여 시골에 틀어박혀 있었다.

그러다 소하가 죽었다는 소식이 날아왔다. 조참은 당장 上京채비를 하라고 아내에게 일렀다. 웬일이냐고 아내가 묻자, 그는 대답하길

"소하가 죽기 전에 틀림없이 후임 재상으로 나를 천거했을 것이다."

"당신네는 세상이 다 아는 원수지간이 아닙니까?"며 아내가 놀라자, 조참은

"그야 그렇지만 나만한 적임자가 따로 없다는 걸 소하가 잘 알고 있었을게요."

과연 소하는 죽기 전 조참을 천거해 조참이 재상이 됐다.

(「만물상」 중에서)

만일 Y씨가 자신의 감정에서 벗어나지 못했다면 공정한 심사가 이루어질 수 없었을 것이고, 우리의 삶은 감정의 싸움터가 되어 어수선해졌을 것이다. Y씨가 '나'를 버리고 객관적인 심사 태도를 지녔기 때문에 우리의 삶은 아름다운 것이다. 소하와 조참의 일화에서도 같은 것을 느낄 수 있다. 조참을 천거하는 소하 같은 태도를 지녀야 한다. 그래야 소하가 자신을 천거할 것이라는 조참의 믿음, 그러한 믿음의 삶이 열린다.

'나'를 버리는 일은 나 자신의 평안을 위해서도 바람직한 일이다.

한 수행자가 도시를 지나가는데 많은 사람들이 몰려들어 욕을 퍼부었다. 그러나 그 수행자는 아무런 표정도 없이 다만 그들을 위해 신께 기도할 뿐이었다.

어떤 사람이 이상하게 생각하고 수행자에게 물었다.

"저들이 당신에게 저토록 심한 욕을 퍼붓는데도 그들을 위해 기도하다니 당신은 어찌된 사람입니까?"

수행자가 담담하게 대답했다.

"내가 갖고 있는 것을 줄 수 있을 뿐이 아니겠소? 내게는 분노가 없으니, 나는 저들에게 분노를 줄 수가 없소, 그런데 마침 내게 약간의 자비가 있으므로 나는 그것을 저들에게 나누어주고 가는 것뿐이라오. 저들이 나에게 욕설을 퍼붓는 것도 인연이기에 말이오."

수행자가 돌을 던지는 사람들과 같이 감정의 '나'에 얽매어 있었다면, 곧 싸움이 일어났을 것이다. 수행자가 싸움에 이겼다 하더라도 수행자는 자기가 당한 수모에 괴로워했을 것이다. 그러나 수행자는 감정의 '나'에서 벗어났기 때문에 자비를 베풀 수 있었으며, 그는 행복한 마음을 가질 수 있었다.

생각하는 힘을 기르기 위해서도 자신의 머리 속을 꽉 채우고 있는 '나'를 버려야 한다. 신선한 새 물을 담기 위해서는 그릇 속에 담겨 있는 묵은 물을 버려야 하듯이, 우리 머리 속에 자리 잡고 있는 묵은 '나'를 버려야만 새롭게 생각하는 힘을 기를 수 있다.

모두 '나'를 버리고 '나'에서 벗어나자.

3.4 관점 달리하여 생각하기

이제는 '나'에서 벗어나 새로운 관점으로 사물이나 현상을 생각하는 힘을 기르자. 모든 사물이나 현상들은 고정되어 있는 것이 아니고 항상 변하기 때문에 이 훈련은 매우 값진 것이다. 혹 고정된 사물이라 하더라도 관점을 달리하여 생각하면 새로운 모습과 가치를 창조해 낼 수 있다.

좋은 책은 여러 번 읽을 때마다 새로운 흥미와 가치를 느끼게 한다. 가령 「孟子」는 읽을 때마다 새롭게 해석되며, 「누구를 위하여 종은 울리나」는 읽는 나이에 따라 점점 더 새로운 감명을 가져다 준다. 또는 우리는 내가 과거에 했던 말이나 행동을 지금에 와서 후회하기도 하는데 이것은 다 우리의 관점이 과거와 달라졌기 때문이다.

마네나 모네, 이중섭 등등 유명한 화가들은 그들이 살아 있을 때에는 아무런 명성도 얻지 못했다. 그것은 그들의 그림이 변해서가 아니라 그들의 그림을 바라보는 사람들의 관점이 변했기 때문이다. 그 당시 사람들이 새로운 관점에서 그들의 그림을 바라보지 못했기에 그들은 불우한 삶을 살다 간 것이다.

글쓰기에서도 새로운 관점이 필요하다. 새로운 관점은 글쓰기의 '참신성'과 밀접한 관련을 맺는다. 새로운 관점을 갖지 못한 사람이 쓴 글은 고리타분하여 아무런 흥미나 기치를 주지 못한다. 새로운 관점으로 사물을 바라보고 현상을 파악하여 글을 썼을 때 그 글은 읽는 사람에게 흥미와 가치를 줄 수 있다.

다음 그림에 들어 있는 선들의 관계를 서술해보자.

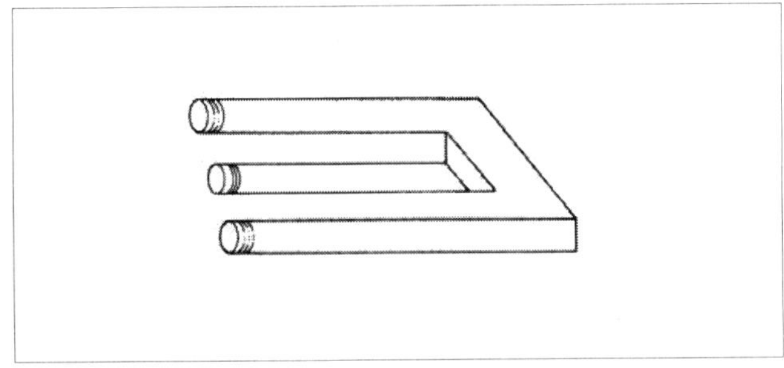

그림을 구성하고 있는 선들의 관계를 서술하기가 무척 힘들 것이다. 아무리 애를 써도 선들의 관계를 파악하기란 쉽지 않을 것이다. 그 이유는 그림을 왼쪽에서 볼 때와 오른쪽에서 볼 때, 서로 다르게 보이기 때문이다. 이 그림은 바라보는 관점에 따라, 고정된 하나의 모양이라도 다르게

보일 수 있다는 사실을 확연히 보여주고 있다. 이미 고정된 한 형태라도 다른 관점에서 볼 때는 변화를 일으켜 관계 자체가 다른 관계로 바뀌어 보이는 것이다.

다음 그림 속의 상자는 모두 몇 개일까?

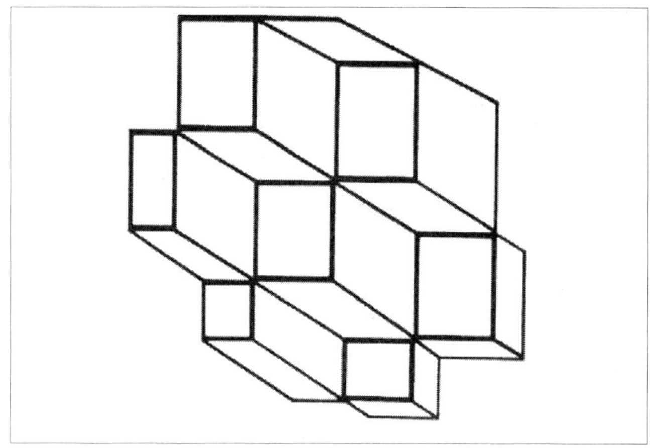

3.5 바꾸어 생각하기

우리에게는 못된 버릇이 있는데 그것은 서로의 입장 차이를 인정하지 않을 때가 많다는 것이다. 우리가 겪는 갈등과 미움과 질투는 서로의 입장을 이해할 때 해소의 실마리를 찾을 수 있다. 지금 여러분이 누군가와 불편한 관계에 있다면 그 사람과 입장을 바꾸어 생각하라. 그러면 불편한 관계는 충분히 해소될 수 있을 것이다.

'바꾸어 생각하기'는 폭넓은 생각으로 나아가는 하나의 방법이 된다. 나의 입장(세계)을 다른 사람의 입장(세계)으로 바꾸었을 때, 적어도 바꾼 사람의 세계만큼 우리의 생각의 폭은 넓어지는 것이다.

"사랑도 내가 하면 로맨스, 남이 하면 스캔들"이라는 말이 있듯이 우리는 나만이 옳고 나 아닌 다른 것은 틀리다는 함정에 빠져 있다. 이로 말미암아 우리는 '흑백논리'를 마치 보물단지처럼 지니고 사는지도 모르겠다.

> 트라이가 로이메탈케스 왕은 안토니우스와 동맹을 맺고 있었다. 그러나 아우구스투스의 세력이 커지는 듯하자 그는 안토니우스와 손을 끊고 아우구스투스와 동맹을 맺었다. 그후 술잔치에서 아우구스투스는 로이메탈케스를 완전히 무시하고 다른 사람들하고만 술잔을 나누었다.
>
> 술에 취한 로이메탈케스가 동맹자에게 그럴 수 있느냐고 아우구스투스에게 불평했다. 그러자 아우구스투스가 대답하길
> "나는 배신은 좋아하지만 배신자는 싫어한다."
> 플루타트크 영웅전에 나오는 얘기다.
> 이걸 읽던 어린이가 아버지에게 물었다.
> "아빠 배신자가 뭐예요?"
> 아버지가 대답하길
> "이쪽에서 저쪽으로 넘어가는 정치인이란 뜻이다."
> 아들이 다시 물었다.
> "그럼 저쪽서 이쪽으로 넘어오는 사람은 뭐예요?"
> 아버지가 잠시 머뭇거리더니
> "그건 改心者라 한다."
>
> (「만물상」중에서)

항상 이쪽은 옳고 저쪽은 그르다는 흑백논리는 우리에게 갈등을 가져다주며, 대화 단절의 원인이 되기도 한다. 뿐만 아니라 영원히 저쪽 세계를 이해하거나 경험하지 못하는 우를 범하게 한다.

3.6 끝에서부터 생각하기

풀기 어려운 문제에 부딪혔을 때, 끝에서부터 되짚어 생각하면 문제 해결의 실마리를 찾을 경우가 있다. 또한 어떤 일을 시작하면서 '결과를 예

측'하는 것은 중요한 일이다.

글쓰기에서도 '끝에서부터 생각하기'를 응용한 것이 결과(주제)를 앞세운 '두괄식 구성'이며, 논리에서의 '귀납적 방식'이다. 일의 처음부터 순서를 잡아 순차적으로 풀어 나가는 방법만이 올바른 것이 아니라, 끝에서부터 풀어 나가는 방법도 좋은 방법 중 하나이다.

이처럼 일의 끝을 먼저 내세우거나, 끝에서부터 되짚어 나오는 생활 양식을 「역산문화」라고 한다.

다음은 「역산문화」를 소재로 다룬 글이다.

「우리 별 2호」를 지구궤도에 진입시키는데 성공하고 있다. 발사 10초 전에 카운트다운이 시작되어 「제로 발사!」에 이르기까지 마음 죈 것은 당사자 뿐 아니라 그것을 바라보는 모든 사람들의 공통된 심정이었을 것이다. 살펴보면 카운트다운 ― 곧 역산(逆算) 문화가 우리 생활 주변에 적지 않게 널려 있음을 볼 수 있다. 88 서울 올림픽을 앞두고 각 도시의 전광판마다 「앞으로 ○○○일」이라는 역산표지가 개최 수 년 전부터 나붙었었다. 근간만 해도 대전 엑스포의 역산표지를 자주 접해왔다. 지금 서울 거리를 오가다 보면 「21세기까지 ○○○○일」이라는 역시 역산표지를 볼 수 있다.

연전 한 친구로부터 역산(逆算) 생명 캘린더라는 것을 선물 받은 일이 있다. 하루하루 살고 나면 지워나가게 되어있는 달력으로 남은 생이 시시각각 소모돼 나가는 것 같아 버렸던 역산 문화재랄 것이다. 나치스의 유태인 강제수용소인 아우슈비츠의 벽면에 못 끝으로 패어진 역산 달력을 본 기억이 난다. 가스실로 끌려가 집단 살해될 날을 기점으로 역산해 하루를 지워나간 흔적이 완연했는데 그 운명의 날 사흘 전에 지워나가는 것을 멎고 있다. 죽음의 날이 닥치자 지울 기력조차 없어졌기 때문이었을까. 보는 것만으로도 숨이 가빠 오르고 피가 마른다.

글쓰는 직업을 「마감인생」이라 하듯이 바로 역산의 형틀에 묶이어 피를 말리는 직업이다. 마감시간 5분으로 역산돼 닥치면 충주라고 써야 할 데에 청주라 쓰이고 마감 날이 돼서 쓰지 못하고 있는 원고를 보면 미녀가 나타난다 해도 야수가 출현한 것만 같다.

하지만 반드시 초조함만 증폭시키는 역산문화만은 아니다. 그 역산이

기대와 복합됐을 때는 신바람이 도출되는 역산이기도 하다. 베트남 전쟁 때 문자를 모르는 고산족인 묘족(苗族)병사들은 칡덩쿨 비슷한 매듭끈(結?)을 허리에 주렁 차고 다녔던 것이다. 그들 말로는 「동침 매듭」이라 하는 이 매듭끈은 부인이나 애인과 만나기로 약속한 날수만큼 매듭을 지어 놓고 하룻밤 자고 한 올씩 풀어나가는 신나는 역산 캘린더인 것이다.

옛날 어른들 돈 쓸 때 「얼마가 남았다고 생각하라」고 가르쳤던 기억이 난다. 예산이나 규모를 세우고 역산해가며 돈을 쓰는 것이 낭비도 줄이고 알뜰하게 잘 사는 방편이 된다는 가르침인 것이다. 이처럼 역산에는 장-단점이 있다. 하지만 우리 전통에 역산해 헤아리는 전통이 없어서인지 역산으로 헤아리며 기대하는 즐거움보다는 그로써 쫓기는 두려움이 선행되고 겁이 난다. 행여 역산 문화란 기대에 찬 젊은이들의 차지요 기대가 건포도처럼 말라비틀어진 노년에게는 공포의 헤아림일 수밖에 없음직한 것이다.

(「逆算 文化」전문)

3.7 종합적으로 생각하기

종합적으로 생각하기란 하나의 대상을 여러 방면에서 접근하여 생각하는 것을 말한다. 가령 '자동차'에 대하여 생각할 때, 쓰임에 따른 차의 종류, 가격, 성능, 운전법, 수리방법, 자동차가 가져다주는 편리함, 편리함의 반대 급부인 사고 위험, 대기오염, 교통 체증, 수리 방법 등 자동차의 모든 것을 생각하는 일을 말한다.

종합적으로 생각하기는 앞에서 공부한 여러 생각하기와 밀접한 관계가 있다. 물론 한 편의 글을 쓸 때에는 이 중 하나만을 선택할 수 있다. 예를 들어 "자동차가 가져다주는 편리함"만을 쓸거리로 하여 한 편의 글을 쓸 수 있다는 것이다. 그러나, 이 때에도 자동차의 모든 것에 대해 종합적으로 생각하여 쓴 글과 그렇지 않은 글은 차이가 있다. 자동차는 편리함도 가져다주지만 반대로 우리에게 해를 입힐 수도 있다는 것을 전제하여 쓴 글과 그렇지 않은 글은 객관성과 공감의 측면에서 큰 차이가 있는 것이다.

종합적으로 생각하여 쓴 글이 아닐 경우에는 읽는 사람으로 하여금 반감을 갖게 할 수 있다. 반감을 갖게 하는 글은 읽을 가치를 얻지 못한다.
 다음 글은 불행한 역사 속의 인물 '이완용'에 대하여 종합적으로 생각
하여 쓴 글이다.

　우리나라의 으뜸가는 國賊은 李完用으로 되어 있다. 그에 대항여는 티
끌만한 변명도 용납되지 않는다. 그러나 나라를 빼앗긴 잘못을 그 혼자에
게 뒤집어씌우면 우리네 조상 모두가 면책이 될 수 있을까? 이상하게도
우리는 무능, 무기력했던 高宗의 책임은 전혀 묻지를 않는다. 형식적이든
어떻든 高宗은 나라의 임금으로서 최고의 책임자였다. 만약에 그가 조금이
라도 영특하고, 밖의 세계에 일찍부터 눈을 뜨고 있었다면 그처럼 일본에
이리저리 끌려 다니기만 하지는 않았을 것이다.
　만약에 그가 조금이라도 임금다웠다면 비록 지금과 그때와는 때가 달랐
다 해도 합병을 앞두고 「백성」들에게 뭔가 한마디 남겨야 옳았다. 임금으
로서 이보다 더한 背信은 없었다. 그러면서도 우리는 고종을 오직 비극의
주인공으로만 다룬다. 여간 공평치 못한 풀이가 아니다. 분명 李完用은 합
병에 서명했다. 그러나 우리가 저버릴 수 없는 것은 그가 서명을 거부한다
고 우리가 나라를 빼앗기는 운명을 면할 수 있었을까하는 의문이다. 도한
그때의 상황으로 봐서 그가 서명하지 않는다면 또 다른 李完用을 총리대신
자리에 앉혀 서명토록 했을 것이다. 그 당시 우리에게는 나라의 지킬만한
힘이 없었던 것이다. 요새처럼 애국자가 많지 않았기 때문도 아니다.
　李完用의 잘못은 무엇보다도 그가 그 숙명적인 시점에 그가 감당할 수
도 없는 총리대신 자리에 머물러 있었다는데 있다. 그렇지만 않았다면 그
는 드물게 보는 名筆의 영광만 누렸을 것이다. 그의 또 다른 잘못은 나라
나 백성 임금만을 생각했다는 데 있다. 우리는 바로 이점을 들어 그들을
斷罪해야 옳다. 어쩌면 우리는 우리 모두가 나눠 가져야할 책임을 면하기
위해 李完用만을 단죄하고 있는 것인지도 모른다. 만약에 그 당시에 모든
백성이 어떻게든 나라를 지키겠다는 굳은 의지를 갖고 있었다면 李完用이
가 서명을 하든 말든 역사는 크게 바뀌어 졌을 것이다. 그때에는 너무나
모두가 나라를 아낄 줄 몰랐었다.
　이번 쌀 개방 문제에 있어서도 우리나라의 내일을 걱정하여 쌀 개방에
반대한다는 사람도 많았지만 쌀 개방 불가피론을 편 사람들도 나라를 위해
서라고 말했다. 쌀 개방의 반대자들만이 애국자일 수는 없다. 또한 쌀 개

방을 앞두고 최선의 조건을 얻어내기 위해 관계 장관들이 최선을 다한 것
도 인정해 줄만도 하다. 개방의 물결을 도저히 막아내지 못한다는 것을 누
구보다도 잘 알고 있었음에도 불구하고 마지막 순간까지 이를 막아내겠다
며 국민을 속인 것도 혹은 흥정을 위한 꾀였다고 봐 줄 만도 하다.

(홍사용 「모두가 애국자」)

위와 같이 종합적으로 생각하여 쓴 글은 신선함을 가져다 줄 뿐 아니
라, 읽는 사람으로 하여금 역사의 한 부분을 객관적으로 생각하고 평가할
수 있게 해준다.

'나라를 팔아먹은 매국노 이완용'에만 시선이 머물러 있었다면 위와 같
은 글은 나올 수도 없고, 읽는 이의 관심도 살 수 없다. 종합적으로 생각
하여 쓴 글은 읽는 사람으로 하여금 새로운 세계에 대해 이해할 수 있는
기회와 새로운 진리 모색의 장을 만들어 준다.

다음 그림을 한 방향에서만 바라보지 말고 여러 방면에서 바라보라.
다른 어떤 모습이 보이는가?

(가)

(나)

(다)

어휘 선택

4.1 문맥에 맞는 어휘 선택

글을 쓸 때 우리를 가장 괴롭히는 것이 바로 '어떤 단어를 선택할 것인가'일 것이다. 이렇게 단어 선택에 고심하는 이유는 자신이 나타내고자 하는 생각을 효율적으로 표현하고자 하는 본능을 누구나 가지고 있기 때문이다. 단어는 사전적인 뜻(개념)은 가지고 있지만 생각을 나타내지는 못한다고 하였다. 즉, 문장에서 단어는 사전적인 뜻으로 이해되는 것이 아니라 문장 안의 다른 단어들과의 관계(문맥)에서 하나의 생각을 완성하여 표현·전달되는 것이다.

적합한 표현을 위한 어휘 선택은 크게 네 가지 관점에서 접근하여야 한다. (1) 일반적인 단어의 의미를 잘 나타내는가. (2) 단어의 짜임을 통해 의미를 생성할 수 있는가. (3) 문맥에서 단어의 의미를 추론할 수 있는가. (4) 전체 내용을 이해하는데 어긋나지 않는가 등이다.

그러나 학교 현장에서는 적합한 표현을 위한 구체적인 어휘 학습이 이루어지지 않고 있다. 이는 참으로 불행한 일이다. 왜냐하면 어휘는 글의 표현과 이해에 바탕이 되며, 사물과 생각을 인지하는 최초의 매개이기 때문이다. 사물과 생각은 단어로 이름지어지며 행동과 상황 역시 단어로 표현되고 인식된다.

적합한 표현을 위한 어휘 선택은 문장 쓰기에만 해당하는 것이 아니라 일상적인 언어 생활에서도 매우 중요하다. 일상 생활에서 겪는 의사 소통의 어려움은 사용할 단어에 대한 이해 부족과 알고 있는 어휘수의 부족이거나 화자와 청자가 서로 다른 의미 영역 안에서 표현하고 이해했기 때문이다. 즉, 글쓴이의 입장에서 본다면 자신의 생각이나 감정을 적절하게 표현할 수 있는 단어를 찾지 못했거나 읽는이의 수준과 취향을 고려하지 못했기 때문이다.

따라서 문장 쓰기의 시작은 적합한 표현을 위한 어휘의 선택, 다시 말하면 풍부한 어휘력과 문맥에 맞는 어휘 선택, 그리고 읽는이를 고려한 어휘 선택이라 할 수 있다. 덧붙여 쓰고자 하는 글의 성격이나 목적 등도 어휘 선택 시 고려해야 할 사항이다.

【문제1】

다음에 제시된 글을 읽고 문맥에 알맞은 단어를 ( )속에 찾으시오.

① 젊음은 언제나 한결같이 아름답다. 지나간 날의 애인에게는 ㉠(동경, 애수, 환멸, 연민)을 느껴도, 누구나 잃어버린 젊음에게는 안타까운 ㉡(회한, 미련, 추억, 비애)를 느낀다.

나이를 먹으면 젊었을 때의 초조와 번뇌를 해탈하고 마음이 가라앉는다고 한다. 이 '마음의 안정'이라는 것은 무기력으로부터 오는, 모든 사물에 대한 무관심을 말한다. ㉢{무디어진, 빛 바랜, 형편없는} 지성과 ㉣{엉성한, 둔해진, 느린} 감수성에 대한 슬픈 ㉤{차탄, 위안, 개탄, 자성}의 말이다. 늙으면 플라톤도 ㉥{허수아비, 바보, 허깨비}가 된다. 아무리 높은 지혜도 젊음만 못하다.

'인생은 사십부터' 라는 말은 인생은 사십 ㉦{이라야, 에서야, 까지, 조차도}라는 말이다. 다른 것은 몰라도, 내가 읽은 소설의 주인공들은 구십삼 퍼센트가 사십 미만의 인물이다. 그러니 사십부터는 ◎{반생(半生), 필생(畢生), 재생(再生), 신생(新生), 여생(餘生)}인가 한다.

  ② 난세에 구차이 성명(姓名)이나 보존한다는 이른바 (㉠)의 태도나, 내 아니더라도 남이 할 터이지 하는 (㉡)의 태도나, 내 힘으로는 어쩔 수 없다는 (㉢)의 태도는 이제 백성의 이름으로 규탄될 것이다. 나라의 힘으로 길러지고 백성의 신망을 짊어진 식자인(識者人)의 의무를 저버릴 수 없고, 남의 희생만을 요구할 수도 없으며, 애국 성충(誠忠)을 바치기 전에 앉아서 자멸을 기다릴 수는 더구나 없을 것이다. 선비의 기절(氣節)은 몸소 행하고 마침내 (㉣)의 경지에까지 그 정신의 높이를 끌어올릴 수 있는 신념 있는 행동에의 사모다. 나라는 흥망의 관두(關頭)에 서 있다. 선비도 해야 할 말이 있고 하지 않으면 안 될 일이 있다. 오랫동안 (㉤)해 온 지성인들도 일이 이에 따르면 침묵만 지킬 수는 없을 것이다. 우리가 당면한 중대한 문제에 대한 지성인의 태도를 언명해야 할 때가 왔다는 말이다. 직언하는 선비는 함부로 죽이지 못한다. 역사의 준엄한 감시가 있기 때문이다. 바른 말 한 마디로 목숨을 잃는 세상이라면 그런 세상에 살아서 뭣할 것인가. 그렇게 생각해야 한다.

> ㉠ 명철보신(明哲保身), 안분지족(安分知足), 입신양명(立身揚名)
> ㉡ 수수방관(袖手傍觀), 요지부동(搖之不動), 속수무책(束手無策)
> ㉢ 만사휴의(萬事休矣), 자업자득(自業自得), 자포자기(自暴自棄)
> ㉣ 제세안민(濟世安民), 선우후락(先憂後樂), 살신성인(殺身成仁)
> ㉤ 자강불식(自强不息), 은인자중(隱忍自重), 각고면려(刻苦勉勵)

【문제2】

다음 밑줄 친 부분에 가장 알맞은 어휘는?

〈보기〉

【문제】 아드님이 대학입시에 떨어져서 ＿＿＿가 무척 크셨겠습니다.

① 염려(念慮)   ② 심려(心慮)   ③ 배려(配慮)   ④ 우려(憂慮)

단어	사전 의미	용 례
염 려	여러 가지로 헤아려 걱정함 또는 그 걱정	"부모님께선 객지에 있는 자식의 건강을 염려하신다."
심 려	마음으로 염려함, 마음을 놓지 못하고 걱정함	"너무 심려를 끼쳐드려 죄송합니다."
배 려	관심을 가지고 도와주거나 보살펴 줌	"남을 위하여 이리 저리 마음을 씀."
우 려	근심이나 걱정을 함, 또는 그 근심이나 걱정	"우려할 만한 사태가 드디어 발생했다."

(1) 사회 질서가 ______되면 민심이 몹시 어지러워진다.

　　① 파멸(破滅)　　② 요란(搖亂)　　③ 소란(騷亂)　　④ 교란(攪亂)

(2) 허위(虛僞)를 ______하여 진실이라 우기는 너의 생고집에는 정말
　　못 당하겠다.

　　① 위조(僞造)　　② 변조(變造)　　③ 날조(捏造)　　④ 개조(改造)

(3) 못된 일을 _____하여 이익을 얻는 것은 아무에게도 이롭지 못하다.

　　① 사주(使嗾)　　② 사역(使役)　　③ 초치(招致)　　④ 시사(示唆)

(4) 이자는 고사하고 ______만이라도 받았으면 좋겠다.

　　① 본전(本錢)　　② 밑천　　③ 자본(資本)　　④ 자금(資金)

(5) 세무원들은 밀린 세금을 강제로 ______했다.

　　① 징수(徵收)　　② 수합(收合)　　③ 수거(收去)　　④ 추렴(出斂)

(6) 회의는 서로의 주장이 _____하게 대립하면서 좀처럼 끝나지 않았다.

① 예리(銳利)   ② 첨예(尖銳)   ③ 명민(明敏)   ④ 예민(銳敏)

(7) 역사가 끊임없이 ＿＿＿＿하는 것이라면, 오늘날과 유사한 사회현상
   을 지난날의 인류 역사 속에서 발견할 수 있을 것이다.

① 변화(變化)   ② 순환(循環)   ③ 진보(進步)   ④ 발전(發展)

【문제3】

다음 { }안의 어휘 중 문맥에 맞는 알맞은 어휘를 골라라.

〈보기〉

【문제】 모르는 말의 뜻을 정확히 파악하려면 사전을 찾아보는 것이
{적격, 첩경, 도리, 대책, 대안}이다.

단 어	사전 의미	용 례
적격(適格)	알맞은 자격	"그 역할을 맡았다니 아주 적격이군."
첩경(捷徑)	① 지름길 ② 아마, 틀림없이 ③ 어떤 일을 함에 있어 쉽고 빠른 방법	"그런 일이란 첩경 있게 마련이다."
도리(道理)	어떤 입장에서 마땅히 지켜야 할 바른길	~에 어긋나다.
대책(對策)	어떤 일에 대처할 방책	
대안(對案)	어떤 안에 대신할 안	~을 내 놓다.

(1) 그는 뇌물수수사건에 {연루, 연결, 관계, 상관, 관련}되어 조사를 받았으며,
그것이 사실로 드러나 드디어는 형을 살기까지 하였다.

(2) 자네가 내 자식을 맡아 주게. {무식, 미거(未擧), 몽매(蒙昧), 난폭, 우둔}한
자식이지만 자네가 데리고 지도한다면 철이 날 것 같네.

(3) 독단이 생기는 이유는 어떤 사람이 주장을 하면서 자신의 그 주장에 대한 근거를 제시하지 않을 뿐만 아니라 그것에 대한 검토를 자신에 대한 {공격, 멸시, 모멸, 공박, 도전}(으)로 여기기 때문이다.

(4) 병이 더 깊어져서 {중상(重傷), 중환(重患), 중증(重症), 중병(重病), 중태(重態)}에 이르게 되면 환자들은 거의 말을 못하는 상황에까지 이르게 된다.

(5) 양국이 언제쯤에 우호조약을 {체결(締結), 타결(妥結), 조인(調印), 합의(合意), 성취(成就)}할 수 있을지 그 귀추가 주목되는 바이다.

(6) 우리 사회에는 지금 서구로부터 유입되어 온 문화가 {충만(充滿), 팽배(澎湃), 성숙(成熟), 성행(盛行), 팽창(膨脹)}해 있어서, 오히려 우리 민족 고유의 것들이 그것에 밀려나는 안타까운 모습을 보이고 있다.

(7) 이번 천하장사 대회에서는 누가 {판가름, 판막음, 손바꿈, 눈겨룸, 모두뜀}을 했지?

4.2 고유어에 대응하는 한자어

언어 정책의 최종 목표는 순 우리말을 사용하는 데 있을 것이다. 하지만 현재 우리의 언어 현실은 순 우리말만을 가지고 의사 소통을 이루는 데에는 많은 어려움이 있다. 그 동안 순 우리말을 사용하자고 주장하는 사람들은 많았지만 우리말을 살려내고 현대 사회의 다양성에 맞게 발전시키고 보급하는 사람은 많지 않았다. 현재 우리말만 가지고는 효과적인 의사 소통을 이룰 수 없다.

그리고 한자어는 오랫동안 우리 민족과 같이 하였기 때문에 우리말화한 것이 많다. 가령, 부모님은 한자어 '父母' + 우리말 접미사 '님'이 결합하여 이루어진 말로 이제 우리말처럼 쓰이는 낱말이다. 통계 조사마다 다 다르긴 하지만 대략 우리가 쓰고 있는 말 중에서 85% 내외가 한자어라는 것은 우리말 조사나 어미를 제외한다면 거의 모두의 낱말이 한자어에서 유래하였다는 것을 의미한다.

따라서 우리말과 관련한 한자어에 대한 접근은 두 가지 방향에서 이루어져야 할 것이다. 하나는 지금 쓰고 있는 한자어를 점차 우리말로 바꾸어 나가는 것이고, 다른 하나는 지금 쓰고 한자어를 더욱 분명하고 적확하게 사용할 수 있도록 교육하는 것이다.

이 두 가지 방향은 모두 '우리말을 효율적으로 사용하고 새 시대에 걸맞는 다양하고 풍부한 표현이 되도록 하여야 한다'는 귀결점을 가져야 한다. 한 나라의 언어 정책과 언어 교육의 목표는 그 나라 언어를 일상 생활에서 효율적으로 사용하고 언어를 시대 변화에 맞도록 다양하고 풍부하게 발전시키는 데에 있기 때문이다.

고유어에 대응하는 한자어 찾기 활동은 우리가 일상 생활에서 사용하고 있는 한자어를 정확하게 사용하는 데에도 목표가 있을 뿐 아니라 다양한 한자어를 통해 우리말을 풍부하게 하는 데에도 그 목적이 있다.

【문제3】

다음은 하나의 고유어에 대응하는 한자어의 뜻을 밝히고 있다.
〈보기〉를 참조하여 다음 한자어의 사용 예와 의미의 차이를 밝혀라.

〔표1〕 '없애다' 대응 한자어 풀이 표

대응 한자어	용　례	의　미
제거(除去) 하다	· 사회의 구습을 제거하자 · 이 프로젝트에 방해가 되는 k를 제거해 버립시다 · 들판에 잡초를 제거해야 한다 · 장애물을 ~	· 정적이나 훼방꾼 경쟁자 등을 죽이거나 축출하는 것을 완곡하게 이르는말. 덜어 없애다

척결(剔抉) 하다	· 새 정부는 정책목표로 부정부패 행위를 척결하는 것으로 삼았다 · 잘못된 관행을 척결하자	· 모순 부정이나 결함 등을 찾아내어 깨끗이 없애다. · 살을 긁어내고 뼈를 발라내다.
말소(抹消) 하다	· 주민 등록이 말소되었다 · 대출금이 상환하여 부동산 근저당이 말소되었다 · 등기를 ~	· 기록되어 있는 사실을 지워 없애다
근절(根絶) 하다	· 범죄와의 전쟁선포는 우리 사회에서 범죄 행위를 근절하기 위한 것이다 · 사치 풍조를 ~ · 탈세를 ~	· 좋지 않은 현상이나 대상을 다시 생기지 못하도록 근본적으로 없애다
탕진(蕩盡) 하다	· 그 많던 재산을 도박으로 탕진했다	· 재물 따위를 죄다 써서 없애 버리다
일소(一掃) 하다	· 일제 식민의 잔재를 ~ · 구악(舊惡)을 ~	· 죄다 쓸어 버리다 · 모조리 없애 버리다
폐지(廢址) 하다	· 남북통일을 가로막는 보안법을 폐지하다 · 노예 제도를 ~ · 자율 학습을 ~	· 실시하던 제도 법규 일 등을 그만두거나 없애다
소거(消去) 하다	· 이 테잎을 자기장에 넣으면 기존의 데이터들이 소거 될 것이다 · 이 식을 풀기 위해서는 x를 우선 소거해야 한다	· 지워 없애다 · 사라져 없어지다 · 기록을 제거하다
해소(解消) 하다	· 스트레스를 ~ · 분쟁을 ~ · 갈등을 ~ · 지역 감정을 ~(이제 새 시대를 맞이하여 상호 불편한 관계를 해소하는 것이 좋겠다)	· 어떤 일의 어려움이나 문제가 되는 상태를 풀어서 없어지게 하다

〔도표2〕 의미 분석표

'없애다' 대응 한자어	대상 정신 (＋) 물질 (−)	결 과 가치상승 (＋) 가치소멸 (−)	기 간 장기 (＋) 단기 (−)	주 체 사회 (＋) 개인 (−)	양상 자율 (＋) 강압 (−)	법적 구속력 있다 (＋) 없다 (−)
(ㄱ) 제거(除去)하다	−	＋	−	±	＋	±
(ㄴ) 척결(剔抉)하다	±	＋	−	＋	−	＋
(ㄷ) 말소(抹消)하다	−	±	±	＋	−	＋
(ㄹ) 근절(根絶)하다	＋	＋	＋	＋	±	±
(ㅁ) 탕진(蕩盡)하다	−	−	±	−	＋	−
(ㅂ) 일소(一掃)하다	±	＋	−	＋	±	−
(ㅅ) 폐지(廢址)하다	＋	＋	−	＋	−	＋
(ㅇ) 소거(消去)하다	−	＋	−	±	＋	−
(ㅈ) 해소(解消)하다	＋	＋	±	±	＋	−

〔도표3〕 목적어를 대입한 의미 변별 도표
: 대입한 목적어 – "부정부패를"

대응한자	사용가능	의 미
제거(除去)하다	○	바람직하지 않은 정부의 부정부패를 축출하여 제거하다
척결(剔抉)하다	○	부정부패를 찾아내서 깨끗이 없애다
말소(抹消)하다	×	
근절(根絶)하다	○	부정부패를 뿌리 채 뽑아 없애다
탕진(蕩盡)하다	×	
일소(一掃)하다	○	부정부패를 모조리 한번에 쓸어 없애 버리다
폐지(廢止)하다	×	
소거(消去)하다	×	
해소(解消)하다	×	

① 바라다 : 대입 목적어 – "통일을"
　　　　㉠ 원(願)하다, ㉡ 소망(所望)하다, ㉢ 희망(希望)하다,
　　　　㉣ 소원(所願)하다, ㉤ 갈망(渴望)・ ㉥ 갈구(渴求)하다,
　　　　㉦ 염원(念願)하다, ㉧ 기대(期待)하다
② 알리다 : 대입 목적어 – "국회의원 선거를"
　　　　㉠ 고지(告知)하다, ㉡ 통고(通告), ㉢ 통보(通報)하다,
　　　　㉣ 보고(報告)하다, ㉤ 전(傳)하다, ㉥ 선전(宣傳),
　　　　㉦ 광고(廣告)하다, ㉧ 선포(宣布) ㉨ 공고(公告),
　　　　㉩ 공포(公布), ㉪ 포고(布告)하다, ㉫ 공지(公知)하다.
③ 바꾸다 : 대입 목적어 – "자동차를"
　　　　㉠ 교환(交換)・㉡ 교체(交替)하다, ㉢ 호환(互換)하다,
　　　　㉣ 교대(交代)하다, ㉤ 대체(代替)・㉥ 대치(代置)하다,
　　　　㉦ 전환(轉換)하다, ㉧ 치환(置換)하다,
　　　　㉨ 개혁(改革)・㉩ 혁신(革新)・㉪ 쇄신(刷新)하다
④ 지키다 : 대입 목적어 – "국토를"
　　　　㉠ 수호(守護)하다, ㉡ 보호(保護)하다, ㉢ 경비(警備)하다,
　　　　㉣ 감시(監視), ㉤감수(監守)하다, ㉥ 수비(守備)하다,

      ⓢ 방어(防禦), ⓞ 방비(防備)하다, ⓩ 보전(保全),

      ⓩ 보수(保守), ⓚ 고수(固守), ⓣ 수호(守護)하다,

      ⓟ 보존(保存), ⓗ 유지(維持)하다

⑤ 가지다 : 대입 목적어- "신분증을"

      ㉠ 소유(所有)하다 ㉡ 소지(所持)하다 ㉢ 지참(持參)하다

      ㉣ 보유하다 ㉤ 소장(所藏)하다 ㉥ 사용(使用)하다

      ㉦ 이용(利用)하다

4.3 형태는 비슷하나 뜻이 다른 단어

세계 모든 언어가 그러하듯이 서로 형태가 비슷하여 구분 없이 쓰는 단어가 있다. 우리말에는 대표적으로 '가르치다'와 '가리키다'가 있다. '가르치다'와 '가리키다'는 엄연히 뜻이 다른 단어임에도 불구하고 일상 생활의 언어 사용이나 글쓰기에서 혼동하는 경우가 있다. 심지어는 '가르키다' 또는 '가리치다' 등 국어사전에도 없는 형태의 단어를 만들어 두루뭉실하게 단어를 사용하는 경우가 있다.

그러나 정확한 단어 사용은 단어 차원의 문제만은 아니다. 정확한 단어를 사용하는 것은 바로 우리들의 사고의 정확성과 사고의 깊이와 밀접한 관련을 맺고 있다. 다시 말하면, 정확한 단어를 사용하지 않는다면 정확하고 깊은 사고를 기대하기 어렵다는 것이다. 따라서 형태가 비슷하다고 뜻의 구별 없이 사용하는 단어는 한시 바삐 시정해야 할 일이다.

【문제5】

다음은 비교적 비슷한 형태를 지니고 있지만 의미는 다른 어휘들이다. 보기와 같은 방식으로 사전에서 뜻을 찾고 적당한 예문을 들어 그 의미를 구별하라.

┌─ 보 기 ─────────────────────────────────────┐

가르치다 ① 기능이나 지식을 가지고 알아듣게 설명하여 인도하다.

  (헤엄치는 법을 가르치다.)

   ② 상대방이 아직 모르는 일을 일러주다.

  (비밀을 가르쳐주다.)

   ③ 타일러서 경계하다. 인식시키다.

  (역사가 가르치는 교훈)

가리키다 ① 손가락 따위로 지시하거나 알리다.

  (시계 바늘은 6시를 가리키고 있다. 북쪽을 가리키다.)

   ② 말, 동작으로 무엇이 있는 곳을 알려주다.

  (길을 가리키다.)

   ③ 특별히 지적하다.

  (자네 같은 사람을 가리켜 무골호인이라 하네.)

└───┘

① 자질 / 재질
② 보전 / 보존
③ 가름 / 갈음
④ 갑절 / 곱절
⑤ 매기다 / 메기다
⑥ 매다 / 메다
⑦ 묻히다 / 무치다
⑧ 살지다 / 살찌다
⑨ 얽매어 / 얽매여
⑩ 일그러지다 / 이지러지다 / 찌그러지다
⑪ 집다 / 짚다 / 짓다 / 짖다 / 짙다
⑫ 젖히다 / 제끼다 / 제치다 / 제키다
⑬ 바치다 / 받치다 / 받히다 / 밭이다 / 밭치다
⑭ 숫하다 / 숱하다
⑮ 우기다 / 욱이다
⑯ 장사 / 장수

4.4 집약적인 표현을 위한 숙어·속담

한자성어나 숙어, 속담은 함축적인 표현과 정서적인 표현을 하는 데 매우 효과적이다. 뿐만 아니라 이들은 주관적인 내용을 객관화하는 데에도 효율적이다. 한자성어나 숙어, 속담은 많은 내용을 집약적으로 나타내어 감칠맛 나는 표현을 돕는다.

말을 잘 하는 사람, 글을 잘 쓰는 사람들은 숙어와 속담을 적절하게 잘 사용할 줄 안다. 그리고 그들은 다른 사람을 자신의 생각과 주장으로 끌어들이는 묘한 능력을 가지고 있다. 사람들은 그들의 생각과 다른 생각을 가지고 있으면서도 자신도 모르게 그들의 논리, 그들의 생각과 주장 속으로 빨려 들어가고 만다.

이렇게 사람들로 하여금 자신의 생각과 주장에 공감하고 동조하도록 만드는 기법 중에 하나가 바로 적절한 숙어나 속담을 사용하는 것이다. 숙어나 속담은 많은 사람들이 알고 있는 일반화된 개념이며, 유사한 사건·행동의 대표성을 띠는 표현이다. 따라서 숙어나 속담을 사용하면 자신의 주관적인 생각, 복잡하여 잘 정리가 되지 않는 생각 등을 선명하고 간단하게 표현할 수 있으며 동시에 자신의 생각을 일반화하는 효과를 얻을 수 있다.

숙어·속담을 활용하여 표현력을 기르기 위한 방법은 여러 가지가 있을 수 있다. 하지만 논의의 집약을 위해 대표적인 것만 소개하도록 한다. 이러한 방법 중에는 수업 시간에 활용하고 있거나 시험 문제의 유형으로 사용되고 있는 것이 있을 것이다. 하지만 숙어와 속담을 사용한 표현력 기르기의 목적으로 활용되지는 않는 것 같다.

숙어·속담을 활용하여 표현력을 기르는 방법의 유형은 크게 두 가지가 있다. 하나는 문장 수준 유형이고 하나는 문단 수준의 유형이다. 문장 수준의 유형은 하나의 문장을 단위로 문장이 나타내는 뜻을 숙어나 속담으로 바꾸는 것이고 문단 수준의 유형은 문단을 단위로 문단이 나타내는 뜻을 숙어나 속담으로 표현하는 것이다.

　문장 수준의 유형은 우선 문장 안에서 적절한 숙어나 속담을 써넣는 방법이 있다.

　　① 김영감의 그 후의 소식은 물어 낼 필요도 없었으나, 거리에서 만나
　　　박 서방 입으로 우연히 한 구절 얻어듣게 되었다.
　　　병든 둥글개첩은 기어코 김 영감의 눈을 감춰 최 서기와 줄행랑을
　　　놓았다. 종적을 수색 중이나 아직 (　　　)(이)라 한다.
　　　사랑방에서는 고시랑고시랑 잠을 못 이룰 육십 노인의 꼴이 측은하
　　　게 눈에 떠올랐다. 에매한 머슴을 내쫓았음을 뉘우치라고 생각되었다.
　　　　　　　　　　　　　　　　　　　　　　　　(이효석, 〈산〉 중에서)

　　② 아무도 기다리는 사람이 없는 고향에 여섯 살 난 딸아이를 업고 불쑥
　　　바람처럼 나타난 그는, 물에 잠겨 버린 지 삼 년째가 되는 방울재 뒷
　　　동산 각시바위에 댕동같이 앉아서는 목이 터져라고 마을 사람들의 이
　　　름을 하나하나 불러 대는가 하면, 혼자서 고개를 끄덕거려가며 오순
　　　도순 (　　　)를 중얼거리다가도, 불컥 고개를 쳐들어 하늘을 찔러보
　　　고, 창자가 등뼈에 달라붙도록 큰 소리로 웃어대고, 느닷없이 징을
　　　두들기며 경중경중 도깨비춤을 추었다.
　　　　　　　　　　　　　　　　　　　　　　　(문순태, 〈징소리〉 중에서)

　①은 한자 숙어를, ②는 속담을 써 넣은 활동이다. 이 때 (　　) 안에 넣을 수 있는 숙어나 속담은 하나일 수 없다. 앞뒤 문장의 문맥적 의미를 살펴 (　　) 안에 알맞은 숙어나 속담을 복수로 찾을 수 있다. 이것이 문장 수준의 유형이 갖는 장점이다. 문맥에 맞는 여러 개의 숙어와 속담을 찾은 다음 가장 알맞은 속담이나 숙어를 토론을 통해 확정해 나가면서 속담과 숙어에 대한 이해도 높이고 어휘력도 높일 수 있다.

　문장 수준의 활동에는 (　　) 넣기 식 방법 이외에 일반적인 문장을 숙어나 속담으로 바꾸어 표현하는 방법이 있다.

　　③ 흉년을 만나매 호구하기 어려워서 가만히 종을 시켜 자기 의복을 팔
　　　러 보냈더니, 그 남편이 보고 그 뜻을 보려고 말하여 왈,

"이렇게 굶으니 나가 벼슬을 함이 어떻겠는가?"

하니 부인이 정색하여 왈,

"대장뷔 무도한 세상에 명절을 세울지니 설령 굶어 죽을지언정 어찌 훼절하고 벼슬하리오?" 하니 구포 웃고 더 공경하더라

(〈정경 부인 초계 정씨 행장〉 중에서)

④ 돌아와서 그 날 밤에, 그젯밤이올시다. 그젯밤 아니라 어제 아침이올 시다. 요새 저는 정신이 하나도 없어요. 그래 밤에는 들어와서 반찬 없다고 밥도 안 먹고, 곤해서 쓰러져 자길래 그런 말을 못하고, 어제 아침에야 그 이야기를 했지요. 그랬더니 '내가 아나, 임자 마음대로 하게 그려'. 그리고 일어서 지게를 지고 나가 버리겠지요. 그리고는 저 혼자서 온종일 이리저리 생각을 해 보았지요. 아무러나 제 자식 을 남을 주고 싶지는 않지만 어떻게 합니까.

(전영택, 〈화수분〉 중에서)

⑤ 꽃을 들고 냄새를 맡고 있던 어머니는 내 말이 끝나기가 무섭게 무엇 에 놀란 사람처럼 화다닥 하였습니다. 그리고는 금시에 어머니 얼굴 이 그 꽃보다 더 빨갛게 되었습니다. 그 꽃을 든 어머니 손가락이 파 르르 떠는 것을 나는 보았습니다. 어머니는 무슨 무서운 것을 생각하 는 듯이 방 안을 휘 한 번 둘러보시더니,

"옥희야, 그런 걸 받아 오문 안 돼."

하고 말하는 목소리는 몹시 떨렸습니다. 나는 꽃을 그렇게도 좋아하 는 어머니가 이 꽃을 받고 그처럼 성을 낼 줄은 참으로 뜻밖 이었습 니다. 어머니가 그렇게도 성을 내는 것을 보니까 그 꽃을 내가 가져 왔다고 그러지 않고 아저씨가 주더라고 거짓말을 한 것이 참 잘 되었 다고 나는 속으로 생각했습니다. 어머니가 성을 내는 까닭을 나는 모 르지만 하여튼 성을 낼 바에는 내게 내는 것보다 아저씨에게 내는 것 이 내게는 나았기 때문입니다.

(주요섭, 〈사랑 손님과 어머니〉 중에서)

③은 밑줄 친 부분에 드러난 부인의 반응을 알맞은 한자 성어로 바꾸

는 활동이고, ④는 밑줄 친 부분에 담긴 화자의 심리를 한자 성어로 바꾸는 활동이다. ⑤는 밑줄 친 부분에 대한 평가를 속담으로 표현하는 활동이다.

이처럼 속담이나 숙어를 통한 표현력 기르기 활동은 줄거리의 내용, 주제, 심리 상태, 평가 등 다양한 형태로 질문을 이끌어 낼 수 있다. 다양한 질문을 이끌어 낼 수 있다는 것은 일반적인 표현을 거의 모두 숙어나 속담으로 표현을 바꿀 수 있다는 것을 의미한다.

앞에서 말한 바와 같이 숙어나 속담을 활용하여 표현을 바꾸는 훈련은 주관적인 생각을 객관화하고, 특수한 의미를 보편적인 의미로 바꾸는 효과를 얻을 수 있다. 그리고 그 대상은 내용에서부터 심리, 또는 내용에 대한 읽는 이의 평가까지 다양하다. 따라서 어휘 지도에서 숙어나 속담을 많이 알 수 있도록 특별한 훈련이 필요하다.

문단 수준의 유형은 문단 전체의 내용을 숙어나 속담으로 정리하는 활동이다. 따라서 이 수준의 활동은 문단 전체의 내용 파악이나 내용 파악에서 얻은 생각이나 주장 역시 숙어나 속담으로 바꾸어 표현할 수 있다.

⑥ 정씨 옆에 앉았던 노인이 두 사람의 행색과 무릎의 배낭을 눈 여겨
　　살피더니 말을 걸어 왔다.
　　"어디 일들 가슈?"
　　"고향이 어딘데…"
　　"삼포라구 아십니까?"
　　"어 알지, 우리 아들놈이 거기서 도자를 끄는데…"
　　"삼포에서요? 거 어디 공사 벌릴 데나 됩니까. 고작해야 고기잡이나
　　하구 감자나 매는데요"
　　"어허! 몇 년 만에 가는 거요?"
　　"십 년."
　　노인은 그렇겠다며 고개를 끄덕였다.
　　"말두 마우, 거긴 지금 육지야. 바다에 방둑을 쌓아 놓구, 추럭이 수
　　십 대씩 돌을 실어 나른다구."……
　　작정하고 벼르다가 찾아가는 고향이었으나, 정씨에게는 풍문마저 낯

설었다. 옆에서 잠자코 듣고 있던 영달이가 말했다

"잘 됐군. 우리 거기서 공사판 일이나 잡읍시다."

그 때에 기차가 도착했다. 정씨는 발걸음이 내키질 않았다. 그는 마음의 정처를 잃어버렸던 때문이었다

(황석영, 〈삼포 가는 길〉 중에서)

⑦ 하루는 밤에 아저씨 방에서 놀다가 졸려서 안방으로 들어오려고 일어서니까 아저씨가 하얀 봉투를 서랍에서 꺼내어 내게 주었습니다.

"옥희, 이거 갖다가 엄마 드리고 지나간 달 밥값이라구, 응"

나는 그 봉투를 갖다가 어머니에게 드렸습니다. 어머니는 그 봉투를 받아 들자 갑자기 얼굴이 파랗게 질렸습니다. 그 전날 달밤에 마루에 앉았을 때보다도 더 새하얗다고 생각되었습니다. 어머니는 봉투를 들고 어쩔 줄을 모르는 듯이 초조한 빛이 나타났습니다.

(주요섭, 〈사랑 손님과 어머니〉 중에서)

⑧ 나무는 덕을 가졌다. 나무는 주어진 분수에 맞게 만족할 줄을 안다. 나무로 태어난 것을 탓하지 아니하고, 왜 여기 놓이고 저기 놓이지 않았는가를 말하지 아니한다. 등성이에 서면 햇살이 따사로울까, 골짜기에 내려서면 물이 좋을까 하여, 새로운 자리를 엿보는 일도 없다. 물과 흙과 태양의 아들로, 물과 흙과 태양이 주는 대로 받고, 후박과 불만족을 말하지 아니한다. 이웃 친구의 처지에 눈떠 보는 일도 없다.

(이양하, 〈나무〉 중에서)

⑥은 글 속에 나타난 주인공의 심리를 한자 숙어로 표현하는 활동이고 ⑦은 글에 나타난 '어머니'의 상황을 역시 한자 숙어로 표현하는 활동이다. ⑧은 문단 전체의 내용을 한자 숙어로 표현하는 활동이다.

이처럼 문단 수준의 유형은 문단의 전체의 뜻이나 문단의 핵심 사항을 숙어나 속담으로 표현하는 활동이다. 문장 수준의 유형과는 달리 문단 수준의 유형은 문단 전체의 내용 안에서 이루어지는 활동이다. 따라서 문단 전체의 내용 파악과 관련한 형태의 질문들이 가능하다.

　이러한 활동은 산문에만 국한되는 것이 아니다. 시나 시조와 같은 운문에서도 숙어나 속담을 통한 표현력 기르기 활동은 가능하다.

⑨ 걸어서 항구에 도착했다.
　길게 부는 한지의 바람
　바다 앞의 집들을 흔들고
　긴 눈 내릴 듯
　낮게 낮게 비치는 불빛
　지전에 그려진 반듯한 그림을
　주머니에 구겨 넣고
　반쯤 탄 담배를 그림자처럼 꺼 버리고
　조용한 마음으로
　배 있는 데로 내려간다.
　정박 중에 어두운 용골들이
　모두 고개를 들고
　항구의 안을 들여다보고 있었다.
　어두운 하늘에는 수삼 개의 눈송이
　하늘의 새들이 따르고 있었다.

(황동규, 〈기항지〉)

⑩ 살구꽃 핀 마을은 어디나 고향 같다.
　만나는 사람마다 등이라도 치고지고,
　뉘 집을 들어서면은 반겨 아니 맞으리.

(이호우, 〈살구꽃 핀 마을〉)

⑪ 언제부턴가 갈대는 속으로
　조용히 울고 있었다
　그런 어느 조용한 밤이었을 것이다.
　갈대는 바람도 달빛도 아닌 것.
　그의 온몸이 흔들리고 있는 것을 알았다.
　갈대는 저를 흔드는 것이 제 조용한 울음인 것을
　까맣게 몰랐다.

　　―산다는 것은 속으로 이렇게
　　　조용히 울고 있는 것이란 것을
　　　그는 몰랐다.

(신경림, 〈갈대〉)

　⑨, ⑩, ⑪ 모두 시·시조를 대상으로 숙어나 속담을 통한 표현력 기르기를 훈련하기 위한 것이다. ⑨는 '중심 이미지를 배로 볼 때, 이와 가장 가까운 것은?'의 질문 형태로, ⑩은 글의 주제와 가장 가까운 뜻을 지닌 한자 숙어를 찾는 활동이다. ⑪은 시에 나타난 서정적 자아의 자세와 같은 뜻을 가진 숙어·속담을 찾는 활동이다.

　이처럼 시나 시조를 대상으로 하여 이미지, 시적 화자의 태도, 내용, 주제 및 감상·평가 등을 숙어나 속담으로 바꾸는 훈련은 얼마든지 가능하다. 산문을 대상으로 한 활동과 다른 점은 운문에서 중시하는 이미지, 감상, 시적 화자(자아)의 자세·태도 등으로 질문의 내용을 형성하는 것이 더욱 효과적이라는 것이다.

【문제6】

〈보기〉를 참조하여 다음 숙어들이 어떤 의미로 사용되는지 밝혀라.

> **보 기**
>
> ㄱ) 바지 저고리 : 능력이나 실권이 통 없는 사람
> ㄴ) 억지 춘향이 : 하기 싫은 일을 억지로 함

　① 가시방석 ② 주판을 튕기다 ③ 발이 넓다 ④ 붓을 꺽다 ⑤ 초를 치다 ⑥ 좀이 쑤시다 ⑦ 산통을 깨다 ⑧ 오지랖이 넓다 ⑨ 발을 빼다 ⑩ 담을 쌓고 지내다 ⑪ 거지발싸개 같다 ⑫ 남잡이 나잡이 ⑬ 흥부집 굴뚝이라 ⑭ 썩어도 준치 ⑮ 마파람에 게 눈 감추듯 한다 ⑯ 깜냥으로 일을 하다 ⑰ 선손질 후방망이

4.5 감동시키는 순우리말

순우리말에는 우리가 상상할 수 없을 정도의 아름다운 말이 많다. '시나브로', '살별' 등 우리가 모르는 정감 있는 말들이 매우 많다. 그러나 우리는 흔히 외래어를 사용하고 또 외래어 사용을 은근히 뽐내고 있다.

말은 그 민족의 얼과 정신, 문화를 나타낸다. 우리의 외래어 사용은 우리 얼과 정신 문화의 말살을 의미한다. 우리가 어떤 말을 사용해야 할 지는 묻지 않아도 될 것이다.

우리말의 낱말 만들기는 크게 두 가지 방법이 있는데 하나는 '실질형태소 + 형식형태소'와 '실질형태소 + 실질형태소'이다. 이러한 낱말 만들기의 좋은 예로는 북한의 언어가 있다. 남북이 통일이 되면 남한과 북한 언어의 이질성을 회복하는 게 급선무일텐데 북한의 언어에서 우리가 배워야 할 언어도 많이 있다. 몇 가지 예를 들어보면 다음과 같다.

남 한	북 한	남 한	북 한
가사(家事)	집안거두메	각 선 미	다 리 매
게 시 판	알 림 판	거 짓 말	꽝 포
골 키 퍼	문 지 기	구 설 수	말 밥
기 성 복	지 은 옷	구 성	엮 음 새
다이얼(전화)	번 호 판	노 크	손 기 척
도닛(츠)	가락지빵	도 화 선	불 심 지
레 코 드	소 리 판	롤 러	굴 개
리 본	댕 기	몽 타 쥬	판 조 립
명 령 문	시 킴 문	보 조 개	오 목 샘

이 밖에서 '스킨로션 – 살결물', '로션 – 영양물'들 의미를 구체적으로 드러내면서도 정감 있는 말들이 많다. 우선 우리말에 대한 문제들을 풀어보면서 우리말의 아름다움에 젖어 보자.

【문제7】

다음 외래어를 우리말로 고쳐 보세요.

> 부 저 : 누르면 소리나는 기구(단추), 알림 단추, 운전기사 경종 단추, 단추, 소리나는 단추, 버튼, 손 삐리, 눌러 주세요, 종소리, 소리 누르개, 징징이, 벨누르개, 소리 단추, 소리판, 삐익이, 삑삑이, 소리나는 누름이, 빨간불, 소리 상자, 삐 소리개, 소리나는 작은 상자, 음단추, 소리내기, 삐-알림 소리, 손 피리, 초인종, 왔다 문, 누름이, 누름 단추, 단추누르개, 신호음, 소리나는 종, 소리나는 빵빵이

텔레비전 / 핸드폰 / 에스컬레이터 / 엘리베이터 / 주스 / 택시 / 버스 / 트럭 / 베란다 / 로비 / 몽타주 / 포스터

【문제8】

다음 제시된 낱말은 순우리말이다. 뜻으로 옳은 것은?

(1) 살별
　　가) 본 것을 잊지 않고 잘 기억하는 능력
　　나) 환하게 빛나는 빛깔
　　다) 빛나는 긴 꼬리를 끌고 도는 별. 혜성
　　라) 처음으로 솟아오르는 햇볕

(2) 얼뜨다
　　가) 언행이 경망하고 조급하다.
　　나) 다부지지 못하고 어리석어 보이다.
　　다) 모양이나 몸짓이 어울리지 않다.
　　라) 철이 덜 들어 아둔하다

(3) 마뜩하다
　가) 마음에 마땅하다.
　나) 일러주어서 깨닫게 하다.
　다) 모양이나 태도가 마음에 들고 믿음직하다.
　라) 마음이 편하지 못하다.

(4) 귀거칠다
　가) 말과 행동이 거칠고 미련스럽게 보이다.
　나) 상리에 벗어나 상스럽고 막되다.
　다) 놀라거나 겁에 질려 황급한 소리를 지르다.
　라) 듣기에 매우 거북하다.

(5) 앵돌아지다
　가) 냉대하여 멀리하거나 거절하다.
　나) 말을 불쑥하여 정답지 않은 빛이 보이다.
　다) 마음이 틀어져 토라지다.
　라) 생각이나 성질이 비뚤어지다.

(6) 울력
　가) 여럿을 모아 한 덩어리나 한 판이 되게 하다
　나) 여러 사람이 힘을 합해서 하는 일
　다) 목적이 같은 사람이 한패를 이룬 무리
　라) 농민들이 협력하기 위하여 이룬 모임

(7) 봄눈 슬듯
　가) 오래 안가고 이내 없어지는 모양　　나) 성질이 부드럽고 다정스럽다.
　다) 그다지 쉽사리　　　　　　　　　라) 슬그머니

(8) 의초
　가) 짝이 되는 친구
　나) 서로 너니 나니 하고 부르며 터놓고 지내는 사이
　다) 동기간의 우의
　라) 서로 마음이 통하는 벗

(9) 미상불

    가) 대강, 거의 가깝게　　　　나) 마땅히, 차라리

    다) 아닌게 아니라　　　　　　라) 도저히

(10) 입매

    가) 음식을 조금 먹어 시장기를 면함

    나) 먹고 싶은 생각이 나다

    다) 먹으려고 하는 탐심

    라) 때없이 군음식을 마구 먹는 입버릇

(11) 소소리바람

    가) 동풍　　　　　　　　　　나) 서풍

    다) 남풍　　　　　　　　　　라) 북풍

    마) 살 속으로 기어드는 듯한 찬바람

(12) 어금지금하다

    가) 비슷하다.　　　　　　　　나) 다음가는 차례.

    다) 서로 비슷하여 대소장단의 차이가 없다.　라) 비스듬히 비치다.

(13) 기연미연

    가) 일을 끝내지 않고 중간에 흐지부지 그만 둠

    나) 일의 뒤끝을 마무르는 성질이 없다.

    다) 그런지 그렇지 않은지 분명하지 않은 모양

    라) 결단성이나 다잡는 힘이 모자란

(14) 오지랖이 넓다.

    가) 끝이 없다. 한이 없다.

    나) 자기 편의에 따라 이랬다 저랬다 하는 기회주의자의 행동.

    다) 아무 관계없는 남의 일에 간섭하다.

    라) 하는 짓이 분수에 넘쳐 비웃음을 살 때 씀.

(15) 시나브로

    가) 모르는 사이에 조금씩 조금씩　나) 대수롭지 않게

다) 슬그머니   라) 언제나 변함없이 한 모양으로, 늘

(16) 눈총기
가) 어떤 기준을 잡다.
나) 대강 겉가량으로 헤아림.
다) 본 것을 잊지 않고 잘 기억하는 능력
라) 겉을 보면 속까지도 짐작하여 알 수 있다

(17) 비기다
가) 피하느라고 몸을 옮기다.   나) 비스듬하게 기대다.
다) 한쪽으로 비스듬히 기울어지다.   라) 비스듬하게 늘어지거나 놓이다.

(18) 누리
가) 해질녘에 푸르스름하고 흐릿한 기운
나) 공중에서 빗방울이 찬기운을 만나 얼어서 떨어지는 덩어리
다) 해나 달의 둘레에 생기는 둥근 테
라) 굴뚝이나 벽에 허옇게 얼어붙는 것

(19) 여우비
가) 겨우 먼지나 일지 않을 정도로 조금 오다 마는 비
나) 아직 비가 올 듯한 기색은 있으나 좍좍 내리다가 잠깐 그친 비
다) 볕이 나 있는데 잠깐 오다가 그치는 비
라) 안개보다 조금 굵고 이슬보다 조금 가는 비

(20) 감실감실
가) 매달린 것이 가볍게 흔들리는 모양
나) 먼 곳에서 어렴풋이 움직이는 모양
다) 귀엽게 생긴, 작고 또렷한 여러 덩어리가 고르지 않게 놓여 있는 모양
라) 아기가 곱게 자는 모양

(21) 숲정이
가) 사람이 심어 가꾸거나 또는 저절로 나서 자란 온갖 나물
나) 잡풀이 무성한 땅

　다) 마을 부근의 수풀 있는 곳

　라) 큰 나무의 밑동

(22) 그루 앉히다

　가) 겉으로는 사양하는 체하고 뒤로 슬그머니 벌리는 손

　나) 일의 뒤를 마물러서 끝내는 일

　다) 앞으로 해나갈 일에 바로 나갈 터를 잡아주다

　라) 물건을 잘 정돈하여 간수함.

(23) 손어림

　가) 오래 길들여 쓰다.

　나) 남의 수고에 대하여 주는 작은 물건.

　다) 손으로 하는 일을 허술한 데 없이 회동그랗게 잘하다.

　라) 손으로 대강 헤아림.

(24) 입씻이

　가) 아주 적은 음식으로 시장기를 면하는 일

　나) 지은 죄를 사실대로 말함

　다) 까닭 없이 남을 탓하는 짓

　라) 다른 말을 못하도록 또는 비밀이 새지 않도록 주는 돈이나 물건

(25) 도리기

　가) 여러 사람이 돈을 추렴하여 같은 음식을 나눠 먹는 일

　나) 음식을 돌려가며 제각기 내는 일

　다) 여러 몫으로 고루 나누어주는 일

　라) 힘든 일을 거들어 주어서 서로 품을 지고 갚음

(26) 비거스렁이

　가) 비를 맞지 않도록 물건을 치우는 일

　나) 비가 오다가 날이 개는 동안

　다) 비가 온 뒤에 바람이 불고 시원해지는 일

　라) 초목에 내려 눈같이 된서리

(27) 팔죽지

    가) 팔꿈치로부터 손목까지의 부분

    나) 팔꿈치와 어깻죽지 사이의 부분

    다) 팔꿈치를 오그린 안쪽

    라) 손이 잇닿은 팔의 끝 부분

(28) 우금

    가) 논두렁이나 밭두둑을 따라 난 좁고 꼬불꼬불한 길

    나) 굽은 길

    다) 길, 물줄기, 산줄기 등이 휘어서 굽은 곳

    라) 시냇물이 급히 흐르는 가파르고 좁은 산골짜기

(29) 메

    가) 돌을 쪼아 다듬는 쇠연장   나) 쇠붙이를 쓸거나 다듬는 연장

    다) 풀, 콩깍지, 짚 등을 써는 연장   라) 물건을 치는데 쓰는 연장

(30) 도린곁

    가) 한 곳으로만 통하는 길   나) 길의 가장자리

    다) 사람이 별로 가지 않는 외진 곳   라) 사물의 제일 중요한 데

(31) 고빗사위

    가) 승부를 마지막으로 결정하는 일

    나) 가장 긴요한 고비의 아슬아슬한 순간

    다) 사물의 제일 중요한 데

    라) 일에 관계되는 긴한 목

(32) 옹골지다

    가) 야무지고 기운차다

    나) 실속있게 꽉 차다.

    다) 태도와 행동이 침착하고 참을성이 있다.

    라) 생각한 대로 튼튼하게 잘된 물건

(33) 살갑다

　가) 마음에 썩 달갑지 않거나 내키지 않다.

　나) 야속한 느낌이 있다.

　다) 마음씨가 너그럽고 미덥다.

　라) 은근히 속마음으로 기뻐하다.

(34) 바리

　가) 과일이나 채소를 100개씩 세는 말

　나) 마소에 잔뜩 실은 짐을 세는 단위

　다) 쇠붙이로 된 돈이나 가마니같이 납작한 물건을 세는 단위

　라) 논밭의 넓이의 단위

(35) 함초롬하다.

　가) 가지런하고 곱다.　　　나) 수수하게 풍족하고 아름답게 보이다.

　다) 깨끗하고 아담하다.　　라) 부드럽고 가볍게

(36) 사부자기

　가) 앞 뒤 헤아리지 않고 얼른 하는 모양

　나) 우선 급한대로

　다) 남 모르는 사이에 재빠르게

　라) 재빠르게 혀나 손을 놀리는 모양

(37) 돋을볕

　가) 큰 내　　　　　　　　　나) 세상

　다) 처음으로 솟아오르는 햇볕　　라) 마음의 본바탕

(38) 이지러지다

　가) 차츰 희미해지면서 없어지다.　나) 한쪽이 차지 않다.

　다) 온전하다.　　　　　　　라) 내용이 충실하다.

(39) 곱새기다

　가) 해석을 그릇되게 하다

　나) 같은 말을 되풀이하다

　　다) 한번 삼킨 먹이를 내어 다시 씹다
　　라) 잘못을 꾸짖을 때 도리어 반항하다

(40) 진배없다
　　가) 일정한 용량이 없다　　　　나) 조금도 틀리지 않고 들어맞다.
　　다) 못할 것이 없다　　　　　　라) 어떠한 표준을 잡을 수가 없다

(41) 괴덕스럽다
　　가) 언행이 경망스럽고 조급하다
　　나) 말을 불쑥하여 정답지 않은 빛이 보이다
　　다) 생각이나 성질이 비뚤어지다
　　라) 수선스럽고 실없다

(42) 드레질
　　가) 키로써 바람을 내는 짓
　　나) 까붐질
　　다) 여러 몫으로 고루 나누어주는 일
　　라) 인격의 무겁고 가벼움을 떠보는 것

(43) 갈음하다
　　가) 다른 것으로 서로 바꾸어 대신하다
　　나) 여럿 가운데서 분간하여 골라내다
　　다) 일의 뒤끝을 맺다
　　라) 가지런하고 곱다

(44) 부엉이 셈
　　가) 숫자를 써서 셈함　　　나) 어리석어 이해타산이 분명하지 못한 셈
　　다) 머리 속으로 계산　　　라) 실속 없는 셈

4장 해설 및 답안

【문제1】 ① ㉠ 환멸 ㉡ 미련 ㉢ 무디어진 ㉣ 둔해진 ㉤ 위안 ㉥ 허수아비
　　　　② ㉠ 명철보신 ㉡ 수수방관 ㉢ 자포자기 ㉣ 살신성인 ㉤ 은인자중

【문제2】 (1) ④　(2) ③　(3) ①　(4) ①　(5) ①　(6) ②　(7) ②

【문제3】 (1) 연루 (2) 미거 (3) 공격 (4) 중태 (5) 체결 (6) 팽배 (7) 판막음

【문제8】 순우리말 해설 및 답안

(1) 가) 눈총기 : "그 놈이 제법 눈총기가 있어서 쓸 만할 걸세"
　　나) 영채(映彩) : "계속 졸다가 밥 얘기 하니까 영채 도는 저 눈 좀 보게"
　∨ 다) 살별 : "맞은편 하늘에는 경오년 살별이 꼬리를 길게 뻗치고 있다."
　　라) 돋을볕 : "앞에 큰집이 들어서서 우리 집은 돋을볕을 받지 못
　　　　하게 되었다."

(2) 가) 호도깝스럽다: "그 상황에서 네가 호도깝스럽게 웃는 바람에 모
　　　　두 당황했잖아"
　∨ 나) 얼뜨다⇒ '얼뜨기'란 말도 있음.
　　　　 : "나이값을 해야지 그렇게 얼떠서 어디다 써먹겠어?"
　　다) 메떨어지다. : "그토록 고운 그녀가 코를 골며 잔다니 정말 메떨
　　　　어진다!"
　　라) 미거하다: "미거한 자식이지만 자네가 데려가 주게나."

(3) ∨ 가) 마뜩하다: "어쩐지 그 사람 종기 자국처럼 마음에 마뜩지
　　　　　　　　않더니만."
　　　　나) 뚱기다: "내친 걸음에 사무실로 달려가 그 사실을 살며시
　　　　　　　　뚱겨 주었다."
　　　　다) 탐탁하다: "그 일로 인해 내가 아무리 정성껏 일해도 탐탁지
　　　　　　　　않게 여기는 것이었다."
　　　　라) 울가망하다: "그 소식으로 나는 날이 새도록 마음이 울가망
　　　　　　　　하였다."

(4) 가) 데퉁스럽다: "영식이는 내가 놀릴 때마다 데퉁스레 쏘았다."
　　　나) 상없다: "단 한번 먼발치에서 보고 마음을 줘버리면 나를 상없
　　　　　　게 보지 않을까?"
　　　다) 기급하다: "금녀는 숲 속에서 숨어 보다가 나와 눈이 마주치자
　　　　　　기급하여 달아났다."
　　∨ 라) 귀거칠다: "동리 노인은 뻔찔 찾아와 귀거친 소리를 하곤 하였다."

(5) 가) 내대다: "도대체 우리가 이렇게 하는데도 당신 형 집에서 내
　　　　　대는 이유는 뭐죠?"
　　　나) 퉁명스럽다: "너한테 잘못한 것도 없는데 요즘 왜 나한테 퉁
　　　　　명스럽게 구는 거니?"
　　∨ 다) 앵돌아지다: "그는 한 번 앵돌아지면 절대 화해할 사람 아니니
　　　　　기대하지 마라!"
　　　라) 뒤둥그러지다: "네 생각이 뒤둥그러져서 그렇게 응큼하게 보는
　　　　　거지."

(6) 가) 어우르다 ⇒'아우르다'보다 큰 말. 피동형 '어울리다'가 더 자
　　　　주 쓰임.
　　　"윷놀이에서 두 바리의 말을 어우르면 한결 유리하다."

∨ 나) 울력 ⇒ ≠울력성당: 떼를 지어 협박하는 일
"이번 이사는 같은 과 친구들의 울력으로 어렵지 않게 치
를 수 있었다."
다) 동아리: "나는 대학에 들어가면 가장 먼저 여행 동아리에 들
고 싶어."
라) 두레 ⇒ 농촌에서 모내기나 김매기를 공동으로 협력하기 위
해 이룬 모임
"황톳골 앞들에는 두레논을 매는 삼십여명 되는 사람이 구
푸려 있고…"

(7)∨ 가) 봄눈 슬듯: "뒤숭숭하던 생각이 뜨거운 눈물에 봄눈 슬 듯
스러지고…"
나) 곰살궂다: "한 조각 동정심이 이대도록 곰살궂고 살뜰하거든…"
다) 간대로: "사람이란 슬프다고 간대로 죽는 것은 아니다."
라) 고즈너기: "한 발자국 떼고 두 발자국 떼고 세 발자국 떼려
다가 그는 고즈너기 돌아섰다."

(8) 가) 반려: "목숨이 끊어지는 날까지 너의 반려자가 되어줄게."
나) 너나들이: "성아와 나는 농담과 잡담을 무시로 넘기고 받고
하면서 너나들이로 지내게 되었다."
∨ 다) 의초: "그들 형제는 의초가 좋았다."
⇒ 형제나 자매 사이의 정의를 '띠앗' '띠앗머리'라고도 함.
라) 지기(知己) = 지우(知友): "여러 해 사귀어온 지기와 같이
피차에 반가웠던 것이다."

(9) 가) 얼추: "얼추 다 되어 가니까 재촉하지 말고 기다려라!"
나) 모름지기: "청년은 모름지기 씩씩해야 한다."

∨ 다) 미상불(未嘗不): "말을 듣고 보니 미상불 그럴 듯하다."
　 라) 이루 ⇒ 이 말 뒤에는 언제나 부정이 옴.
　　　　"그 참상은 이루 형언할 수 없었다."

(10) ∨ 가) 입매: "입매라도 해야지 다이어트 한다고 굶다가 쓰
　　　　러질라."
　　나) 구쁘다: "한창 구쁘던 때라, 떫은 감이나마 맛있게
　　　　먹었다."
　　다) 게걸: "진짜 게걸스럽게 먹는데도 하나도 미워 보
　　　　이지가 않아."
　　라) 주전부리: "큰누나가 결혼하니까 우리 손자는 주전부
　　　　리할 게 많아서 좋겠구나."

(11)　가) 샛바람 ⇒ 뱃사람들이나 어촌에서 쓰는 말로 '동쪽에서
　　　　　부는 바람'이란 뜻. 농촌에서는 '동부새'라고 함.
　　나) 하늬바람: "북악산 꼭대기에 자루를 박고 석벽을 깎으
　　　　　며 내려지르는 하늬바람은 그 목소리를 휩쓸
　　　　　어 공중에서 맴을 돌리다가는 흩어 버린다."
　　다) 마파람⇒ 음식을 빨리 먹어 버리는 것을 보고 "마파람에
　　　　　게눈 감추듯한다"고 함.
　　라) 된바람⇒ 빠르고 센 바람
∨ 마) 소소리바람: "나무 가지 끝에 낙엽 한두 잎 달려 있고
　　　　　소소리바람이 치는 벌써 가을이구려."

(12) 가) 방불하다: "고교한 얼굴에 화경 같은 눈은 꿈에서 보　던 모
　　　　습과 영락없이 방불했다."
　　나) 버금: "너는 조수미에 버금가는 훌륭한 성악가가 될꺼야."
∨ 다) 어금지금하다.: "그 두 사람은 서로 어금지금하여 팽팽히 맞선다."
　　라) 비끼다: "비파 소리를 따라 천천히 달빛 비낀 복도를　　걷는다."

(13) 가) 중동무이: "그렇게 중동무이한 태도로써 할 요량이라면 애초
에 그만 둬라!"

　　나) 뒷손없다: "뒷손없는 게 흠이기는 하지만, 추진력은 높이 살
만하네."

　∨ 다) 기연미연: "기연미연한 일을 입밖에 꺼냈다가 망신당하지 말
고 그냥 가만히 계세요."

　　라) 더덜뭇하다: "매사에 더덜뭇한 그가 많은 직원을 거느리는
자리에 앉게 되었다."

(14) 가) 그지없다: "죄송스럽기 그지없습니다.", "기쁘기 그지없습니다."
　　⇒ "그지없는 바　다, 그지없는 욕심"과 같이 쓰는 일도 있
으나, '끝없는, 한없는'을 쓰는 것이 더 좋음.

　　나) 박쥐 구실: "다른 건 다 좋은데 박쥐구실 할 때는 정말 얄밉더라."

　∨ 다) 오지랖이 넓다: "그 사람은 오지랖이 넓은 것이 탈이다."
　　⇒ '오지랖'은 웃옷이나 윗도리에 입는 겉옷의 앞자락

　　라) 어쭙지 않다: "우리나라를 소중화(小中華)로 만든 것은 어쭙
지 않은 관료들의 죄요, 백성들의 허물은 아니었다."

(15) ∨ 가) 시나브로: "맨날 방탕하게 살더니만 물려받은 재산을 시나
브로 다 없앴다."

　　나) 허투루: "그 사람은 허투루 볼 사람이 아니다." ⇒ '아무렇
게나'란 뜻으로도 쓰임.

　　다) 고즈너기: "햇살에 물든 그의 얼굴을 고즈너기 엿보았다."

　　라) 노상: "너는 노상 늦잠만 자고 게으르니 대체 뭐가 되려고
하는 거냐?"

(16) 가) 대중하다: "우리 집 살림살이가 아니라서 대중없이 골랐으니
　　　　　이해하게나."
　　나) 어림: "2차 수정 작업은 따로 할테니까 자세히 할 것 없고
　　　　　어림잡아 대충 끝내세요."
　　　　⇒ '눈어림, 손어림' 같은 명사와 '어림잡다, 어림치다' 같은
　　　　　동사가 있음.
　∨ 다) 눈총기: "그 놈이 제법 손재주, 눈총기가 있어서…"
　　라) 겉볼안: "옷 입는 스타일을 보면 그 사람의 모든 것을 겉볼안
　　　　　하여 볼 수 있다.

(17) 가) 비키다: "다시 얼굴을 마주치기 싫어서 못 본 체하고 뒤로 비
　　　　　켜서다."
　∨ 나) 비기다: "창문에 비겨 서서 저무는 하늘을 바라보았다."
　　다) 쏠리다: "그에게 가버린 내 마음처럼 별이 쏠리는 밤이었다."
　　라) 비끼다: "어린아이들이 나무막대를 허리에 비껴 차고 골목을
　　　　　뛰어다니고 있다." "달빛 비낀 뒤란"

(18) 가) 이내: "그는 멀리 이내가 낀 하늘가를 응시하며 깊은 생각에
　　　　　잠겨 있었다."
　∨ 나) 누리 = 우박(雨雹) :"집에 올 때 갑자기 강낭콩 알만한 누리
　　　　　가 떨어지는 거 있지?"
　　다) 무리 ⇒ 햇무리, 달무리 :"달무리가 저리도 큰 걸 보니 내일
　　　　　은 비가 올 모양이다."
　　라) 성에: "새벽기차에 올라 유리창에 낀 하얀 성에 위에 너의 이
　　　　　름을 써 본다."

(19) 가) 먼지잼: "긴 가뭄에 비 안 오는 날 없다더니, 오늘도 먼지잼이군,"
　　나) 웃비: "웃비가 걷히자 해가 반짝하고 비쳤다."

∨ 다) 여우비: "맑은 날 난데없이 여우비가 내려 우산도 없이 흠뻑
젖었던 거 기억나니?"
⇒ 비오는 날 잠깐 반짝 쬐다가 사라지는 볕을 여우볕이라 함.
라) 는개: "는개에 옷 젖는 줄도 모르고 터벅터벅 길을 걸었다."

---

(20) 가) 대롱대롱: "대롱대롱 매달린 조롱박이 고향집의 푸근함을 느
끼게 해 주었다."
∨ 나) 감실감실: "감실감실 갈매기 떼 수평선을 지우듯 나 또한 지
워졌으면…"
다) 올망졸망: "소풍가는 아이들이 재잘대며 올망졸망 선생님을
따라간다."
라) 소록소록: "우리 아기 소록소록 잘도 잔다."

---

(21) 가) 푸성귀: "푸성귀는 떡잎부터 알고 사람은 어렸을 때부터 안다."
나) 푸서리: "그렇게 기름졌던 옥토가 이렇게 푸서리가 되어있을
줄이야."
∨ 다) 숲정이: "우리 마을의 숲정이에는 가을까지 꽃이 피고 산새들
이 와서 지저귄다."
라) 둥치: "내가 태어날 때 심었던 버드나무의 밑둥치가 이젠
내 몸통의 세배나 된다."

---

(22) 가) 뒷손: "싫다고 하면서도 뒷손을 내미는 그런 사람인데, 그냥
돌아오면 어떡하나?"
나) 뒷마감: "무슨 일이든 뒷마감을 잘해야 빛이 나는 법이다."
∨ 다) 그루 앉히다: "아내 행실은 다홍치마 적부터 그루를 앉힌다."
라) 갈무리 ⇒흔히 '마무리'와 같은 뜻으로도 쓰임.
: "이 일을 오늘 안으로 갈무리하여 끝장을 냅시다."

(23) 가) 손때 먹이다: "이것은 선친께서 오래 손때 먹인 물건이라 절
대로 팔 수 없습니다."
나) 손씻이: "이렇게 고생했으니 작지만 이 돈으로 손씻이나 하게."
다) 손끝 여물다: "하는 일마다 손끝 여물게 하는 품이 마음에
든다."
∨ 라) 손어림 = 손짐작: "서류의 두께를 손어림으로 헤아려 보니
평소보다 일거리가 훨씬 많음을 알 수 있었다."

(24) 가) 볼가심 ⇒ 음식이 적어 볼의 안쪽을 겨우 가신다는 뜻.
먹을 것이 아무 것도 없을 때 "새앙쥐 볼가심 할 것도 없다."고 함.
나) 곧은불림 ⇒ 한자어로는 '직초(直招)'라 함.
: "볼기를 몇 대 맞고서야 곧은불림을 하였다."
다) 지청구: "남의 지청구나 받으며 따라다니던 말단에서 내 의사
껏 일을 해보게 된 터라 절로 어깻바람이 났다."
∨ 라) 입씻이 ⇒자기에게 불리한 말을 못하도록 금품을 주는 것을
'입 씻기다'라 함.
: "미리 입씻이를 했는데도 일이 잘못되었다."

(25) ∨ 가) 도리기: "해마다 삼복이 되면 이 마을 사람들은 도리기를
하는 전통이 있다."
나) 도르리: "우리 패거리는 금요일 저녁이 되면 매주 모여
도르리로 막걸리를 마셨다."
다) 벼름질 ⇒ '벼름'은 '벼르다'(여러 몫으로 나누다)의 명사형.
: "서로 많이 먹겠다고 싸우지 말고 엄마가 벼름질해
줄 때까지 기다려!"
라) 품앗이: "오뉴월 품앗이도 먼저 갚으랬다."

(26) 가) 비설거지: "애야! 마당에 말려놓은 콩 비설거지해야지 비 맞
　　　　　으면 큰일난다."
　　나) 빗밑 ⇒ 날이 빨리 갤 때 "빗밑이 가볍다"라 하며 날이 좀처
　　　　　럼 개지 않을 때는 "빗밑이 무겁다"라 함. : "그날따라 빗밑
　　　　　이 무거워서 소녀와 나는 아주 오래도록 그 처마 밑에서 함
　　　　　께 있을 수 있었다."
　∨ 다) 비거스렁이: "그녀는 비가 온 뒤 잿빛하늘과 스산한 비거스렁
　　　　　이의 느낌을 좋아했다."
　　라) 상고대: "상고대가 긴 새벽 수풀의 풍경은 무엇에다 비길 수
　　　　　없이 아름답다."

(27) 　가) 팔뚝　　∨ 나) 팔죽지　　　다) 팔오금　　　라) 팔목

(28) 가) 논틀밭틀: "아낙네가 세참 거리를 이고 좁은 논틀밭틀을 참
　　　　　빨리도 걷는다."
　　나) 에움길 ⇒ '에우다'(딴 길로 돌리다)의 명사형 '에움'에 길이
　　　　　붙어서 된 말. '지름 길'의 반대말로 쓰임. : "인생의 탄탄대로
　　　　　를 걷는 것보다 에움길로 돌아가며 뒤돌아볼 수 있는 삶이
　　　　　더 아름답다."
　　다) 굽이 ⇒ '굽잇길', '굽이지다', '굽이돌다', '굽이치다' 등 참고.
　　　　　"이 강은 굽이를 돌 때마다 절경이 펼쳐진다."
　∨ 라) 우금: "사람의 발길이 끊긴 우금에 숨어서 산 지 이태…"

(29) 가) 정 ⇒ "모난 돌이 정 맞는다"는 속담이 있음. 성격이 강하면
　　　　　미움을 산다는 뜻.
　　나) 줄: "쇠기둥에 슨 녹을 줄로 쓸어 버렸다."
　　다) 작두: "작두로 썬 여물을 구유에 넣었다."
　∨ 라) 메 ⇒ 묵직한 나무토막이나 쇠 토막에 구멍을 뚫고 자루를 박은
　　　　　것. 떡을 치는 메를 '떡메', 쇠로 만든 메를 '쇠메'라 함.

(30) 가) 외곬: "외곬으로 생각하는 사람은 성공하기 어렵다."
　　나) 길섶: "버스에서 내려 고향집으로 들어가는 길섶에 코스모스가
　　　　마냥 하늘거렸다."
　∨ 다) 도린곁: "내가 죽거들랑 바다가 보이는 언덕빼기, 도린곁에 묻
　　　　어다오."
　　라) 고동 ⇒ '고동'의 본뜻은 기계를 움직이게 하는 장치.
　　　　 : "그 사건이 생긴 고동을 한번 깊숙이 파고들어서 조사해보시오."

(31) 가) 대매 ⇒ 단 두 사람이 마지막으로 우열을 겨루는 대매를 '맞
　　　　대매'라 함.
　　　　 : "나는 그와의 대매에 나의 모든 것을 걸었다."
　∨ 나) 고빗사위 ⇒ '고비'는 가장 중요한 기회 또는 막다른 절정을
　　　　뜻하는 말.
　　　　 : "영화가 한창 재미나는 고빗사위에 전기가 나가다니…"
　　다) 고동 ⇒ (어떤 일을 하는 데)가장 중요한 점이나 계기
　　　　 : "일이 시급하니 고동만 말해라."
　　라) 줄목: "그 학교를 운영은 젊은 이사장이 혼자서 줄목을 쥐고 있다."

(32) 가) 올차다: "올차고 야무져 당황하는 기색도 전혀 없던데?"
　∨ 나) 옹골지다 ⇒ 옹골지고 기운찬 것을 '옹골차다'라고 함.
　　　　"옹골지게 익은 보리", "옹골진 연구 성과."
　　다) 진득하다: "나이에 비하여 진득한 데가 없다"
　　라) 안성맞춤 ⇒ 꼭 들어맞게 잘된 일. 경기도 안성에 유기를 맞
　　　　추면 마음에 들에 잘 만들었으므로 생긴 말. : "인물 좋고 직
　　　　장도 확실하니 신랑감으로는 안성맞춤이다."

(33) 가) 떠름하다: "마음에 떠름하나 네가 선택한 사람이니 받아들여
　　　　　야지 어쩌겠니?"
　　나) 고깝다: "나도 어찌할 수 없는 일이니 너무 고깝게 생각하지
　　　　　마시오."
　∨ 다) 살갑다 ⇒ 성질이 속으로 살가운 것을 '곰살갑다'라 함.
　　　　　: "첫인상은 냉정하게 보였는데 만날수록 마음이 살가운 사람
　　　　　이라는 걸 느꼈어요."
　　라) 기껍다: "누가 부탁하신 일인데요, 기꺼이 해드려야죠."

(34) 가) 접: "사과 열 접 정도 사려는데 배달해 줄 수 있나요?"
　∨ 나) 바리: "진상은 꼬치로 꿰고 인정은 바리로 싣는다'는 속담이
　　　　　있음. '진상(進上)'은 옛날 지방에서 나라에 바친 소산물이요,
　　　　　'인정(人情)'은 벼슬아치들에게 준 뇌물임. 자기의 이해에 직접
　　　　　관계되는 일에 더 정성을 들이는 인심을 잘 나타내고 있음.
　　다) 닢: "내 주머니에는 동전 한 닢 없으니 찾아서 나오면 다 가져가라."
　　라) 마지기 ⇒ 벼나 보리의 씨를 한 말 뿌릴 만한 넓이를 한 마지
　　　　　기라 함. 200평이나 300평에 해당함.

(35) ∨ 가) 함초롬하다: "그 말의 함초롬한 털."
　　　　　⇒ 부사로 '함초롬이'가 자주 쓰임. "꽃이 함초롬이 이슬을
　　　　　머금었다."
　　나) 소담스럽다: "소담스럽게 차린 음식을 놓고 먹고 마시니
　　　　　가족의 소중함이 느껴졌다."
　　다) 깨끔하다: "온 집안을 깨끔하게 치우고 손님이 오시기를
　　　　　기다렸다."
　　라) 살포시: "오호! 빛깔, 살포시 음영을 던진 갸륵한 빛깔아."

(36) 가) 닁큼 ⇒‘냉큼’의 큰말. : “상대편을 닁큼 들어 어깨 뒤로 넘긴다.”
　　나) 시거에: “적은 돈이지만 시거에 이거라도 써라.”
　∨ 다) 사부자기: “얼마나 부지런한지 일이 있으면 사부자기 해치워버린다.”
　　라) 늘름 ⇒‘날름’의 큰말.
　　　　 : “어른과의 술자리에서 주는 술을 늘름 받아먹는 것도 예의
　　　　 가 아니다.”

(37) 가) 가람 ⇒ ‘강(江)’의 옛말.
　　　　 : “진두강 가람가에 살던 누나는, 진두강 앞마을에 와서 웁니
　　　　 다.”〈김소월, 접동새〉
　　나) 누리: “깊은 밤, 별이 찬란하게 빛나는 누리 안에서 당신과
　　　　 내가 서 있습니다.”
　∨ 다) 돋을볕: “앞에 아파트가 들어서면서 우리 집은 돋을 볕을 받
　　　　 지 못하게 되었다.”
　　라) 마음자리: “깨끗한 처녀의 마음자리에 진흙을 끼얹는 것 같아
　　　　 일면 분하기도 했다.”

(38) 가) 스러지다: “주렴 밖에 성긴 별이 하나 둘 스러지고 아침이 밝
　　　　 아 왔다.”
　∨ 나) 이지러지다: “이지러진 달이 실낱 같고, 별에서도 봄이 흐를 듯이…”
　　다) 오롯하다: “그는 오직 오롯한 선녀, 무지개 다리를 건너고 있다.”
　　라) 알토란 같다: “아름답고 알토란같은 청춘을 고스란히 지니고 있다. ”
　　　　 ⇒ 살림이 오붓한 경우에도 쓰임.

(39) ∨ 가) 곱새기다 ⇒ ‘곱’은 본래 ‘곱다’(고부라져 위어 있다)의 어간
　　　　　 임.: “남의 말을 곱새길 만큼 옹졸한 사람이 아니다.”
　　　나) 되뇌다: “그저 죄송하다는 말만 되뇌었다.”

다) 되새기다 ⇒ '되'는 '도리어, 다시 도로'의 뜻을 나타냄.
  : "어제 읽은 책의 한 구절을 되새겨 보았다."
라) 되받다 : "대답은 하지 않고 '그래서 어쨌단 말이요' 하고
  되받았다."

(40) 가) 주책없다 ⇒ '주책'은 일정하게 자리잡힌 생각을 뜻함
  : "주책없이 실없는 말을 함부로 지껄인다."
나) 영락없다 : "머리를 빡빡 깎으니 영락없는 중이었다."
∨ 다) 진배없다 ⇒ 무엇에 질 것이 없다
  : "이 물건은 외제나 진배없다."
  "직접 가서 보지는 못했지만, 여러 사람한테 자주 들어서 가
  본거나 진배없다."
라) 대중없다 ⇒ 미리 헤아릴 수 없다.
  : "대중없는 그의 말은 믿을 수가 없다."

(41) 가) 호도깝스럽다 : "호도깝스럽게 표정을 누그러뜨리면서 아무렇
  지 않다는 듯 웃는 것이었다."
나) 퉁명스럽다 : "퉁명스러이 뻗댐에는 더 책하지 않고 돌아서 저
  리로 가며 보이지 않게 피익 웃고 마는…"
다) 뒤둥그러지다 : "짓궂이 싱글싱글 웃으며 한번 더 뒤둥그러진
  그리고 흘게 늦은 목소리로 '뭘, 데련님허구 그랬대는데'하고
  놀려주었다."
∨ 라) 괴덕스럽다 : "미란이 흘낏 세란을 바라보고 괴덕스럽게 꽃망울
  을 잡아 흔든다."

(42) 가) 나비질 ⇒ 곡식에 섞인 검부러기를 날리려고 키를 부쳐 바람
  을 내는 일. 나비질을 하는 것을 '나비치다'라 함.
나) 까붐질 ⇒ 곡식을 키로 부쳐 잡것을 날리는 일.
다) 벼름질 ⇒ '벼름'은 '벼르다'(여러 몫으로 나누다)의 명사형.

∨ 라) 드레질: "사람을 앞에 앉혀 놓고 드레질을 하는 것 같아, 아니 꼬운 생각이 들기도 하였다."

(43) ∨ 가) 갈음하다: "쥐었던 것을 놓고 다른 것을 갈음하여 주다."
　　　나) 가리다: "가장 시급한 일을 가려서 그 일에 전력을 기울여야 한다."
　　　다) 마무르다 ⇒ 명사로는 '마무리'가 쓰임. 본뜻은 물건의 가장자리를 꾸며서 마치다.
　　　　　"시작한 일을 잘 마무르는 습관을 길러야 한다."
　　　라) 함초롬하다 ⇒ 부사로는 '함초롬이'가 쓰임.
　　　　　: "그 말의 함초롬한 털" "꽃이 함초롬이 이슬을 머금었다."

(44) 가) 붓셈 : 글씨로 써서 하는 셈.
　∨ 나) 부엉이 셈 ⇒ 부엉이가 수를 셀 때에는 반드시 짝으로 하므로 하나가 없어지는 것은 알아도 짝으로 없어지는 것을 모른다하여 이르는 말.
　　　다) 속셈 (암산) : 머릿속으로 하는 셈.
　　　라) 독장수셈 ⇒ 실현성이 전혀 없는 계산.
　　　　　: 어떤 독장수가 짐을 지고 가다가 길가에서 잠이 들어 큰 부자가 된 꿈을 꾸고 좋아 날뛰다 깨어 보니 옆에 놓았던 독이 다 깨졌더라는 옛 이야기에서 온 말. '독장수 구구'라고도 함.

문장

5.1 올바른 문장 쓰기

한 편의 글을 이루기 위해 유의해야 할 사항은 한 두 가지가 아니다. 그러나 글을 쓰는 데에 가장 유의해야 할 사항은, 글은 문장으로 이루어진다는 점이다. 문장 하나 하나가 모여 단락이 되고 그 단락을 적절하게 연결하면 글이 된다. 말하자면 글의 가장 기본적인 요소는 문장이라는 것이다. 따라서 글은 우선 문장 하나 하나가 올바르게 만들어져야 한다.

그렇다면 올바른 문장이란 어떤 문장인가? 무엇보다 먼저 문법에 맞는 문장이어야 올바른 문장이라 할 수 있을 것이다. 주어가 서술어와 얼마나 잘 상통하고 있는지, 조사가 문맥의 흐름과 잘 맞물리고 있는지, 시제가 적절하게 사용되었는지, 존비법이 바르게 구사되었는지 하는 것이 올바른 문장의 기본 요소일 것이다.

문법에 맞지 않은 문장은, 아무리 많은 내용을 말하고 있다 하더라도 명확하게 전달될 수 없다. 명확하게 전달되지 못하는 문장은 이미 죽은 문장이 되는 것이다. 문법에 맞는 문장만이 명확하게 내용을 전달할 수 있다는 것을 항상 염두에 두어야 할 것이다.

5.1.1 국어의 기본 문형

국어의 기본 문형은 학자에 따라 다소 다르게 설정되어 있지만, 어떤 견해를 따르더라도 논의를 전개하는 데는 그리 문제될 것이 없다. 국어의 기본 문형을 서술어의 성질에 따라 구분하면 다음과 같다.

> 1) 무엇이 어찌한다 (아이가 웃는다)
> 2) 무엇이 어떠하다 (강물이 푸르다)
> 3) 무엇이 무엇이다 (인호는 학생이다)

이는 '주어+서술어'를 기본 골격으로 하는 문장으로, 1)은 '주어+동사', 2)는 '주어+형용사', 3)은 '주어+(체언+이다)'의 형태이다. 이러한 '주어+서술어'의 기본 골격에 필수적인 성분의 목적어와 보어가 결합되어 여러 가지 기본 문형이 나타난다.

우선 1)의 '주어+동사'의 형태는 다음과 같은 기본 문형으로 나누어진다.

> ① '주어 + 자동사' (바람이 분다)
> ② '주어 + 목적어 + 타동사' (보연이가 노래를 부른다)
> ③ '주어 + 보어 + 두 자리 서술어' (물이 얼음이 된다)

자동사는 주어 하나만을 필요로 하는 한 자리 서술어이고, 타동사는 주어와 목적어를 필요로 하는 두 자리 서술어이며, 수여(授與)동사 '주다, 보내다' 등은 주어, 목적어, 부사어 등을 필요로 하는 세 자리 서술어이다. 그러나, 보어를 필요로 하는 두 자리 서술어는 동사에 '되다'와 형용사의 '아니다'가 있을 뿐이다.

2)의 ‘주어＋형용사’의 형태에서는 다음과 같은 기본 문형이 이루어진다.

   ① ‘주어 + 한 자리 서술어’ (꽃이 아름답다)
   ② ‘주어 + 보어 + 두 자리 서술어’ (나는 천재가 아니다)

위의 문형에 사용된 성분들, 주어, 서술어, 목적어, 보어들은 문장이 성립하기 위해 없어서는 안 될 최소한의 필수 성분으로, 문장의 골격을 이루는 주성분이다.

이들 기본 문형에 수의적인 성분을 더하거나, 기본 문형과 기본 문형을 합성하여 문장을 확대해 나갈 수 있다.

   ① 철수가 빠르게 달린다.
   ② 하늘은 높고, 물은 깊다.

①은 수식어의 첨가로, ②는 기본 문형의 합성을 통해 새로운 문형을 이루고 있다.

이상이 국어의 기본 문형이며, 기초적이긴 하지만 문법에 맞는 문장의 형태이다. 이러한 규칙과 형태를 벗어난 문장은 올바른 문장이 아니다. ‘문법을 초월한 문장’이란 현실적으로 있을 수 없다. 물론, 문법에 맞는 문장이라고 해서 다 좋은 문장이라는 말은 아니다. 좋은 문장, 훌륭한 글의 요건은 문법만이 아니기 때문이다. 그러나 좋은 글이 되려면 무엇보다 먼저 그 문장들이 문법에 맞아야 한다는 사실을 가볍게 지나쳐서는 안 된다.

5.1.2 비문법적인 문장

가끔 “시를 짓는 데에도 반드시 문법적인 문장을 써야 합니까?” 라는 질문을 하는 학생이 있다. 간단히 대답하면 그렇지 않다. 그러나 시(또는 문예문)에서 일상의 문법과 다른 문장을 쓴다 하여도 결국 문법의 테두리 속에 있는 것이며, 어떤 문장이든 문법이라는 장치를 통해 새로운 표현

효과와 의미를 창출한다. 따라서 문법에 어긋나는 문장은 엄격히 말해 非文이다. 글이란 앞에서 말한 바와 같이 문장의 집합체인데 문장이 아닌 비문이 섞여 있어서는 곤란하다. 글을 쓸 때 적어도 비문법적인 문장을 쓰지 않도록 유의해야 한다.

우리 주변의 비문법적인 문장들을 살피고, 그것들을 바르게 고쳐 가면서 문장에 대한 이해를 높이고 올바른 문장 사용의 계기를 만들고자 한다.

1) 단어 선택의 잘못

우리는 단어의 뜻을 혼동하거나 정서법을 정확하게 몰라 단어 선택을 잘못하는 경우가 종종 있다. 그리고 그 문장이 잘못된 문장인지도 모르는 경우가 많다. 좀 더 정확한 단어를 선택하여 사용할 수 있도록 유념해야 할 것이다.

> ㉠ 그래, 가는 길에 들릴게.
> ㉡ 선거 분위기를 돋구려 했던 경선분위기
> ㉢ 지연이를 꼬셔 영화를 봐야지.
> ㉣ 술이라면 사죽을 못쓴다.

㉠의 '들리다'는 '듣다', 혹은 '들다'의 피동형이다. 따라서 '들리다'가 아니라 '지나가는 길에 잠깐 거치다'라는 뜻을 가진 '들르다'라고 표현해야 옳다. ㉡의 '돋구다'는 '(안경의 도수 따위를) 더 높게 하다'는 뜻이다. 여기서는 분위기를 띄운다는 뜻으로 쓸 때는 '돋우다'를 써야 한다. ㉢의 '꼬셔'는 사투리다. 이곳에 쓰는 표준어는 '꼬이어', 또는 준말인 '꼬여'이다. ㉣의 '사죽'은 과일 등을 그릇에 괼 때 무너지지 않게 하기 위해 쓰는 꼬챙이를 이르는 말이다. 이 곳에 쓰일 정확한 단어는 '사족(四足)'이다. 사족을 못쓴다는 말은 네 다리를 꼼짝 못한다는 뜻이다.

위 문장들을 정확하게 표기하면 다음과 같다.

㉠ 그래, 가는 길에 들를게.
㉡ 선거 분위기를 돋우려 했던 경선 분위기
㉢ 지연이를 꼬여(꼬이어) 영화를 봐야지.
㉣ 술이라면 사족을 못쓴다.

다음 문장들을 정확한 단어를 선택하여 올바르게 고쳐보자.

① 오랫동안 생각해 봤는데…
② 그의 발언은 의제의 핵심에서 비껴간 것이다.
③ 위치는 구 천안 소방서 뒤의 둘쨋 건물 3층
④ 오늘이 대체 몇일이야?
⑤ 일을 벌렸으면 끝장을 보아야지.
⑥ 그는 이웃 사람들과 발길을 일체 끊고 산다.
⑦ 지금 시간이 몇 시입니까?
⑧ 지나가는 길에 잠깐 들렸어요.
⑨ "런던은 우리나라보다 9시간이나 느린거지."
⑩ "너희 이모는 김치 담는 법도 몰라."
⑪ "미처 생각지도 못한 교수님의 질문에 곤욕스러웠어."
⑫ "열쇠를 잃어버려서 복사하려구."
⑬ 황사 현상으로 호흡기 질환이 발생할 우려가 높습니다.
⑭ 포도, 구기자 다립니다.
⑮ 그 소년은 이불에 쌓여 불안할 듯 떨고 있었다.
⑯ 노약자나 임산부는 관람하실 수 없습니다.
⑰ 꿈은 쫒는 자의 몫이다.
⑱ 지난번에 샀던 옷하고는 색상이 틀리네
⑲ 한자말식 이름을 고운 우리말 이름으로 바꿨다.
⑳ 철수가 실수를 많이 한 덕분에 우리 조가 꼴찌를 했다.
㉑ 망치를 이용하여 못을 박다.
㉒ 한참 일할 나이에 죽다
㉓ 파손율이 적은 유연한 탄력의 해동 보론 낚싯대 - 달인트로
㉔ 흡연을 삼가합시다.
㉕ 보일러는 펌프를 부착하므로서 완제품이 됩니다.

㉖ 컴퓨터를 키지 마세요

2) 잘못된 표현

이 곳에서 말하는 잘못된 표현이란 문맥의 의미가 서로 맞지 않는 문장 표현을 말한다. 문장에 쓴 단어 하나하나는 잘못이 없지만 문맥 전체의 의미를 생각했을 때 적절하지 않은 표현으로 문장의 뜻을 혼동할 수 있다.

ㄱ 나는 어제 접수를 했다.
ㄴ 미안해. 차가 막혀서 늦었어.
ㄷ 천년의 사랑

아무런 문제가 없는 문장처럼 보인다. 왜냐하면 이런 문장들을 일상생활에서 자연스럽게 사용하고 있기 때문이다. 그러나 꼼꼼히 따지면 이 문장들은 정확한 문장이 아니어서 뜻을 혼동할 수 있다. ㄱ은 일상생활에서 내가 무엇인가를 냈다는 뜻으로 쓴다. 그러나 내가 어제 접수 업무를 했다는 뜻이다. ㄴ은 차의 어느 부품이 막혔다는 뜻이다. 가령, 냉각기 관이 막혔다든지 아니면 세척액이 나오는 관이 막혔다는 뜻 정도를 쓸 수 있다. ㄷ은 소유의 의미를 나타내는 문장이다. 즉 사랑은 천년의 소유라는 뜻이다. 이들 문장을 정확하게 표기하면 다음과 같다.

ㄱ 나는 어제 원서를 냈다.
ㄴ 미안해. 길이 막혀서 늦었어.
ㄷ 천년간의 사랑

다음 문장들 역시 위와 같은 잘못이 있는 문장들이다. 정확한 문장으로 고쳐보자.

① 보일러 불 좀 올려놓아라.
② 택시 잡아!

③ 그런데 수십 명의 승객을 태운 운전 기사가 혼잡한 도심이나 고속도로를 달리며 한 손으로 통화를 한다는 것은 끔찍한 일이다.

④ 그녀는 말을 하다말고 눈썹을 치켜 떴다.

⑤ 오늘 목욕합니다.

⑥ 신랑, 신부를 박수로 맞아 주시기 바라겠습니다.

⑦ 내리실 때는 뒷문으로 꼭 벨을 눌러주세요.

⑧ '전국 노래 자랑'을 사랑해 주시는 여러분께 고마운 인사를 드립니다.

⑨ '운동 중 발의 부상을 획기적으로 개선시킨 테니스화의 일대 혁신!
〈테니스화 광고〉

⑩ 보다 멀리, 보다 정확하게!! 〈한빛증권 광고〉

⑪ "이 기쁨을 여러분과 같이 하고 싶습니다."

⑫ 조계사 사태와 깊은 관련을 갖는 상무대 정치 자금에 대한 국정 조사가 표류하는 상황은 정부와 여당의 정치적 입장이나 태도에 대한 본질적인 의문을 낳고 있다고 할 것이다. 이러한 현실은 6공 사람들을 증인으로 채택하기가 버거운, 현정권의 어려운 입장을 방증하는 것이다. 과거의 잘못을 조사하지도 못하는 현정부가 어찌 개혁을 내세울 수 있을 것인가 하는 의문을 불러오는 것이다.

⑬ 처참한 세계대전이 연이어 일어났고 발달된 과학이 만들어낸 무기는 많은 사람들을 죽게 만드는 데 큰 공헌을 하였다.

⑭ A : 상 받으신 소감은?

B : 기분이 참 좋은 것 같아요.

⑮ "조용히 말해!"

⑯ 환경 보호를 위하여 쓰레기 분리 수거를 생활화하자.

⑰ 냉방중이오니 문을 닫고 들어오세요.

⑱ 안전모 없이 현장출입을 할 수 없습니다.

⑲ 자기 쓰레기는 되가져 옵시다.

⑳ 자기가 먹은 쓰레기는 다 치워

㉑ 승객 50여명을 실은 버스가 추락해 10여명이 중경상을 입었습니다.

㉒ 머리가 맑아지니 공부가 쏙쏙 들어와요

㉓ 반쪽지폐 (언론매체)

㉔ 선배님들, 돌아가시면서 한마디씩 해주세요.

㉕ 내리실 때 뒤에 오는 오토바이를 조심하세요.

㉖ 터널 횡단 불법 이민자 급증〈조선일보. 2001. 5. 23〉

㉗ 담배 조금만 참아 주세요.
㉘ 한 소방관이 생명을 무릅쓰고 지하실에서 가스누출 사고로 질식한
……(KBS9시 뉴스)

3) 모호한 표현

조사 '-의'는 선천적으로 중의적인 뜻을 담고 있어 모호한 경우가 많다. 가령, '엄마의 사진'은 엄마 소유의 사진인지, 엄마가 찍은 사진인지, 엄마가 찍힌 사진인지 명확하지가 않다. 거기에다 수식어의 위치가 잘못되었을 때 뜻은 더욱 모호해진다. 조사 '-의'를 쓰지 않았어도 표현을 강조하려다 보면 오히려 문장의 뜻이 모호해지는 경우가 있다.

㉠ 귀여운 아빠의 딸
㉡ 한 사람이 웃고 가면 열 사람이 다시 온다.

㉠은 아빠가 귀엽다는 것인지, 아니면 딸이 귀엽다는 것인지 모호하다. ㉡은 한 사람이 웃고 갔는데 어떻게 열 사람이 다시 올 수 있는지 뜻이 아리송하다. 아마 다음과 같은 뜻일 것이다.

㉠ 아빠의 귀여운 딸
㉡ 한 사람이 웃고 가면 (소문을 듣고) 열 사람이 온다.
또는, 한 사람이 웃고 가면 열 사람이 (소문을 듣고) 찾아온다.

다음 문장들 역시 위와 같은 잘못이 있는 문장들이다. 정확한 문장으로 고쳐보자.

① 이것은 우리 어머니의 책이야.
② 그 착한 수정이의 삼촌은 사람들을 도우면서 살아가신데….
③ 그녀는 빗속에서 떨고서 있었다.
④ 장애인 집에서 투표한다.

4) 비속어적 표현

일상생활에서 은어와 속어를 사용하는 경우를 종종 볼 수 있다. 은어나 속어 사용은 같은 집단의 비밀이나, 집단 특성, 또는 재미로 사용한다. 그러나 그 사용이 너무 잦으면 우리 언어 생활을 왜곡하게 된다. 특히 컴퓨터 사용으로 왜곡된 표현들을 너무 많이 사용하고 있다. 우리말의 정화를 위해 이러한 표현은 자제해야 할 것이다. 다음 문장들은 정상적인 언어를 사용하지 않고 있다. 올바른 언어를 사용하여 정확한 문장으로 고쳐보자.

① 너가 이번엔 쏴라.
② 나 낑겼어.
③ 오늘 우리 주거 버립시다!
④ 내일 모하실 껀가여?
⑤ 오늘 저녁에 전화 때릴게.

5) 문장 성분의 호응

나타내고자 하는 뜻을 정확하게 표현하기 위해서는 우선 문장 성분간의 호응을 이루어야 한다. 문장 성분이 서로 호응하지 않은 문장은 그 뜻을 정확하게 이해할 수가 없다.

(가) 주어와 서술어의 호응

문장 성분간의 호응 중에서도 주어와 서술어의 호응은 필수적이다. 주어와 서술어는 문장을 이루는 가장 기본적인 성분이기 때문이다.

앞으로 다가구 주택도 취득세를 내게 되었다.

다가구주택이 취득세를 낼 수는 없다. 이 문장의 뜻은 정확히 '다가구 주택 소유자도 취득세를 내게 되었다'이다. 취득세를 내는 것은 사람이기 때문이다. 아래 문장들 역시 이와 같이 잘못된 문장들이다. 바르게 고쳐보자.

① 귀중품은 업주에게 맡기시고 만일 분실 시 책임지지 않습니다
② 현재 기온은 18도를 보이고 있습니다.
③ 내일은 비가 예상됩니다.
④ 운전 기사와 잡담을 하거나 과속을 금지한다.
⑤ 어린이들 가운데에는 과자나 사탕 같은 단것만을 즐겨 먹고 식사를 걸러서 건강을 해치는 일도 있습니다.
⑥ 이 사진은 지난 4일 종로 5가 전철역 근처를 지나던 행인들이 임시로 설치된 월드컵 복권 판매대에서 즉석복권을 사 당첨 여부를 확인하고 있다.
⑦ 자동발매기의 이용 순서는 먼저 동전 및 지폐를 투입한 후 해당 목적지의 운임 버튼을 누르시면 승차권 및 거스름돈이 지불됩니다.
　〈자동발매기에 써 있는 글〉
⑧ 국민체육진흥공단이 체육진흥기금 마련을 구실로 발행하는 복권이 시민들의 사행심을 부추기고 있다는 여론이다. 국민체육진흥공단은 복권 수익사업으로 인한 수익금에 대해서도 공개할 의무가 있다는 지적이다.
⑨ 이 표기 방식은 이미 조선시대에 체계화되어 썼었다.
⑩ 한 가지 더 말할 것은『용비어천가』와 같은 귀중한 자료가 세종 27년에 이미 출간되었음을 보아서도 알 수 있다.

(나) 목적어와 서술어의 호응

① 그 소방관은 생명을 무릅쓰고 불로 뛰어들어 사람을 구출하였다.
② 그 비싼 한국음식점을 찾아 시간과 돈을 낭비하느니, 현지의 음식문화 체험 또한 여행의 중요한 부분이므로 적응하려고 애써 보도록 하자. 〈'여름 배낭여행 설명회'라는 책자〉
③ 우리 성이는 모름지기 열심히 공부한다.
④ 승자다운 면모를 발휘하다.

(다) 부사어와 서술어의 호응

① 기분이 너무 좋다
② 그는 내키지 않는 일은 반드시 하지 않는다.
③ 나는 결코 이 일을 하겠어!

④ 오곡이 들어있어 흔들어 드세요 〈롯데 아침의 우유〉

6) 문장 성분의 생략

필요한 문장 성분을 생략하여 뜻이 명확하지 않은 경우가 있다. 특히 문장의 필수 성분인 주어와 서술어를 생략하거나 서술어 앞에 있어야 할 목적어, 또는 부사어를 생략하여 뜻을 혼동하게 하는 경우가 많다.

㉠ 아무 것도 모른 채 친구들과 어울려 다니느라 귀중한 시간을 허비하였다. 그러나 돌아보건대 나의 인생관을 형성하는 데 많은 영향을 끼쳤다.

㉡ 철수가 친구를 만나 한참 이야기를 나누었는데 인사도 없이 가버렸다.

㉢ 그들은 날마다 적당한 운동과 운동에 관한 이론을 열심히 연구하였다.

㉣ 이 난로는 그을음과 열효율을 높이기 위하여 새로 개발한 난로입니다.

㉠은 두 문장으로 이루어졌다. 첫 번째 문장의 주어는 생략되어 있으나 '나는'이 주어라는 것을 쉽게 찾아낼 수 있다. 그러나 두 번째 문장의 주어는 무엇인지 찾기 어렵다. 두 번째 문장의 주어가 첫 번째 문장의 주어와 다르면 반드시 명시해 주어야 하는데 깜빡한 것이다. ㉡ 역시 누가 인사도 없이 가버렸는지 명확하지가 않다. 두 문장 모두 필요한 주어를 생략했기 때문에 뜻이 분명하지 않다. ㉢과 ㉣은 접속조사 '-와/-과'의 용법을 잘 몰라서 필요한 서술어를 빠뜨린 결과이다. ㉢에서는 '운동'과 '운동에 관한 이론'이 서로 다른 서술어를 받아야 하는데도 불구하고 '운동'을 받을 서술어를 생략하고 말았다. ㉣은 뜻이 성립되지 않는 문장이 되어 버렸다. ㉣을 그대로 해석하면 '그을음도 높이고 열효율도 높였다'인데 그을음을 높이면 열효율은 자연 낮아질 수밖에 없다. 그리고 어느 기업도 그을음을 높인 난로를 만들지는 않을 것이다. 위 문장들은 다음과 같이 고쳐야 한다.

> ㉠ 아무 것도 모른 채 친구들과 어울려 다니느라 귀중한 시간을 허비하
> 였다. 그러나 돌아보건대 친구들은(혹은 어울려 다닌 것은) 나의 인
> 생관을 형성하는 데 많은 영향을 끼쳤다.
> ㉡ 철수가 친구를 만나 한참 이야기를 나누었는데, 친구는(또는 철수
> 는) 인사도 없이 가버렸다.
> ㉢ 그들은 날마다 적당한 운동을 하고 운동에 관한 이론도 열심히 연구
> 하였다.
> ㉣ 이 난로는 그을음을 낮추고(없애고) 열효율을 높이기 위하여 새로
> 개발한 난로입니다.

아래 문장들 역시 필요한 문장 성분을 생략하여 문장이 어색하거나 뜻
이 분명하지 않다. 필요한 문장 성분을 밝혀 적어서 올바른 문장으로 만
들어 보자.

> ① 전나무 숲이 끝나면 단풍길이, 그 앞으로 300년 된 보리수가 서 있
> 다.
> ② 맛도 영양도 훨씬 많다.
> ③ 이 배는 사람이나 짐을 싣고 하루에 다섯 번씩 운행한다.
> ④ 이 타이어는 소음과 제동성을 높이기 위해 개발된 제품입니다.
> ⑤ "충남 최초 학생, 일반인 고등교육을 실시합니다."
> ⑥ 길을 다니거나 놀 때 사고 위험이 많다.
> ⑦ 이 전쟁에서 미군과 첨단무기들이 얼마나 성능을 발휘할지 의문이
> 다.

7) 조사를 잘못 쓴 경우

조사는 단어들을 결합하여 문장을 만드는 문법 요소이다. 이런 문법 요
소 없이 단어들만 늘어놓아서는 정상적인 문장이 될 수 없다. 조사는 어
미와 함께 문장의 문법적 기능과 형식을 결정하는 역할을 한다.

> 글 쓴다는 게 꼭 그렇게 어려운 일은 아니야. 주제 하나 잡아 가지고 줄
> 거리 만들어 펼쳐 가면 다 돼.

위 문장은 조사가 다 빠져 있어서, 일상 대화로는 무방할 지 모르나 글쓰기의 문장으로는 곤란하다.

우리말에는 여러 종류의 조사가 있는데, 그 중 용법이 가장 애매한 조사는 특수조사인 '은/는'이다. 특히 주격조사 '이/가'가 쓰일 수 있는 자리에 '은/는'이 쓰였을 때 그 주격조사와 어떤 의미를 가지는지 분명치 않다.

> ㉠ 1960년대 이래 한국은 끊임없이 경제성장을 거듭해 온 것은 우리가 인정해야 하는 사실이다.
> ㉡ 실상 우리는 언론에 대한 특별한 관심을 쏟는 것은 언론이 갖는 이러한 기능 때문이다.

㉠의 '한국은'은 '한국이'로 고쳐야 하고, ㉡의 '우리는'은 '우리가'로 고쳐야한다. 비록 그 용법이 미묘해 손에 잡히지는 않지만 '은/는'은 분명히 '이/가'와 구별되는 독자적인 용법을 가지고 있다. 위의 예문에서 보면 대개 포괄문 안에서 주어는 '은/는'이 부적합하다. "누가 왔니?"라는 물음에 대한 답으로 "형은 왔어요"라는 것도 부적절하다.

우리말에서 조사의 적절한 사용은 매우 중요하다. 따라서 조사의 뉘앙스를 익혀 두는 것이 필요하다.

> ① 밥만 잘 먹는다.
> ② 밥은 잘 먹는다.
> ③ 밥을 잘 먹는다.
> ④ 밥도 잘 먹는다.

'밥만 잘 먹는다'는 밥 이외의 다른 음식은 잘 먹지 못한다는 뜻이거나 아니면, 다른 일(먹는 일 외의 일 예를 들면 공부라든가)들을 전혀 하지 못하고 밥만 축낸다(식충이)는 뜻이다. '밥은 잘 먹는다'는 다른 음식은 잘 먹는지 잘 모르지만 우선, 밥은 잘 먹는다는 뜻이다. '밥을 잘 먹는다'는 다른 음식도 잘 먹을 수 있겠지만 밥은 잘 먹는다는 뜻이다. '밥도 잘 먹는다'는 다른 음식도 다 잘 먹고 밥도 잘 먹는다는 뜻이다. 이렇게 볼 때

'만<는<를<도'의 순서로 갈수록 평가의 수준이 높아짐을 알 수 있다.

'은/는' 이외에 '에게'도 잘못 쓰이는 일이 종종 있다. 조사 '에게'는 '에'와 달리 유정명사(有情名詞)에만 쓰인다. 무정명사 다음에는 '에'가 와야 한다. 유정명사란 인간을 가리키고, 무정명사란 인간 이외의 조직이나 기관, 동식물이나 무생물을 가리킨다.

> ㉠ 장관에게 요구한다. (○)
> ㉡ 하급부대에게 작전을 지시했다. (*)
> ㉢ 미국에게 항의했다. (*)

아래 문장들은 조사를 잘못 쓴 문장들이다. 조사를 정확히 사용하여 올바른 문장으로 고쳐보자.

> ① 세 나라 가운데서 <u>신라는</u> 문화를 발전시키는 일면 화랑제도를 만들어 <u>젊은이들이</u> 무예를 닦고 나라의 힘을 길렀다.
> ② 그러나 방황을 위한 방황이어서는 안 된다는 생각에 난 좀 더 높이 <u>날기를</u> 발버둥친다.
> ③ 난 살포시 나의 마음의 문을 열어 너의 귀전을 속삭이게 하고 싶다.
> ④ 일반적으로 대학생활이 개인주의적이고 이기주의로 빠지기 쉽다고 하지만 써클 생활을 그러한 <u>오류를</u> 무마할 수 있는 곳이라 생각한다.
> ⑤ 내가 <u>알기에</u> 그는 본래 태어날 때부터 몸이 튼튼하지 못했다.
> ⑥ 물가를 한 자리 숫자로 잡아 줄 것을 <u>당국에게</u> 요구했다.
> ⑦ 축구를 <u>인생과</u> 비유하는 데는 조금의 무리도 없다.
> ⑧ 나는 <u>여러면으로</u> 생각할 수 있는 마음의 여유를 가지려고 노력하는 중이다.

8) 활용어미를 잘못 쓴 경우

우리 문장에서는 어미 역시 조사와 같은 역할을 한다. 그런데 어미를 잘못 써서 비문법적인 문장을 만들기도 한다.

> 부처의 자비심이 그로 하여금 불교에 <u>의지하게</u> 했을 것이다.

이 문장은 "부처의 자비심이 그로 하여금 불교에 의지하도록 했을 것이다"정도로 고쳐야 한다. 다음 문장들 역시 어미를 잘못 쓴 경우이다.

> ① 그는 퇴직 후에도 꾸준히 젊은 사람 못지 <u>않는</u> 봉사활동에 매진하였다.
> ② 다시 <u>일어나</u> 차린 공장이 성공적이었다.
> ③ 문이 <u>열리면</u> 그녀가 다시 돌아와 자리에 앉았다.
> ④ 우리 모두 어릴 적에는 그저 천진난만하게 <u>뛰놀고</u> 했었지.
> ⑤ 육관대사는 성진에게 이러한 꿈을 꾸게 <u>해서</u> 인간의 부귀와 남녀의
>   정욕이 모두 허사인 것을 알게 하기 위한 것이었다.

9) 접속어미를 잘못 쓴 경우

두 개나 그 이상의 작은 문장을 묶어 큰 문장을 만들 때 비문법적인 문장이 되지 않도록 유의해야 한다. 문장을 접속할 때 나타나는 비문은 대개 두 가지 유형으로 나눌 수 있다. 하나는 두 문장이 동일한 성격을 갖고 있지 않은데 접속함으로써 나타나는 유형이고, 또 하나는 접속되는 두 문장 중의 일부를 잘못 생략함으로써 생기는 유형이다.

> ㉠ ○○기업은 대한민국 최고의 기업이며 ○○기업의 창업이념은 다음과
>   같이 명시되어 있다.
> ㉡ 동아리 활동은 공부에는 큰 도움이 되지 않았고 동아리 활동을 열심
>   히 못한 점이 후회된다.

㉠은 동일한 성격을 갖고 있지 않은 두 문장을 무리하게 하나의 문장으로 만든 결과이고, ㉡은 문장의 일부를 잘못 생략한 결과이다. 동일하지 않은 문장을 무리하게 연결하였을 때에는 문장을 나누어주면 되고, 일부를 생략했을 때에는 생략한 것을 밝혀 표기하면 된다. 위 문장은 다음과 같이 고쳐 쓸 수 있다.

> ㉠ ○○기업은 대한민국 최고의 기업이다. ○○기업의 창업이념은 다음
>   과 같이 명시되어 있다.

ⓛ 동아리 활동은 공부에는 큰 도움이 되지 않았지만 그래도 동아리 활동을 열심히 못한 점이 후회된다.

다음 문장을 올바른 문장으로 고쳐보자.

① 인간은 자연을 지배하기도 하고 복종하기도 한다.
② 언론은 사회 각 방면에서 일어나는 사건의 신속한 보도와 공정한 해설 개진해야 한다.
③ 내가 언젠가 시내에서 만난 적이 있는 그 젊고 발랄한, <u>그리고</u> 다소 건방지기도 한 사내아이가 내 앞에 오늘 나타났다. <u>그러나</u> 그 사람은 아무말도 않고 앉아 있다. <u>그런데</u> 그와 같이 온 사람이 말을 꺼냈다. <u>그래서</u> 나는 다소 놀라는 표정을 지었다. <u>그러니까</u> 그 사람도 좀 어색한 모양이었다. <u>그리고</u> 한참 시간이 흘렀다.

10) 수식어와 피수식어의 거리

어떤 말을 수식할 때에 잊지 않아야 할 법칙이 있다. 그것은 피수식어는 수식하는 말 바로 앞에 와야 한다는 것이다.

안전벨트를 꼭 맵시다.

이 문장은 안전벨트를 꽉 매자는 뜻이다. 원래의 뜻은 반드시 안전벨트를 매자는 것 같은데 그렇다면 '꼭 안전벨트를 맵시다'로 표현해야 한다. 아래 문장을 고쳐보자.

① 가장 큰 해결되지 않은 문제 중 하나이다.
② 자동 커피 판매기
③ 안전을 위하여 손잡이를 꼭 잡읍시다.
④ 절대 비밀 보장, 절대 다른 차 출입 금지, 절대로 거짓말을 하지 않는다.

11) 의미 겹침(중복)

자신이 나타내고자 하는 뜻을 강조하려다 보면 동일한 단어를 겹쳐 표현하는 경우가 있다. 이는 '간결한 문장'의 원칙에 어긋나는 것이다. 문장은 되도록 간결하게 써야 의미가 선명해진다는 것을 잊은 것이다. 특히 우리말과 한자어를 겹쳐 사용하는 경우가 많은데 이때에도 가능하면 우리말을 살려 간결하게 표현하는 것이 좋다.

나는 약 한 달 가량 영국에 가 있었다.

위 문장에서는 '약'과 '가량'을 겹쳐 사용하였다. 이 문장은 '나는 한 달 가량 영국에 가 있었다'로 표현하면 좋을 것이다. 아래 문장에서 중복되는 표현을 삭제하여 간결하고 선명한 문장으로 만들어 보자.

① 어제 집을 계약을 맺었다.
② ○일 ○○시경에 ○○○동의 k양이 피살되었습니다. (뉴스에서)
③ 직장인 남자의 대략 절반쯤은 담배를 피우지 않는다.
　〈2001. 4. 13 중앙일보 스포츠신문〉
④ 원고를 많이 투고하여 주세요. 그러나 투고한 원고는 돌려주지 않습니다.
⑤ 서오릉이나 동구릉, 북한산, 관악산 등도 나무숲이 무성하며, 이보다 다소 떨어진 곳으로는 경기도 양평군 용문산 송림이 적당한 삼림욕장이 될 수 있다.

12) 높임법 : 높임법을 잘못 쓰는 경우

우리말은 다른 말과 비교하여 여러 가지 특성을 가지고 있다. 이 중 대표적인 것이 바로 높임법이 발달하였다는 것이다. '밥'을 '진지'로 표현하는 것과 같은 높임 명사들이 발달해있고, '자다'를 '주무시다'로 표현하는 높임 서술어, 그리고 존칭선어말어미 '-시', '-삽' 등등이 발달해 있다. 그런데 너무 상대방을 높이고자 하는 의욕이 앞서 어색한 표현의 문장을 사용하는 경우가 있다. 또는 잘못된 높임법을 사용하는 경우도 있다.

    ㉠ 교장선생님의 말씀이 계시겠습니다.
    ㉡ 철수야 선생님이 오시래

㉠은 교장선생님을 높이려는 의욕이 앞서다 보니 교장선생님의 말씀까지 높이고 말았다. ㉡은 선생님을 의식하다보니 철수까지 높이고 말았다. 위 문장은 다음과 같이 고쳐야 한다.

    ㉠ 교장선생님이 말씀하시겠습니다.
    ㉡ 철수야 선생님이 오래.

아래 문장들 역시 잘못된 높임법을 사용하고 있다. 올바른 문장으로 고쳐 보자.

    ① 아버지께서 신문을 읽으시고 계셨다.
    ② 나는 손님을 내 가족처럼 모시겠습니다. 〈버스〉
    ③ 아버지 둘째형이 오늘 서울에 도착하신대요.

13) 필요 없이 늘여 쓴 문장

말버릇대로 글을 쓰거나 완곡한 표현을 하다보면 문장이 쓸 데 없이 길게 늘어지는 경우가 있다. 선명하게 뜻을 표현하기 위해서는 되도록 문장을 간결하게 써야 한다.

    ㉠ 신랑의 입장이 있겠습니다.
    ㉡ 기분이 좋다고 여겨지는 것 같습니다.

어딘가 어색한 문장이다. ㉠은 '입장'이 주어가 되고 말았다. 입장이 행동을 하는 주체가 될 수 없는데 주어가 되었으니 어색하다. ㉡은 기분이 좋다는 것인지, 좋지 않다는 것인지 분명하지가 않다. 문장은 주어가 분명해야 하고 나타내고자 하는 뜻을 간결하면서도 명확하게 드러내는 문장이 좋은 문장임을 명심해야 할 것이다. 위 문장은 아래와 같이 고쳐야 한다.

㉠ 신랑이 입장하겠습니다.
㉡ 기분이 좋습니다.

아래 문장들 역시 필요 없이 늘여 쓴 문장이다. 간결하고 명확한 문장
으로 고쳐보자.

① 양 선수에게 기념패 전달이 있겠습니다.
② 이것은 사회 분화에 따라 언어도 분화해 갔음을 의미한다고 볼 수 있다.
③ 가장 좋은 것은 보리차입니다.

14) 변화 있는 문장

문장은 자신의 뜻이 분명하게 나타나도록 써야 한다. 그런데 같은 단
어나 어미를 반복하여 사용하면 문장의 맛이 떨어진다. 같은 단어나 어미
를 반복하면 문장이 건조해져서 오히려 뜻을 파악하는 데 어려움을 느낀
다. 표현의 묘미를 살려서 변화 있는 문장을 써야 한다.

① 어린이들이 갖고 노는 장난감 중 모양이 조잡하고 페인트 색깔이 현
란하고 조악한 것은 납 성분이 들어 있을 가능성이 높다.
〈2001. 5. 24 조선일보〉

15) 올바른 인용 표현

문장을 쓰다 보면 다른 사람의 글을 인용해야 하는 경우가 있다. 이 때
는 인용한 내용이 무엇인지, 어디서부터 어디까지가 인용한 부분인지 분
명하게 드러내야 한다. 하지만 이를 종종 어기는 경우가 있다. 다음 문장
을 보자.

검찰 관계자에 따르면 마약 상습 투약자는 20여 만 명에 이르는 것으로
추산된다.

검찰 관계자의 말이 어디까지인가 분명하지 않다. '-에 따르면'은 '-고

하다'와 같이 쓰이는 것이 일반적이다. 따라서 '추산된다'는 '추산된다고 한다'로 바꾸어 주어야 한다.

> 검찰 관계자에 따르면 마약 상습 투약자는 20여 만 명에 이르는 것으로 추산된다고 한다.

또는, 검찰 관계자는 마약 상습 투약자를 20여 만 명으로 추산하고 있다.

아래 문장도 인용한 부분이 어디인지 분명하게 써보자.

> ① 다만 감사원 발표 중 법원의 허가 기준을 벗어난 감청이 성행하고 있다는 지적은 하루빨리 시정돼야 할 대목이다.

5.1.3 영어 직역투

우리 나라는 근대화 과정에서 전통적인 사상을 되살리지 못하고 서구 사상을 그대로 받아들이고 말았다. 서구 사상을 받아들이는 것 자체야 잘못이라고 할 수 없으나, 서구 사상을 우리 것으로 동화시키지 못했다는 것은 문제라 할 수 있다. 더군다나 서구 사상을 직수입하면서 서구 문장을 그대로 직역하여 우리 문장을 오염시키고 말았다. 문장의 구조는 사고의 구조를 나타낸다는 것을 상기할 때 서구의 문장 구조를 그대로 사용하는 것은 심각한 정신 세계의 오염을 뜻하는 것이라 할 수 있다. 이제는 우리 생각을 우리 문장 구조로 표현해야 할 때가 왔다.

대표적으로 '-어지'와 같은 이중 피동의 문장과 '요구되다'형 문장, '필요로 한다'형 문장 등은 영어 직역투의 문장이라고 할 수 있다.

> ㉠ 수업이 체계적으로 이루어지도록 하였다.
> ㉡ 세금감면 혜택이 주어진다.
> ㉢ 자기 자신을 솔직하게 들여다보는 노력이 요구된다.

ㄹ 21세기를 이끌어갈 어린이들에겐 풍부한 창의력을 필요로 한다.

ㄱ과 ㄴ은 '-어지다'의 이중 피동형 문장이다. ㄷ은 '요구되다'형 문장, ㄹ은 필요로 하다'형 문장으로 모두 영어 문장을 직역한 문장이다. 이 문장들을 바르게 고치면 다음과 같다.

ㄱ 수업을 체계적으로 할 수 있게 하였다.
ㄴ 세금을 감면해 준다. / 세금감면 혜택을 준다.
ㄷ 자기 자신을 솔직하게 들여다보는 노력이 필요하다.
　　또는, 자기 자신을 솔직하게 들여다보도록 노력해야 한다.
ㄹ 21세기를 이끌어갈 어린이들에겐 풍부한 창의력 학습을 하여야 한다.

1) '이루어지다' 형 문장

① 진행 상황으로 볼 때 예상보다 이른 이번 주 초반에라도 고발이 이루어질 수 있다는 게 주변의 관측이다. (중앙일보 2001. 6. 25)
② 물론 법인도 탈루 금액이 크거나 범법성 의도가 뚜렷하면 법인에 대한 고발 (이 경우 고발 당사자는 주로 대표이사)도 이뤄진다.
(중앙일보 2001. 6. 25)
③ 단체 협약에 노사협의 속에 이루어지도록 명시되어 있는 전환배치를 사측은 일방적으로 강요했습니다.
④ 공정한 법 집행이 이루어져야 한다.
⑤ 정부 부처에서 서류제출이 이루어지지 않아

2) '주어지다'형 문장

① "1등을 하신 분께는 특별히 부상이 주어집니다."
('주어지다'한 말은 어떤 기회나 행운이 자신에게 돌아옴을 나타내는 말이다. 그러므로 물체를 주는 것에는 드린다. 또는 주다의 표현이 옳다)
② 자신의 생각과 느낌을 주어진 시간 안에 써야 한다.

3) '가지다'형 문장

① 형태소는 의미를 가진 최소의 단위이다.

② 흥미와 다양한 관심을 가지는 과정에서 인간과 세계를 이해하게 되면 궁극적으로 자아의 성장을 가져오게 된다.

③ 학생에 대해서 가지는 교사의 심리적 태도는 판단과 깊은 연관이 있다.

4) '요구되다'형 문장

① 세계인을 하나의 식구처럼 감싸안는 변신이 요구된다.

② 앞으로도 20여 개의 댐 건설이 요구된다고 주장한다.

③ TV드라마 내용을 자주 수정하는 것은 시청자 의견이 요구되어서 그런 것은 아니다.

5) '필요로 한다'형 문장

① 음절을 만들 때는 반드시 모음을 필요로 한다.

② 지금 세계가 가장 필요로 하는 것은 평화이다.

③ 지금 우리가 필요로 하는 건 성실하게 일하는 사람이다.

6) '～에 의하여'형 문장

① 우리 학생들에 의하여 그 일이 처리되었다.

② 저 책은 우리 출판사에 의해 만들어졌다.

③ 서울 관악 경찰서는 1일 장홍선씨가 강도 2명에 의해 살해되었다고 발표했다.

7) '～(으로, 로)부터'형 문장

① 한국은 떼도둑으로부터 아직 비교적 안전해 보인다.
〈중앙일보. 2001. 6. 25〉

② 1892년부터 1954년까지 세계 각지로부터 1천 2백만 명이 이곳을 통해 '약속의 땅' 미국으로 들어왔다.

③ 탤런트 김희선씨는 광고사로부터 억대의 광고 계약을 제의 받았다.

④ 인간은 전쟁의 공포로부터 해방되어야만 행복한 삶을 이룰 수 있다.

⑤ 세계는 테러의 위협으로부터 충분히 벗어날 수 있는 대책을 강구해야 한다.

5.1.4 일어 직역투

우리 나라는 36년 동안 일본의 지배를 받았다. 그 결과 우리 사상과 문화를 빼앗기고 일본의 사상과 문화에 젖어 살 것을 강요받았다. 아쉬운 것은 해방 후에도 우리의 전통적인 사상과 문화를 복구하지 못하고 일본의 사상과 문화 속에서 살고 있다는 것이다. 특히, 그 시대의 지식인들이 일본에 건너가 유학을 하고 그 곳에서 배운 사상과 문화를 선진 사상과 문화로 우리 땅에 소개하였다.

이러한 결과 지금까지도 일본 것을 선진적인 것으로 생각하여 우리 것에 덧씌우고 있다. '식민지 사관'이 아직도 우리 학계에 만연해있고, 젊은 이들조차 무분별하게 일본의 문화를 흉내내고 있다. 자기 민족의 문화를 살리지 못한 민족은 퇴보하거나 다른 나라에 종속되어 왔다는 사실을 기억할 때 우리의 것을 되찾는 일은 무엇보다 시급한 일이다.

우리가 지금 쓰고 있는 문장에도 일본의 잔재가 남아 있다. 특히, 일본어의 허사 'の'를 모두 우리말 관형격 조사 '-의'로 해석하는 것은 하루 빨리 고쳐야 할 것이다.

> ㉠ 미국의 테러 참사의 혼란에도 불구하고 우리경제가 흔들리지 않고 있다
> ㉡ 어머님 기도의 덕분으로 합격했습니다.
> ㉢ 우리는 환경을 개선시켜야 한다.

㉠과 ㉡은 일본어의 허사 'の'를 우리말 관형격 조사 '-의'로 해석한 것이다. ㉠에서는 관형격 조사 '-의'를 한 문장에서 두 번이나 쓰고 있으며, ㉡에서는 '-의'의 위치가 잘못되었다. ㉢은 일본어 직역투의 또 다른 대표적인 사례이다. 즉, '시키다'를 남용한 문장이다. '-의'를 잘못 쓴 문장은 거의 '-의'를 생략하거나 제 위치를 찾아주면 된다. '시키다'의 경우는 잘못된 사동문을 능동문으로 바꾸어주면 된다.

> ㉠ 미국 테러 참사의 혼란에도 불구하고 우리 경제가 흔들리지 않고 있다.

미국 테러 참사가 많은 혼란을 일으켰음에도 불구하고 우리 경제는
흔들리지 않고 있다.
ⓛ 어머님의 기도 덕분으로 합격했습니다.
ⓒ 우리는 환경을 개선해야 한다.

앞의 문장을 바르게 고친 것이다. 훨씬 의미 파악이 쉽고 어색하지 않
다. 하루 빨리 일본의 잔재에서 벗어나서 우리 문장, 우리 문화를 되찾아
야 할 것이다.

1-가 관형격조사 '의' 를 오용한 기형문

1) '의' 단독형

(1) 주격
① 이처럼 다양한 내용의 글을 읽으면서, 정보를 얻는 것은 매우 유익하다.
② 이런 과정을 통해 자신의 말하기의 능력도 신장한다.
③ 신부의 입장이 있겠습니다.

(2) 목적격
① 단순히 사실의 나열에만 그치지 않고
② 승자다운 면모의 발휘입니다.
③ 기재 사항의 정정 또는 금융 기관의 수납인 및 취급자인이 없으면 무
   효입니다.

(3) 관형격
① 같은 뜻의 말을 반복해서 쓰는 것은 옳지 않다.
② 우리는 시련 극복을 위해 반성과 자괴의 심경으로 새로 시작해야 한다.

2) '여느 조사 + 의'형

(1) ~과의, ~와의
① 그녀는 아직도 그와 자신과의 인연을 믿고 있었다.
② 조사는 체언 뒤에 결합해서 다른 말과의 문법적 관계를 나타낸다.

③ 실제 영화에서는 장면과의 관계에 따라 생략할 수 있다.

(2) ~에의
① 법 집행에의 공정성이 확인되지 않았다.
② 대기업은 임원 급여 삭감으로 고통 분담에의 동참을 유도하기로 했다.

(3) ~에서의
① 전통적인 의미에서의 예절은 고유한 민족 정신과도 연관된다.
② 정치에서의 이상은 필요하지만, 그것은 어디까지나 현실에서 선택하
 는 것이다.
③ 학교에서의 심리상태와 집에서의 심리상태는 차이가 난다.

(4) ~으로의
① 독서 교육의 중요성을 알리는 일은 앞으로의 과제다.
② 테러 문제는 앞으로의 세계 평화를 위해 적극적으로 대처해야 한다.
③ 백화점으로의 왕래가 수월치 않은 자가용 운전자들이 도로를 점유하
 고 농성했다.

(5) ~으로서의
① 그것도 구비문학으로서의 특색이라 할 수 있다.
② 표준말을 하는 것은 교양인으로서의 기본 소양이다.
③ 우리 기업의 중국 진출은 생산기지로서의 개념이 강하다.

(6) ~에 있어서의
① 미래 사회에 있어서의 국가 안보는 매우 중요하다.
② 개성있는 동작과 표현에 있어서의 의미는 주인공 성격에 꼭 필요하다.

(7) 나름대로의
① 우리들은 우리들 나름대로의 성격과 특징을 지닌다.
② 교육현실의 붕괴를 우려하는 교사들은 나름대로의 애환을 말하고 있다.

(8) 마다의
① 사람은 저마다의 처지와 목표가 다르므로 각기 다른 삶을 살고 있다.

② 색채마다의 차이가 분명히 있다.

(9) 부터의

① 그 사건은 오래전부터의 계획으로 시작되었다.

(10) 으로부터의

① 미국은 빈라덴으로부터의 테러행위를 막을 수 없었다. (2001. 9. 12)
② 세계 무역센터에서의 첫 번째 충돌은 세스나형 경비행기로 보이는 항공기가 서쪽으로터의 접근 이후, 북쪽 빌딩 상층부에 돌진하여 폭발과 화재를 일으켰다.

3) '~에 있어서'

① 가족 윤리의 실종에 있어서 우리는 그 원인을 다시 생각해야 한다.
② 당시에 있어서는 혁명과도 같은 사실이었다.
　〈현 고교 국어교과서 上 192쪽〉
③ 현장 출입에 있어서 안전모를 쓰는 것은 규정된 사항이다.

4) 일본말 '~임에'를 직역한 말투로 쓴 기형문

① 자살테러임에 틀림없다고 발표했다.
② 아직까지는 공무원들의 단체 행동이 불법임에 틀림없다.
③ 충격적인 사건임에 경악을 금치 못하고 있다.

5) 일본말 '~나고 있는'을 흉내낸 말

① 우리말에 높임법이 발달해 있다는 점도 두드러진다.
② 자주 일어나고 있는 자연재해 현상은 환경파괴가 그 원인이다.

6) '있으시다'

① 자치 단체장의 인사 말씀이 있으시겠습니다.
② 주례 선생님의 주례사가 계시겠습니다.

7) '~시키다'형 사동문

① 국제적인 품질을 자랑하는 옥 매트를 소개시켜 드리도록 하겠습니다.

② 무료로 교육시켜 드립니다.

③ 다행히 평소 세 남매의 처지를 걱정하던 이웃 어른들이 '플랜인터네셔 널'이라는 외국 구호단체를 연결시켜 주었다.

8) '~되다'형 문장

① 이런 과정을 통해 자신의 말하기 능력도 신장된다.

② 아시아에서는 단지 여자라는 이유로 태어나기 전에 어린 생명들이 살해된다.

③ 이 물건은 3,500원 되겠습니다.

④ 즐거운 주말 되십시오.

⑤ 당신의 위궤양도 치료될 수 있습니다.

9) '~어지다'형 문장

① 소극적인 환경에 길들여진 영희에게 영업 업무는 무리였다.

② 시간이 지남에 따라 양팀의 우열이 드러날 것으로 보여진다.

③ 태풍으로 우리집 지붕이 송두리째 뒤집어졌다.

④ 학교는 이번 소동이 교권 침해로 비춰질까 우려하고 있었다.

⑤ 그 사건의 진상이 반드시 밝혀져야 합니다.

⑥ 우리 조상의 손으로 만들어진 청자

⑦ 사이비 종교가 많은 사람들에 의해 믿어지고 있다.

10) '쓰이다'형 문장

① 비자금도 회사 안에 유보돼 경영을 위해 쓰이고 있다면 사법처리까지 가진 않을 수 있다.

② 후추는 음식을 만들 때 쓰이는 향신료다.

③ 다른 나라에서는 쓰이지 않지만, 우리 나라에서는 쓰이는 재료가 있다.

11) '~되어지다'형 문장

① 이런 점이 극복되어져야 합니다.

② 감사원 발표 중 법원의 허가 기준을 벗어난 감청이 성행하고 있다는 지적은 하루 빨리 시정되어져야 할 대목이다.

12) '~화(化)하다'형 문장

① 내용과 도표를 좀 더 세분화하여 구체적으로 제시하였다.
② 은행들이 지나치게 몸을 사리면 오히려 기업 도산에 의한 은행 부실 가속화를 초래한다.
③ 우리는 현재 정보화 시대에 살고 있다.

13) '~화 시키다'형 문장

① 환경 파괴를 최소화시키는 미래사회로 발전해야 한다.
② 민주주의를 약화시키고 위협하는 요소를 제거해야 한다.
③ 이번 사고는 경제 발전을 악화시켰다.

14) '~화 되다'형 문장

① 이제 '도(道)'사상은 우리 나라 국민들에게 널리 보편화되어 있다.
② 대량 실직은 곧 현실화 될 전망이다.
③ 공항의 검문검색이 매우 강화되었다.

15) '~곤 하다'형 문장

① 그는 하루도 빠짐없이 술에 취하곤 했다.
② 고향에 갈 때마다 꼭 한번씩 돌아보곤 하던 저수지가 지난여름 장마에 사라져 버렸다.

16) '~도록하다'형 문장

① 밤하늘을 바라보며 상상해 보도록 하자.
② 긴급구조반을 구성하도록 했다.

17) '~기로 하다'형 문장

① 가을에는 어떤 색깔의 옷을 많이 입는지 조사하기로 한다.
② 기존 체인점들이 따라 할 수 없는 차별화로 고객을 만족시키는 맥주

전문점을 열기로 했습니다.

18) '~이 아닐 수 없다'형 문장

① 정당한 문제제기를 여론오도라고 몰아 붙이는 것은 언론의 입을 막겠다는 논리가 아닐 수 없다.

② 미국 테러 참사는 세계가 경악할 일이 아닐 수 없다.

③ 고려 청자는 빛나는 예술품으로 명작이 아닐 수 없다.

19) '~이 아닐까 싶다'형 문장

① 상대방을 이해하지 못하는 것은 각자의 이상 차이 때문이 아닐까 싶다.

20) '그렇게 ~ㄹ 수가 없다'형 문장

① 동강에서 해 본 레프팅이 그렇게 재미있을 수가 없어요.

21) '~이지 않아?'형 문장

① 지나친 표현이 더 개성적이지 않을까 생각하는 것은 잘못이다.

5.1.5 품사를 혼동한 경우

1) 동사를 형용사로 알고 잘못 쓴 문장

① 지금까지 드러난 사실만으로도 그가 범인이라는 증거는 모자라지 않다.

② 끝이 보이지 않는 항해에 심신이 피로하다.

③ 창공에 빛난 별 물 위에 어리어, 바람은 고요히 불어 오누나

2) 형용사를 동사로 잘못 알고 쓴 문장

① 그들은 노조원들이 불법행위를 하고 있다는 쪽으로 몰아가는데 급급하고 있다.

② 대수롭지도 않는 일로 법썩을 떨지 말아라.

③ 건전하고 흐뭇한 오락 프로를 위해 관계자들의 노력을 바란다.

④ 자리를 빼앗길까봐 연연하고 있는 모습을 보았다.

⑤ 불우 이웃을 돕는데 너무 인색하지 말아라.

3) 타동사를 자동사로 잘못 알고 쓴 문장

① 이 수입이 해외에서 발생한 것이라면 외화 밀반출로 간주돼 외환 관리법 위반 혐의까지 추가 적용 받는다.
② 토끼는 낳은 지 1주일이 지나면 털이 나기 시작한다.
③ 우리 정치 논쟁은 여야 논쟁에서 색깔 논쟁의 시대로 옮겨가고 있다.
④ 그룹총수가 자산을 외국에 도피했다는 소문이 있다면 조사해야 한다.
⑤ 일반 국민들은 자아에 눈이 뜨고
⑥ 정 선생님 바꾸어 주시오. 예, 전화 바꾸었습니다.

4) 주동과 사동을 혼동하여 쓴 문장

① 기사님, 저 앞에 사거리 지나서 내려 주세요.
② 복권 수익 사업으로 생기는 수익금의 내용도 공개해야 할 의무가 있다는 지적이다.
③ 창의력을 키워주고 자연과 사물의 이치를 발견하는 책
④ 대통령에게 남편을 살해한 ○ 여인을 풀어 달라고 호소하였다.

5.2 효과적인 문장 쓰기

5.2.1 문장 만들기

본 항에서는 문장 만들기의 여러 방법 중 교과서나 읽기 자료에서 선택한 문장에서 체언(명사 중심)을 뽑아내어 그것을 활용하여 문장을 만드는 방법에 국한하여 살피기로 한다.

체언을 중심으로 한 문장 만들기는 주어에 올 수 있는 문장 성분을 이해하는 데 목표가 있다. 그러면서 동시에 다양한 상상력으로 문장을 만드는 상상력 훈련의 효과도 얻을 수 있다.

주격 조사 '은/는, 이/가'가 붙어 문장의 주체를 나타내는 주어는 체언 이외에도 ㉠ 동사의 명사형(놀기가, 먹기가 등), ㉡ 형용사의 명사형(아름다움이, 슬픔이 등), ㉢ 명사구(아주 새 옷이 등), ㉣ 명사절(우리 학교가

승리했음이 등), ⓟ 체언 상당어1) ('짚다'가 올바르다) 등으로 성립을 한다. 본 항에서는 명사 중심으로 문장 만들기 훈련을 하지만 수업의 목표에 따라 다양한 주어를 만들 수 있을 것이다.

수업 중에 다룰 교과서나 읽기 자료 중에서 체언(명사 중심)이 3~4개 정도 사용된 문장을 고른다. 문장을 고를 때 학생들의 수준을 고려하는 것이 좋고 속담이나 격언 등을 활용하는 것도 좋다. 아니면 신문이나 잡지, 교지와 같은 일반적으로 수업 시간에 활용하지 않는 자료를 사용하는 것도 좋다. 교육적으로 활용되는 교과서나 읽기 자료에서 활동 자료를 선택하는 것보다 잘 쓰지 않는 자료를 활용하면 학생들의 흥미를 높일 뿐 아니라 상상력을 자극해 다양한 내용의 문장을 만드는 데 도움이 될 것이다.

교과서에서 활동 자료를 선택해야 한다는 고정 관념을 버리면 학생들에게 조금 더 즐거운 수업을 제공할 수 있을 것이다. 교과서에서 활동 자료를 선정할 때에도 교사가 한두 가지 자료를 더 준비하는 것이 좋다.

① 교과서에서 활동하기 용이한 문장을 고른다. 속담이나 격언을 선정하는 것도 좋다.

> 호랑이는 죽어서 가죽을 남기고, 사람은 죽어서 이름을 남긴다.

② 문장에서 주어가 될 수 있는 명사를 뽑는다.

> 호랑이, 가죽, 사람, 이름

③ 주어진 명사를 주어로 사용하여 적어도 3개 이상의 문장을 만들도록 한다. 이 때 원래의 문장과 의미가 달라도 된다는 것을 말하고, 되도록 같은 주어를 만들지 않도록 요구한다.

---

1) 체언 상당어란 명사 상당어를 의미하는 것으로, 명사가 아니면서 명사처럼 쓰이는 말이다.

> ㉠ 사람이 제 이름 값도 못하고 죽으면 호랑이가 가죽을 안 남기고 죽
> 는 것과 무엇이 다르랴.
> ㉡ 어떤 사람이 이름도 안 밝히고 호랑이 가죽을 가져갔다.
> ㉢ 호랑이 같은 성향을 가진 사람은 이름이 높은 회사의 가죽 제품만을
> 산다.

④ 새롭게 만든 문장을 짝과 바꾸어 보고 잘못된 문장, 재미있게 표현된
문장을 발표하게 한다.
⑤ 교과서나 읽기 자료와 관련이 적은 것으로, 교사가 준비한 낱말을 불러
주고 문장을 만들도록 한다.
⑥ 짝과 바꾸어 보고 재미있는 문장을 발표하게 한다.

5.2.2 주어 바꾸기

주어 바꾸기는 12.2.1의 문장 만들기의 변형된 활동이면서 동시에 주격
조사 '은/는, 이/가'의 차이점에 대하여 학습하기 위한 활동이다. 즉 주어
바꾸기는 문장 만들기의 한 형태이면서 12.2.1과 달리 제시된 문장 안에서
문장의 뜻을 어긋나지 않게 하면서 다양한 주어로 바꾸어 보는 활동이다.
이러한 활동을 통해서 자연스럽게 주어를 바꾸면 원래 제시된 문장의 뜻
과 어긋나지 않게 하기 위해 문장의 다른 성분들을 변형해야 한다는 것을
알게 되므로 12.2.1보다는 조금 더 구체적인 문장 지도를 할 수 있다. 그
러면서 동시에 주격 조사의 쓰임에 대해서도 학습할 수 있다.

주어진 문장 안에서 뜻이 변하지 않도록 하여야 하므로 고심하여 문장
을 선택하여야 한다. 문장의 성분을 공부하는 종합적인 활동이므로 목표
를 달성하기 위해 복수의 문장을 미리 준비하는 것이 좋다. 그리고 문장
성분에 대한 구체적인 설명을 할 수 있는 문법적인 내용도 미리 준비하였
다가 학생들의 활동 후 문장 성분에 대해 설명하면 학습 효과가 더욱 커
진다.

① 교과서나 읽기 자료에서 활동에 적합한 문장을 복수로 정한다.

> ㉠ 내가 연구하기를 원하는 대상은 삼국시대의 의상이다.
> ㉡ 사람들은 주로 제주도로 신혼여행을 간다.

② 다른 낱말을 주어로 하여 문장을 만들도록 한다.

> ㉠ → ⓐ 나는 삼국시대의 의상을 대상으로 연구하기를 원한다.
>   → ⓑ 삼국시대의 의상은 내가 원하는 연구대상이다.
> ㉡ → ⓐ 사람들이 주로 신혼 여행을 가는 곳은 제주도이다.
>   → ⓑ 제주도는 주로 사람들이 신혼여행을 가는 곳이다.

③ 주어를 바꾸었을 때 순서나 형태가 변하는 성분들을 조사하고 왜 변하는지 토론하고 교사가 그 이유를 문법적으로 설명한다.

④ 주어를 바꾸었을 때 문장의 의미가 어떻게 달라지는지 토론한다.

⑤ 주어진 문장이나 ②에서 활동한 문장을 대상으로 '은/는'을 '이/가'로 '이/가'를 '은/는'으로 바꾸어 본다.

> ㉠* 나는 연구하기를 원하는 대상이 삼국시대의 의상이다.
> ㉠ ⓐ* 내가 삼국시대의 의상을 대상으로 연구하기를 원한다.
> ㉠ ⓑ* 삼국시대의 의상이 내가(나는, ×) 원하는 연구 대상이다.
> ㉡* 사람들이 주로 제주도로 여행을 간다.
> ㉡ ⓐ* 사람들은 주로 신혼여행을 가는 곳은 제주도이다. (×)
> ㉡ ⓑ* 제주도가 주로 사람들이(-은, ×) 신혼여행을 가는 곳이다.

⑥ 바꾼 문장의 의미가 어떻게 달라지는지 토론한다.

   바꾼 문장 ㉠ⓑ*와 ㉡ⓑ*가 성립하지 못하는 이유는 주격조사 '이/가'를 받을 서술어가 없기 때문이고 문장 ㉡ⓐ*가 성립할 수 없는 이유는 한 문장에 전체 서술어가 두 개이기 때문이다.

   주격 조사 '은/는'은 전체 서술어와 어울리고 '이/가'는 바로 뒤에 오는 서술어와 어울린다. 주격 조사 '은/는'은 호흡이 길어 주어와 서술어 사이에 있는 모든 문장 성분의 의미를 다 끌어안는 반면, 주격 조사 '이/가'는 호흡이 짧아 주어를 강조하는 기능을 한다.

'주어(은/는)＋전체 서술어' 형태의 문장은 '누가 무엇을 하였지(누가 어떻지, 또는 무엇이 무엇이지)'에 대한 대답의 문장으로 '주체'와 '어찌하다/어떠하다/-이다'를 동시에 표현하는 일반적인 문장이라면, '주격 조사(이/가)＋서술어'의 문장은 '누가 하였지'에 대한 대답의 문장이다.

즉 '나는 삼국시대의 의상을 대상으로 연구하기를 원한다.'는 문장은 '나'와 '연구하기를 원한다'가 큰 줄기를 이루면서 '나(주체)', '삼국시대의 의상(목적어)', '연구하기를 원한다(서술어)'를 모두 표현하고자 하는 일반적인 문장이라면, '내가 삼국시대의 의상을 대상으로 연구하기를 원한다.'는 삼국시대의 의상을 연구하기를 원하는 사람이 '바로 나'라는 것을 강조하기 위한 문장이다.

단지 조사'은/는'은 주격 조사로만 쓰이는 것이 아니라 한정 조사로도 쓰이기 때문에 이때에는 대상을 강조하는 기능을 갖는다. 가령, ㉠ⓑ문장 '삼국시대의 의상은 내가 원하는 연구대상이다.'에서 '삼국시대의 의상은'의 '은'은 한정 조사의 기능을 하므로 '삼국시대의 의상'을 강조하는 문장이다. 조사 '은/는'이 한정 조사로 쓰인 것을 알기 위해서는 '은/는'이 붙은 낱말이 목적어가 될 수 있는 가를 살피면 된다. ㉠ⓑ 문장에서 '삼국시대의 의상'은 목적어로 바꿀 수 있기 때문에 이때 쓰인 '은/는'은 한정 조사의 기능을 하는 것이다.

5.2.3 문장의 결합

문장의 결합이란 둘 이상의 문장을 하나의 문장으로 만드는 작업을 뜻한다. 사실 문장의 결합은 그 동안 국어 교육에서 관심의 대상이 아니었다. 문법적으로 문장의 결합은 아주 간단한 공식을 가지고 있고, 그 공식에 의해 별다른 고민 없이 문장을 결합해왔기 때문이다. 그러나 문장을 결합하는 활동은 문장의 짜임새를 학습하는 가장 효과적인 방법이다. 그

러므로 해당 단원을 학습할 때 문자의 결합에 대하여 시간을 할애하는 것
이 좋다.

　문장 결합의 원리는 아주 간단하다. '반복되는 어구나 낱말을 생략한다'
가 그것이다.

　　　① ㉠ 철수는 밥을 먹었다.
　　　　㉡ 철수는 물을 마셨다.
　　　　→ 철수는 밥을 먹고, 물을 마셨다.

　　　② ㉠ 철수는 밥을 먹었다.
　　　　㉡ 순희는 밥을 먹었다.
　　　　→ 철수와 순희는 밥을 먹었다.

　①은 반복되는 주어를 생략한 것이고 ②는 반복되는 서술어를 생략한
것이다. 이러한 문장 결합의 원리는 문법의 테두리 안에서 인정되고 규격
화하였다.

　그러나 글을 '문법적인 글'에서 '효과적인 글'로 인식하였을 때에는 문
제는 사뭇 복잡해진다. 더욱이 결합할 문장뿐만이 아니라 앞뒤 글의 문맥
적 흐름 속에서 문장의 결합을 생각하면 더욱 심각해진다. 가령,

　내가 물어보면, 순희는 어머니를 좋아한다고 한다. 내가 물어보면, 순희
는아버지도 좋아한다고 한다. 하기야 누가 아버지, 어머니가 싫겠는가?

　위 글에서 문장을 결합해야 할 부분은 밑줄 그은 곳이다. 문장 결합의
원리에 의해 문장을 결합하면 반복되는 부분을 생략하면 될 것이다. 즉,
두 문장에서 반복되는 '내가 물어보면', '순희는', '좋아한다고 한다'를 생략
해서

　①　내가 물어보면, 순희는 어머니와 아버지를 좋아한다고 한다

정도의 문장을 만들면 된다.
　그러나 이 두 문장의 결합의 결과로 생길 수 있는 문장을 좀 더 생각해 보자.

　②　내가 물어보면, 순희는 어머니도 좋아하고, 아버지도 좋아한다고 한다.
　③　내가 물어보면, 순희는 어머니도, 아버지도 좋아한다고 한다.
　④　내가 물어보면, 순희는 어머니와 아버지 모두를 좋아한다고 한다.
　⑤　내가 물어보면, 순희는 어머니와 아버지 둘 다 좋아한다고 한다.
　⑥　내가 물어보면, 순희는 어머니와 아버지를 함께 좋아한다고 한다.

이 문장 외에도 더 많은 문장들이 있겠지만 ②~⑥까지 다섯 개의 문장만 더해서 생각해 보기로 하자.
　문장②는 반복되는 서술어 '좋아하다'를 생략하지 않은 형태의 문장이고 문장③은 접속 조사 '-와'를 생략하고 대신 쉼표(,)를 사용한 문장이다. 문장 ④ · ⑤ · ⑥은 문장①을 변형하여 '모두', '둘 다', '함께'를 사용한 문장이다.
　문법적인 문장인 문장①만을 고집하지 않고 어떤 문장이 가장 효과적인 문장인가를 생각한다면 문장의 결합 역시 간단한 문법적 공식만으로는 풀어내기 어려운 문제이다.
　문장의 결합에서 우선 생각해야 할 것은 세 가지이다. 첫째, 글쓴이가 나타내고자 하는 바를 가장 효율적으로 나타내는가. 둘째, 다른 문장과의 문맥 속에서 적절한가. 셋째, 다른 문장과의 흐름이 원만한가 등이다.
　이 중에서 가장 중요한 것은 첫째, 글쓴이가 나타내고자 하는 바를 가장 효율적으로 나타내는가 이다. 이를 충족하기 위해 둘째와 셋째를 고려하게 되는 것이다. 특히 셋째, 다른 문장과의 흐름이 원만한가는 그 동안 섬세하게 고려되지 않았다.
　글은 우선 읽는다. 소리내어 읽던 아니면 소리를 내지 않고 읽던 글을

이해하기 위해서 우선 읽는다. 따라서 좋은 글은 우선 읽는 일에 부담이 없이 잘 읽혀야 한다. 부담 없이 잘 읽힌다는 것은 리듬과 밀접한 관련이 있다. 한마디로 표현한다면 잘 읽히는 글은 리듬을 타며 읽히는 글이다. 그리고 리듬은 억양과 음보, 길이가 주도적으로 결정한다.

억양과 음보까지 고려한다면 복잡해지고 학생들의 활동을 어렵게 하므로 길이만을 생각해 보자. 좋은 글, 잘 읽히는 글을 찬찬히 살펴보면 문장의 길이가 반복되지 않고 일정한 변화를 갖는 것을 알게 된다. 즉, 긴 문장이 반복된다든지 짧은 문장이 반복되지 않는다.

긴 문장이 반복되는 문장은 문장의 의미 단위와 관계없이 끊어 읽게 되고 따라서 의미를 잘 파악할 수가 없다. 반면으로 짧은 문장이 반복되는 글은 왠지 건조하고 딱딱한 느낌을 준다. 이와 반대로 잘 읽히는 글은 긴 문장과 짧은 문장이 변화를 주면서 교체된다. 그러므로 문장의 결합뿐만이 아니라 글을 쓸 때 문장의 길이에 고려하여 글을 써야 한다.

위 문장의 결합에서 문장의 길이를 고려한다면 그 뒷 문장의 길이라든지 내용 구조를 살펴보아야 한다. 즉 '누구인들 아버지, 어머니가 싫겠는가?'의 길이와 내용 구조를 따져보아서 결합한 문장의 형태를 결정하여야 할 것이다.

뒷 문장, '누구인들 아버지, 어머니가 싫겠는가?'는 우선 두 가지 특징을 가지고 있다. 우선 아버지와 어머니가 '아버지, 어머니'로 짧게 기술되어 있다. 따라서 우선 문장의 길이만을 생각한다면 앞 문장인 결합 문장의 형태는 긴 것이 좋을 것이다. 그리고 '싫겠는가?'는 반어적(反語的)인 의문문의 형태로 끝나고 있다. 이를 고려한다면 앞 문장은 역시 짧은 문장보다는 글쓴이의 의도가 다 드러나는 긴 문장이 보다 적합할 것이다.

이러한 의미에서 문장 ②는 뒷 문장이 지니고 있는 두 가지 특징을 고려했을 때 효과적으로 대응하고 있는 문장이라고 할 수 있을 것이다. 반면에 문장③은 뒷 문장과 적절하게 대응하고 있지 못하다. 결정적으로 뒷 문장의 '아버지, 어머니'와 같은 형태가 반복되고 있다. 글을 쓸 때 같은 낱말의 반복을 피하라는 원칙이 있듯이 문장을 쓸 때에도 같은 구조의 문장 형태를 반복하여 쓰는 것은 바람직하지 못하다. 물론 감정이 최고조에

달한 것을 표현하기 위해, 또는 긴장이나 위급 상황을 나타낼 때 짧은 구조의 문장을 반복하여 쓰기도 한다. 그러나 위 문장과 같은 일반 문장에서의 구조로는 바람직하지 못하다.

문장 ④·⑤·⑥은 문장①을 변형하여 각각 '모두(문장④)', '둘 다(문장⑤)', '함께(문장⑥)'를 덧붙인 문장이다. '동일어(同一語)란 없다'라는 말을 상기한다면 문장 ④·⑤·⑥은 각각 다른 의미를 나타내는 문장들이다.

'모두'는 어머니와 아버지를 하나로 인식하는 것이고 '둘 다'는 어머니와 아버지를 각각의 독립 개체로 인식하고 있는 것이며, '함께'는 모두의 의미에 '동시에'라는 의미가 덧붙은 것이다. 따라서 결합하는 두 문장의 상황과 이어지는 뒤 문장을 고려한다면 이 곳에서는 '둘 다'를 덧붙인 문장⑤가 가장 적절할 것이다.

문장의 결합은 어느 것이 맞고 틀리다의 차원이 아니라 어느 문장이 가장 적절한가 차원으로 결정되어야 한다. 위의 결합한 문장 ①~⑥에서 가장 적절한 문장은 문장②가 될 것이다. 왜냐하면 뒤의 문장 '하기야 누가 아버지, 어머니가 싫겠는가'기 짧은 문장이고 결합하는 두 문장과는 다르게 '싫겠는가?'하고 반어적 질문을 하고 있기 때문에 '좋아하다'를 강조할 필요가 있기 때문이다.

연습을 위해 활동에 적합한 두 문장을 교과서나 읽기 자료에서 선정하는 것이 우선해야 할 일이다. 문장 선정 시 이어진 문장 외에도 안긴 문장의 형태로 결합하는 문장도 준비하여야 한다. 가능하다면 '명사절·관형절·서술절·부사절·인용절로 안기는 문장' 등을 폭넓게 준비하는 것도 좋다. 이러한 문장을 선정할 때 학생들의 수준을 충분히 고려해야 하고 수준이 높다면 '그는 나에게 영희가 여행을 간 것을 나느냐고 물었다'와 같은 겹안긴 문장도 제시하고 학생들이 활동할 수 있도록 배려를 한다.

① 단원을 공부하면서 활동이 가능한 문장에 밑줄을 긋고 칠판에 적는다.
② 두 문장을 결합한 다양한 문장들을 발표하게 하고 모두 칠판에 적는다.
③ 칠판에 적은 결합한 문장 중에서 원 문장과 뜻이 멀어진 문장을 살피고 지운다.

④ 토론을 통해 남은 문장 가운데 앞뒤 문장의 문맥을 살펴 가장 적절한
  문장을 고른다.
⑤ 활동한 문장과 다른 형태의 문장을 제시하고 위와 같은 활동을 반복
  한다.

> ㉠ 그는 미술 분야에 취미가 있다. 그러나 그는 미술 분야의 전문가는 아니다.
> ㉡ 홍부전은 착한 심성을 그린 것이다. 그것은 우리 어린이들의 영원한 교
>   과서가 되어야 할 것이다.
> ㉢ 그는 심성이 착하다. 그는 사려가 깊다. 그는 남의 존경을 받는 것이다

5.2.4 문장의 연결

문장과 문장이 어떻게 연결되느냐 하는 것을 이해하고 학습하는 것은
글을 이해하는 과정과 전략에서 매우 중요한 위치를 차지한다. 왜냐하면
모든 문장은 어떠한 연결 고리를 가지고 다른 문장과 연결되기 때문이다.
그 연결 고리를 '문맥'이라 하기도 하고 '문장 간의 관계'라고도 한다.

어떤 용어를 사용하든, 모든 문장과 문장 사이에는 두 문장의 관계를
나타내는 연결어나 접속어가 존재하기 마련이다. 실제로 글을 읽는다는
것은 바로 문장과 문장의 관계를 밝히는 일이라 할 수 있다.

물론 문장과 문장 사이의 관계를 모두 연결어나 접속어로 나타내는 것
은 아니다. 모든 문장에 앞 문장과의 관계를 밝히기 위해 연결어나 접속
어를 사용하면 글을 읽는 흐름이 깨지기 때문에 글쓴이는 읽는 이들의 모
두 의미를 파악할 수 있을 것이라는 것을 전제하고 연결어나 접속어를 생
략하는 것이다.

일반적으로 '추론'이라는 것은 바로 문장과 문장 사이의 관계를 파악해
내는 것이다. '상상'도 이와 같은 과정을 거친다.

① 그는 밥을 세 공기나 먹었다. 그는 병원에 갔다.
② 그는 밥을 세 공기나 먹었다. 그의 눈에는 병원 간판이 보였다.

두 문장 다 연결어나 접속어가 생략되었다. 그러나 ①을 읽으면서 문장과 문장 사이에 '그래서'와 같은 접속어를 넣어 두 문장의 관계를 원인과 결과의 관계로 '추론'하며 읽는다. ②의 경우에도 머리 속에 ①과 같이 원인과 결과로 추론하면서 두 문장 사이에 생략되어 있는 상황과 관계를 '상상'하게 된다. 가령, 배가 너무 아픈 나머지 눈에서 병원이 왔다갔다 하는구나로 파악하거나 배가 아파 병원을 가는 과정이 생략되고 그가 병원에 도착한 것을 설명하고 있구나 식으로 상상하게 될 것이다. 이처럼 '상상'도 문장과 문장 사이의 관계라는 범주 안에서 가능한 것이다. 만일 이 범주를 벗어난 상상은 상상이 아니라 '공상·망상'이 될 뿐이다.

모든 문장과 문장 사이에는 반드시 연결어나 접속어가 있다. 이는 바로 모든 문장과 문장은 일정한 관계를 가지고 연결된다는 것을 의미한다. 단지 글쓴이의 전략에 의해 연결어나 접속어를 생략할 뿐이다.

> 전통은 인습(因襲)과 다르다. (구체적으로 말하자면, 자세히 설명하자면) 인습이 새로운 역사를 이룩해 가는 과정에서 마땅히 버려져야 할 찌꺼기라면 전통은 오히려 새 역사 창조에 없어서는 안 되는 씨앗이요, 밑거름이다. 따라서, 전통 문화라고 하는 것은 단순히 옛날의 문화를 뜻하는 것이 아니라, 옛 것 중에서 오늘에 되살릴 만한, 가치 있는 문화적, 정신적 바탕을 뜻하는 것이다.
>
> 그런데 이른바 개화(開化) 이후, 우리는 이 전통과 인습을 혼동(混同)한 나머지, 옛 것은 모두 낡은 인습이라고 싸잡아 천대(賤待)하고, 그 반면에 새로운 것, 특히 서구적(西歐的)인 것은 모두 훌륭한 것으로만 여겨, 다투어 흉내내기에 여념(餘念)이 없었다. 그 결과, 우리는 낡은 인습을 타파(打破)하려다가 아름다운 전통마저 많이 잃어버리고 말았다. 오늘에 와서, 우리의 전통 문화를 계승 발전시켜야 한다는 주장이 크게 일고 있는 것이 이 때문이다.
>
> (중학교 국어 3-2, 홍일식 '전통 문화와 효(孝) 사상' 중에서)

첫 문장과 두 번째 문장 사이에만 접속어가 생략되어 있을 뿐 모든 문장과 문장 사이에 접속어가 쓰였음을 알 수 있다. 그리고 접속어와 접속어는 문장과 문장의 관계를 명확하게 해주는 기능을 하고 있어 글을 이해하는 데 도움을 주고 있다.

문장과 문장의 연결 관계를 따라 읽는 법을 학습하는 것은 능동적인 글읽기. 능동적인 글읽는이를 만드는 데에도 효과적이다. 글읽기를 어려워하거나 글읽기를 싫어하는 이유 중에는 사용된 어휘가 어려운 경우도 있지만 핵심은 문장과 문장 사이의 연결 원리를 잘 알지 못해 글을 이해하지 못하기 때문인 경우가 많다.

글을 읽어도 이해가 되지 않으므로 글읽기가 어렵거나 글읽기 자체가 싫어질 수밖에 없다. 또한 문장의 연결을 이해하지 못하여 글의 내용을 파악하지 못하면 글의 구조를 이해하는 데에도 어려움을 겪을 뿐만 아니라 동시에 글의 중심 생각, 주제를 파악하지 못하게 되는 것이다.

문장의 연결을 다양하게 학습하기 전에 교과서나 읽기 자료에서 명시되었거나 생략된 연결어나 접속어를 이해하고 찾아내는 활동이 필요하다. 위의 【예문】에서처럼 문장과 문장 사이의 모든 연결어나 접속어를 찾아내는 활동도 필요하고 유사한 연결어나 접속어를 비교하여 정확한 쓰임을 이해하는 것도 중요하다.

본 항에서는 집약적인 논의를 위해 유사한 기능을 가진 접속어들을 비교함으로써 접속어와 문장 연결에 대한 이해를 높이고자 한다. 접속어 중에는 두 개 이상의 기능을 하는 접속어가 있다. 가령 '그리하여'의 경우 '그는 배고픔을 느꼈다. 그리하여 밥을 먹었다'에서 '그리하여'는 원인을 나타내는 반면 '그는 경기에 참가하지 않았다. 그리하여 다음 경기에서 좋은 성적을 얻고자 하였다'에서는 목적의 뜻을 나타낸다.

본 항에서는 접속어를 하나의 의미 안에서만 비교하여 그 차이점을 알아보고자 한다.

1) 그래서 / 그러므로

'그래서'와 '그러므로'는 앞 문장과 뒤 문장을 원인과 결과의 관계로 연결해 주는 접속어이다. 원인과 결과의 관계로 두 문장을 이어준다 하더라고 두 문장이 문맥의 의미 안에서 밀접하게 관련이 있어야 한다.

그는 순식간에 통닭을 한 마리 다 먹었다. 그래서(그러므로) 집에서는
평소에 닭 요리를 먹지 않는다.

위 두 문장의 연결은 그다지 원만하지가 않다. 그 이유는 앞 문장이 가
지고 있는 내용 요소와 뒷 문장이 가지고 있는 내용 요소가 긴밀한 관계
에 있지 않기 때문이다. 앞 문장에는 '순식간에'라는 시간적 내용 요소와
'통닭 한 마리를 다 먹었다'라는 양을 나타내는 내용 요소가 있다. 하지만
뒷 문장에서는 '집'이라는 공간적 내용 요소와 '요리하지 않는다'는 행위적
내용 요소가 있다. 이 두 가지 내용 요소 중에서 핵심은 '집'이라는 공간
을 나타내는 내용 요소이다. 즉 요리를 하지 않는 것이 중요한 것이 아니
라 '집'에서는 하지 않는다는 것이 뒤 문장에서 나타내고자 하는 핵심 내
용인 것이다.

그러나 앞 문장에는 뒷 문장의 '집'이라는 공간을 나타내는 내용 요소
를 받을 수 있는 내용이 나타나있지 않다. 그러므로 이 두 문장의 연결은
인과 관계를 나타내는 접속어 '그래서'를 표면에 내세워 썼음에도 불구하
고 내용의 연결이 원만하지 않아 비문에 가까운 문장이 되고 마는 것이다.

두 문장이 인과 관계로 무리 없이 연결되려면 적어도 다음과 같은 형
태를 이루어야 한다.

그는 집에서는 음식 맛을 느낄 수가 없다. 그래서 집에서는 좋아하는
닭 요리도 먹지 않는다.

두 문장을 연결 할 때에는 이처럼 순접이든 역접이든 인과관계든 동일
한 내용 요소에서 출발한다는 것을 잊지 않아야 한다.

: 그는 순식간에 통닭을 한 마리 다 먹었다.
  → ① 그래서 배가 아프다.
  → ② 그러므로 배가 아프다.

문장 ①과 ②는 언뜻 보았을 때 별 차이가 없어 보인다. 그러나 '그래서'는 뒤 문장과 같은 일이 왜 일어났는가를 앞 문장에서 설명하는 형식을 띠고 있으며, 앞 문장의 일로 어떠한 상황이 일어났는가를 뒤 문장에서 나타낼 때 쓰인다. 반면에 '그러므로'는 '어떻게'라는 당위적 진술, 즉 결과적으로 일어난 행동·일을 기술하는 데 쓰인다. 당위적인 진술에 쓰이므로 '그러므로'는 미래성·지향성을 갖는다. 또한 '그러므로'는 '그래서'보다 주관적인 의도가 강한 접속어이다.

<pre>
배가 아프다   ┌ 그래서   병원에   ┌ 갔다
             │   │
             └ 그러므로   └ 가야한다.
</pre>

'배가 아프다. 그래서 병원에 갔다' 혹은 '배가 아파서 병원에 갔다'는 무리가 없는 문장의 연결이다. 그러나 '배가 아프다. 그러므로 병원에 갔다', 혹은 '배가 아프므로 병원에 갔다'는 그 연결이 어색하다. 반면에 '배가 아프다. 그러므로 병원에 가야한다', 혹은 '배가 아프므로 병원에 가야한다'는 무리 없는 문장의 연결이라 할 수 있다.

위 문장에서 '그래서'로 연결되는 문장은 '배가 아파서 어떻게 했어', 혹은 '병원에 왜 갔니'의 물음에 대응하는 문장이다. 그러나 '그러므로'로 연결되는 문장은 '배가 아프니 다음에 어떻게 해야해', 혹은 '배가 아픈 상황에서는 어떤 행동을 해야 하지'에 대응하는 문장이다.

그러므로 '그래서'로 이어지는 문장에서는 앞 문장에 의미 비중이 큰 반면, '그러므로'로 이어지는 문장은 뒤 문장에 의미 비중이 더 있다.

2) 그리고 / 또 / 또한 – 대등 병렬

'그리고', '또', '또한'은 대등한 성질·성향·의미 내용을 가진 낱말이나 구, 절을 연결하는 데 쓰이는 말이다.

① 밥을 먹었다. 그리고 국을 먹었다. 그리고 과일을 먹었다. 그리고 차

　　　를 마셨다.
　② 밥을 먹었다. 또 국을 먹었다. 또 과일을 먹었다. 또 차를 마셨다.
　③ 밥을 먹었다. 또한 국을 먹었다. 또한 과일을 먹었다. 또한 차를 마셨
　　　다.

　위의 문장은 문법적으로는 문제가 없어 보인다. 그러나 실제 문장에서는 잘 쓰지 않는 문장들이다. 일부러 만든 문장의 냄새가 짙으나 '그리고', '또', '또한'의 쓰임을 구별하기 위한 문장들이므로 제시된 문장 안에서 이들의 의미 차를 살펴보기로 하자.

　①의 문장을 일상 생활에서 굳이 쓴다면 '밥을 먹고, 국을 먹고, 과일을 먹고, 차를 마셨다' 정도가 될 것이다. 우선 '그리고'는 대등한 내용을 나열하는 연결어 중에서 시간 개념을 담고 있다. 즉 '밥을 먹은 다음 국을 먹고 그 다음 과일을 먹고 그 다음 차를 마셨다는 시간적 경과를 나타낸다. 그러면서 동시에 종결의 기능도 가지고 있다.

　　　밥도 먹고 국도 먹고 과일도 먹고 그리고 차도 마셨다.

　위 문장에서 '그리고 차를 마셨다'는 '밥 · 국 · 과일' 을 먹은 것과는 달리 시간적 경과, 즉 과일을 먹은 뒤 약간의 시간적 경과가 있었을 것 같다는 시간적 경과와 함께 행동의 종결을 나타낸다. 차를 마신 것으로 '먹는 행위'는 끝났음을 나타내는 것이다.

　　　㉠ 일기를 쓰고 청소를 하고 빨래를 널고 잠을 잤다.
　　　㉡ 일기를 쓰고 청소를 하고 빨래를 했다(하고). 그리고 잠을 잤다.

　㉠의 문장은 일기 쓰는 일과 청소를 한 일과 빨래를 한 일, 잠을 잔 일이 행위의 순서나 비중이 등가적으로 파악되지만 ㉡의 문장은 일기 쓴 일, 청소, 빨래를 넌 일과 잠을 잔 일이 등가적이지 않다. 즉 모든 행위를 한 다음에 마지막으로 잠을 잤다는 의미이다. 이러한 이유로 앞의 다른 일보다 잠을 잔 일을 더욱 비중이 있게 다루고 있는 것으로 파악된다.

‘또’는 일반적으로 동일한 행위가 반복됨을 나타낸다.

> 밥을 먹었다. 또 밥을 먹었다.
> 밥을 아까 먹고 또 먹어.

그러나 문장②처럼 대상이 바뀌는 경우에는 또 다른 행위를 덧붙이는 기능을 한다. 하나의 행위에 행위를 덧붙이고 덧붙이는 과정을 나타내는 것이다. 그러나 그 행위는 대상만 바뀌었을 뿐 동일하거나 유사한 행위일 때 어색해지지 않는다.

> 밥을 먹었다. 또 책을 읽었다.

위 문장은 문장 안에서만 의미를 형성할 때 어색한 문장이다. ‘밥’, ‘책’이라는 대상도 바뀌었고, ‘먹다’, ‘읽다’의 행위도 유사한 것이 아니기 때문이다. 위 문장은 적어도 다음과 같은 상황을 전제해야 어색하지 않은 문장이 된다.

> (저 아이는 책만 읽는다) 밥을 먹었다. 또 책을 읽었다.
> (저 아이는 공부밖에 모른다) 밥을 먹었다. 또 책을 읽는다.

즉 ‘또’로 연결되는 뒤 문장은 앞 문장이나 문맥에서 그와 유사하거나 동일한 행위를 전제로 하였을 때 성립된다.

‘또’는 ‘그리고’와 달리 종결의 기능이 약하다. 문장②는 표면적으로는 문장이 종결되었지만 의미상으로는 왠지 문장이, 행동이 종결되지 않았다는 느낌을 준다. 차를 마신 뒤에도 다른 일이 더 일어날 것 같기도 하고 다른 행위가 더 있는데도 기술을 그친 것 같은 느낌이 든다.

문장③은 문장 연결이 매끄럽지 않음이 확연히 드러나는 문장이다. 왜냐하면 ‘또한’은 앞 문장과 뒤 문장을 다른 차원의 것으로 덧붙이며 연결하기 때문이다. 그렇다고 앞 문장과 뒤 문장이 전혀 다른 것이어서는 안 된다.

> ㉠ 밥을 먹었다. 또한 차를 마셨다.
> ㉡ 밥을 먹었다. 또한 서울에 갔다.

㉠의 문장에서 '밥'과 '차'는 다른 차원의 것이지만 '먹는다', '마신다'와 같이 유사한 행위이다. 그러므로 '또한'으로 별 무리 없이 연결될 수 있다. 그러면서 뒤 문장은 예상하지 못했거나 기대하지 않았던 일이 있음을 나타내기도 한다. 즉, 밥을 먹고(밥을 먹을 것은 예상하거나 예정된 일이다) 차까지 마실 줄은 예상하지 못했거나 기대하지 않았음을 나타낸다.

그러나 문장㉡은 잘 연결되지 않는다. '밥을 먹다'와 '서울에 갔다'의 거리가 너무 크기 때문이다. '밥'과 '서울', '먹다'와 '갔다'가 다른 장치가 없는 한 동일하거나 유사한 의미를 갖지 못한다. 따라서 '또한'은 서로 다른 차원의 내용을 연결하는데 쓰이지만 그 차이가 너무 커서는 안 된다는 것을 알 수 있다.

> ① 밥을 먹고 국을 먹고 과일을 먹고 그리고 차를 마셨다.
> ② 밥을 먹고 국을 먹고 과일을 먹고 또 차를 마셨다.
> ③ 밥을 먹고 국을 먹고 과일을 먹고 또한 차를 마셨다.

위 세 문장은 끝 문장의 연결만 다를 뿐 나머지는 동일한 구조를 가지고 있는 문장이다. 그러나 마지막 문장을 연결하는 낱말이 달라짐으로 해서 나타내고자 하는 뜻이 모두 다른 문장이 되었다.

문장①은 '밥·국·과일'을 먹은 다음 마지막으로 '차'를 마셨다는 뜻이 되고 문장②는 '양이 찼는데도 불구하고' 또는 '먹지 말아야 할' 차를 마셨다고 말하고 있는 것이다. 문장③은 예상하거나 기대하지 않았는데 차를 마셨음을 나타내는 문장이 되는 것이다.

3) 그런데 / 그러나

'그런데'와 '그러나'는 앞 문장과 뒤 문장을 역접 관계로 이어주는 연결을 한다. 그러나 화자의 주관적인 감정의 전달에는 서로 차이가 있다. '그런데'는 화자의 감정을 전달하는 데 주된 관심이 있는 반면에 '그러나'는 객관적인 상황을 전달하는 데 초점이 있다.

① 안면도 꽃박람회에 갔었다. 그런데 꽃이 없었다.
② 안면도 꽃박람회에 갔었다. 그러나 꽃이 없었다.

'그런데'로 연결된 문장①에는 꽃박람회에 가면 꽃이 많이 있을 거라는 화자의 기대 심리와 기대 심리에 어긋난 상황이 들어있다. 즉 많은 꽃을 보러 꽃박람회에 갔는데 꽃박람회에 꽃이 없어 실망하였다는 화자의 심리가 두드러지게 기술된 문장이다.

그러나 문장 ②는 화자의 이러한 감정을 표현하기보다는 박람회에 갔는데 꽃이 없었었다는 객관적인 사실을 전달하는데 그치고 있다. 적어도 문장①과는 달리 문장②에는 박람회에 꽃이 없는 것에 대한 화자의 감정이 깃들어 있지 않다. 문장②에 화자의 감정을 넣으려면 적어도 다음과 문장 형태가 되어야 자연스럽다.

안면도 꽃박람회에 갔었다. 그러나 꽃이 없더란 말이야.

'그러나'는 앞 문장에 반대되는 상황을 객관적인 자세로 전달하는 데 목적이 있다면 '그런데'는 화자의 주관적인 감정을 나타내는 데에도 일정하게 영향을 미치고 있다. 따라서 화자의 주관적인 감정이나 생각을 나타내는 문장에 '그러나'를 쓰면 어색한 문장이 되고 만다.

① 그는 평소에 점잖은 사람이야. 그런데 술만 먹으면 어쩌면 그렇게 달라질 수 있어.
② 그는 평소에 점잖은 사람이야. 그러나 술만 먹으면 어쩌면 그렇게 달라질 수 있어.

②* 그는 평소에 점잖은 사람이야. 그러나 술만 먹으면 달라져.

문장①에 비해 문장②는 어색한 문장이다. 그만큼 '그러나'에 화자의 주관적 가정을 담기에는 부담스럽다는 이야기이다. '그러나'를 쓴다면 문장②보다는 문장②*가 어울린다.

4) 예컨대 / 마치

'예컨대'와 '마치'는 앞 문장의 내용을 구체적이고 효과적으로 설명하기 위해 쓰이는 연결어이다. '예컨대'와 '마치'를 효과적으로 사용하기 위해서는 뒤 문장에 앞 문장과는 다른 사물이나 다른 차원의 기술을 필요로 한다. 예를 들어 다음과 같은 문장은 '예컨대'와 '마치'로 연결되기 어려운 문장이다.

그는 순식간에 통닭 한 마리를 다 먹었다.
→ 예컨대 / 마치 : 닭다리 하나 남김없이 먹어 버렸다.

'그는 순식간에 통닭 한 마리를 다 먹었다. 예컨대 닭다리 하나 남김없이 먹어 버렸다.'나 '그는 순식간에 통닭 한 마리를 다 먹었다. 마치 닭다리 하나 남김없이 먹어 버렸다.' 두 문장 모두 정확히 연결된 문장이 아니다.

왜냐하면 '예컨대'는 앞 문장을 구체적인 예를 들어 설명하는 기능을 하며, '마치'는 다른 사물·사건을 들어 비유적으로 표현하는 기능을 하기 때문이다. 위의 문장은 '예컨대'로 연결되기에는 부자연스럽다. 왜냐하면 '그는 순식간에 통닭 한 마리를 다 먹었다.'는 앞 문장을 더 구체적으로 설명하기 어렵기 때문이다. 물론 구체적인 설명을 필요로 하는 '예컨대'도 비유적인 표현을 포함하기 때문에 다음과 같은 표현이 가능하다.

그는 순식간에 통닭 한 마리를 다 먹었다.
→ 예컨대 두꺼비가 파리를 잡아먹듯이.

→ 마치 두꺼비가 파리를 잡아먹듯이.

그러나 '마치'는 '예컨대'와 달리 구체적인 설명의 기능을 갖고 있지 않다.

돈은 살아가는데 꼭 필요하다.
→ 예컨대 가장 기본적인 음식을 사는 데도 돈이 필요하다.(○)
→ 마치 가장 기본적인 음식을 사는 데도 돈이 필요하다. (×)

이처럼 '예컨대'와 '마치'는 앞 문장을 구체적인 예를 들어 설명하거나 비유하여 나타내는 기능을 가지고 있다. 단지 '예컨대'는 비유의 문장이 구체적인 설명의 기능을 하면 비유적인 기능까지도 담고 있지만 '마치'는 구체적인 예를 들어 설명하는 기능을 갖고 있지 못하다.

문장 연결을 학습하기 위한 자료를 구하는 일은 매우 간단하다. 모든 문장과 문장은 일정한 관계를 가지고 연결되어 있기 때문에 교과서나 읽기 자료의 어느 부분, 문장을 선정해도 관계가 없다. 단지 하나의 문장을 선정하여 뒤 문장을 연결하는 훈련을 할 때에는 문단의 뒤 부분보다는 앞 부분에서 선정하는 것이 좋다. 즉, 내용이 구체적으로 다 기술된 문장보다는 추상적이거나 포괄적인 내용을 담고 있는 문장이 효율적이라는 것이다.

수업 준비를 위해서는 문단 단위의 활동을 할 것인가 문장 수준의 활동을 할 것인가를 결정해야 한다. 문장 연결을 학습하는 방법은 '빈 칸 넣기·연결어 제시하기·연결어 카드놀이·배열하기' 등 다양하지만 무엇보다 중요한 것은 어떤 단위로 활동할 것인가를 결정하는 일이다.

활동할 단위(문단, 문장)이 결정되면 다음과 같은 방법으로 활동할 수 있다.

우선 문단 단위로 활동할 때의 방법을 알아보자.
① 문단 단위의 활동인 경우에는 표면에 드러나지 않는 연결어 접속어를 찾는 것이다. 이 때 빈 칸 넣기와 병행해도 좋다.
② 문장에 드러난 연결어·접속어를 빈칸으로 만들고 알맞은 연결어· 접속어를 찾아 넣는 것이다.

①과 ②를 종합하여 활동할 수도 있다.

국문학의 특질은 다른 나라 문학과의 비교에서 드러난다. ( ) 다른 나라. 특히 중국이나 일본의 문학과 비교하여 국문학의 특질을 찾는 작업이 알게 모르게 거듭 시도되어 왔다. ((그러나)) 아직 그 성과가 집약되지 않았고, 재론의 여지도 있다.

(   ) 문학의 특질은 사실 자체의 인식으로 끝나는 것이 아니고, 어떤 것이 더 가치 있는가 하는 가치의 우열을 염두에 두고 논의되어야 한다. ((지금까지)) 국문학의 특질로 논의되어 온 것들 중에서 어떤 것은 민족의 처지에 대하여 비관하면서 자학에 사로잡힌 푸념이 스며들어 있으므로 주의하여야 한다.

(중학국어, 3-1. 조동일 '국문학의 특질' 중에서)[2]

③ 문면에 드러나 있는 접속어를 다른 접속어로 바꾸어 보고 다른 접속어로 바꾸면 문장의 의미가 어떻게 달라지는가, 또는 문장의 형태를 어떻게 바꿔야 온전한 문장이 되는지를 검토하도록 한다.

다음으로 문장 단위로 활동할 때의 방법을 알아보자.

① 문장 단위의 활동을 할 때 연결어 카드를 사용하는 방법이 있다. 제시된 문장과 문장 사이에 어떠한 연결어가 적합한지 연결어 카드를 사용하여 문장을 완성하는 방법이다. 이 방법은 초등하교 학생들에게 사용하기 적합한 방법이다.

② 앞 문장과 뒤에 올 문장을 복수로 써 놓고 적합한 연결어를 사용하여 잇는 방법이다. 따라서 하나의 앞 문장에 여러 개의 뒤 문장이 올 수 있다. 중학교 학생 이상의 수준의 학생들에게 권할 만한 활동 방법이다. 하나의 문장에 여러 개의 뒤 문장이 올 경우 각기 그 뜻이 어떻게 다른가를 토론하면 좀 더 확실한 연결어 학습을 할 수 있다.

③ 하나의 앞 문장을 주고 다양한 연결어를 사용하여 뒤 문장을 짓는 방법이다.

---

2) ( )는 내재된 연결어 · 접속어를 넣는 곳이고, (( ))는 드러난 연결어 · 접속어를 감춘 곳이다.

사람들은 자신의 잘못은 잘 깨닫지 못한다.

그래서	___________________________________ .
그러므로	_________________________________ .
그러나	___________________________________ .
그리고	___________________________________ .
그런데	___________________________________ .
또	_____________________________________ .
또는	____________________________________ .
또한	____________________________________ .
예컨대	___________________________________ .
마치	____________________________________ .
더욱이	___________________________________ .
즉	_____________________________________ .

이 방법은 연결어의 변별적 자질에 대해 확실하게 학습할 수 있는 방법이다. 주어지는 앞 문장은 수업 시간에 단원을 학습하면서 쉽게 선정할 수 있다.

좋은 글은 글의 첫 문장을 들어 올리면 글의 마지막 문장까지 다 들어올려진다고 한다. 이는 좋은 글은 밀접한 관계를 지닌 문장들이 연결되어 기술된다는 것을 의미한다. 글의 '통일성'이라는 것은 바로 그 글에 사용된 문장들이 통일된 관계성에 의해 연결된다는 것을 말하는 것이다.

따라서 문장 연결에 대한 학습은 글을 이해하는 핵심적인 활동이며 동시에 좋은 글을 쓰는 핵심적인 활동인 것이다. 평소에 교과서나 읽기 자료를 읽으면서 잠재된 연결어를 찾고 연결어를 통해 문장의 관계를 살피는 일은 국어 교육의 핵심이라고 할 것이다. 이러한 문장 연결에 대한 지식이 갖추어졌을 때 글의 구조를 파악하는 일이나 그를 통해 글의 전체 생각, 주제를 정확히 이해하는 일이 가능해진다.

5.2.5 문장 전개

문장 전개가 문장의 영역인가 문단의 영역인가에 대해서는 보는 시각에 따라 각기 다를 수 있다. 문장의 뜻을 문장으로 펼쳐나간다는 데에서는 문장의 영역이지만 그 결과가 문단이 된다는 것에 주목하면 문단의 영역이 될 수 있기 때문이다.

본고에서는 문장의 영역에서만 문장 전개를 다루고자 한다. 즉 하나의 완성된 문단을 목적으로 하지 않고 문장의 뜻을 문장으로 펼쳐나가는 활동에 집중할 것이다. 따라서 본 활동을 통해 이루어진 문단은 온전한 문단이 되지 않을 것이다. 문장의 뜻을 펼치는 데에만 목적을 두었기 때문에 그 결과가 문단의 형태를 갖추었다고 하지만 하나의 온전한 문단으로 보기에는 어려울 것이다.

그럼에도 불구하고 본고에서 다룰 문장 전개 활동은 문단을 완성하는 밑바탕이 될 것이다. 활동 결과로 생긴 문단을 하나의 문단으로 보기에는 어렵지만 이러한 활동이 하나의 온전한 문단을 만드는 기초가 되고 기본 원리가 될 것이라는 것이다.

하나의 문단을 만들기 위해 문장을 전개는 방식으로는 다음과 같이 세 가지가 있다.

> (1) 구체화의 순서 : 일반명제(소주제문) → 구체적 사실
> (2) 일반화의 순서 : 구체적 사실 → 일반화 명제(소주제문)
> (3) 반전의 순서 : 긍정 서술 → 반대 서술 → 결론(소주제문)

그러나 본고에서는 문단의 완성이 목적이 아니기 때문에 문장을 전개하는 방법, 즉 구체적으로 전개하는 방법과 합리적으로 전개하는 방법에 국한하여 활동하기로 한다.

우선 구체적으로 전개하는 방법이란 일반적이고 추상적인 소주제를 내걸고 그것을 구체적으로 전개하여 풀이하는 뒷받침문장들을 늘어놓는 방법이다. 구체화 순서로 서술하는 요령은 "풀어 말하면, 다시 말하면, 바꾸

어 말하면, 덧붙여 말하면, 곧, 즉" 등과 같은 접속 어구를 사용하여 문장을 이어나가는 것이다. 이러한 접속 어구를 사용한다는 것은 내용의 동일성을 말한다. 따라서 이러한 접속 어구들은 뒷받침문장의 내용이 소주제의 내용과 어긋나지 않도록 하는 길잡이 구실을 한다. 다만, 모든 문장에 접속 어구를 글 표면에 드러낼 필요는 없고 속으로 되 뇌이거나 가끔 필요할 때에만 표기하면 된다.

이러한 문장 전개하는 방법을 다른 말로 '설명적으로 전개하는 방법'이라고 할 수도 있다. 이 전개 방법을 효율적으로 학습하기 위해서는 속담이나 격언과 같이 뜻이 잘 알려지고 비유적인 표현의 문장을 선택하는 것이 좋다.

① '정승집 개 죽은 데는 가도 정승 죽은 데는 안 간다.'는 속담이 있다.
② 풀어 말하면 이 말은 정승집 개가 죽었을 때에는 조문을 가지만 정작 정승이 죽었을 때에는 조문을 가지 않는다는 말이다.
③ 다시 말하면 정승집 개가 죽었을 때에는 정승에게 잘 보이기 위해 조문을 가지만 정승이 죽었을 때에는 잘 보일 대상이 없으므로 조문을 가지 않는다는 말이다.
④ 바꾸어 말하면 진정한 인간 관계를 갖지 못하고 이익을 위한 물질적 관계를 갖는 점을 비방한 말이다.
⑤ 즉, 이 말은 물질적 가치만이 남아 있는 인간 관계를 따끔하게 꼬집은 말이다.

문장①을 문장②에서 문장⑤까지 단계적으로 펼쳐나갔다. 문장 전개 활동을 할 때 중요한 것은 문장을 전개할 때 각 문장간의 뜻이 단계적으로, 일정 비율로 구체화하여야 한다는 것이다. 즉 위 글은 문장①과 문장⑤만으로도 가능하다.

'정승집 개 죽은 데는 가도 정승 죽은 데는 안 간다.'는 속담이 있다. 이 말은 물질적 가치만이 남아 있는 인간 관계를 따끔하게 꼬집은 말이다.

그러나 문장 전개의 훈련을 위해 문장② ~ ④까지 단계적으로 풀어나가는 과정을 거치는 것이다. 이렇게 문장을 단계적으로 풀어나가는 훈련을 위해 주어진 문장에 3~4개의 문장을 활용하도록 한다.

또한 훈련의 효과를 극대화하기 위하여 제시하는 문장도 단계적이어야 한다. 가령 다음과 같은 단계로 제시문을 제공할 수 있다.

1단계 : 뜻을 충분히 아는 속담이나 격언

> '과전불납리(瓜田不納履)'라는 고사성어가 있다.
> '돌다리도 두드려 보고 건너라'라는 말이 있다.

2단계 : 포괄적이면서도 구체적인 사고가 가능한 문장

> 규칙은 지켜야 편하다.
> 컴퓨터는 깡통이다.

3단계 : 원론적이며 추상적인 문장

> 우리의 삶은 고통의 연속이다.
> 우리는 사랑 없이는 살 수가 없다.

4단계 : 원론적이며 추론이 필요한 문장

> 가장 높이 나는 새가 가장 멀리 본다.
> 창업보다는 수성이 어렵다.

이와는 달리 소주제문의 내용을 합리화하여 펼치는 방법이 있다. 이는 일종의 논증법으로 소주제문이 보여주는 명제가 과연 옳은 내용이며 타당한 주장인지를 밝힐 필요가 있을 때 사용한다. 소주제에 대한 자세한 풀이만으로 그치지 않고 그 타당성을 적극적으로 제시하는 논증적인 전개

방식이다.

　주어진 문장을 합리화 방식으로 펼치는 한 가지 요령은 "왜냐하면, 그 까닭은, 그 이유는, 그 원인은" 등과 같은 접속 어구를 되뇌이면서 근거 제시 문장을 이끌어내는 방법이 있다.

　① 무너진 효의식을 되살려야 한다.
　② 왜냐하면 효의식이 무너지는 사회에서는 인간다운 삶을 영위하기 어렵기 때문이다.
　③ 그 이유는 '효'가 모든 인간 행동의 기본이 되기 때문이다.
　④ 그 원인은 부모에 대한 효의식이 천륜이고 천륜이 이루어졌을 때 다른 인간 관계, 즉 인륜도 설 수 있기 때문이다.
　⑤ 따라서 하늘이 내리신 효를 다할 때 인간 관계는 본 모습을 다시 찾을 수 있다.

　이 역시 문장①과 문장⑤만으로도 하나의 문단이 가능하다. 즉 '무너진 효의식을 되살려야 한다. 왜냐하면 하늘이 내리신 효를 다할 때 모든 인간 관계가 본 모습을 다시 찾을 수 있기 때문이다'의 형태로 하나의 완결된 의미를 타나낼 수 있다.

　그러나 논리적인 사고, 체계적인 사고를 신장시키기 위해 적어도 3~4개의 문장을 받쳐서 활용할 수 있도록 한다. 그리고 각 문장과 문장 사이에 비약은 없는지, 단계적으로 잘 풀어나갔는지 점검해야 한다.

　합리적으로 전개하는 방법에도 제시문을 제공하는 단계가 있다.

　1단계 : 일상적인 문제

> 우리는 표준어를 사용하여야 한다.
> 노인에게 자리를 양보하는 미덕을 길러야 한다.

2단계 : 역설적이거나 구체적 사고가 필요한 문제

현대 사회에서는 침묵이 미덕이다.
시나 소설은 젊은 사람도 쓸 수 있지만, 수필은 젊은 사람이 쓰기 어렵 다.

3단계 : 이중 명제가 가능한 문제

남성은 여성보다 우월하다 / 여성은 남성보다 우월하다.
악법도 법이다 / 악법은 법이 아니다

4단계 : 추상적이거나 형식적 사고가 필요한 문제

신은 존재한다 / 신은 존재하지 않는다
인간을 늘 외로움을 느낀다.
人인 다 人이냐 人다운 人만이 人이다.

이 외에 예시적으로 전개하는 방법이 있다. '예시'는 설명의 한 방식이어서 설명적으로 전개하는 방법의 한 방식이긴 하지만, 예시는 다른 전개 방식들과는 달리 1 : 1의 구조로 이루어지기 때문에, 또는 풀어나가는 전개 방식이 아니라 보여주는 방식이기 때문에 별도로 '예시적으로 전개하는 방법'을 설정하기도 한다.

예시적으로 전개하는 방법은 '예를 들어, 가령, 예컨대, 마치' 등과 같은 접속 어구를 사용하여 문장을 전개한다.

① 나의 어머니는 헌신적이다.
② 예를 들어 몸이 아프신 데도 불구하고 몸을 아끼지 않고 자식들을 돌보는 것을 보면 알 수 있다.

물론 문장①에 대하여 문장② 이외의 다른 예를 더 들어가며 기술할 수 있다. 그러나 이는 다른 문장 전개 방법이 단계적으로 풀어나가는 성격을 갖는데 비해 문장①을 구체적으로 설명하기 위해 여러 가지 예를 반복적으로 보여주는 것이므로 그 성질이 다른 것과는 다르다. 이 때문에 설명의 범주에 두지 않고 별도로 '예시적으로 전개하는 방법'을 두는 것이다.

5장 해설 및 답안

(1) 단어 선택의 잘못

① → 오랫동안 생각해 봤는데…
   (매우 긴 시간 동안이라는 의미로 쓰이는 말은 '오랫동안'이 맞고 '오래간만'의
   줄인 말인 '오랜만'은 오랜 뒤, 오래된 끝의 의미로 쓰이는 말이다.)

② → 그의 발언은 의제의 핵심에서 비켜간 것이다.
   (비키다' - ① (있던 곳에서) 약간 자리를 옮기거나, 피하여 다른 곳으로 가다.
              ② (방해가 되는 물건을) 있던 자리에서 약간 옮겨 놓다.
              ③ (장애물을 피하기 위하여) 방향을 좀 바꾸다.
    '비끼다' - ① (옆으로) 비스듬히 비치다.
              ② 비스듬하게 놓이거나 늘어지다.
              ③ 어떤 표정이 (얼굴에) 잠깐 나타나다.)

③ → 위치는 구 천안 소방서 뒤 두 번째 건물 3층

④ → 오늘이 대체 며칠이야?

⑤ → 일을 벌였으면 끝장을 보아야지.
   (벌리다 - 둘 사이를 넓히다, 벌이다 - 일을 베풀어놓다)

⑥ → 그는 이웃 사람들과 발길을 일절 끊고 산다.
   *一切 -일체(모두,체): 사물의 범위가 명사가 나타내는 대상의 전부에 미침을
   나타내는 말. 모두. 전부.
   일절(끊을,절): 금지나 규제, 또는 부인(否認)이나 부정의 뜻을 가진 동사를 꾸
   며, 그 동사의 행동이나 작용을 절대적으로 강조하는 뜻을 나타내는 말. '전혀'
   '절대로' 등과 비슷한 쓰임을 가짐.

⑦ → 지금 시각이 몇 시입니까?
  (시간의 어떤 시각과 시각의 사이라는 뜻이므로 이 경우는 적합하지 않고 흐름의 한 순간인 시각이 맞는 표현이다.)

⑧ → 지나가는 길에 잠깐 들렀어요.
  ('들르다'는 '지나는 길에 잠시 거치다'의 뜻으로 '약방에 들러서 회사에 가다.'와 같이 쓰여진다. 반면 '들리다'는 '소리가 귀청을 울려 감각이 일어나다' 또는 '소문이 퍼져 남들이 듣게 되다'는 뜻으로 '천둥소리가 들리다' '들리는 소문에 의하면…'처럼 쓰인다.)

⑨ → "런던은 우리나라보다 9시간이나 늦은 거지."
  ('느리다'는 어떤 행동을 하는데 걸리는 시간이 빠르지 못하는 말이다 (속도))

⑩ → "너희 이모는 김치 담그는 법도 몰라."
  ('담다'는 그릇 안에 무엇을 넣거나 또는 그림이나 글, 말, 표정 속에 어떤 내용을 표현할 때 사용하는 말이다.)

⑪ → "미처 생각지도 못한 교수님의 질문에 곤혹스러웠어."
  ('곤욕'은 심한 모욕을 의미한다. 그러므로 곤란한 일을 당해서 어찌할 바를 모른다는 뜻인 '곤혹'이란 표현을 사용해야 한다.)

⑫ → "열쇠를 잃어버려서 복제하려구."
  ('복사'는 원본을 베껴 쓴다는 뜻이다. 열쇠는 베껴 만든다는 뜻이므로 원저작물을 재생하거나 표현하는 모든 행위를 뜻하는 '복제'라는 표현을 사용해야 한다.)

⑬ → 황사 현상으로 호흡기 질환이 발생할 우려가 큽니다.
  ('우려'는 '걱정·근심' 등을 나타내는 말이니, '높다'가 아닌 '크다'로.)

⑭ → 포도, 구기자 달입니다.
  ('다린다'는 것은 다리미로 의류나 기타 섬유를 다리는 것을 이야기한다. 하지만 이것은 어떤 약초나 음식을 물에 넣고 오래 끓인다는 말이다.)

⑮ → 그 소년은 이불에 싸여 불안할 듯 떨고 있었다.
('쌓이다'는 무슨 물체를 차곡차곡 포개어 놓는다는 뜻으로 여기서 말하는 무언가로 물체를 감싼다는 뜻과는 다르다.)

⑯ → 노약자나 임신부는 관람하실 수 없습니다.
('임산부'는 임신한 사람과 낳은 사람 모두를 가리키는 말이다. 따라서 '임신부'라고 해야 현재 임신한 사람만을 가리킬 수 있다.)

⑰ → 꿈은 좇는 자의 몫이다.
('쫓다'는 '(어떤 사람을) 뒤따라간다'든가, '도둑을 쫓다, 파리를 쫓다'등의 경우에 쓰는 말이다.)

⑱ → 지난번에 샀던 옷하고는 색상이 다르네.
('다르다' – ① 같지 아니하다. ② 변함이 있다.
'틀리다' – ① 셈이나 사실 따위가 그르게 되거나 어긋나다.
　　　　　② 사이나 감정이 나쁘게 되다. ③ 바라거나 하려는 일이 순조롭지 못하게 되다.)

⑲ → 한자말식 이름을 고운 우리말 이름으로 고쳤다.
('바꾸다' – ① 어떤 물건을 주고 그 대신 딴 물건을 받다. ② 본디의 것이 딴 것으로 되게 하다.
'고치다' – ① 낡거나 헐거나 고장이 나거나 한 물건을 손질하여 제대로 되게 하다. ② 그릇되거나 틀리거나 한 것을 바로 잡다. ③ 모양이나 태도 따위를 다시 새롭게 가지다. ④ 이름, 명칭, 형식 따위를 다르게 바꾸다.)
** 특히, '바꾸다②'와 '고치다②③④'의 뜻이 서로 넘나들어 잘못 표현되는 경우가 있다. 역시 '이름을 다르게 바꾼' 경우이므로 '고쳤다'로 표현해야 한다.

⑳ → 철수가 실수를 많이 했기 때문에 우리 조가 꼴찌를 했다.
('덕분(德分)'이라는 말은 '어질고 고마운 행동'을 뜻할 때 사용하는 말이다. '덕분'보다 '때문'을 사용해야 매끄럽다.)

㉑ → 망치를 사용하여 못을 박다.
(망치로 못을 박는다면 망치는 못을 박는 도구이기 때문에 '사용하는' 것이 된다.)

㉒ → 한창 일할 나이에 죽다
(여기서 '참'이란 길을 가다 쉬는 곳, 일을 하다 쉬는 시간을 뜻하므로 '한창'이라고 해야 한다.)

㉓ → 파손율이 낮은 유연한 탄력의 해동 보론 낚싯대 - 달인트로
(통상, 비율은 '높다(크다), 낮다(작다)'라고 표현되는 것이다.)

㉔ → 흡연을 삼갑시다.
(으뜸꼴이 '삼가다'이기 때문에 '삼갑시다'의 오기가 된다.)

㉕ → 보일러는 펌프를 부착함으로써 완제품이 됩니다.
(어미 '-(으)므로'에 '서'가 붙는 형식은 없다.)

㉖ → 컴퓨터를 켜지 마세요.
('키지'는 표준어가 아니다. '끄다'의 반대말은 '켜다'지 '키다'가 아니다.)

(2) 잘못된 표현

① → 보일러 온도 좀 높여 놓아라.
(불을 올릴 수가 없고 여기서 의도는 온도이다)

② → 택시 세워!
(택시를 잡는 게 아니라 세워서 타는 것)

③ → 그런데 수십 명의 승객을 태운 운전 기사가 혼잡한 도심이나 고속도로를 달리며 통화를 하느라고 한 손으로 운전을 한다는 것은 위험한 일이다.
(도심이나 고속도로를 달리며 운전하다가 생긴 사고가 끔찍할 수는 있어도 운전하는 행위 자체가 끔찍할 수는 없다. 그러므로 '끔찍한'은 '위험한'으로 바꾸는 것이 좋겠다.

또 여기서 문제 삼으려고 하는 것은 한 손으로 통화하는 것이 아니라 통화를 하느라고 한 손으로 운전하는 것이므로 '한 손으로 통화를'은 '통화를 하느라고 한 손으로 운전을'로 바꾸는 것이 좋다.)

④ →그녀는 말을 하다말고 눈꼬리를 치켜 떴다.
 (눈썹을 올릴 수는 있으나 치켜 뜬다는 것은 말이 안됨.)

⑤ → 오늘 목욕탕 엽니다.
 (이 문장은 목욕탕이 목욕을 한다는 의미로 해석될 수 있다.)

⑥ → 신랑, 신부를 박수로 맞아 주시기 바랍니다.
 ('바라다'는 소원대로 되기를 기다리는 정신적 행동으로 그 자체에 '의지'가 담겨 있고, 말하는 순간에 하는 것이므로 '의지'나 '미래'의 뜻을 지닌 '겠'이 끼어들 여지가 없다.)

⑦ → 내리기 전 벨을 눌러주시고 뒷문으로 내리세요.
 (벨을 누르는 데 뒷문으로 내리는 것보다 먼저 해야하는 행동이다.)

⑧ → '전국 노래 자랑'을 사랑해 주시는 여러분, 고맙습니다.
   '전국 노래 자랑'을 사랑해 주시는 여러분께 감사합니다.

⑨ → 운동 중에 발이 입을 수 있는 부상을 방지하거나 줄일 수 있다.
 ('발의 부상을 개선시킨다'는 것은 무슨 뜻인가? 부상을 어떻게 개선시킬 수가 있나? 발의 부상을 악화시킨다는 뜻은 아닐 것이고, 그렇다고 발의 부상을 치료해서 고친다는 뜻도 아닐 것이다. 운동화가 발의 부상을 치료할 수는 없을 테니까.)

⑩ → 더 멀리, 더 정확하게!!
 (우리말에서 '보다'는 체언 뒤에 붙어 두 사물을 서로 비교할 때 쓰는 부사격 조사이다.)

⑪ →"이 기쁨을 여러분과 함께 나누고 싶습니다."
 ('-을 하고 싶다'란 말은 어떤 행동을 하자는 의미이다. 그러나 기쁨에는 행동을

할 수 없다. 그러므로 기쁨은 '나누다'란 표현이 옳다. '같이'와 '함께'는 다른 의
미이다.)

⑫ → 상무대 정치 자금이 조계사 사태와 깊은 관련을 갖는데도, 국정 조사가 표
   류한다면, 정부와 여당의 정치적 처지나 태도에 대한 본질적으로 의문이 생긴
   다. 이는 현정권이 6공 사람들을 증인으로 채택하기가 버겁고 어렵다는 처지를
   방증한다. 현정부가 과거의 잘못을 조사하지도 못하면서, 어찌 개혁을 내세울
   수 있을까 하는 의문을 불러 일으킨다.
   (입장은 일본식 한자어이므로 쓰지 않아야 한다. '것, 것이다'가 너무 많다.)

⑬ → 처참한 세계대전이 연이어 일어났고 많은 사람들이 발달된 과학의 산물인
   무기로 인해 죽었다.
   (위 문장은 번역투 표현을 사용한 것이다. '죽게 만드는 데 큰 공헌을 하였다'라
   는 표현은 간단히 '죽게 만들었다'로 하는 것이 좋다. '죽음'은 일반적으로 긍정
   적 의미로 받아들여지지 않으므로 '공헌'이라는 말과 함께 쓸 수 없기 때문이다.
   그리고 '무기'보다 '사람'을 주어로 삼는 것이 의미전달에 있어 보다 효과적이
   다.)

⑭ → 기분이 참 좋아요.
   (자기 느낌을 말하면서 남의 일처럼 추정하는 것은 옳지 않다.)

⑮ → "작게 말해!"
   ('조용히'라는 말은 말을 아예 하지 않을 때 쓰이는 말이기 때문에 적절하지 않
   다.)

⑯ → 환경 보호를 위하여 쓰레기 분리를 생활화하자.
   (시민들이 수거해 가는 것이 아니기 때문에 분리는 할 수 있지만 수거는 나중에
   한꺼번에 가져가는 것이 아닌가 싶다.)

⑰ → 냉방중이오니 들어오신 후에는 문을 닫아 주세요.
   ('문을 열다'와 '들어오다' 중에서 '들어오다'가 먼저 일어난 사건이므로 '들어오
   다'가 먼저 나온 후 '문을 열다'가 나와야 한다.)

⑱ → 안전모를 쓰지 않은 사람은 현장출입을 할 수 없습니다.
　(안전모는 사람이 착용하는 것이기 때문에 주어가 '안전모를 쓰지 않은 사람'이어야 한다.)

⑲ → 자기 쓰레기는 가져 옵시다.
　('되가져온다'는 말은 가져 갔다가 다시 가져 오는 것을 뜻하는데 가져갈 때에는 쓰레기가 아니였으므로 되가져온다는 말은 틀리다.)

⑳ → 자기 쓰레기는 다 치워
　(쓰레기는 먹는 것이 아니라 음식물을 먹어서 생기는 것이므로 틀리다.)

㉑ → 승객 50여명을 태우고 가던 버스가 추락해 10여명이 중경상을 입었습니다.
　('싣다'라는 말은 물건을 얹어 놓은 것을 의미한다. 승객은 사람이므로 '탈 것이나 짐승의 몸 위에 사람을 얹게 하다'라는 의미의 '태우다'로 바꿔야 한다.)

㉒ → 머리가 맑아지니 공부가 잘돼요.
　(공부 : 학문이나 기술을 배우고 익힘)

㉓ → 한쪽지폐(한면 인쇄지폐)

<table>
<tr><td></td><td>앞</td><td>뒤</td><td></td></tr>
<tr><td>반쪽</td><td>◻◼</td><td>◻◼ = ⬚◻</td><td></td></tr>
<tr><td>한쪽</td><td>◼◼</td><td>◻◻</td><td>:한쪽면만 인쇄가 되어있는 위조지폐</td></tr>
</table>

㉔ → 선배님들, 차례대로 한마디씩 해주세요.
　('돌아가시면서'란 표현이 '돌아서 가면서' 또는 '죽음'의 의미가 내포, 조금 어색한 표현)

㉕ → 내리기 전에 뒤에 오는 오토바이를 조심하세요.
　　→ 문을 열기 전에 뒤에 오토바이가 오는지 확인하십시오.

㉖ → 터널 이용 불법 이민자 급증
　(터널을 이용하여 불법 이민자가 늘고 있다는 뜻인데 '횡단'은 가로지르는 것을

말한다.)

㉗ → 담배 잠시 참아 주세요.
('조금'이라는 말은 양적으로 적다라는 뜻을 나타낸다. 하지만 이 글을 쓴 사람
은 금연구역을 나타내기 위해서 쓴 것으로 본다. 그러므로, 시간적으로 잠깐 동
안을 나타내는 말을 써야 한다고 생각한다. (학생회관 지하 식당))

㉘ → 한 소방관이 죽음을 무릅쓰고 지하실에서 가스누출 사고로 질식한

(3) 모호한 표현

① → 이것은 어머니가 소유하고 있는 책이야. / 이것은 어머니가 쓰신 책이야.
(어머니가 소유주체인지, 행위주체인지, 아니면 표현대상인지 모호하다.)

② → 그 착한, 수정이의 삼촌은 사람들을 도우면서 살아가신데….
(문장의 중의적 표현이다.)

③ → 그녀는 빗속에서 떨면서 있었다.
　　그녀는 빗속에서 떨며 서 있었다.
(그녀가 빗속에서 떨면서 있는지, 떨면서 서 있는지의 두가지 의미가 되므로)

④ → 장애인, 집에서 투표한다.
(장애인 집에서 투표하는 것이 아니고 장애인들이 집에서 투표할 수 있게 되었
다는 내용이다.)

(4) 비속어적 표현

① → 밥 한 끼 사라.
(총을 쏘는 것도 아닌데 무엇을 쏘라는 거죠?)

② → 나 끼었어.
('낑겼어'는 방언이다.)

③ → 오늘 우리 죽어 버립시다!

('주거'는 사는 장소를 뜻한다. 주거를 버리자는 것은 사는 장소를 버리자는 뜻
이다. 여기서는 다 함께 죽을만큼 즐겨 보자는 뜻이다.)

④ → 내일 무엇을 할것인가요?

(언어의 축약 – 문법의 무시)

⑤ → 오늘 저녁에 전화 할께.

(전화기를 때린다고 해서 전화를 할 수 있는 것은 아니다.)

(5) 문장 성분의 호응

(가) 주어와 서술어의 호응

① → 귀중품은 업주에게 맡기십시오. 맡기시지 않으셨을 경우 분실시 책임지지
않습니다.

('만일 분실 시'라는 말에 해당하는 주어가 없다.)

② → 현재 기온은 18도입니다.

(공기의 온도는 보이지 않는 존재)

③ → 내일은 비가 올 것으로 예상됩니다.

(문장 성분간의 호응이 이루어지지 않았다.)

④ → 운전 기사와 잡담을 하거나 과속하는 것을 금지한다.

('운전 기사와 잡담을 하거나'라는 구절과 '과속'이라는 단어가 병렬로 연결되어
있기 때문에 비문법적인 문장이다.)

⑤ → 어린이들 가운데에는 과자나 사탕 같은 단것만을 즐겨 먹고 식사를 걸러서
건강을 해치는 아이들도 있습니다.

(처음과 끝의 대상이 같지 않음)

⑥ → 이 사진은 지난 4일 종로 5가 전철역 근처를 지나던 행인들이 임시로 설치

된 월드컵 복권 판매대에서 즉석복권을 사 당첨 여부를 확인하고 있는 모습이다.
(주어, 서술어 목적어가 일치되지 않았다.)

⑦ → 자동발매기의 이용 순서는 먼저 동전 및 지폐를 투입한 후 해당 목적지의
운임 버튼을 누르시는 순입니다. 그러면 승차권 및 거스름돈이 지불됩니다.
(위 문장은 주어에 해당하는 '이용 순서는'과 서술어 '지불됩니다'가 호응되지 않
는 비문이다. 주로 문장을 길게 쓸 때 범하기 쉬운 잘못이다.)

⑧ → 체육진흥기금 마련을 구실로 국민체육진흥공단이 복권을 발행하고 있는데,
이 복권이 사행심을 부추기고 있다고 시민들이 비난하고 있다. 아울러 복권 수
익사업으로 생기는 수익금의 내용도 (국민체육진흥공단은) 공개해야 한다고 지
적 받고 있다.
(주어, 서술어, 목적어가 일치되지 않았다.)

⑨ 이 표기 방식은 이미 조선시대에 체계화되어 쓰였다.
이 표기 방식을 이미 조선시대에 체계화하여 썼었다.

⑩ 한 가지 더 말할 것은 『용비어천가』와 같은 귀중한 자료가 세종 27년 이미
출간되었다는 것이다.

(나) 목적어와 서술어의 호응

① → 그 소방관은 생명의 위험을 무릅쓰고, 불로 뛰어들어 사람을 구출하였다.

② → 그 비싼 한국음식점을 찾아 시간과 돈을 낭비하느니, 현지의 음식문화 체험
또한 여행의 중요한 부분이므로 현지의 음식에 적응하려고 애쓰는 게 나을 것이
다.
(무엇에 적응 한다는 말인가? 현지의 음식문화 체험에 적응하다고? 이 문장에
는 '현지의 음식에'라는 목적어가 빠져있다. 또 보통 '~하느니'라는 말은 '~하는
게 낫다'라는 말과 호응을 이룬다.)

③ → 우리 성이는 모름지기 열심히 공부해야만 한다.
(부사와 서술어가 일치하지 않는다.)

④ → 승자다운 면모를 보여주다.
　('발휘하다'의 목적어로는 '힘'이나 '능력'이 어울리고, '면모'의 서술어로는 '보여
　주다'가 어울림)

㈐ 부사어와 서술어의 호응

① → 기분이 매우 좋다.
　(너무 – 보통의 정도나 일정한 기준에서 지나칠 만큼 벗어나게 '너무'는 부정적
　인 어감이 들어 있는 말임.)

② →그는 내키지 않는 일은 절대로 하지 않는다. ('반드시'는 긍정문에서 쓰인다)

③ → 나는 이 일을 하고야 말겠어! 나는 결코 이 일을 하지 않을 꺼야!
　('결코'와 호응이 이루어지지 않았다)

④ → 오곡이 들어 있으니 흔들어 드세요.
　(우선 문장을 처음 읽었을 때 자연스러움이 느껴져야 되는데 이 문장은 그렇지
　가 않았다. 이 문장을 풀어 보면 "오곡이 들어있다. 그러니까 흔들어 먹어야 한
　다."라는 두 문장이 된다. 오곡이 들어 있으니까 흔들어 먹으라는 것인데 원래의
　문장은 오곡이 들어있다는 것만을 강조해서 침전물이 있다는 내용을 포함시켜
　주지 않고 있다. 그리고 무엇보다도 전체적으로 자연스럽지 않은 것 같다.)

(6) 문장 성분의 생략 : 필요한 문장 성분을 생략한 경우

① → 전나무 숲이 끝나면 단풍길이 있고, 그 앞으로 300년 된 보리수가 서 있다.
　('단풍길이'의 서술어가 보이지 않는다. '서 있다'는 '보리수가'의 서술어는 될 수
　있지만 '단풍길이'의 서술어는 될 수 없다. '단풍길이"의 서술어로 '있고'를 넣어
　주어야 한다)

② → 맛도 좋고 영양도 많다.
　('맛도 영양도'가 서술어 '많다'와의 호응이 어색하다.)

③ → 이 배는 사람을 태우거나 짐을 싣고 하루에 다섯 번씩 운행한다.

('사람'이 목적어일 경우, 서술어를 '싣다' 대신 '태우다'를 써야 한다.)

④ → 이 타이어는 소음을 줄이고 제동성을 높이기 위해 개발된 제품입니다.
  (문장접속 규칙을 어겼다.)

⑤ → "충남 최초로 학생, 일반인 고등교육을 실시합니다."

⑥ → 길을 다니거나 길에서 놀 때 사고 위험이 많다.
  ('길을' 다음에 서술어가 병렬되어 나타났는데, '다니거나'와는 호응하지만 '놀 때'
  의 '놀다'라는 호응이 어색하다.)

⑦ 이 전쟁에서 미군은 얼마나 전투력을 보이고 첨단 무기들이 얼마나 성능을 발
  휘할지 의문이다.

(7) 조사를 잘못 쓴 경우

① 세 나라 가운데서 신라는 문화를 발전시키는 일면 화랑제도를 만들어 <u>젊은이들</u>
  <u>에게</u> 무예를 닦게 하여 나라의 힘을 길렀다.
② 그러나 방황을 위한 방황이어서는 안 된다는 생각에 난 좀 더 높이 <u>날기 위하</u>
  <u>여</u> 발버둥친다.
③ 난 살포시 나의 마음의 문을 열어 너의 귀전<u>에</u> 속삭이게 하고 싶다.
④ 일반적<u>으로</u> 대학생활이 개인주의적이고 이기주의로 빠지기 쉽다고 하지만 써
  클 생활은 그러한 <u>오류를</u> 무마할 수 있는 곳이라 생각한다.
⑤ 내가 <u>알기로</u> 그는 본래 태어날 때부터 몸이 튼튼하지 못했다.
⑥ 물가를 한 자리 숫자로 잡아 줄 것을 <u>당국에</u> 요구했다.
⑦ 축구를 <u>인생에</u> 비유하는 데는 조금의 무리도 없다.
⑧ 나는 여러 <u>면에서</u> 생각할 수 있는 마음의 여유를 가지려고 노력하는 중이다.

(8) 활용어미를 잘못 쓴 경우

① 그는 퇴직 후에도 꾸준히 젊은 사람 못지 <u>않은</u> 봉사활동에 매진하였다.
② 다시 <u>일어나서</u> 차린 공장이 성공적이었다.
③ 문이 <u>열리자</u> 그녀가 다시 돌아와 자리에 앉았다.

④ 우리 모두 어릴 적에는 그저 천진난만하게 <u>뛰놀곤</u> 했었지.
⑤ 육관대사는 성진에게 이러한 꿈을 꾸게 <u>함으로써</u> 인간의 부귀와 남녀의 정욕이
  모두 허사인 것을 알게 하기 위한 것이었다.

(9) 접속어미를 잘못 쓴 경우

① 인간은 자연을 지배하기도 하고 자연에 복종하기도 한다.
② 언론은 사회 각 방면에서 일어나는 사건을 신속하게 보도하고 공정한 해설을
  개진해야 한다
③ 내가 언젠가 시내에서 만난 적이 있는 그 젊고 발랄한, <u>그러면서도(발랄하면서
  도)</u> 다소 건방지기도 한 사내아이가 내 앞에 오늘 나타났다. <u>그런데</u> 그 사람은
  아무말도 않고 앉아 있다. 오히려 그와 같이 온 사람이 말을 꺼냈다. <u>그 때</u> 나
  는 다소 놀라는 표정을 지었다. <u>그러니까</u> 그 사람도 좀 어색한 모양이었다. <u>그
  후로</u> 한참 시간이 흘렀다.

(10) 수식어와 피수식어의 거리

① → 해결되지 않은 큰 문제 중 하나이다.
  (최상급과 그것들의 선택함은 함께 쓰기 부적절하다)

② → 커피 자동 판매기
  (커피가 자동으로 나오는 판매기)

③ → 안전을 위하여 꼭 손잡이를 잡읍시다.

④ → 비밀 절대 보장, 다른 차 절대 출입 금지, 거짓말을 절대로 하지 않는다.
  (수식어가 수식 받는 말(피수식어)에서 멀리 떨어져 있으면, 수식 피수식어 관
  계가 분명치 않고 수식어가 피수식어와는 상관없이, 엉뚱한 말을 꾸며주는 것
  같이 되어 문장이 이상해진다.)

(11) 의미 겹침(중복)

① → 어제 집을 계약했다.

('계'자와 '맺'자는 같은 의미므로 중복 사용)

② → ○일 ○○시경에 ○○○동의 k양이 살해되었습니다.
('피'는 피동의 뜻, '되'도 누군가에 의해 되었다는 피동의 뜻, 피동의 의미가 겹쳐서 사용되었다.)

③ → 직장인 남자의 절반쯤(대략 절반)은 담배를 피우지 않는다.
(의미가 같은 말을 겹쳐서 썼다.)

④ → 원고를 많이 보내 주세요. 그러나 보내준 원고는 돌려주지 않습니다.
(의미가 겹쳤다.)

⑤ → 서오릉이나 동구릉, 북한산, 관악산 등도 나무가 무성하며, 이보다 다소 떨어진 곳으로는 경기도 양평군 용문산 송림이 적당한 산림욕장이 될 수 있다.
('숲'은 나무가 무성한 곳을 이르는 말이다.)

(12) 높임법

① → 아버지께서 신문을 읽고 계셨다.
(우리말의 경어법은 다른 언어보다 복잡해 적절한 말을 골라 쓰는 데 세심한 주의가 필요하다. 우리가 자주 쓰는 '왔다가 가셨다'는 '오셨다가 가셨다'가, '읽으시고 계시다'는 '읽고 계시다'가 더 적절하다.)

② → 저는 손님을 내 가족처럼 모시겠습니다.

③ → 아버지 둘째형이 오늘 서울에 도착한대요.
(높임법이 어긋남)

(13) 필요없이 늘여 쓴 문장

① → 양선수에게 기념패를 전달하겠습니다.
(이런 표현은 다분히 봉건 잔재와 권위주의적 풍토가 자아낸 아부성 표현이고, 다음과 같은 표현은 일본 말투다.)

② → 이것은 사회 분화에 따라 언어도 분화해 오고 있음을 의미한다.
('분화해 가다'라는 말을 억지로 만든 말이다. 과거에서 현재로 언어가 계속 분화해 오고 있다는 말을 가능하지만 '분화해 갔다'라는 표현은 어색하다. 주어인 '이것은'과 서술어 '볼 수 있다'가 어색하게 엮여 있다. 물론 '볼 수 있다'의 주체가 생략된 형태지만 옹졸하다. 단순하게 '의미한다'로 끝내면 된다.)

③ → 보리차가 가장 좋습니다.
(말버릇대로 쓰지 말고 명사문을 줄여야 한다.)

(14) 변화있는 문장

① → 어린이들이 갖고 노는 장난감 중 모양이 조잡하고 페인트 색깔이 현란하며 조악한 것은 납 성분이 들어 있을 가능성이 높다.
('모양이 조잡하고 페인트 색깔이 현란하고'보다는 '~하고, ~하며'가 조금 더 부드럽다.)

(15) 올바른 인용 표현

① → 다만 감사원 발표 중 법원의 허가 기준을 벗어난 감청이 성행하고 있다는 지적 내용은 하루빨리 시정돼야 할 대목이다.
(시정되어야 할 것은 감사원의 지적 자체가 아니라 감사원이 지적한, 법원의 허가 기준을 벗어난 감청이 성행하고 있다는 사실이다. 그러므로 '지적'을 '지적 내용'으로 바꾸어야 한다.)

5.1.3 영어 직역투

1) '이루어지다' 형 문장
① → 고발할 수 있다는 게
② → 고발도 할 수 있다.
③ → 사측은 단체협약과 노사협의에 행하게 명시되어 있는 전환배치를 일방적으

로 강요했습니다. (주어는 앞에 위치하는 것이 좋다. 그리고 '단체 협약에 노사
협의 속에'라는 말에서 '에'는 '과'라는 나열을 나타내는 조사를 써주는 것이 더
올바른 말인 것 같다.)
④ → 공정하게 법을 집행해야 한다.
⑤ → 정부 부처가 서류를 제출하지 않아

2) '주어지다'형 문장

① → 부상을 드립니다 또는 특별한 부상을 드립니다.
  ('주어지다'한 말은 어떤 기회나 행운이 자신에게 돌아옴을 나타내는 말이다.
  그러므로 물체를 주는 것에는 드린다. 또는 주다의 표현이 옳다)
② → 정해준 또는 허락한

3) '가지다'형 문장

① → 의미의 최소 단위이다.
② → 흥미와 관심이 다양해지는 과정에서 인간과 세계를 이해하게 되면 궁극적
  으로 자아가 성장한다.
③ → 학생을 대하는 교사의

4) '요구되다'형 문장

① → 감싸안도록 변신해야 한다.
② → 댐을 건설해야 한다고
③ → 있기 때문은 아니다

5) '필요로 한다'형 문장

① → 모음이 있어야 한다
② → 세계에 가장 필요한
③ → 우리에게 필요한 건 또는 것은

6) '~에 의하여'형 문장

① → 우리 학생들 덕분에 그 일을 처리하였다.
② → 저 책은 우리 출판사가 만들었다.
③ → 강도 2명에게 살해되었다고 발표했다.

7) '~(으로, 로)부터'형 문장

① → 아직 떼도둑에 대해서는 또는 떼도둑에게 피해를 당할 염려는 없다. (염려가 적다)

② → 세계 각지에서

　→ '약속의 땅'인 미국에,　약속의 땅; 미국에

③ → 광고사에게(서)

④ → 공포에서

⑤ → 테러의 위협을 피할 수 있는

5.1.4 일어 직역투

1-가　관형격조사 '의'를 오용한 기형문

1) '의' 단독형

(1) 주격

① → 이처럼 내용이 다양한 글을 읽어 정보를 .....

② → 자신의 말하기 능력도

③ → 신부가 입장하겠습니다.

(2) 목적격

① → 사실을 나열하는데

② → 면모를 발휘해야 합니다.

③ → 개재 사항을 정정하거나

(3) 관형격

① → 뜻이 같은 말을

② → 반성하고 자괴하는 심경으로

2) '여느 조사 + 의'형

(1) ~과의, ~와의

① → 그와 자신의

② → 다른 말과

③ → 장면에 따라 (다른 장면과 관계에 따라)

(2) ~에의

① → 법집행에서 또는 법집행에서 공정성이 없었다.

② → 고통 분담에 동참하도록

(3) ~에서의

① → 의미에서

② → 정치에서 이상은

③ → 학교에 있을 때 → 집에 있을 때

(4) ~으로의

① → 앞으로 (장차) 해결할 과제다.

　　→ 독서 교육의 중요성을 알리는 일이 앞으로 해야할 일이다.

　　→ (우리가) 앞으로 해결해야 할 과제는 독서 교육의 중요성을 알리는 것이
　　　다.

② → 장차 또는 앞으로

③ → 백화점 왕래가 또는 백화점 왕래가 어려운 자가용 운전자들이……

(5) ~으로서의

① → 구비문학의

② → 교양인이 갖추어야 할

③ → 생산기지라는

(6) ~에 있어서의

① → 사회에서

② → 표현의

(7) 나름대로의

① → 나름의

② → 나름의

   (8) 마다의

   ① → 저마다 → 다르게 살고 있다.

   ② → 색채마다

   (9) 부터의

   ① → 오래된

   (10) 으로부터의

   ① → 빈라덴의

   ② → 서쪽에서 접근한 후,

3) '~에 있어서'

   ① → 실종에 대해

   ② → 당시에는

   ③ → 출입할 때

4) 일본말 '~임에'를 직역한 말투로 쓴 기형문

   ① → 자살테러가

   ② → 불법이다.

   ③ → 사건에

5) 일본말 '~나고 있는'을 흉내낸 말

   ① → 높임법이 발달한 것도 우리말의 두드러진 특질이다.

   ② → 일어나는

6) '있으시다'

   ① → 자치 단체장이 인사 말씀 하시겠습니다.

   ② → 주례 선생님께서 주례사를 하시겠습니다.

7) '~시키다'형 사동문

   ① → 소개하겠습니다

   ② → 교육합니다 또는 가르쳐 드립니다.

③ → 연결해 주었다.

8) '~되다'형 문장

① → 신장한다.

② → 어린 생명들을 살해한다.

③ → 이 물건은 3,500원입니다

④ → 즐거운 주말을 보내십시오.

⑤ → 치료 할 수 있습니다.

9) '~어지다'형 문장

① → 길든

② → 보인다.

③ → 뒤집혔다.

④ → 비쳐질까

⑤ → 진상을 반드시 밝혀야 합니다.

⑥ → 우리 조상의 손으로 만든 청자

⑦ → 많은 사람들이 사이비 종교를 믿고 있다.

10) '쓰이다'형 문장

① → 경영에 쓰고 있다면

② → 쓰는 또는 넣는

③ → 쓰지 않지만, → 쓰는

11) '~되어지다'형 문장

① → 이런 점이 극복되어야 합니다.
　　　이런 점을 극복해야 합니다.

② → 시정해야 한다.

12) '~화(化)하다'형 문장

① → 세분하여

② → 기업이 도산해 은행 부실이 가속한다.

③ → 우리는 현재 정보시대에 살고 있다.

13) '~화 시키다'형 문장

① → 최소화하는, 최소로 하는

② → 약하게 하고

③ → 이번 사고는 경제 발전을 악화했다.

14) '~화 되다'형 문장

① →널리 퍼졌다 또는 보편화 했다.

② → 현실화 할

③ → 공항에 대한 검문검색을 더욱 강화했다.

15) '~곤 하다'형 문장

① → 술에 취했다.

② → 돌아보던

16) '~도록하다'형 문장

① → 상상해 보자.

② → 구성했다.

17) '~기로 하다'형 문장

① → 조사한다.

② → 고객이 만족하는 맥주 전문점을 열겠습니다.

18) '~이 아닐 수 없다'형 문장

① → 논리이다.

② → 경악할 일이다.

③ → 명작이다.

19) '~이 아닐까 싶다'형 문장

① → 이상 차이 때문이었을 법하다.

20) '그렇게 ~ㄹ 수가 없다'형 문장

① → 참 좋았어요 또는 더 할 수 없이 좋았어요.

21) ‘~이지 않아?’형 문장
 ① → 개성적이 아니냐고

5.1.5 품사를 혼동한 경우

1) 동사를 형용사로 알고 잘못 쓴 경우
 ① → 모자라지 않는다.
 ② → 피곤하다.
 ③ → 빛나는

2) 형용사를 동사로 잘못 알고 쓰는 경우
 ① → 급급해 있다.
 ② → 대수롭지 않은 일로
 ③ → 위하는
 ④ → 연연해 하고 있는
 ⑤ → 인색히 하지(굴지) 말아라.

3) 타동사를 자동사로 잘못 알고 쓰는 일
 ① → 간주해
 ② → 태어난 지
 ③ → 옮아가고
 ④ → 도피시켰다는(빼돌렸다는)
 ⑤ → 눈을 뜨고
 ⑥ → 정 선생님과 바뀌시오. 예, 바뀌었습니다.

4) 주동과 사동의 혼동
 ① → 내리게 해 주세요.
 ② → 공개해야 할 의무가 있다는 지적을 받고 있다.
 ③ → 창의력을 키우고 자연과 사물의 이치를 발견하게 하는 책
 ④ → 풀게 해 달라고

VI

문장 표현력 기르기

'한 마디 말로 천 냥 빚을 갚는다'는 말이 있다. 이 때 말이란 '적재적소의 말', '꼭 필요한 말', 또는 '효과적으로 표현한 말'로 풀이될 수 있다. 이것을 하나로 묶으면 '말이란 꼭 필요한 말을 적재적소에 효과적으로 하여야 한다'로 표현할 수 있을 것이다.

말이란 꼭 필요한 때에 꼭 필요한 말을 하여야 한다. 그러나 표현의 묘미를 살려서 말을 한다면 더욱 효과적일 것이다. 가끔 내가 말한 의도와는 다르게 전달되거나 혹은 전혀 예기치 않게 말 때문에 다툼이 일어나는 경우가 있다. 이는 말을 효과적으로 표현하지 못했기 때문이다.

글을 읽을 때도 마찬가지이다. 표현의 묘미를 살린 문장을 잘 이해하지 못해 글 전체의 뜻을 파악하지 못하는 경우가 있다. 특히 시나 소설과 같은 문예문, 또는 문학적인 표현을 잘못 읽어 이해에 도달하지 못하거나 전혀 다른 뜻으로 해석하는 경우가 많다.

문학적인 표현, 비유적인 표현을 잘 이해하고 또 그와 같은 표현을 잘 쓸 수 있다는 것은 인간의 정서적인 세계와 관련이 있다. 문학적인 표현, 비유적인 표현은 어떠한 사실을 설명하거나 논증하려는 데 목적이 있지 않다. 물론 효과적인 설명을 위해 비유적인 표현을 쓰는 경우도 있지만 그것은 동시에 정서적인 교감을 목적으로 하고 있다.

우리가 시나 소설을 학습하는 이유도 바로 여기에 있다. 인간 세계의 존재 이유는 정보 전달과 시시비비를 가리는 데에만 있지 않다. 오히려 정신을 풍요롭게 하고 정서를 살찌우게 하는 데 있다. 즉 인간은 서로의 의사 소통을 위해서 말을 하고 글을 쓰는 것이 아니라 서로의 감정과 정서를 교환하기 위해 말을 하고 글을 쓰는 것이다. 그리고 감정과 정서를 교환하는 글읽기와 글쓰기가 더 고도의 활동인 것이다.

6.1 어휘 수준의 표현력 기르기

'아 다르고 어 다르다'는 말이 있다. 이 말은 음운적으로 '아'하고 '어'가 다르다는 것을 나타내는 말이 아니라, 표현의 차이를 말하는 것이다. 그렇다면 '아'와 '어'는 정보 전달을 위한 의사 소통에서는 아무런 차이가 없다. 그러나 감정·정서적 차원에서는 매우 다르다. '아'는 사람을 기쁘게 하지만, '어'는 사람을 화나게 할 수 있다. '아'는 사람에게 용기를 주지만, '어'는 사람에게 좌절을 줄 수 있다.

표현력 향상을 위해 의성어와 의태어에 대한 감각을 기르는 것이 가장 기본적이다. 의성어나 의태어는 우리말이 가지고 있는 장점 중에 하나이다. 한글은 다양한 소리나 모양을 정확하고 풍부하게 표현할 수 있다.

가령, '파랗다'와 관련 있는 말을 살펴보면 그 수를 헤아릴 수 없을 정도로 많다. '퍼렇다'로 시작하여 접두사를 넣어 '새(샛)파랗다, 싯퍼렇다, 설푸르다, 얄푸르다, 짓푸르다…'로 표현하는가 하면, 어미를 활용한 것으로는 '푸르딩딩하다, 푸르족족하다, 푸리끼리하다, 푸르스름하다…' 등이 있다. 여기에다 다른 색깔과 혼합된 형태를 나타내는 말, '검푸르다, 푸르노릇하다… 등등'까지 합하면 그 수는 엄청나게 늘어난다.

언어는 그 언어를 사용하는 민족의 문화와 성향을 나타낸다고 한다. 우리말에 다양한 의성어·의태어가 발달한 것은 한글이 모든 소리를 다 표기할 수 있는 문자 체제를 가졌기 때문이기도 하지만 감정·정서를 교감하는, 교감하려는 민족성 때문이다.

따라서 다양한 의성어·의태어를 학습하는 것은 표현력을 기르는 효과에다가 감정·정서적 반응력을 높일 수 있는 결과를 얻을 수 있다.

교과서, 읽기 자료를 중심으로 의성어·의태어를 훈련하기 위해서는 교과서나 읽기 자료에 쓰인 의성어·의태어를 다른 말로 표현하게 하거나 그 묘미를 느끼게 하는 방법을 채택할 수 있다.

【예1】

① 사용된 말을 다른 말로 바꾸기
   : 거북이가 엉금엉금 기어갑니다.
   (☞ 느릿느릿, 주억주억, 뒤뚱뒤뚱)

② 사용된 말의 묘미를 느끼기

> 장독대 옆 감나무 밑에 두어 평 가량의 평상이 놓여 있었다. 여름 한 낮, 그늘이 짙은 이 평상에 누워 매미 소리를 듣는 것이 퍽도 즐겁고 시원했다.
> ('지이지이') 우는 왕매미, ('새에롱새에롱') 우는 참매미, ('시옷시오옷') 우는 무당매미, ('맴맴맴맴부랑')하고 끝을 맺는 무슨 매미, ……

(중학국어 1 - 1, 오영수, 〈요람기〉)

또는 교과서나 읽기 자료에 쓰인 의성어·의태어를 일반적 진술 형태로 바꾸어 보는 훈련도 가능하다. 이 때에는 비유적인 표현도 가능하고 묘사적이거나 서사적인 기술 방식을 사용하는 것도 효과적이다. 이러한 활동은 의성어나 의태어를 구체적으로 풀어내는 데에 목적이 있다.

【예2】

낙엽이 <u>우수수</u> 떨어집니다.

---

① 낙엽이 쓸쓸히 떨어집니다. (감정 표현)
② 낙엽이 이별을 고하는 여인의 목덜미 위로 떨어 집니다.
  (정서를 담은 상황)
③ 낙엽이 여인의 눈물처럼 떨어집니다. (비유 : 직유)
④ 낙엽이 누렇게 물든 갈대숲으로 떨어집니다. (정서를 담은 배경 묘사)

'우수수'라는 의태어를 다양한 표현으로 기술하고 있다. '나'의 가정과 정서를 중심으로 기술하는 방법도 있고, 감정과 정서를 담고 있는 대상이나 상황을 묘사하면서 기술하는 방법도 있다. 직설적으로 표현할 수도 있고, 비유적으로 표현할 수도 있다.

중요한 것은 이 활동은 사물의 모양이나 사물이 내는 소리를 그대로 표현하는 데 있는 것이 아니라 감정이나 정서를 담아 의성어·의태어로 표현하는 것이며, 의성어·의태어를 감정과 정서를 담아 일반적인 문장으로 기술하는 데 있다는 것이다.

그러므로 학생들이 작성한 문장 표현을 평가할 때에도 문법성이나 정확성을 따지기보다는 다양성과 창의성을 평가 항목으로 삼아야 한다. 사실, 정확성과 창의성은 동전의 앞뒤 면과 같다. 정확성을 기하면서도 창의적인 내용을 담는다면 좋겠지만, 학습 과정에 있는 학생들에게서 이 두 가지를 모두 기대하기는 어려운 점이 있다. 따라서 배우는 과정에 있는 학생이라는 점을 감안하여 다양한 생각, 창의적인 사고를 기르는 데 목표를 두는 것이 좋다.

6.2 문장 수준의 표현력 기르기

'아'와 '어'는 다르다. 음운적 차이뿐만 아니라 감정과 정서적인 차원에서도 다르다. '사랑해요'라는 말로 마음을 돌리지 못한 사람의 마음을 다음 말로 끌어 올 수 있다.

내가 당신을 얼마만큼 사랑하는지 당신은 알지 못합니다.
당신과 영원히 함께 있고 싶습니다.
당신이 내 목숨보다 소중합니다.
당신 없이는 살 수 없습니다.
난 당신을 위해 24시간 언제나 대기 중이에요
나는 당신을 전부라고 생각합니다.
나는 당신의 흑기사이고 싶다
하늘이 맺은 인연입니다.
당신을 위해 모든 걸 바치고 싶습니다.
당신을 본 순간 큐피드의 화살이 꽂혔습니다.
제가 늘 생각하는 사람은 당신입니다.
당신만 보면 얼굴이 빨개지고 가슴이 뜁니다.
하루종일 당신만 생각합니다.
당신 때문에 잠을 이룰 수가 없습니다.
당신을 생각하면 기분이 좋아집니다.
당신이 보고 싶을 땐 참을 수가 없습니다.
보고 있어도 보고 싶은 당신
나는 항상 당신만을 생각합니다
내 맘에 당신이 들어와 있어요
제 눈에는 당신밖에 안 보여요
당신과 함께라면 전 세상에서 가장 행복합니다
당신이 나를 어떻게 생각하느냐가 중요한 것이 아니라 내가 당신을 얼마나 사랑하는가가 중요합니다.
우리가 완벽해지는 길은 오직 서로 사랑하는 것뿐입니다.
당신이 행복해지는 길은 나의 사랑을 받아 줄 문을 열어 놓는 것입니다.
이제껏 내가 살아온 이유는 당신을 만나 사랑하기 위함이요

> 나의 복잡한 마음을 사랑이란 말로 대신해도 되겠소?
> 내 삶이 의미가 있는 것은 당신과 함께이기 때문입니다.
> 하늘이 갈라놓지 않는 한 당신과 나는 영원할 겁니다.
> 어떠한 고난이 닥쳐도 당신을 포기하지 않을 겁니다.
> 내가 새라면 당신에게 날개를 주고, 내가 꽃이라면 당신에게 향기를 주
> 겠지만 나는 사람이기에 당신에게 사랑을 드리겠습니다.
> 누군가를 사랑한다는 것이 이런 느낌인지 당신을 만나면서 처음으로 생
> 각해 봅니다.
> 나는 당신을 사랑하기 위해 이 세상에 태어났습니다.
> 이 쓸쓸한 가을이면 그대 얼굴이 더 선명해집니다.

이처럼 '사랑해요'라는 말을 다양하게 표현할 수 있다. 사랑을 비유하여 표현한 것, 사랑하는 마음을 구체화 한 것, 자신의 존재 가치를 사랑에서 찾은 것, 사랑하는 사람을 대할 때 일어나는 심리적·신체적 상태의 변화에 대한 설명 등 모두 내가 당신을 사랑하고 있음을 묘미를 살려 효율적으로 표현하고 있다.

이러한 표현들의 공통점은 사랑을, 사랑하는 마음의 정도를 설명하고 전달하는 데 최종 목적이 있는 것이 아니라, 상대방과 감정적·정서적으로 교감하기 위한 것들이다. 그러기에 '사랑해요'라는 말보다 모두 상대의 마음을 움직이는데 효과적이다.

다시 한번 강조할 것은 말이나 글은 정보를 전달하는 것을 목적으로 삼을 것이 아니라 인간 사이의 감정과 정서, 마음을 전달하는 것을 목적으로 삼아야 한다는 것이다. 정보와 지식의 전달만을 목적으로 한 말이나 글은 깊은 인간 관계를 형성하지 못한다. 현대 사회가 가져온 인간 소외라든지, 이기주의, 삭막한 사회 등은 모두 감정과 정서를 교감할 수 있는 말과 글의 부족에서 온 것이다.

표현력은 '상상력'·'종합적 판단력'과 일정한 관계에 있다. 표현은 단지 낱말을 많이 알고 있다고 되는 것이 아니다. 특히 표현력 기르기 훈련은 원래의 문장을 바꾸거나 생략된 표현을 유추하는 것을 중심으로 이루어지기 때문에 상상력이 필요하고, 앞 뒤 문맥을 잘 살펴야 하기에 종합적 판

단력이 요구된다.

따라서 표현력을 학습할 때에는 항상 상상력과 종합적 판단력을 기르는 활동과 병행하여야 효과를 얻을 수 있다.

문장 수준의 표현력 기르기는 여러 상황 속에서 이루어지는 것이 효과적이다. 어떠한 상황을 가정하고 그 상황에 맞는 문장 표현을 하도록 한다면 학생들이 재미있어 할 것이다.

국어 교육의 목표는 '일상 생활의 언어사용을 풍요롭게 하기' 위해서이다. 즉 국어 교육의 영역인 말하기·듣기·쓰기·읽기·언어·문학 등 모든 영역은 일상 생활의 언어사용을 풍부하고 효과적으로 수행하는 데 있는 것이다.

따라서 수업 시간에 이루어지는 모든 활동은 일상 생활의 언어사용과 밀접한 관련이 있어야 한다. 교과서나 읽기 자료의 내용은 일상 생활로 열려 있어야 하고 교과서나 읽기 자료에 들어 있는 문제 사항은 일상 생활의 문제 사항을 해결하는 데 도움이 되어야 한다. 뿐만 아니라 교과서나 읽기 자료에 국한된 수업이 아니라, 일상 생활을 대입하고 일상 생활의 문제를 과제로 제시하여야 한다.

표현력을 기르기 위한 활동을 할 때 일상 생활에서 있을 법한 발화 상황과 그에 따른 표현을 선정하여 일상 생활의 발화 상황과 표현으로 바꾸어 보는 활동도 의미가 있을 것이다.

일상 생활에는 여러 가지 발화 상황과 그에 따른 표현이 있겠지만 대표적인 몇 가지만을 대상으로 활동하기로 한다. 이를 바탕으로 다른 발화 상황과 표현에 적용하는 것은 그다지 어려운 것이 아니기 때문에 몇 가지 활동으로도 목적을 충분히 달성할 수 있을 것이다.

6.2.1 부드러운 문장으로

현대인들이 사용하는 언어는 과거에 비해 과격하고 감정적이다. 특히 청소년들의 말은 더욱 삭막해지고 욕설의 사용이 늘고 있다. 인터넷에 오가는 언어들은 과격하다 못해 섬짓할 정도다. 익명성이 보장되는 컴퓨터

통신의 특성으로 인해, 컴퓨터의 주된 사용층인 청소년들의 언어가 점점 드세지고 있다.

청소년들의 기질이 드세져서 언어가 과격해지는지 언어가 과격해져서 청소년들의 기질이 드세지는지는 명확하지 않으나 둘이 어느 정도 관계가 있다는 것은 미루어 짐작할 수 있다. 따라서 순화된 언어, 부드러운 언어를 사용할 수 있도록 하는 것도 유익한 일일 것이다.

아동·청소년들의 언어를 순화하는 방법은 여러 가지가 있을 것이나 표현력 신장과 더불어 언어 순화의 효과를 얻을 수 있을 것이다.

수업 시간에 교과서나 읽기 자료를 활용하는 방법으로는 억센 표현들, 명령조의 표현이나 욕설, 짜증내는 어투, 불쾌한 표현들을 부드럽고 친절한 어투로 바꾸는 활동이 있다. 이러한 표현들은 소설이나 희곡에 많이 등장함으로 소설이나 희곡을 배우는 단원에서 활동할 수 있다.

【예문】

날이 더운 한낮이면 영감은 대개 낮잠을 잤었다. 그러나 아이들이 참외밭 가까이에 채 얼씬도 하기 전에, 영감은 고래고래 고함을 기르고 막을 내려왔다. 가는귀는 먹었으나, 신통하게도 잠귀는 밝았다.

"네 요놈들, 게서 뭘 하느냐?"

"방아깨비 잡아요!"

"무엇이 어째?"

아이들은 입가에 손나팔을 하고,

"방아깨비요!"

하고 외쳤다. 영감은 그제서야 알아듣고,

("왜 하필이면 남의 참외밭에서 방아깨비야? 방아깨비가 어디 참외밭에만 있다더냐? 빨리 썩 나가지 못해!")

(중학국어 1-1, 오영수, 〈요람기〉 중에서)

( )은 아이들의 참외 서리 사실을 간파한 영감이 아이들에게 참외밭에서 나가라고 소리치며 하는 말이다. 영감은 아이들이 말하는 방아깨비

잡기는 거짓이라는 것을 간파하고 아이들을 참외밭에서 내쫓고 있다.

이러한 영감의 말과 의도는 현실적으로 타당하다. 자신의 참외밭을 뒤지는 아이들을 그냥 둘 수 없기 때문이다. 그러나 문장 표현을 위해 영감을 후덕한 인물로, 그래서 아이들의 마음을 잘 이해하는 영감으로 설정한 다음, 아이들에게 너그럽고 부드럽게 말을 한다면 어떻게 할 것인가를 활동해보는 것도 의미가 있을 것이다.

이러한 활동은 문장 표현력을 기르는 훈련이 될 뿐 아니라, 마음을 아름답게, 인간 관계를 부드럽게 하는 데에도 일정한 효과가 있을 것이다.

6.2.2 용서를 청하는 문장으로

일상 생활에서 표현의 어려움을 겪는 상황 주에 하나가 용서 빌기, 또는 미안한 감정을 나타내는 일일 것이다. 인간은 누구나 자존심을 갖고 있고 그 자존심을 지키기 위해 용서를 청하거나 미안함을 표시하는 데 서투르다.

특히 아동 · 청소년들은 부모, 기성 세대와 대립을 끊임없이 겪게 된다. 그러한 갈등은 두 세대가 이해를 통해 화해하거나 또는 시간이 지남으로 해서 자연스럽게 치유되는 경우가 있다. 그러나 그 갈등이 해결되지 않고 잠재되고, 잠재된 갈등이 어느 순간에 상상도 못할 행동으로 표출되는 경우가 있다.

부모의 입장에서 아동 · 청소년을 이해하고 포용하도록 노력해야겠지만, 교육적 측면에서는 아동 · 청소년에게도 화해하고 용서를 청하는 기법을 활동을 통해 자연스럽게 취득할 수 있도록 하는 것도 좋은 일이다.

【예문】

“방아깨비도 할아버지네 건가요?”
하고 약을 올렸다. 그러면, 돌래 영감은

"아니, 요놈들이 무엇이 어쩌고 어……?"

하다가 그만 기침에 자지러졌다. 한동안 쿨룩거리다가 간신히 기침을 달
랜 영감은

"오냐, 어디 한 놈만 잡기만 해 봐라."

마치 술래잡기라도 하듯 두 팔을 버리고 한 발 앞까지 다가오는 영감을,
아이들은 이리 빠지고 저리 뛰고 하면서 피했다. 영감이 아무리 버둥거리고
몰아 봐도, 것잡을 것이 없는 알몸뚱이 아이놈들은 쉬 잡혀 주질 않았다. 그
러다가. 혹 잡힐 만하면 모두 둑으로 몰려가 퐁당퐁당 물 속으로 뛰어 들었
다.

(   )

(중학국어 1-1, 오영수, 〈요람기〉 중에서)

참외 서리를 하다 영감에 들킨 아이들이 영감을 피해 도망가는 장면이
다. 재미있는 추억이기는 하지만 조금은 짓궂은 감이 있다. 더욱이 몸이
병든 노인이 쫓아오는데 내빼는 아이들의 모습은 버릇없어 보이기도 한다.

이럴 때 용서를 청하고 미안한 마음을 영감에게 표현하면 어떨까? 글
속의 아이들은 내빼는 것에 재미를 느끼고 또 그것이 추억이 되었지만 지
금의 우리들은 품위를 잃지 않으면서 용서를 빌고 미안함을 전달하면 어
떨까?'

수업 시간에 학생들과 이런 이야기를 나누어 활동의 공감대를 형성한
다음에 (   )안에 자존심을 잃지 않으면서 용서를 청하는 말을 넣어 보는
것도 문장 표현력 훈련과 더불어 인성개발을 위해 좋은 기회가 될 것이
다.

6.2.3 부탁하는 문장으로

일상 생활에서 또 하기 어려운 말 중에 하나가 바로 부탁하는 말이다.
부탁이란 자신의 부족한 것을 인정하고 그것을 드러내야 하기 때문에 더
욱 자존심의 문제와 부딪힌다. 요즘 아이들은 물질적 풍요로 인해 누군가
에게 부탁하는 것에 서툴다. 그러나 인간의 삶은 항상 부족함이 없는 상

태를 유지할 수 없다. 그래서 옛말에 '사람은 개미가 도와도 도움을 받아야 살 수 있다'는 말이 생겨난 것이다.

교육의 제1목적은 바로 삶을 통해 부딪히는 어려움을 극복하는 방법을 가르치는 데 있다. 그렇다면 어려움을 겪지 않을 지식과 기술을 가르치는 것도 중요한 일이지만 어려운 상황에서 다른 사람에게 구원을 요청하는 자세도 가르쳐야 하지 않을까?.

그렇다면 '부탁하기'를 통한 표현력 기르기는 표현력 신장뿐 아니라 삶을 살아가는 중요한 요소를 학습하는 결과에 도달할 수 있을 것이다.

'부탁하기' 역시 교과서나 읽기 자료에서 내용을 선정하여 일상적인 상황까지 확대하는 것이 효과적이다.

【예문】

"…… 누나."
"응?"
"별똥, 참말 맛있나?"
"그렇대."
"먹어 봤나?"
"아니."
"우리 집에 별똥 하나 떨어지면 좋겠지?"
(   )

(중학국어 1-1, 오영수, 〈요람기〉 중에서)

'나'가 누나에게 별똥별이 있으면 좋겠다고 말하는 장면이다. 별똥별을 갖기 위해서는 하느님에게 부탁을 해야 할 일이다. (   ) 안에 하느님께 별똥별을 하나 달라고 부탁하는 내용을 쓰도록 하고 그 다음 일상 생활에서 겪을 수 있는 어려움, '회수권 빌리기', '물건 값을 깎아달라고 부탁하기' 등과 같은 상황을 설정하여 표현력을 기르고 삶에서 닥칠 어려움을 해결하는 능력도 기르도록 하자.

이 밖에도 일상 생활에서 겪을 수 있는 상황은 여러 가지가 있을 수 있다. 단원 학습을 진행하면서 교과서나 읽기 자료의 상황을 일상 생활로 확대하여 위와 같은 활동을 전개하는 것은 표현력을 신장하고 삶의 어려움에 대처하는 능력을 기르는 데 매우 유용한 활동이다.

6.2.4 상황을 상상하는 문장으로

일상 생활과는 관련이 깊지 않지만 글을 읽는 재미를 높이고 상상력을 향상시키기 위해 글의 장면 장면을 생략하거나 진행을 중단한 다음, 다음에 올 상황을 상상하여 내용을 쓰도록 하는 방법이다.

앞에서 말했지만 진정한 글읽기의 즐거움은 상상하는 데 있다. 다음 내용 상상하기를 문장 표현력 기르기와 접목하여 활동한다면 즐거운 활동을 통해 자연스럽게 문장 표현력을 기를 수 있을 것이다.

【예문】

그러자 춘돌이는 아이들을 하나하나 둘러보고는 또 말했다.
"요새 물까마귀 먹으면 어찌 되는지 알기나 하나?"
"몰라, 어떻게 되는데?"
"'끼루룩'하고 뛰게 돼!"
"왜?"
"몰라, 그건."
(중략)
춘돌이는 불을 솟구치고 고기를 이리저리 뒤치고 하다가, 한 다리를 북 찢어 가지고 바로 옆에 있는 아이의 입에다 불쑥 디밀었다.
"자, 먹어 봐라."
그 아이가 뒤로 움찔 물러나며 손등으로 입술을 훔치자.
"그러면, 너 한번 먹어 봐라."
하고, 그 다음 아이에게 또 디밀었다.
다음 아이 역시 고개를 돌리고 물러났다.

“그러면, 넌?”
“싫어 안 먹어.”
“넌?”
“나도 안 먹어.”
“너도?”
“그래.”
그제서야 춘돌이는
“그러면, 내가 한번 먹어 볼까.”
하고는, 살점을 한 입 찢어 질겅질겅 씹다가 꿀꺽 삼켜 버렸다.
　(　　　　　　　　　　　　　　　　　　　）

(중학국어 1 - 1, 오영수, 〈요람기〉 중에서)

춘돌이의 장난끼가 드러나는 대목이다. 글을 읽으면서 춘돌이의 말은 거짓이라는 것을 직감적으로 알 수 있다. 춘돌이의 거짓말에 속는 아이들을 보면서 글을 읽는 재미를 찾아갈 수 있다.

【문제1】

다음 주어진 상황에 맞게 표현을 바꾸어 보자.

① 당신은 해고입니다.(상대방이 마음 상하지 않게)
② 당신은 너무 뚱뚱하군요.(상대방이 마음 상하지 않게)
③ 모두 내 잘못입니다. 다시는 그런 일을 하지 않겠습니다.
　 (상대방이 흔쾌히 용서하도록)
④ 자동차 충돌 시 사과하기.(상대방과 기분 나쁘지 않게 해결하도록)
⑤ 버스에서 남의 발을 밟았어요. (상대방이 기분 나쁘기 않게)
⑥ 바쁜 줄 알지만 내 일 좀 도와 줄래?
　 (상대방이 부탁을 들어줄 수 있도록)
⑦ 네가 쓰고 있는 컴퓨터를 내가 써도 되겠니. 내가 더 급해.
　 (상대방이 부탁을 들어줄 수 있도록)
⑧ 할아버님 요즘 젊은이들이 모두 건방진 것은 아니에요. (설득하기)

⑨ 가난하지만 남을 도와야 합니다. (설득하기)

6.3 낯설게 하기와 사이비 진술

6.3.1 낯설게 하기

'낯설게 하기(Defamiliarization)'란 형식주의 비평가들이 내세운 말로써, 주제 설정은 물론 모든 글쓰기 행위에 적용되는 원리이다. 사람은 똑같은 것에서 곧 싫증을 느끼기 때문에 새로운 것의 창조에 호기심을 갖기 마련이다. 따라서 새로운 소재, 표현 등을 찾아 써야 독자의 관심을 끌 수 있다.

'봄'을 소재로 하여 글을 쓸 경우, 으레'나비 호호 날고', '아지랑이 끼이고', '진달래 피는 산골'이 나온다. 이래서는 읽는 이의 감동은커녕 혐오감만을 산다. 독창적인 새로운 '봄'을 제시해야 한다.

(가)
처음 인간에게 들킨 아름다움처럼
경악하는 눈, 눈은 그만
꽃이었다

애초엔 빛깔보다도
내 마음보다도 안, 속으로 참아 나오는 울음
소릴 지른 것이
분명했다

………

樹液을 보듬어 잉태하는 生成의 아픔,
아픈 槪念이 꽃이었다

(나)
이는 먼
해와 달의 속삭임
비밀한 울음

한 번만의 어느 날의
아픈 피울림

먼 별에서 별에로의
길섶 위에 떨궈진

다시는 못 돌이킬
엇갈림의 핏방울

꺼질 듯
보드라운

황홀한 한 떨기의
아름다운 靜蕭

펼칠듯 일렁이는
사랑의 湖心아

(라)
벌판한복판에꽃나무가하나가있소. 근처에는꽃나무가하나도없소. 꽃
나무는제가생각하는꽃나무를열심으로생각하는것처럼열심으로꽃을피
워가지고섰소. 꽃나무는제가생각하는꽃나무에게갈수없소. 나는막달아
났소. 한꽃나무를위하여그러는것처럼나는참그런이상스런흉내를내었소

(다)
나는 시방 위험한 짐승이다
너의 손이 닿으면
未知의 까마득한 어둠이 된다

존재의 흔들리는 가지 끝에서
너는 이름도 없이 피었다 진다

눈시울에 젖어 드는 이 무명의 어둠에
추억의 한 접시 불을 밝히고
나는 한밤내 운다.

나의 울음은 차츰 아닌 밤 돌개 바람이 되어
탑을 흔들다가
돌에까지 스미면 금이 될 것이다
… 얼굴을 가린 나의 신부여

㈎에서 '꽃'은 '생성의 아픔, 놀라움의 의미'로 ㈏에서는 '우주의 비밀,
이별의 아픔. 피어린 고독, 생명의 본체, 영혼의 안식' 등 생과 우주에 통하

는 생명의 신비요, 비밀의 실체로 변용되어 있다. 그리고 ㈐와 ㈑에서 '꽃'은 '존재의 의미'로서 추구되고 있다. 그야말로 '낯선 꽃들'이다

㈎에서는 '꽃'이 '처음 들킨 비밀한 아름다움의 경악'으로 ㈏에서는 '꽃'이 '속삭임, 울음, 피흘림, 핏방울, 정적, 호심' 등 6개의 보조관념에 의해 감동력을 발하고 있다. '꽃'의 원관념이 풍부한 은유로써 동일 구조를 이룬 시다. ㈐에서 '꽃'은 만만히 포착되지 않는 최고의 아름다움인 '얼굴을 가린 신부'로 변용되어 있다. ㈑에서는 소외된 현대인의 상징으로 표현되었다.

창작문의 생명은 표현된 언어의 새로움, 낯섦이 선행 요건이다. 그리고, 그 낯섦이 무모한 낯섦이 아니라 읽는이의 공감대를 광범하게 점유할 수 있어야 한다. 창작의 글뿐만 아니라 설명, 논증의 글도 낯설게 하면서 공감력을 가져야 성공할 것임은 더 물을 필요가 없다.

【문제2】

다음 문장이나 글을 낯설게 표현해보자.

⑴ 강아지가 졸랑졸랑 따라 오고 있어요.
⑵ 산 넘어 남촌에는 누가 있기에.
⑶ 바람에 깡통이 굴러갑니다.
⑷ 이 비 그치면 겨울이 성큼 다가오겠지.
⑸ 떠나는 사람의 눈가에 비친 한 방울의 눈물.
⑹

> 달아 달아 초생달아
> 어디 갔다 인제 왔나
> 새 각시의 눈썹같고
> 늙은이의 허리 같다
> 달아 달아 초생달아
> 어서어서 자라나서
> 거울 같은 네 얼굴로
> 온 세상을 비추어라
> (상주 지방 민요)

6.3.2 사이비진술(似而非陳述)

사이비진술은 사실의 세계에서는 거짓이다. 그러나 시의 세계에서는 진실이다. '진실인 거짓말', 이것이 시의 표현이다.

여기 시 한 편이 있다. 이제 놀라운 거짓말의 성찬이 마련된다.

피아노에 앉은
여자의 두 손에서는
끊임없이
열 마리씩
스무 마리씩
신선한 물고기가
튀는 빛의 꼬리를 물고
쏟아진다
나는 바다로 가서
가장 신나게 시퍼런
파도의 칼날 하나를
집어 들었다

이 시를 처음 대하는 사람은 아마도 깜짝 놀라고 말 것이다. 이 말대로 하면, 피아노 있는 집은 냉장고가 필요 없다. 생선이 먹고 싶을 때마다 피아노 앞에 가서 앉으면 될 것이다. 그리고 그것도 남자가 앉아서는 안 되니, 피아노와 여자가 다 갖추어져야 생선부자가 될 수 있다. 또 파도가 칼날이나 칼자루를 지닌 것도 처음 본다. 처음 보는 게 아니라 그런 파도는 그 어느 바다에도 없다. 칼은 철물점이나 대장간에 가야 얻을 수 있을 뿐이다.

그러나 창작에서는 이러한 거짓말의 특권이 주어지며, 진실인 거짓말을 잘 해야 좋은 시인임을 잊지 않아야 한다.

【문제3】

다음 글의 사이비 진술성에 대해 말하고, 진실인 거짓말에 대해 생각해 보자.

(1)

엄마야 누나야, 강변 살자
뜰에는 반짝이는 금모래 빛
뒷문 밖에는 갈잎의 노래
엄마야 누나야 강변 살자

(2)

살어리 살어리 랏다
靑山에 살어리 랏다
멀위랑 ᄃ래랑 먹고
靑山에 살어리 랏다
얄리 얄리 얄라성 얄라리 얄라

살어리 살어리 랏다
바ᄅ래 살어리 랏다
ᄂᄆ자기 구조개랑 먹고
바ᄅ래 살어리 랏다
얄리 얄리 얄라성 얄라리 얄라

(3)

얼음 위에 댓잎자리를 펴서 님과 나와 얼어죽을 망정
얼음 위에 댓잎자리를 펴서 님과 나와 얼어죽을 망정
정둔 오늘밤 더디 새소서 더디 새소서

문단쓰기

　문단은 하나의 소주제문과 하나 이상의 뒷받침 문장으로 이루어졌다. 물론 '도입문단', '예시문단', '강조문단', '전환문단' 등은 이러한 형식을 갖추고 있지 않은 경우가 있다. 그러나 이러한 특수한 경우를 제외하고 거의 모든 문단은 하나의 작은 생각과 그 작은 생각을 자세히 풀어주는 문장들로 구성된다.

　하나의 문단에 여러 가지 생각이 들어 있으면 무엇을 말하려고 하는지 정확히 파악할 수 없으며 그렇다고 문단을 너무 자주 나누면 글의 흐름이 단절되거나 산만해져서 역시 글의 내용을 정확하게 이해할 수 없다.

　그러므로 문단의 구성 원리를 알고 정확한 곳에서 문단을 나누는 훈련이 필요하다.

　첫째, 문단에서 다루는 내용은 글의 전체 주제에서 벗어나면 안 된다. 문단의 내용이 전체 글의 주제에서 벗어나지 않으려면 문단 단위의 개요를 작성할 때 문단의 소주제가 전체 주제와 관련 있는 내용이 되도록 짜야 한다. 곧 문단의 소주제는 글 전체 주제의 일부이어야 한다.

둘째, 문단은 반드시 하나의 중심 생각만을 가져야 한다. 한 문단에 여러 개의 생각을 함께 드러내려고 하면 결국 글이 혼란스럽고 산만해진다. 그러므로 하나의 문단에서는 하나의 소주제만을 다루어야 한다.

셋째, 뒷받침문장은 소주제와 관련된 것만을 써서 통일성을 기해야 한다. 아무리 훌륭한 내용이라 하더라도 소주제와 관련 없는 뒷받침문장은 글의 초점을 흐릴 뿐이다.

넷째, 뒷받침문장은 소주제를 점차 구체화하여야 한다. 뒷받침문장이 소주제를 그대로 풀이하는 데 그쳐서는 안 된다. 뒷받침문장이 소주제를 확대하거나 발전시켜야 읽는 사람이 글쓴이의 생각을 충분히 이해할 수 있다.

다섯째, 소주제를 충분하게 뒷받침하여야 한다. 소주제를 충분히 뒷받침한다는 것은 필요한 만큼의 설명, 논증, 서사, 묘사를 해야 한다는 것이다. 이해가 안 되는 글은 대개 글을 쓰는 사람이 소주제에 대해 충분한 자료를 갖고 있지 못하거나 소주제를 구체적으로 기술하지 못했기 때문이다. 따라서 글을 쓸 때에는 자신이 충분히 이해하고 있는 내용을 주제로 삼아야 하며, 글감을 되도록 많이 수집하고 내용별로 분류하여 정리하는 데 신경을 써야 한다.

7.1. 소주제문 전개

문단 쓰기 훈련 전에 소주제 문단의 문장들이 갖추어야 할 기본 요소는 첫째, 자신의 사상과 감정을 똑똑하게 그려내야 한다는 것이요 둘째, 읽는 사람에게 그 내용을 올바르게 이해시키고 감동을 줄 수 있어야 한다는 것이다. 그러므로 문단을 쓸 때는 자신의 사상이나 감정을 구체적으로, 전체적으로 표현해야 한다.

그러나 '구체적'이란 말과 '생략'이라는 말은 항상 대립 관계에 있다. '구체적'이란 말은 쓸데없는 것까지 무조건 구체적으로 쓰라는 말은 아니다.

생략하면 읽는 사람이 이해하기 곤란하거나 유추가 불가능해지는 한계까지는 생략해도 무방하다. 그렇지만 문단 쓰기 훈련을 위해 주어진 문장을 쓸 수 있는 데까지는 구체적으로 풀어 보는 작업은 필요하다. 가령

> 그 사람은 의자에 앉아서 책을 읽고 있다.

는 소주제를 가정하자. 이 소주제문에서도 글쓴이가 표현하고자 하는 내용을 어느 정도 짐작할 수 있다. 그러나 우리는 문단 훈련을 위해 최대한 이 문장을 풀어 써 보자. 즉, '그 사람'은 어떤 사람인가? 키와 용모와 성격과 연령과 직업 등의 설명을 해 보자. 그리고 '의자'에 대해서도 의자의 종류나 품질 등의 설명을 해 보고, '앉아서'에 대해서도 어떻게 앉았는지 또 앉는 버릇 등도 설명하여 문장을 구체적으로 풀어 보자. 뿐만 아니라 '책'에 대하여도 책의 종류, 크기, 색깔 등에 대하여도 설명하고, 읽는 방법이나 읽는 모습 등에 대하여도 가능한 한 많이 설명을 하자.
　만약 위에서 열거한 여러 사실들을 함께 다 밝혀 낸다면, 그 문단의 내용은 앞의 소주제문보다 훨씬 더 구체적인 문장이 될 것이다.

> 키가 후리후리 크고, 날씬하며, 늙어서 얼굴이 새하얗고, 코가 유난히 높으며, 눈이 큰, 나전 칠기의 무역왕인 그 사람은, 왕골로 엮어 만든 구식의 낡은 의자에, 뒤로 젖혀 기대어 앉아서, 미국의 베스트셀러 〈케인호의 반란〉이란, 빨간 표지로 예쁘게 장정한 국관의 두툼한 소설책을, 돋보기를 끼고, 여느 때와는 달리 간간이 미소지으며 퍽 흥미롭게 읽고 있다.

물론 이 문단을 실제로 쓸 때에는 이처럼 길게 쓸 것이 아니라, 몇 개의 짧은 문장으로 나누어서 읽기 좋게 써야 한다. 다만 여기서는 구체적이며 전체적인 문단 표현이 과연 어떠한가를 보여 주기 위해서 모두 연결하여 쓴 것이다.

【문제1】

다음 소주제문들을 가능한 한 구체적인 문장으로 풀어 쓰시오.

① 해가 떠오르자 바다는 일렁이기 시작했다.
② 그녀는 고개를 들어 날아가는 비행기를 쳐다 보았다.
③ 눈이 쌓인 길을 걸어가는 연인의 모습이 아름답다.
④ 텔레비젼은 바보상자이다.
⑤ 그 남자는 행복한 사람이다.

7.2 문단의 구성

문단은 하나의 소주제문과 그를 뒷받침하는 하나 이상의 문장으로 이루어져 있다고 했다. 문단의 구성은 소주제문을 문단의 어느 위치에 두느냐에 따라 결정된다. 문단에 소주제문을 배치하는 방법에는 크게 다섯 가지가 있다. 즉, 문단의 구성은 다섯 개의 유형이 있다는 말이다.

(1) **두괄식** : 소주제문이 문단의 첫 문장에 있는 경우
(2) **미괄식** : 소주제문이 문단의 끝 문장에 있는 경우
(3) **양괄식** : 소주제문이 처음과 끝 문장에 있는 경우
(4) **중괄식** : 소주제문이 문단 가운데 있는 경우
(5) **기 타** : 소주제문이 기술되지 않은 경우
　　　　　　(도입문단, 예시문단, 전환문단, 강조문단 등)

이 다섯 가지 문단의 유형 중에서 많이 사용되는 것은 두괄식과 미괄식이다. 양괄식도 많이 사용하지만 대개의 경우 양괄식은 두괄식의 변형이라고 할 수 있다. 두괄식은 '연역적 구성'이라 하고 미괄식은 '귀납적 구성'이라고도 하지만 일반적으로 문단 차원의 논의에서는 이러한 용어들은 잘 사용하지 않는다. 그러니 문단 차원의 논의에서 연역적 구성이

라고 하면 두괄식이라 이해하고 귀납적 구성이라고 하면 미괄식이라고 이해하면 될 것이다.

일반적으로 동양 사람은 두괄식을 많이 사용하고 서양 사람들은 미괄식을 자주 사용한다고 한다. 서양의 경우는 잘 모르겠지만 우리나라 사람들의 글을 보면 대개가 두괄식으로 문단을 쓴다. 이처럼 서양과 동양 사람들이 다른 것은 사유 방식의 차이 때문으로 여겨진다. 즉 서양 사람들은 구체적인 사례들을 먼저 제시하고 그것을 바탕으로 일반화하는 사유구조를 가졌다면 동양 사람들은 추상적이고 포괄적인 사유를 즐겨하기 때문에 주제문은 앞에 두는 것이다.

문단 구성의 차이가 어떤 점에서 다른지 살펴 볼 필요가 있을 것이다. 자주 사용하는 두괄식과 미괄식을 중심으로 살펴보자.

두괄식	미괄식
오 - 봄이다	산들바람 불고
산들바람 불고	꽃향기 날아
꽃향기 날아	내 마음 부풀게 하니
내 마음 부풀게 한다.	오 - 봄이다

두괄식은 포괄적이고 정서적인 느낌을 주는 반면, 미괄식은 구체적이고 논리적인 느낌을 준다. 두괄식은 주관적인 느낌을 먼저 표현하고 대상에 대한 파악을 뒤에 붙이고 있지만. 미괄식은 대상에 대한 파악을 먼저 제시하고 그 다음 자신의 주관적인 느낌을 표현하고 있다. 일반화하기는 어렵지만 두괄식은 자신을 먼저 내세우는 글의 문단 유형으로, 미괄식은 인과관계를 내세우는 글의 문단 유형으로 사용하면 효과적일 것이다.

그러면 실제 예문을 통해 문단의 유형을 파악하고 형상화되는 의미, 분위기가 어떻게 다른지 더 살펴보자.

【예문 가】

　㈎ 사람은 사회적 존재이다. 사람이 사회 생활을 제대로 누려 나가기 위해서는 끊임없이 다른 사람들과 어울려야 한다.

　㈏ 사람과 사람의 어울림에서 가장 중요한 역할을 하는 것은 언어이다. 언어는 생각과 느낌을 전달해 주는 도구로서, 사람들 사이의 관계를 형성시켜 줄 뿐 아니라, 사회를 보존하고 발전시키는 역할을 한다.

　㈐ 만일에 모든 사람이, 집안 식구들이나 이웃 사람들과 단 하루라도 말을 하지 않고 지낸다고 가정해 보자. 나아가서, 온 세계 인류가 하룻동안 완전히 의사 소통을 중지한다고 생각해 보자. 아침에 일어나 꿀 먹은 벙어리처럼 멀뚱멀뚱 쳐다만 본다. 텔레비전도, 라디오도 침묵을 지킨다. 물론, 전화통도 울리지 않고, 신문도 배달되지 않는다. 이처럼 인간 사회에서 언어가 사라지고 나면, 결국 인간의 모든 활동은 마비되고 정지된다는 것을 우리는 쉽게 짐작할 수 있다.

(중학교 국어 1-2, 심재기, 〈언어와 생활〉 중에서)

【예문 가】의 문단㈎는 소주제문을 첫 문장에 둔 두괄식 문단이다. 즉 두 번째 문장의 '사람들과 어울려야 한다'는 첫 문장의 사람이 '사회적 존재'라는 것을 풀어 설명한 것이다. 그러므로 첫 번째 문장이 포괄적인 문장, 일반 진술의 문장이므로 문단㈎의 소주제문이 된다. 따라서 핵심어는 '인간은 사회적 존재'가 된다.

문단㈏ 역시 소주제문을 첫 번째 문장에 둔 두괄식 문단이다. 그리고 핵심어는 '언어의 역할' 혹은 '언어'이다. 문단㈐는 문단㈏의 내용을 예시를 통해 보여주고 있는 문단이다. 구체적인 사례들을 보여주고 마지막 문장에 자신의 주장을 내세웠다. 따라서 문단㈐는 미괄식 문단이다.

【예문 나】

　㈎ "남산 위에 저 소나무 철갑을 두른 듯 …" 이렇게 시작되는 애국가의 둘째 절에서 알 수 있듯이, 소나무는 우리나라를 상징하는 나무라고 해도 지

나치지 않다. 학자들의 연구에 따르면, 한반도에 소나무가 자라기 시작한 때는 6000년 전쯤이라고 하니, 한민족과 소나무가 맺은 인연은 깊디깊다 하겠다.

　㈏ 우리나라에서 자생하는 소나무는 본디 두 종류였다. 적송이라고 부르는 육송과, 곰솔이니 흑송이니 하고 부르는 해송이 그것이다. 이 밖에 이 둘이 교배하여 태어난 중곰솔이라는 튀기 소나무가 자생하기도 한다.

(중학교 국어 1-2, 김준호, 〈한반도의 소나무〉 중에서)

【예문 나】의 문단㈎에서 첫 번째 문장은 '소나무는 나라를 상징하는 나무라 해도 지나치지 않는다'의 부분은 글쓴이의 주관적인 의견을 나타낸 문장이다. 두 번째 문장은 학자들의 연구를 객관적 사실로 제시하고 세 번째 문장은 객관적인 사실과 그를 바탕으로 한 주관적인 의견을 나타내고 있다. 문단㈎의 소주제문은 세 번째 문장의 마지막 부분인 "한민족과 소나무의 인연은 깊다"가 될 것이다.

　문단㈏는 문단의 모든 문장이 객관적인 사실을 기술하였다. 소주제문은 '우리나라에서 자생하는 소나무는 본디 두 종류였다'여서 두괄식 문단이다. 무엇을 설명하는 글에서도 두괄식 문단이 효과적이라는 것을 알 수 있다. 먼저 설명할 대상을 밝히고 그 대상에 대한 설명을 기술해야 하기 때문에 설명문에서는 주도적으로 두괄식 문단이 사용된다.

【문제2】

다음 소주제문으로 두괄식 문단을 쓰시오.

① 여름은 풍요로운 계절이다.
② 사랑은 사랑해 본 사람만이 알 수 있다.
③ 인간은 나약한 동물이다.
④ 한국은 세계 일류 국가의 대열에 섰다.
⑤ 우리는 어려운 사람을 도와야 한다.

【문제3】

다음 소주제문으로 미괄식 문단을 쓰시오.

① 약속은 반드시 지켜야 한다.
② 오늘은 어제도 아니고 내일도 아니다.
③ 높이 나는 새는 멀리 볼 수는 있으나 자세히 볼 수는 없다.
④ 국가가 있어야 국민이 있을 수 있다.
⑤ 가벼운 말은 사람을 가볍게 만든다.

【문제4】

다음 소주제문을 가지고 각각 두괄식 문단과 미괄식 문단을 쓰시오.

① 교통질서를 지키는 일은 나를 위하는 일이다.
② 한국 여성들이 세계에서 제일 화장을 짙게 한다.
③ 어려울 때를 대비하여 항상 아껴 쓰는 습관을 익혀야 한다.
④ 환경 보존은 환경의 문제가 아니라 경제의 문제이다.
⑤ 작은 것이 더 아름답다.

기술양식

　‘기술 양식’이란 글의 전개 방법으로, 말하고자 하는 바를 구체화해서 독자를 납득시키는 방법을 가리킨다. 글의 목적과 기능에 따라 설명, 논증, 묘사, 서사로 구분한다. 일반적으로 묘사·서사는 문예문과 실용문에서 공통적으로 사용하며, 설명·논증은 실용문에서 더 많이 사용한다. 또 논증은 학문적인 글에서 긴요히 사용된다. 모든 글은 이 네 가지 기본양식에 의해 기술되며, 한 가지 양식을 취하는 것이 아니라 글쓴이가 글의 목적·성격에 따라 부려쓴다.

　논술교육에서 흔히 ‘논증’만을 다루는 경우가 있다. 그러나 논술문은 논증만이 기술 양식으로 쓰이는 것은 아니다. 오히려 논술 역시 일반적인 글과 마찬가지로 설명을 큰 틀로 한다. 논술문의 근본 목적이 설득이라고 할 때, 무엇이 문제인지, 내 주장의 핵심은 무엇인지를 잘 설명해야 한다. 묘사와 서사 역시 논술교육에서 제외해서는 안 된다. 앞에서 말했듯이 글은 글쓴이와 읽는이 사이의 정서 교감이 있을 때 더욱 공감할 수 있고, 서사적 체계성을 갖추었을 때 글의 논리가 선다. 이 장에서는 주로 문제풀기 활동을 중심으로 네 가지 기술양식을 몸에 익히도록 한다.

8.1 설명

　설명은 일정한 사물 곧, 과제를 쉽게 풀어서 그것이 '무엇'인가를 알게 하는 기술 양식이다. 한 마디로 설명은 다른 사람의 의문이나 궁금증을 풀어주고 어떤 문제에 관해서 이해를 돕는 기술양식이다.

　사물이나 생각의 분명한 이해, 인물의 특징이나 어떤 사태의 분석, 용어(술어)의 정의, 일의 수행을 위한 지침의 설정 등이 이에 해당한다. 따라서 설명은 가장 일반적인 기술양식이다. 네 가지 기술양식 가운데 가장 널리 쓰이는 방식으로 다른 세 가지 기술방법도 설명과 함께 쓰이는 경우가 많다. 교육 목적의 글·신문 잡지 등의 해설기사·사전의 뜻풀이·일반 사람들에 대한 계몽적인 글·물품의 용도나 기계 다루는 법 등을 소개하는 데 적합한 기술양식이다.

　다시 말하거니와 설명은 '무엇인가', '어떤 것인가'에 대한 응답의 담화형식이다. 서사나 묘사가 대상에 관해 직감적인 정보를 제공한다면, 설명은 개념화된 정보를 제공한다. 설명의 주된 방법으로는 지정·정의·예시·비교와 대조·구분·분류·분석·인용 등이 있다.

8.1.1 정의

　정의란 단어나 구에 대해 필자가 의도하는 뜻이 무엇인가를 밝히는 방법으로 피정의항(정의되는 항)과 정의항(정의하는 항)으로 이루어진다. 여기서 정의항은 종차(변별요소)와 류개념(범주)으로 나뉘어진다. 종차는 구별짓는 특징이고 유개념은 피정의항이 속한 범주를 말한다. 예를 들어, '사람은 이성적 동물이다' 라는 정의에서 '이성적'이란 사람을 다른 동물과 구별짓는 하위개념(변별 요소)이고 '동물'이란 사람이라는 하위개념이 속한 범주 또는 상위개념이 된다.

피정의항	정의항	
정의받는 요소	변별요소	범주
학 교	가르치고 배우는	기관
물	수소와 산소가 합쳐 이룬	액체

정의항을 기술할 때 유의점은 ①피정의항의 단어를 번복하지 않는다는 것이다. ②의문형이나 감탄형은 피한다. ③부정어를 사용하지 않는다. ④ 내용이 추상적이어서는 안 된다. ⑤범주가 포괄적이거나 자의적이어서는 안 된다.

【문제1】

〈보기〉를 참고하여 주어진 낱말을 유개념과 종차로 나누어 뚜렷한 정의가 되도록 하시오.

보 기

◆ 사랑은 <u>중히 여기어 정성과 힘을 다하는</u> <u>마음이다.</u>
　　　　　　　종차　　　　　　　류개념
◆ 강은 <u>크고 늘 끊이지 않고 흐르는</u> <u>시내다.</u>
　　　　　종차　　　　　류개념

---

① 삶이란
② 문화란
③ 이기주의란
④ 민주주의란
⑤ 논술이란

【문제2】

　정의는 객관적이고 사전적이어야 하지만 항상 그런 것은 아니 다. 새로운 한 편의 글을 쓸 때 주관적인 정의를 내림으로써 글의 묘미를 더해주는 경우가 있다. 〈보기〉를 참고하여 주어진 낱말들에 대해 의미를 확장하여 주관적인 정의를 내리시오.

보 기

① ㄱ. 대학은 땡땡이와 술과 잠이 살아 숨쉬는 곳이다.

　ㄴ. 대학은 죽으라고 공부해서 와서 죽으라고 노는 곳이다.

　ㄷ. 대학은 여러 지역 친구들을 만나서 사투리를 배울 수 있는 장소이다.

② ㄱ. 연애는 나의 작업을 측정하기 위한 실험도구이다.

　ㄴ. 연애는 또다른 종류의 술이다.

　ㄷ. 연애는 아프지 않고 예뻐질 수 있는 성형 방법이다.

③ ㄱ. 채팅은 눈과 몸을 피로하게 하는 병균이다.

　ㄴ. 채팅은 가면 놀이이다.

　ㄷ. 채팅은 한글 체계를 무시하는 대화이다.

④ ㄱ. 컴퓨터는 검지 손가락 근육을 만드는 것이다.

　ㄴ. 컴퓨터는 무지 두꺼운 야한 잡지이다.

　ㄷ. 컴퓨터는 무엇이든 가능한 요술상자이다.

⑤ ㄱ. 신문은 사람들을 쫓아 다니는 스토커이다.

　ㄴ. 신문은 우리 아빠가 화장실 가실 때 챙겨가는 중요한 물건이다.

　ㄷ. 신문은 기자들이 먹고 살기 위한 떠벌림이다.

---

① 친구란

② 이별이란

③ 과학 발전이란

④ 자연보호란

⑤ 보다 나은 삶이란

【문제3】

다음 〈보기〉는 구체적인 상황을 통해 주관적 정의를 내리고 있다. 사회의 여러 상황들을 묶어서 하나의 개념으로 통합하는 데 좋은 훈련이 된다. 낱말 중 2개 이상을 선택하여 〈보기〉처럼 정의하시오.

보 기

이별이란

어떤 처마 밑을 지나가다 떨어진 고드름에 머리 다칠 때
지나가는 차바퀴에 튕겨나온 돌이 얼굴 때릴 때
무심코 들이킨 숭늉에 입술 데일 때
새로 산 양복, 갑자기 내린 소나기에 젖어 버릴 때
틀린 시계 믿고 갔다가 기차 놓칠 때
폼 잡고 다이빙했는데 수영복 찢어졌을 때
안심하고 앉았는데 튀어나온 못에 엉덩이 찔렸을 때
비싼 생선 사다가 맛있게 끓여놓고 생각 없이 소금 뿌렸는데 그것이 설탕일 때
큰 맘 먹고 영화관 갔다가 꼬부랑꼬부랑 자라 자막 볼 려고 안경 찾았는데 없을 때
동전이 없어 팔십 원 남아 있는 사람 뒤에 서 있었을 때 그냥 끊고 가 버렸을 때
무심코 친구집에 전화했는데 〈그런 사람 없습니다〉 끊고 나서 생각해 보니 그곳이 우리집이고 우리 엄마일 때 그런 것보다 백 배, 천 배, 만 배 당혹스러운 것이다.

(어느 시인의 시)

---

① 비참함이란
② '자존심이 상한다'는 것은
③ 기쁨이란
④ 멸망이란
⑤ 발전이란

【문제4】

아래의 글은 어원의 파생을 살핌으로써 그 뜻의 일면을 밝힘과 동시에 자신의 주관적 견해로 낱말을 확장적으로 정의 내리고 있다. 논술교육에서는 서론이나 본론을 시작할 때 이와 같은 방식을 사용할 수 있다. 어원을 살필 때 우리말과 마찬가지로 한자어의 자의를 펼치는 방법도 있다. 보기와 같은 방식으로 다음 낱말의 어원을 밝혀 확장적으로 정의를 내리시오.

머리에서 갈라진 것이 머리가락(카락), 손에서 갈라진 것이 손가락, 그리고 발에서 갈라진 것이 발가락이다. 그리고 몸 전체에서 갈라진 것이 가랑이라고 할 때의 그 가락(脚)이다. 영어의 헤드와 헤어, 핸드와 핑거는 서로 연관성이 없지만 우리의 인체어를 보면 이렇게 몸 전체가 하나의 구조체를 이루고 있다.

아이들을 「가르치는 것」과 논밭을 「가는 것」도 알고 보면 같은 뿌리에서 생겨난 말이다. 어원이 아니라도 낮에는 밭을 갈고 밤에는 책을 읽는다는 말이 있듯이 우리의 의식 속에는 그것이 교육과 밭갈이는 늘 한 개념으로 쓰여 왔다. 한마디로 교육이란 마음밭(心田)을 가는 쟁기질이다

요즘처럼 과학이 발달한 세계에서도 맛있는 쌀을 만드는 유일한 비결은 딱 한 가지 흙을 갈아주는 길밖에 없다는 것이다. 벼를 베고 난 벼그루는 그냥 불로 태우지 않고 봄이 될 때까지 세 번 정도 깊이 갈아 완전히 분해시킨다. 그리고 그 때 계분 같은 유기비료를 넣어 준다. 그러면 공기가 깊이, 그리고 고르게 스며들어 굳어 있던 흙들이 싱싱하게 되살아난다. 이러한 밭갈이의 근본 정신을 망각하고 농약이나 마구 뿌려대는 오늘의 학교 교육 생각이 난다. 가르친다는 것은 메말라 굳어져 가는 정신을 갈아엎는 것이다. 그래서 고정관념이나 타성에 젖은 마음에 새 지식의 공기를 스며 배게 하는 것이다.

입시 부정으로 땅에 떨어진 한국의 교육 풍토는 지금 산성화한 흙처럼 굳어져가고 있다. 웬만큼 자주, 그리고 깊은 쟁기질을 하지 않고서는 소생하기 힘들 지경에 이르렀다. 물갈이나 농약을 치는 극약 처방이 아

> 니라 그 근본적인 토양을 바꾸는 밭갈이의 교육 정책이 나와야 한다.
> 이 기회에 「가르치다」 라는 말이 밭갈이와 같은 말이라는 것을 다시 한
> 번 확인하고 그 교육의 근본 정신으로 돌아가야 할 때다. 학교라고 사
> 회에서 동떨어져 있는 집단이 아니다. 손가락 발가락처럼 우리 몸에서
> 갈라져 나온 한 부분이다. 다같이 아픔을 느껴야 한다.
>
> (이어령 「가르치다」 중에서)

① 고맙습니다.
② 심부름
③ 아리랑
④ 용서(容恕)
⑤ 親(어버이 친)

8.1.2 비교와 대조

비교와 대조는 둘 이상의 대상들 사이에 존재하는 공통점과 차이점을
드러내서 대상들의 특성을 알려주는 설명방식이다. 구별해서 말하자면 비
교는 공통점을, 대조는 차이점을 강조한다. 그러나 그들을 구별하지 않고
공통점과 차이점 모두 비교의 소관이라는 것이 일반화된 견해이다.

논술교육에서 비교와 대조의 필요성은 ① 두 사물이나 의견의 차이점
을 분명하게 안다. ② 자신의 관점을 분명히 세우는 데 도움이 된다. ③
자신의 주장을 대립함으로 설정할 수 있다 등이 될 것이다.

【예문】

이솝우화(寓話)에 이런 이야기가 나온다. 꿀벌을 치는 주인이 집을 비운
사이 도둑이 들어 벌통 속의 꿀을 훔쳐갔다. 돌아온 꿀벌들이 꿀이 없어진
것을 알고 원통해하는 주인에게 달려들어 마구 쏘아댔다. 「꿀 훔쳐간 도둑은
못 쏘고 저들을 걱정하고 있는 나를 쏘다니—」하고 외쳐댔다. 이처럼 유럽
꿀벌들은 의리가 없다.

한데 동방예의지국에서 태어나서인지 한국의 토종 꿀벌들은 의리 있고 도덕적이다. 고려말의 학자 이 첨이 지은 「蜜蜂設」을 보자. 「밀양사람으로 꿀벌을 기르는 자가 있었다. 어느날 이 주인이 벌통 속에 들어가려는 여왕벌을 도둑벌인 줄 알고 잡아 죽였다. 그런 일이 있은 다음날 일어나보니 죽은 그 여왕벌 곁에 뭇벌이 한 마리도 남김없이 단란하게 죽어있었던 것이다. 주인이 이를 보고 정중히 제사를 지내 주었다 한다. 한낱 벌레에 불과한 것도 임과 한 몸이 되어 좋은 일 궂은 일 같이 하며 살고 죽기를 같이하거늘 하물며 사람임에랴—」뿐만이 아니다. 집에서 기르는 토종벌한테는 집안에서 일어난 애경사를 모두 고하여 더불어 슬퍼하고 즐거워하게끔 돼 있었다. 주인이 죽으면 맨 먼저 벌통을 세 번 치고 검은 보자기로 씌어 놓아야 한다. 만약 그러지 않으면 너무 슬퍼한 나머지 벌통을 벗어나 어디론가 사라져버리거나 벌통 속에서 순사(殉死)하는 것으로 알았다. 딸을 시집보낼 때 벌통에다 신랑의 본관 성명을 대지 않으면 후에 그 신랑이 처가에 들렀을 때로 대들어 쏘아대는 것으로 알았다.

곧 벌은 짐승이 아니라 공동운명체의 한 식구로서 공존 공생했던 것이다. 그래서 꿀벌을 금전을 사고 팔아서는 안 된다. 분양해준 사람끼리 벌사돈을 맺거나 훗날 곡식이나 달걀같은 것으로 보상받는 형식을 취하거나 해야 했다.

이처럼 인간적이고 도덕적인 토종벌 대군(大群) 속에 전투적인 양봉(養蜂)의 소군(小群)을 섞어 기르면 평화 공존하는데, 양봉의 대군 속에 토종벌 소군을 섞어 기르면 섞어놓기 바쁘게 토종벌을 전멸시켜 버린다고 한다. 그만큼 양봉은 침략적이고 토종벌은 평화적이기도 하다. 서양문화가 마치 전차(戰車)처럼 전통 문화를 깔아뭉개고 물밀 듯 들어왔듯이 양봉도 토종벌을 깔아뭉개고 들어왔다. 한데도 수입 양봉 수가 전년에 비해 6배를 넘어서 현재 60만군으로 급증하고 있다.

여왕벌 한 마리와 수펄-암벌을 합쳐 9천 마리를 1군단(群團)이라 하는데 60만군단이면 우리 강산은 완전히 양봉이 장악한 셈이다. 토종벌은 설악산 등 고산 골짜기로 쫓겨나 숨어사는데, 이곳까지 쳐들어간 양봉에 집단 학살당하고 있고 —. 애통하고 절통한 것은 꿀벌로써 상징되는 우리 전통 문명이나 윤리적 가치관의 처량한 몰골이다.

(이규태 칼럼 「蜜蜂의 韓國學」 全文)

위 예문은 양봉과 토종벌의 대조를 통해 우리 전통 문명의 현재 모습을 나타내고 있다. 이처럼 대조는 두 사물이나 현상의 차이점을 분명하게 이해하는 데 효과적이다.

【문제5】

다음 주어진 글제를 비교나 대조의 방법을 써서 각각이 가지고 있는 특성을 한 편의 글로 완성하시오

① 내가 생각하는 '나'와 남이 생각하는 '나'
② 부모님이 생각하시는 '내 용돈'과 내가 생각하는 '내 용돈'
③ 선생님들이 바라는 학교 생활과 내가 생각하는 학교 생활
④ 남자가 생각하는 여자와 여자가 생각하는 여자
   (여자가 생각하는 남자와 남자가 생각하는 남자)

8.1.3 예시

예시는 구체적인 사례로써 설명하는 방식이다. 예시의 방법은, 원문 내용이나 이야기들을 그대로 따오는 것이 아니라 필자 나름으로 엮거나, 때로는 해석을 덧붙여 쓰는 것이 보통이다(인용은 원문을 그대로 따옴).

예시는 풍부할수록 좋으나 동질적인 예를 열거하고 말면 효과를 얻을 수 없다. 서로 동질적이면서도 이질적이어서 설명하는 내용을 풍부하게 해주고, 말하고자 하는 바의 타당함을 다각도로 뒷받침해야 한다. 다른 설명법보다 인상깊고 흥미 있는 설명 방법이다.

예시는 논증에서는 예증이라고 할 수 있다. 일반적인 글에서와 마찬가지로, 논술문에서도 자신의 의견과 주장을 가장 선명하고 효과적으로 드러나는 방식이라고 할 수 있다. 단, 하나의 논술문에 예증이 너무 길거나 3개 이상의 예증을 제시하는 것은 피해야 한다. 왜냐하면 논술문은 자신의 의견과 주장이 중심이 되는 글이어서 예증을 너무 길게, 또는 자주 사용하면 글쓴이의 목소리가 약화되기 때문이다.

【예문】

직장에서 일을 하다 보면 간혹 나를 찾아오는 방문객이 있다. 그들은 대개가 재소자의 가족이나 친척 또는 친지들이다. 그들과 대화를 하다 보면 자연 사건에 관한 이야기가 나온다. 그런데 성년 재소자의 가족과 소년 재소자의 가족들이 하는 이야기를 들어보면 이상하게 내용이 서로 사뭇 다르다. 성년 재소자의 가족들이 하는 말은 대개 구형이나 판결 또는 석방에 대한 이야기가 주류를 이룬다.

이에 비해 소년 재소자의 가족들은 거의가 자기네 아이는 친구 때문에 비행에 빠지게 됐다든지 하는게 이야기의 전부다. 「우리 아이는 참 억울해요. 집에 있는 것을 공연히 친구가 불러내서 이렇게 만들었지 뭐예요」라는 식이다.

죄가 무겁고 가볍고 간에 솔직히 자기 아이에게 책임이 있다는 이야기는 지금껏 들어보지 못했다. 어찌 그렇게 사람들은 남의 탓만 하는지.

며칠 전에도 방문객 한 사람이 찾아왔다. 그도 역시 마찬가지였다. 강간죄로 입소한 자기 아이는 너무 순진하고 어리석어 나쁜 친구들이 꾐에 속았다는 것이다. '속기는 뭘 속아요. 고등학교 학생이 속아요? 또 강간은 왜 해요, 아니 강간이 나쁜 짓 인줄 모르고 했대요?.' 이 말이 목에까지 차올랐다. 그러나 애써 꾹 참고 입을 다 열지 않았다. 공범은 대개 같은 또래 친구다. 같은 소년들이 누가 누구를 속인다는 것인가. 그들이 누구를 그렇게 쉽게, 누가 꿩장수 후리치듯 할 수 있는 것일까.

이 세상에는 아이들보다 먼저 정신을 차려야 할 부모들이 많다. 아무리 팔을 안으로 굽게 하는 것이 자식이라지만 그릇된 문제, 잘못된 사항은 솔직히 잘못으로 인정을 해야 할 것이다.

보다 적극적으로는 자식의 잘못을 놓고도 자기에게 과실이 없는지 생각해야 할 것이다. 누군가 이런 말을 한 적이 있다.

"당신의 아들의 얼굴 앞에서 하는 행동은 당신의 등 위에서 아들이 하는 행동과 꼭 같다."

(윤덕근의 「팔이 안으로 굽어도……」 全文)

구체적인 예시를 통해 한 편이 글을 엮어 나갔다. 비행 청소년의 가족이나 친지들의 예시를 통해 비행 청소년의 뒤에는 반드시 문제 부모가 있음을 나타낸 글이다.

【문제6】

　　다음은 예시의 설명방법을 사용하여 기술한 글이다. 밑줄친 부분을 완성
하시오.

　① "마음이 곧은 사람은 삐뚤어진 사람을 보고 삐뚤어져 있다고 말합니다. 그
러나 마음이 삐뚤어진 사람은 곧은 사람까지도 삐뚤어져 있다고 말합니다."
　唐나라 말에 재상 李德는 이렇게 황제에게 진언했다고 「十八史略」에 적혀 있
다. 사람들을 볼 때 가장 중요한 것은 상대방이 아니라 자기 자신의 눈이요, 마음
이다. 편견에 눈이 흐려지고 있지 않은가 또는 독선으로 마음이 어두워지지 않았
는가 조심하라는 뜻이다.
　이와 비슷한 편견은 지역 집단 소속에 대한 획일적 선입견에서도 잘 나타난다.
　첫째, 민족에 대한 편견을 보면, ＿＿＿＿＿＿＿＿＿＿＿＿＿＿＿＿＿＿＿
＿＿＿＿＿＿＿＿＿＿＿＿＿＿＿＿＿＿＿＿＿＿＿＿＿＿＿＿＿＿＿＿＿＿＿＿
＿＿＿＿＿＿＿＿＿＿＿＿＿＿＿＿＿＿＿＿＿＿＿＿＿＿＿＿＿＿＿＿＿＿＿＿
＿＿＿＿＿＿＿＿＿＿＿＿＿＿＿＿＿＿＿＿＿＿＿＿＿＿＿＿＿＿＿＿＿＿＿＿
＿＿＿＿＿＿＿＿＿＿＿＿＿＿＿＿＿＿＿＿＿＿＿＿＿＿＿＿＿＿＿＿＿＿＿＿
　둘째, 지역인에 대한 편견을 보면, ＿＿＿＿＿＿＿＿＿＿＿＿＿＿＿＿＿＿＿
＿＿＿＿＿＿＿＿＿＿＿＿＿＿＿＿＿＿＿＿＿＿＿＿＿＿＿＿＿＿＿＿＿＿＿＿
＿＿＿＿＿＿＿＿＿＿＿＿＿＿＿＿＿＿＿＿＿＿＿＿＿＿＿＿＿＿＿＿＿＿＿＿
＿＿＿＿＿＿＿＿＿＿＿＿＿＿＿＿＿＿＿＿＿＿＿＿＿＿＿＿＿＿＿＿＿＿＿＿
　셋째, 학교에 대한 편견을 보면, ＿＿＿＿＿＿＿＿＿＿＿＿＿＿＿＿＿＿＿＿

　② 방송뉴스를 보면 난감한 장면에 자주 접한다. 퇴폐 유흥업소를 단속하는 경
찰이 업소를 급습하는 장면이다. 얼굴을 가린 사람들이 더러는 테이블 아래에도
숨고 더러는 머리를 감싼 채 뒷문으로 달아나는 모습이 카메라에 잡힌다. 지난번
○○大 입시부정 사건 때도 예외는 없었다. 경찰에 끌려온 사람들이 얼굴을 　가
리기 위해 점퍼나 외투를 뒤집어 쓴 채 어쩔 줄 모르는 모습이 텔레비전에 방영

되었다. 이외에도 점퍼나 외투를 뒤집어 써야 할 일이 많다. 가령,

____

____

____

____

【문제7】

다음을 구체적인 예시를 들어 설명하시오.

(가) 어버이의 사랑은 끝이 없다. _______________________

____

____

____

____

(나) 자기만을 아는 사람의 말로는 항상 불행하다. ___________

____

____

____

(다) 우리 민족은 '멋'과 '맛'을 아는 민족이다.___________________

____

____

____

____

(라) 노력하는 사람에게는 역경이라는 말이 존재하지 않는다.___________

____

____

____

8.1.4 분류와 구분

분류는 한 무리의 사물을 일정한 기준에 따라 더 작은 무리로 갈래짓는 것을 말한다. '한 무리의 사물'이란 분류의 대상이 되는 부류(class)이며, 그것을 갈라서 이루어진 것도 부류이다. 전자는 상위 부류, 후자는 하위 부류라 한다. 즉 부류는 하나의 상위부류를 일정한 기준에 맞게 그 이하의 부류로 나누는 것이다. 분류의 기준은 대상의 성질과 필요성에 따라 결정되며, 분류의 체계는 2분법이라 불리는 단순체계와 3분법 또는 그 밖의 여러 갈래로 나누어진 복합체계가 있다.

논술교육에서 분류는 체계성을, 구분은 선명한 기술을 쌓기 위해 필요하다. 즉 분류는 동질의 것을 모으고 그 안에서 기술의 순서를 정하는데 유효하고, 구분은 서로 이질적인 것을 분별함으로써 선명한 주장을 펼치는 데 효과적이다.

【예문】

① 우리 전통 사회에서 임금을 보필, 백성을 다스리는 재상으로서 지켜야 할 다섯 가지 계명이 있었다. 문민정치를 표방한 재상들에게 이 5계를 귀띔해 줌으로써 인사치레를 대신할까 한다.

그 첫째 계명이 돌냄비 물 끓듯 하라는 것이다. 공사나 사사를 막론하고 당장에서 체신 없이 희비애로(喜悲哀怒)를 나타내는 건 일을 신중히 처리하지 못할 증좌인 것이다. 정승 이준경(李浚慶)이 서자 출신인 이양원과 이수광 두 사람 가운데 한 사람을 판서로 발탁하려 했을 때 일이다. 이 정승은 두 재상 후보생을 기생방에 불러 놓은 앞에서 짐짓 기생더러 "오늘밤 나와 동침하지 않으려나"고 물었다. 기생이 정승과 미리 짜놓은 대로 "동침해서 아들을 낳으면 이 두 대감같은 신분이 되올 텐데, 그 아니 영광이겠습니까" 했다. 이에 모욕을 느끼고 얼굴을 푸르락붉으락 감정을 못가눈 이숙광보다 그 기생의 모독을 참고 태연자약한 이양원을 판서로 기용하고 있다.

둘째 벼슬하기 이전과 사생활을 달리하지 말라는 것이다. 남산 청학동에서 오두막집에 살던 이행(李荇)이 정승이 된 후에도 헌 베옷 짚신에 장죽

물고 손자 업고서 동구를 거닐었던 것이다. 어느 날 하리(下吏) 하나가 결재를 받고자 말 타고 동구에 들어 이 아이 업은 노인에게 이 대감댁이 어디냐고 물었던 것 같다. 「나요」하고 대꾸하자 고꾸라져 낙마를 하고 있다.

해야 할 일은 한다고 떠벌이지 말고 은밀히 하고, 해놓고 서로 모른 체하라는 것이 셋째 계율이다. 판서 김진국(金進國)이 중국으로 보낼 은을 포장하는 일을 감독하고 있는데 아전 하나가 측간에 간 것처럼 위장하여 은덩이 하나를 숨기고 들어온 것을 낌새챘다.

그는 지병을 핑계 대고 은 싸는 일을 내일로 미룬다 하고 현장을 바로 그 혐의가 가는 아전에게 보존하도록 시켰다. 축이 나면 자신에게 혐의가 돌아올 것은 뻔한 일이요, 숨겨 놓았던 은을 제자리에 갖다 놓을 수밖에 없었던 것이다. 그렇게 되돌려놓게 해놓은 김대감은 후에 그 아전의 다른 흠을 핑계삼아 스스로 물러나게 하고 있다.

쓴말 하는 사람을 가까이 하고 단말 하는 사람을 멀리 하는 것이 넷째 계명이다. 노정승 윤두수(尹斗壽)는 조정에서 젊은 간관(諫關) 이원익(李元翼)으로부터 뇌물을 배척하지 못한다고 공개적인 비판을 받았었다. 윤 정승은 이 젊은 이를 불러 그러하지 않을 수 없었던 사정을 납득시키고 이원익이 승승장구 정승으로 출세하는 데 후견인이 되고 있다. 다섯째가 사람을 대할 때 나보다 나은 어떤 한 측면을 보내주어 알아주는 일이다. 정승 상진(尙震) 대감이 기방에서 한 기생을 대하고 이렇게 말했다. "내 딸년 귀 예쁘기로 북촌(北村)에서 소문이 나 있다. 한데 지금 내 너의 귀를 보니 내 딸년 귀보다 한결 더 예쁘구나" 조야(朝野)나 귀천(貴賤) 간에 상진 대감 싫어하는 사람이 한 사람도 없었다는 것은 결코 우연한 일이 아님을 알 수가 있다.

(이규태 칼럼 「宰相 五戒」 全文)

② 한국적 리더쉽은 조광조형(趙光組型)과 황희형(黃喜型)으로 대별해 볼 수 있다. 조광조는 옳다고 생각하는 일은 굽히지 않고 관철해 내는 경성(硬性) 리더쉽이다. 임금에게 간(諫)할 일이 있으면 허락 받을 때까지 밤 세워라도 버티어내는 데 임금이 짜증을 내고 싫어해도 막무가내다. 곧고 굳은 정의감과 급진적 추진력인지라 젊은 신진세력은 많이 따르지만 반대로 보수세력에는 적이 많은 그런 리더쉽이다.

그의 삼촌인 판서 조원기(趙元紀)가 편지를 띄워 「사람이란 천지 가운데 더불어 살아야 하는 것인데 기를 곧게 세우다가 새처럼 높게 떠서 살 수 없는 법이니 조금은 세속과 같이 하여 남들의 미움을 면해야 하는 것이다」고

훈계를 하고 있지만 조광조는 「공은 도리로써 임금을 섬기다가 살면 살고 죽으면 죽는 것이지요」하고 그의 뜻을 굽히지 않고 있다.

이에 비해 황희형은 남의 의견이나 반대 의견, 아랫사람의 의견을 수렴하고 가족적 배려를 하는 연성(軟性) 리더쉽이다. 서로 제가 옳다고 싸우는 노비를 두고 둘 다 일리가 있다고 판결한 황희 정승의 고사는 알려져 있다. 옳고 그름이 있어야지 어찌 둘 다 옳을 수가 있습니까하고 반문한 조카보고도 네 말도 옳다고 한 것은 황희 정승이 우유부단해서가 아니다. 각자가 의견으로 가진 소리(小理)를 대리(大理)속으로 수렴하려는 나름대로의 리더쉽의 발로인 것이다.

북진(北鎭)을 수복하고 돌아온 젊은 김종서(金宗瑞)가 병조판서, 이조판서로서 촉망받고 있을 때 황희 정승은 남 보기에 박절할 정도로 면박을 주고 잘못의 대가로 대신 그의 종을 잡아다 볼기를 치곤 하였다. "너무 심하지 않소?"하고 맹사성(孟思誠) 정승이 귀띔하자 「우리 뒷자리에 앉을 사람인데 저만 옳다 하고 기만 세워 남을 돌아보지 않으니 국사가 어떻게 되겠소. 내 자식 같으면 그렇게 두어 두겠소」 하였다. 그렇게 가족적 관리를 해서 그의 정승 자리를 물려주고 있다.

국제화가 진행되면서 서양적 리더쉽과 궁합이 맞는 조광조형과 동양적 리더쉽이란 황희형을 두고 어느 편이 더 효율적인가 갈등을 일으켜 온 것이 사실이다.

같은 동양문화권인 이웃 일본 정부의 인사원(人事院)에서 새로 채용된 새 세대 공무원을 상대로 이상적인 상사상을 물었더니 의견 수렴형(意見收斂型)이 40%, 가족적 관리형(家族的管理型)이 20%, 사생활 배려형(私生活配慮型)이 15%로 연성(軟性), 곧 황희형 리더쉽이 압도적임을 알 수 있다. 대상이 새 세대인지라 주의를 끄는 리더쉽의 동양회귀(東洋回歸) 현상인 것이다.

(이규태 칼럼 「理想的 上司像」 全文)

예문 (가)는 재상이 지켜야 할 계명을 다섯 가지로 구분하여 제시하고 있으며, 예문 (나)는 이상적인 상사를 크게 두 가지로 분류하여 제시하고 있다. 구분은 나누어 놓는데 그 목적이 있다면, 분류는 큰 무리를 일정한 기준에 의해 더 작은 무리로 갈래 짓는 것을 목적으로 한다.

【문제8】

다음 글제를 구분이나 분류의 방법을 써서 설명하시오.

① 한국 사람의 소비 유형
② 정치인의 인품
③ 의사의 자질
④ 사람의 유형

8.1.5 분석

　분석(analysis)은 事物을 成分, 즉 구성분자로 나누는 기술양식이다. 분석은 하나의 구조를 대상으로 하고, 그것을 이루고 있는 각 성분을 나누어 살핌으로써 그 원리를 밝히는 것이다. 가령, '컴퓨터'와 같은 물체는 구조 곧, 유기적인 결합체로 볼 수 있으므로 분석의 대상이 될 수 있다. 그 구조를 이루고 있는 각 부품들을 분해해서 그것들이 어떤 유기적인 관계를 가지고 있는가를 밝히면 분석이 된다.

　분석은 앞에서 말한 분류와는 다르다. 분석이 구조를 대상으로 하는 데 반해 분류의 대상은 사물의 무리인 것이다. 무리는 공통된 특징을 가진 물체의 단순한 집합에 지나지 않는다. 따라서 논술교육에서 분석은 문제 상황, 그 원인, 다른 사람의 의견 등을 면밀하게 살피는 데 필요하다. 다음 예문은 '교육'이라는 개념이 내포하고 있는 요소들을 몇 가지로 성분 분석하고 그 성분들을 부연하고 설명하는 경우이다.

【예문】

　교육은 인격을 형성하는 모든 면을 포괄한다. 교육은 무엇보다 사람의 지적 성장을 북돋운다. 우리로 하여금 상식에서 심오한 학문적 지식에 이르기까지 모든 지식을 습득하고 탐구하도록 하는 작용을 하는 것이 교육의 첫째 기능이다.

가정교육, 학교교육 그리고 사회교육으로 우리는 끊임없이 새로운 것을 배우고 아는 힘을 기른다. 또 교육은 우리의 인격 형성에 필수 요소인 온갖 덕을 쌓도록 가르친다. 착한 마음, 서로 사랑하고 협동하는 정신 등 사람으로서 가져야 할 모든 올바른 마음가짐과 행실을 기르도록 끊임없이 우리를 이끌어 가는 것이 교육의 구실인 것이다. 그뿐 아니라 교육은 우리의 몸을 건전하게 가꾸도록 작용한다. 건전한 정신은 건전한 몸에 있다고 하는 말과도 같이 건전한 육체는 매우 중요한 것이다. 아무리 심오한 지적 상징과 고매한 덕을 쌓았다 하더라도 몸이 약하면 그것은 그 가치를 발휘하지 못한다. 이런 점에서 우리의 몸을 튼튼히 하는 기능도 교육에서 중요한 몫을 차지한다.

(나호순 「교육이란 무엇인가」 중에서)

【문제9】

다음을 분석의 방법으로 설명하시오.

① 자연 파괴의 과정(과정 분석)
② 행복의 본질(개념적 분석)
③ 과학 만능주의의 결과(결과 분석)
④ 신문의 기능(기능 분석)

종합연습문제

【문제1】 다음 글을 참조하여 다음의 제목으로 임의의 기준을 잡아 시계를, 그리고 이에 대한 근거를 두 가지 이상의 설명방식으로 기술하시오.

> 미국에서 발행되는 원자과학 회보의 표지에는 작은 시계 하나가 그려져 나오는데 핵에 의한 인류의 파멸을 영시(零時)로 가정하여 핵을 둔 국제사정이 호전되면 후진시키고, 각박해지면 전진시켜 그 위기의 수위를 알리는 핵시계인 것이다. 그런데 이번 12월호의 핵시계는 17분 전으로 지난번 10분 전보다 7분이나 후진하고 있다. 핵시계가 생긴 이래 가장 큰 후진이다.
>
> 1947년에 시작했을 때 이 핵시계는 파멸 7분 전을 가리켰었다. 그 2년 후 소련의 원자폭탄 보유가 확인되면서 급진전하더니 53년 미국과 소련이 수소폭탄을 보유하면서 파멸 2분 전으로 다가가 있었다. 그 후 흐르시초프의 해빙정책 등으로 10년 전에는 4분 전으로 후진했고 고르바초프의 페레스트로이카와 동서독의 통일, 동구권의 붕괴로 대거 10분 전까지 후진해 있었다. 그러다 이번에 전략 병기삭감조약의 조인과 초대국간의 핵무기 군축이 원동력이 되어 대거 17분까지 후퇴한 것이다.

(가) 우리나라 환경오염의 시계
(나) 청소년 윤리의식의 시계
(다) 우리나라 사람의 준법정신의 시계
(라) 현재 한국 정치/경제의 시계
(마) 우리나라의 통일의 시계
(바) 한국의 민주화의 시계

【문제2】 다음 그림을 보고 그 이유를 나름대로 분석하시오. (원인 분석)

8.2 논증

　논증은 분명하지 않은 사실이나 원칙을 놓고 그 진실의 여부를 증명하는 동시에, 읽는이로 하여금 쓰는이가 증명하는 바를 믿게 하고 그것대로 행동하기를 요구하는 기술 양식으로 논설문이나 논문에 주로 쓰인다. 논증은 곧 설득을 목적으로 한다. 그러므로 논증은 설명의 단계에 해당되는 증명과 생각하고 행동하기를 촉구하는 설득의 단계를 갖는다.

　설명의 목적이 어떤 사건이나 현상을 설명하여 분명하게 알도록 함에 있다면, 논증문은 쓰는 이의 견해에 대하여 의혹을 갖거나 반대 의견을 가진 사람들을 설득시키는 것이다. 따라서 논증하는 사람 [論客] 은 자기의 견해를 확고히 하고 반대 의견에 대한 논쟁의 태세(내용과 방법)를 갖추어야 한다.

8.2.1 논증과 명제

명제란 "S는 P다", 또는 "S는 P가 아니다."는 판단의 표명이다. 그러므로 명제는 전제나 결론을 문장형식으로 표현되며, 추론(논증은 합당한 근거를 바탕으로 필자의 주장을 내세워 독자를 합리적으로 설득하는 서술법인데 그러한 합리적 설득은 논리학적으로 추론에 해당한다)의 구성요소가 된다.

명제가 타당하게 성립되고 그들 사이에 타당한 관계가 이루어질 때, 합리적인 결론에 도달할 수 있다.

8.2.2 명제의 유형

① ┌ 전칭명제 : 주어가 사물 전체를 가리키는 경우
   └ 특칭명제 : 주어가 사물 일부를 가리킬 경우

② ┌ 사실명제 : 어떤 것이 사실임을 말하는 것.
   │   예) 모든 인간은 죽는다.
   └ 당위명제 : 어떤 것이 이루어져야 함을 나타내는 것.
              예) 모든 자식은 부모에게 효도해야 된다.
              병이 나면 병원에 가야 한다.

8.2.3 논증의 방법

① 논거 비판 : 자기 자신이나 상대방이 사실 논거로 사용하려고 하거나 사용한 모든 사실에 대해 의문을 제기하여 비판한다.

② 일 반 화 : 일반화란 어떤 부류를 구성하고 있는 하나 이상의 구성 요소가 옳으면 그 부류 전체가 옳다고 가정하는 것이다. 일반화에 대한 타당도의 정도는 구성 요소 요소의 수와 그 부류의 복잡성에 따라 좌우된다. 즉 복잡한 현

상은 일반화를 위한 관찰 비율이 커지며 간단한 현상에 대한 일반화는 한두 현상의 관찰로도 가능하다.

③ **귀납적 전개** : 귀납법은 특수한 사실을 바탕으로 하여 일반적 사실을 결론으로 이끌어내는 한 방법이다. 최대한으로 많은 사례들을 검토하고 결론을 내려야 오류를 피해 논증에 성공할 수 있다.

④ **연역적 전개** : 일반 사실을 나타내는 명제를 전제로 특수한 결론을 추론해 내는 것이다. 연역법에서는 타당화되는 과정에서 모두가 타당해야 하는 세 단계가 있다. 그것은 대전제, 소전제, 결론의 과정을 거치는 삼단논법으로 표현된다. 타당한 연역 논증에서 결론은 전제로부터 어떤 경우에든지 도출된다. 그러나 도출된 결론이 언제나 논리적으로 타당한 것은 아니므로 필자는 자신의 추론에서 불합리한 추론을 피하고 상대편 추론에서 '불합리'란 추론을 밝혀내야 한다.

⑤ **유추에 의한 전개** : 유추란 하나의 특수한 사실을 이끌어내는 추론이다.

　　예) 갑 : 이 약은 쥐에게 90%의 효력이 있다.

　　　　을 : 그 약은 사람에게도 비슷한 효력이 있는 것이다. 사람과 쥐는 유사성이 있기 때문이다.

이 유추는 일상 생활에서 뿐만 아니라 글을 쓰는데도 활용된다. 이미 알고 있는 사항과 아직 모르고 있는 사항 속에 들어 있는 유사성을 자세히 검토하여 새로운 사실을 추정하는 글을 쓰는 것은 유추에 바탕을 둔 논술 방식이다.

8.2.4 논증과 명제의 입증

궁극적으로 내세우고자 하는 결론 명제는 말할 것도 없이 그 근거가 되는 전제 명제도 타당함을 논증하여야 한다.

입증 자료 ┬ 사실 자료 : 명제를 뒷받침하는 사실 그 자체를 말한다.
　　　　　├ 실험적 사실 – 장치나 기구에 의거하여 객관적으로 입증된
　　　　　│　　　　사실을 말한다.
　　　　　├ 자연 법칙에 따른 사실 – 가장 보편성을 띤 사실로 인정
　　　　　└ 보편적으로 인정되는 사실 – 누구나 일반으로 인정하는 사
　　　　　　　　실. 널리 알려진 역사적 또는 현실적 사실
　　　　　└ 소견 자료 : 제3자로부터 얻는 사실 자료
　　　　　├ 목격자의 증언 – 어떤 사건이나 사태를 직접 보고 확인한
　　　　　│　　　　사람의 말이나 기록
　　　　　├ 경험자의 증언 – 어떤 일에 관해서 경험해 본 사람이 들려
　　　　　│　　　　주는 말이나 기록
　　　　　└ 전문가 또는 권위자의 증언 – 어떤 사실이나 일을 그 방면
　　　　　　　　의 전문가나 권위자가 나타내는 소견문

【문제1】

다음 제시어를 논증에 알맞은 명제로 만드시오.

① 대학 입시 제도

___

② 여권신장

___

③ 개인주의

___

④ 사형제도

___

⑤ 임금인상

___

⑥ 수입농산물

___

【문제2】

다음 추론들의 오류를 밝히시오.

① 그 상원 의원에 대해서는 조금의 추문도 없었다. 그러므로 그는 완벽하게 정직한 사람이다.

② 범죄자를 감금하고 정신병자를 가두는 것은 필요하고도 적절한 일이다. 그러므로 사람들의 자유를 박탈하는 것은 잘못이 없다.

③ 오늘도 내가 투수 할 차례야. 어쨌든 내 공이니까.

④ 왜 나는 남들보다 더 많이 알고 있는가. 도대체 나는 모든 점에 그렇게 현명한가. 나는 결코 문제 거리가 아닌 것에 대해서는 결코 생각하지 않는다. 나는 나의 힘을 결코 낭비하는 법이 없다.

⑤ 난 혼자 있으면 외로움을 느껴, 그래서 외로울 때는 사람들과 어울리지. 그런데 사람들과 있다보면 또 혼자 있고 싶어.

⑥ "인간은 빵만으로는 살 수 없다"는 빵에 잼(jam)이나 버터를 발라먹어야 한다는 말이다.

⑦ 이 스웨터들은 50% 할인 판매품이다. 내가 두 벌의 스웨터를 산다면, 100% 할인인 셈이다. 따라서 나는 그것을 무료로 살 수 있다.

⑧ 나는 성적을 받아야 합니다. 그렇지 않으면 졸업을 못하니까요.

⑨ 상대성 원리는 틀렸다. 왜냐하면 유태인이 만들었으니까.

⑩ 군대가 비효율적 집단이라는 것은 잘 알려져 있다. 따라서 우리는 ○○ 대령이 그 일을 효율적으로 처리하리라 기대해서는 안 된다.

⑪ 너는 아리스토텔레스가 불을 제외한 모든 원소는 무게를 가진다고 분명히 확언하고 있는 것을 알면서도 공기도 무게를 가진다는 것을 의심할 수 있느냐?

⑫ ○○통조림은 최고입니다. 왜냐하면 미국에서 ○○통조림이 제일 잘 팔리기 때문입니다.

⑬ 한 사냥꾼이 약간의 즐거움을 위해서 아무 해도 끼치지 않는 동물을 희생시켰다. 사람들은 야만적이라고 비난했다. 그 때 사냥꾼이 "그렇다면 당신은 왜 아무 해도 끼치지 않는 소의 고기를 먹는 거요"

⑭ 학우 여러분! 나라가 이토록 부정과 부패로 멍들어 있는 지금, 도서관에 앉아 자격고시 시험에 열중하고 있는 것은 지성인의 올바른 태도가 아닙니다. 모두 동참하여 투쟁합시다.

【문제3】

다음 신문의 사설을 읽고 물음에 답하시오.

「대학입시」 이대론 안 된다

㉠ 엄청난 파문을 몰고 온 후기대 입시 문제지 도난 사건은 전반적인 시험관리 체제가 너무나도 허술했기 때문에 빚어진 것으로 속속 드러나고 있다. 좀더 문제지의 수송 및 보관에 관심을 기울였다면 충분히 예방할 수 있는 사고였던 것이다. 그러기에 우리는 정부가 교육부 장관에게 도의적인 책임을 지우고 물러나게 하는 선에서 적당히 얼버무리려 해서는 안 된다고 본다.

그 책임 소재를 낱낱이 가려 엄중히 문책함으로써 유사한 사고가 되풀이되지 않도록 경종을 울려야 할 것이다. 1차적인 책임은 물론 시험 문제지의 보관 관리책임을 제대로 이행하지 않은 ○○○○측에 물어야 할 것이다. 이 대학 측은 문제지의 유출 및 도난을 방지하게 위해 2중 잠금장치를 하도록 되어 있는 규정을 전혀 이행치 않았을 뿐 아니라 별도의 감시요원도 배치하지 않았다니, 처음부터 시험관리 능력이 결여돼 있었던 셈이다. 더욱이 그러고도 경찰의 문제지 경비 제의를 거절했다는 대목에서는 실로 아연치 않을 수 없다.

교육부 실무진의 책임도 크다. 시험 문제지가 일단 대학에 도착하면 안전보관 책임은 해당 대학이 지게 되어 있다지만, 감독 관청인 교육부로서의 확인 책임은 남는다. 실제로 교육부는 감독관들로 하여금 각 후기대들이 인수한 문제지를 안전하게 보관하고 있는지를 확인토록 해왔다. 그러나 ○○○○의 경우는 그런 과정도 거치지 않은 것으로 보인다.

이원화되어 있는 현행 대학입시 관리체제도 일원화해야 할 것이다. 그동안 교육부는 시험문제 출제 및 인쇄, 문제지 수송을 맡고 각 대학은 문제지를 인수한 후의 보관·관리를 맡아왔다. 그러나 이번 사고에서 보듯이 이같은 이원체제는 책임의 분산을 초래하기 쉽다. 따라서 고사장에서 각 대학 책임 아래 고사가 치러지기까지는 관리책임을 정부가 담당해야 하리라고 본다. 그것은 「국가관리」라는 대입학력고사와의 성격과도 불합되는 조치이다.

㉡ 그러나 이러한 처방은 임시방편일 뿐이며, 궁극적으로는 대학 입시를

대학 스스로 치르도록 맡겨야 할 것이다. 그렇게 한다면 지금과 같은 번거로움이나 사고의 걱정도 없을 뿐 아니라 「대학자율」의 취지에도 맞는다. 입시를 완전히 일임할 경우의 문제점과 부작용이 많은 것도 사실이지만, 그 때문에 「자율」을 미룰 수는 없다. 94학년도부터 새 입시제도를 시행하게 되면 대학별 고사가 부활돼 자율의 영역이 크게 넓어지는 것은 사실이다.

그러나 그때에도 「수학능력시험」을 국가관리 방식으로 고교에서 두차례 치르도록 되어있어 이 부분에서의 사고 위험성은 여전히 남는다. 이 시험성적의 반영 여부는 각 대학이 자유선택하게 되어 있으므로 그 비중과 의미는 의외로 적을 수도 있으나, 어떻든 그렇게까지 해가며 대입에서의 「국가관리」를 고집할 필요가 있을까. 차라리 입시의 모든 것을 대학에 맡기고 대신 정부는 감독 기능을 강화해 나가는 것이 바람직한 개선 방향이라고 우리는 본다.

① 이 글에 나타난 필자의 결론적 주장은 무엇이며, 주장의 오류는?
② 이 글에서 필자가 주장하는 근거는 무엇인가?
③ ⓛ 부분을 삭제하고, 대신 자신의 주장을 써라.

【문제4】

선생, 당신의 글에는 이런 구절이 있었습니다. "검사 결과 오스왈드의 총이 공이쇠를 작동시키는 데에는 적어도 2, 3초가 걸린다는 것이 확인되었으므로 오스왈드는 분명히 5, 6초 동안 또는 그 이내에 세 발-케네디를 맞힌 두 발과 코날리를 맞힌 한 발-을 발사 할 수는 없었을 것이다." 암살사건 이후 여러 간행물에 발표되었던 이 논증은 틀렸습니다.

틀린이유

____

____

____

이유의 문제점

【문제5】

다음 명제 중 하나를 골라 옹호하거나 반대하는 논증문을 쓰시오.

(1) 생수시판을 허용해서는 안 된다.

(2) 노사분규의 원인은 노동자들의 과도한 요구에 있다.

(3) 어린이들에게 외국어 교육을 시켜야 한다.

(4) 한반도의 통일은 평화적으로 이루어져야 한다.

(5) 대학에 유급제도를 도입하여야 한다.

(6) 수질 오염은 환경처에 책임이 있다.

【문제6】

다음 주장을 읽고 반박하는 내용의 글을 쓰고, 자신이 세운 반박이 타당한가 검증하시오.

대학교수들은 잘못된 어문정책으로 대학생의 3분의 1 가량이 한자가 섞인 교재를 제대로 읽지도 못하는 것으로 판단하고 있다. 교수들은 또 국제화 - 정보화 사회에서 경쟁에 이기려면 국한혼용을 해야 하며, 이를 위해서는 국민학교 때 1천자 정도를 가르치는 등 조기한자 교육이 필요하다고 보고 있다. 이같은 사실은 최근 「한국 리서치 사회조사연구소」(소장 朴修一)가 「漢字敎育振興會」(회장 李在田)의 의뢰로 제주도를 제외한 전국 4년제 대학의 전임강사이상 교수 5백 명을 상대로 개별면접 조사한 결과 밝혀졌다. 조사결과 「교수들이 보는 대학생의 한자실력」은 한마디로 충격적이다. 「한자가 섞인 교재를 못 읽는 대학생이 있느냐」는 물음에 83.4%(4백 17명)가 「있다」고 대답했으며, 이는 응답자의 나이, 전공, 근무지에 관계없이 고르게 나타났다. 교수들의 「있다」 응답률도 남녀공학보다는 여대 교수들이 상대적으로 높았다.

「한자 섞인 교재를 읽지 못하는 대학생 수가 어느 정도냐」는 구체적인 물음에는 「학생의 20-39%」가 가장 많았고(38.1%), 다음은 20% 미만(23.5%)이었으며 80-1백% 라고 응답한 교수도 4.3%나 됐다. 전체 평균은 3명당 1명 꼴인 32.2%, 이 물음에는 교수들의 봉직기간과 외국 생활 유무에 따라 답변에서 차이가 났다. 나이 많은 교수일수록, 외국 생활 경험이 없는 교수일수록 학생들이 한자를 읽지 못한다고 응답한 비율이 높았다. 「이같은 학생들이 대학교육을 제대로 받을 수 있느냐」는 물음에는 83.6%의 교수들이 「지장 있다」고 응답, 우리교육의 현주소를 그대로 드러냈다.

「대학공부를 하는데 불편이 없으려면 어느 정도의 한자를 알아야 하는가」라는 문항에는 31.0%가 2천자, 30.0%가 2천 5백자 정도라고 응답, 최소한 2천-2천5백자는 알아야 대학생활을 제대로 할 수 있는 것으로 판단했다. 교수들은 한자가 필요한 이유로 앞서의 「대학 공부를 위해서」외에도 「독서력을 높이기 위해서」(76.0%), 「전문적인 연구를 위해서」(74.6%), 「뜻을 정확히 전달하기 위해서」(63.0%) 등을 들었다. 특히 최근의 국제화 - 개방화 추세와 관련, 「일본이나 중국과 경쟁하기 위해서도 기본적인 한자는 알아야 한다」

(85.6%), 「국제화 – 정보화 사회에서 경쟁에서 이기려면 국한문을 혼용해야 한다」(73.4%)고 한자교육의 필요성을 강조했다. 결론적으로 교수들은 「일본처럼 국민학교에서 한자 1천자 정도는 가르쳐야 한다」(80.8%)고 조기 한자교육을 찬성했다.

(「한자혼용교재」 대학생 32% 못 읽는다)

【문제7】

다음 글을 읽고 "우리 전통 음식을 살리자"라는 제목으로 자기의 주장을 펼치시오.

원래 김치는 겨울철 음식이었으나 요즘에는 냉장고의 보급으로 年中食品이 되었다. 나라 밖에서도 동포가 사는 곳에는 반드시 있으니, 김치는 이미 국경을 뛰어넘었으며, 88올림픽을 계기로 외국에도 널리 알려져서 바야흐로 세계의 먹거리로 등장하게 되었다. 그런데 최근의 조사에 의하면, 어린이에게는 김치가 「가장 싫은 음식」으로 꼽히고 있다는 것이다. 당황스럽고 걱정스럽기만 하다. 김치는 가장 한국적인, 살아있는 文化財라 할 것이다. 사계절이 분명한 우리 기후 풍토에다 우리 민족의 식문화적 감각이 함께 어우러지고, 우리 고등기술의 참여로 완성된 세계적인 걸작품인 것이다. 고추가 이 땅에 들어온 것은 임진왜란 전후로 알려지고 있는데, 그 때 고추가 비로소 김치에 들어가게 된다.

그렇다면 거의 같은 시기에 도래한 고추가 왜 일본에서는 버려졌고, 우리나라에서는 이처럼 사랑받게 되었을까? 고추 없는 김치는 있을 수 없다는 이유로 일본에는 당연히 김치가 없다. 이와 같이 김치의 있고 없고가 우리와 일본을 식문화적으로 차별하는 한 척도가 되는 것이다.

원래 단순하고 담백한 음식으로 살아온 일본인이 복잡하고 매운 김치를 좋아할 수는 없다.

그래서 우리나라를 강점한 일본은 지배자적인 우월감으로 김치를 싫어했고, 따라서 김치는 남 앞에 내놓을 수 없는, 말하자면 우리끼리만 먹는 음식으로 감춰졌던 것이다. 이어서 미국의 태평양전쟁 승리는 이 땅에 서구 문명의 優位를 과시하기에 충분하였으며, 결국 이렇게 밀려들어오는 새로운 풍조

속에서 우리의 전통적인 것은 빛을 잃어왔다. 우리는 음식을 입으로 먹지만, 그 선택은 머리로 한다. 따라서 외래 문화에 압도된 상황에서는, 새로운 음식이 전통적인 것보다 좋은 것으로 인식되어 사정이 허락한다면 그것을 먹으려 한다. 그리고, 때마침 식량 부족으로 생겨난 粉食정책이란 것이 여기에 부채질을 한 것이다.

새로운 식문화를 認知하고 受容하며, 다음 세대로 傳受하기까지에는 상당한 시간이 걸리는 것이다. 김치를 싫어하는 세대의 등장은 바로 이런 輕視的 현상으로 보아야 할 것이다. 결국 胃는 한정되어 있는데 햄버거로 배를 채웠다면 김치는 밀려나고, 따라서 싫어질 수밖에 없지 않은가! 김치는 짠맛, 신맛, 단맛, 매운맛, 감칠맛, 그리고 상쾌한 탄산 맛까지 어우러져 우리 입 속에서 그야말로 맛의 교향악을 펼쳐 낸다. 어디 맛뿐인가! 기나긴 겨울에 신선한 채소가 부족했던 지난날, 김치는 저장성 채소의 구실을 다함으로써 우리의 건강을 지켜온 것이다. 김치는 비타민과 무기질이 풍부한 식품이며 먹어도 살이 찌지 않는, 말하자면 에너지 密度가 낮은 음식이기도 하다. 뿐만 아니라 섬유소가 부족하기 쉽다하여 섬유소 음료까지 등장하고 있는 이때, 김치는 섬유소의 훌륭한 공급원이 되는 것이다. 그리고 김치가 整腸作用을 한다는 젖산균의 寶庫라는 사실도 잊지 말아야 한다.

지금 우리나라의 쌀 소비는 계속 줄어들고 있어서 앞으로 국민 건강에 미칠 영향이 걱정스럽다. 이런 현상이 우리보다 앞서고 심하게 나타난 일본에서는 성인병, 특히 대장암이 급증하고 있는 것이다. 그런데 김치는 식욕을 돋으며 쌀밥과 절묘한 맛의 조화를 이루기 때문에 쌀 소비를 촉진하는 것 같다. 사실 김치를 먹는 우리는 먹지 않는 일본인보다 늘 쌀을 더 먹어왔다. 그러니 김치를 싫어하는 어린이들은 밥을 안 먹거나 덜 먹을 것이 뻔하다. 따라서 김치를 싫어한다는 것은 쌀의 소비 감소와 성인병의 급증을 예고하는 것이다. 이렇게 되는 날 쌀은 많이 남아 돌아갈 것이고, 성인병은 더욱 늘어날 것이니 이 엄청난 국가적 손실을 어찌 감당한단 말인가?

이런 충격을 최소화하기 위해서는 김치에 대한 연구를 무엇보다도 먼저 서둘러야 한다. 김치의 우수성은 이미 지적한 바이지만, 아직도 풀어야 할 과학기술적 숙제가 많이 남아 있기 때문이다. 그런데 김치에 대해서는 더 연구할 것이 없다는 시각과 이것은 첨단 기술이 아니라는 이유로 연구비의 청구조차 없는 것이다. 몇 해 전, 「10년 후면 한국에서 우리한테 김치 공부를 하러 오게 될는지도 모르겠다」고 하던 일본 과학자의 말이 지금도 내 귀에는 쟁쟁하다. 그리고 미국의 어떤 일본계 회사가 김치에다 「Japanese style pickle」이라고 표시하여 팔고 있다는 이야기가 들린다. 이런 짓거리를 감히 하지 못하도록 하기 위해서는 김치에 대한 연구가 어디보다도 우리나라에서 활발히 이루어져야 한다. 그리하여 그 결과가 국제 학술지에 많이 실린다면, 우리나라가 김치의 宗主國이라는 사실이 저절로 온 세계에 알려지게 될 것이다.

(권태원의 「김치가 싫다니…」 全文)

【문제8】

다음의 찬성과 반대의 글을 읽고 변증법적 방법으로 자신의 주장을 쓰시오.

<찬성>

많은 방송관계자들은 코믹드라마가 기본적으로 웃음과 재미를 추구하는 오락 프로라는 점을 강조하고 있다. KBS의 한 제작 관계자는 「요즘의 코믹드라마 붐은 지난 몇 년간 TV드라마들이 남녀간의 불륜과 갈등 일색으로 흘렀던데 대한 시청자들의 식상감과 사회 분위기 변화에 따른 새로운 유행일 뿐」이라며 "개선의 여지는 있지만 그래도 최소한 「불륜드라마」나 「폭력드라마」보다는 훨씬 나아진 게 아니냐"고 반문했다. 제작진들은 우선 소재가 우리 생활과 밀착돼 있고, 이를 가벼운 터치로 그려냄으로써 자연스럽게 웃음을 주고 있다는 점을 강조했다. 특히 출연진들이 개성있는 연기로 코미디와 다른 차원의 웃음 유발도 코믹 드라마가 지닌 강점임을 내세운다. 물론 고급스런 풍자의 차원까지 끌어올려지면 더할 나위 없이 좋겠지만, 연기가 좀 과장되고 대사 몇 마디가 거슬린다고 무조건 「웃기는」 드라마들은 모두 저질인 것처럼 침소봉대(針小棒大)하는 것은 지나치다고 항변한다.

얼마 전까지만 해도 「건전한 웃음을 자아내는 새로운 포맷의 드라마」라며 극찬을 하던 매스컴들이 코믹드라마를 하루아침에 저질의 대명사처럼 매도하는 것도 납득하기 어려운 처사라며, SBS 「오박사네 사람들」을 대표적인 예로 꼽았다.

제작진들은 코믹드라마야말로 음식의 양념처럼 생활에 톡 쏘는 자극을 주는 장르라고 하였다.

〈반대〉

최근 방영된 SBS의 「댁의 남편은 어떠십니까」에서 부부 싸움하는 대목에서 비싼 도자기를 탕탕 때려부수는 장면이 나온다. 그런가 하면 남편과 아내가 서로 야구 방망이와 빨래 방망이를 들고 설치는 활극 같은 부부싸움도 전개된다. 아무리 코믹드라마지만 너무 하다는 게 시청자들의 지적이다. 웃기기의 강도를 점점 높이다 보니 이런 과장된 몸짓 뿐 아니라 비속어나 저속한 말투도 비일비재하다. SBS의 「오박사네 사람들」은 어머니인 김수미가 딸에게 「나 승원(사위)이랑 잘 테니 넌 아버지랑 자라」는 낯뜨거운 비속어와 남편(오지명)에게 반말을 마구 사용, 가족끼리 보기 민망할 때가 많다는 얘기를 듣고 있다. 방송위원회도 이에 대해 징계할 방침이다. 요즘 방영되는 코믹드라마의 가장 큰 문제는 주객이 전도됐다는 데 있다. 생활 주변이 소재들을 가볍게 접근, 웃음을 유발시키는 포맷 자체야 크게 문제될 게 없다. 하지만 최근 시청률을 겨냥한 코믹드라마가 늘어나면서 드라마라기보다는 슬랩스틱 코미디나 통속 개그와 다름없는 내용으로 그야말로 「웃기고 보자는 식」이 되어가고 있다.

그러니 자빠지고 깨부수는 등 연기자들의 행동이나 몸짓이 점점 과장되고 목청도 높아지는가 하면, 비속어까지 난무하는 등 역기능이 커지는 실정이다. 또 하나의 채널에서 여러 편의 코믹드라마가 나가다보니 연기자들의 겹치기 출연도 심각하다. 코믹연기가 일품인 연기자의 강점을 살리는 것도 좋지만 되풀이되다 보면 시청자들은 금방 식상하고 짜증스러울 수밖에 없다.

【문제9】

다음 글의 글감이 되고 있는 유행어에 대해 긍정적인 면과 부정적인 면을 살펴 자신의 생각을 밝히는 글을 쓰시오.

「롱다리 숏다리」, 「아니 그렇게 심한 말을」, 「뭘 보나 경제를 살리자는데」.

우리 시대 대중문화의 「주물공장」인 TV에서 올 한해동안 안방에 쏟아내 유행시킨 말들이다.

올 최고의 유행어로 꼽히는 「롱다리」는 신세대 개그맨 이○○가 MBC TV에서 자신의 이름 앞에 「아호」처럼 사용한 말이다.

이○○가 「코미디 동서남북」에 출연한 이○○에게 붙여줘 폭발적 인기를 얻은 「긴다리」란 뜻의 이 한영합성어는 신체일부에 대한 묘한 「연상작용」을 무기로 그 뒤 「숏다리」, 「숏팔」, 「빅다리」「요통」(허리가 길다는 뜻) 등으로 무수한 「자기복제」과정을 밟아나갔다. 「아니 그렇게 심한 말을」과 「아니 그렇게 깊은 뜻이」는 신인개그맨 이○○과 서○○ 콤비가 히트시킨 유행어. 이들 콤비가 MBC TV 「웃으면 복이 와요」의 「이제 달라져야 합니다」 코너에서 독특한 「고학력 궤변개그」를 선보인 뒤 말미에 추임새처럼 집어넣어 유행시킨 이 말은 그 후 일반 시청자들 사이에서도 대화중에 자주 사용될 정도를 인기를 끌었다. 「뭘 보나 경제를 살리자는데」는 개그맨이 아닌 가수 홍○○의 작품. 그는 MBC TV의 「특종 TV연예」에 고정 출연하면서 툭툭 던진 이 말이 유행어가 되자 팔다리를 아래위로 흔드는 「막춤」을 선보이며 가수보다도 개그맨으로 성가를 드높였다. 「뭘 보나 경제를 살리자는데」는 다른 유행어들이 대체로 무의미한 말장난이었던 데 비해 문민정부 지도자의 「신경제」 강조를 연상시키면서 사회적 의미를 담았다는 특징이 있다. 「헷갈리 헷갈리」, 「낸 밤이 무서븐기라」「개밥그릇」, 「My name is ……」, 「죽여주유」 등은 SBS TV가 탄생시킨 유행어들.

코미디 「열려라 웃음천국」의 「여자 여자 여자」 코너에서 이○○는 「못생긴 남자」 곽○○만 마주치면 「개밥그릇」이라고 외쳐 개밥그릇에 새로운 의미를 첨가했고 같은 프로의 「경찰청 25시」 코너에서 김○○은 사건해결이 난제에 부닥치면 「헷갈리 헷갈리」를 외쳐 유행시켰다. 「웃으면 좋아요」의 「철없는 아내」코너에 출연한 남포동은 「내는 밤이 무서븐기라」를 유행시켜 「뜻밖에도 많은」남자들 특히 중년 남자들의 체험적 공감을 샀다. 5명이 로보캅춤을 추며 신세대 개그를 펼친 「틴틴파이브」는 「열려라 웃음천국」에서 신세대답게 영어인 「My name is ……」를 전자음처럼 뱉어 내는 솜씨를 보이기도 했다.

한편 코미디뿐만 아니라 몇몇 인기드라마에서도 유행어가 산출되었는데 특히 MBC TV의 「아들과 딸」에서 「아 글씨」란 복고적 유행어를 탄생시킨 백○○은 뒤이어 KBS TV의 「굿모닝 영동」에서는 강남 졸부로 출연, 「그것이 아픔이었네」를 유행시키는 「기염」을 토했다. 이밖에 MBC TV의 「엄마의 바다」에서 개성이 강한 신세대 역을 맡은 고○○에게 「야 언니야 네가 해라」식의 반말투의 말을 사용, 언어의 「위계질서」를 뒤엎기도 했다.

(TV유행어 「롱다리」 가장 히트)

8.3 묘사

묘사란 구체적인 대상을 말로써 있는 그대로 그려내는 기술 양식이다. 대상의 특징을 일반화, 유형화하여 설명하지 않고, 그 구체적인 모습을 그리는 것이다. 즉, 필자가 알고 있는 지식으로 설명하는 것이 아니라 그 모양이나 빛깔 또는 외형적 특징을 글로 그려 보여주는 것이다. 만일 필자의 주관적 판단이나 해석이 끼어 들면 순수한 묘사의 테두리를 벗어나게 된다.

묘사는 시간적으로 변화하지 않는 사물의 모습을 대상으로 한다는 점이 두드러진 특징이다. 사물의 움직이고 있는 모습에 중점을 두고 기술하면, 비록 그것이 객관적인 기술이라 할지라도 묘사는 아니다. 그것은 오히려 서사에 가깝다. 그러나 움직이는 사물의 경우에도 정지된 상태에서의 모습에 초점을 맞추어 기술하면 묘사가 된다.

【예문】

(가) 30대 중반 정도의 사내였다. 황토색 세무잠바를 입고 있었다. 그리고 그 황토색 세무잠바는 이제 적당히 낡아 있었다. 그래서 군데군데 마른 빚짐처럼 털이 빠져 있었고 황토색도 약간의 그을음이 끼인 상태로 퇴색해 있었다.
바지엔 전혀 주름이 잡혀있지 않았고 구두도 완전히 무광택 상태였다. 얼굴엔 턱수염이 약간 자라 있었다. 전체적으로 어딘지 모르게 초췌해 보이는 모습이었다.

(나) 유리문 밖에는 우중충한 건물 하나가 녹슨 폐선처럼 정박해 있었다. 화물창고였다. 그리고 그 화물창고 뒤로는 몇 그루의 낙엽송들이 펜화처럼 앙상한 가지를 뻗고 회색 하늘로 자라 올라 있었다.(흐린 날씨였다. 금년 들어 아직 한 번도 눈이 내리지 않았지만 어쩌면 오늘 오후 한때쯤에는 잠시만이라도 희끗희끗 눈발이 흩날릴 것 같은 예감이었다)

화물 창고 곁으로는 멀리 시가지로 통하는 도로 하나가 뚫려 있었
다. 그것은 비포장도로였다. 그리고 비포장도로는 주변의 건물들
이 한결같이 우중충해 보였으므로 더욱 선명해 보였다. 도로변 공
터 한군데를 자리잡아 며칠동안 애환의 깃발들을 나부끼고 있던
뜨내기 서커스단 하나가 이제 그만 떠날 준비를 하고 있었다. 천
막이 걷히고 깃발들이 뽑히고 앙상한 뼈대들만 남아 있었다.

(이외수 〈언젠가는 다시 만나리〉 중에서)

(가)는 인물 묘사이고, (나)는 배경 묘사이다. 예문 (나)는 글쓴이의 감
정을 표출하는 부분이 있는데 이것도 하나의 심리 묘사이다.

【문제1】

다음 〈보기〉의 글은 경복궁을 모르는 이에게 그 모습을 알려주기 위해
기술한 설명적 묘사문이다. 이 글과 다음의 그림을 참고하여 '우리 동네를
설명적 묘사의 양식으로 기술하시오.

보 기

경복궁의 북쪽에는 푸른 소나무에 싸인 북악산이 높이 솟아 있고, 남
쪽에는 폭이 50척이나 되는 큰 길이 있다. 광화문을 열면 문 앞에 돌난
간으로 드높이 싸인 넓은 단이 보이고, 그 위에 해태의 조각이 좌우로
세워져 있다. 다시 그 앞으로 육조가 벌어져 각 아문의 높이 솟은 대문
이 있고, 그 옆으로 긴 행랑이 벌여져 있다. 궁궐을 둘러싸고 있는 궁담
은 화강석을 장방형으로 다듬어 쌓았으며 네 모퉁이에는 성루가 솟아있
어 궁궐의 별스런 외형을 이루고 있다. 정문인 광화문 다음에는 홍례문
과 근정문이 있는데, 그 사이에 어구가 동서로 꿰뚫어 흐르고 있다. 이
내 위에는 돌로 조각한 금침교가 놓여있다. 근정문을 들어서면 높은 석
단 위에 서 있는 근정전이 보이고, 이 전각 앞에는 정일품에서 정구품까
지의 문무관이 서 있던 석대가 세워져 있다.

【문제2】

다음은 여름을 적나라하게 묘사하고있는 글이다. 이처럼 다음에 주어진 상황을 그 특유의 모습이나 냄새 혹은 소리까지 느낄 수 있도록 묘사하시오.

> 모든 것이 강렬한 햇빛 속에서 하얗게 타들어 가고 있었다. 건물들은 불시에 번뜩 유리창을 빛내면서 현기증으로 쓰러져 버릴 것 같아 보였고, 등가죽을 수천 만개의 날카로운 빛의 칼날을 맞고 거대한 배임처럼 죽어서 길게 나자빠져 있는 아스팔트는 콜타르가 녹아서 옆구리에 찐득찐득한 피가 엉켜 붙어 있는 것 같아 보이기도 했다. 도시의 서쪽 연변을 끼고 잔잔한 물비닐을 다스리며 유유히 흐르고 있던 싱영강도 어느새 바닥이 말라 있었고, 군데군데 하얗게 뼈들이 드러나 보였다.

① 이른 새벽의 시장(웅성거림, 냄새)
② 눈 내리는 겨울 바다의 밤풍경(고요함을 주도록)
③ 버스 정류장에서 버스를 가다리는 사람들(표정, 심리)
④ 수업시간(학우들의 표정, 태도, 행동)
⑤ 만원 버스 속의 사람들(표정과 행동)

【문제3】

다음 두 글은 각각 청각적·시각적 이미지를 살려 묘사한 글이다. 이를 참고하여 깊어가는 가을의 어느 한 풍경을 암시적으로 묘사하시오.

> 밤 깊어 뜰에 나서니, 날씨는 흐려 달은 구름 속에 잠겼고 음풍이 몸에 신선하다. 어디서 쏴쏴 소란히 들려오는 소리가 있기에 바람소린가 했으나, 가만히 들어보면 바람 소리만도 아니요, 물소린가 했더니, 물소리만도 아니

요, 나뭇잎 갈리는 소린가 했더니 나뭇잎 갈리는 소리만은 더구나 아니다.
아마 필시 바람 소리와 물소리와 나뭇잎 갈리는 소리가 함께 어울린 교향
악인 듯 싶거니와 어쩌면 곤히 잠든 산의 호흡인지도 모를 일이다.

【문제4】

　다음 그림을 사실감이 드러나도록 글로 묘사하고, 이를 통해 느낀 바를
쓰시오

8.4 서사

　서사(敍事)는 행동이나 사건을 있는 그대로 글로 엮어 나타내는 것을 말한다. 사건이되 '움직이는 생명'과 관계가 있다. "누가 무슨 행동을 했느냐?" 또는, "어떤 사건이 벌어져 어떻게 되었느냐?"의 이야기여서 '허구'의 이야기, 곧 소설이 중심이 되겠으나 소설은 서사의 일부분일 뿐이다.

　서사에는 설명이나 묘사가 곁들여지는 일이 많다. 본시 순수한 서사는 벌어지는 사건이나 행동을 객관적으로 전해는 데 그치는 것이지만, 필자는 기술 과정에서 설명을 곁들여 사건의 의미를 표출하거나 행동자의 인물 됨됨이를 직접 소개하기도 한다.

【문제1】

다음 민요를 서사적인 글로 고쳐 쓰시오.

　　울도 담도 없는 집에 시집을 삼년을 살고나니
　　시어머님 하신 말씀 아야메느라 아가야 아야메느라 아가야
　　진주낭군 오실란지 진주낭강에 빨래질가라
　　진주낭강에 빨래질가니 추죽추죽 빨래질하니
　　왈그락덜그럭 하는소래 옆눈으로 흘끔 돌아다보니
　　구름같은 말을타고 우산같은 갓을쓰고
　　기생첩을 앞세우고 본체만체 지내가네
　　껌은 빨래는 껌게나씻고 흰빨래는 희게씻게
　　짐이라고 돌아오니 시어머님이 하신말씀
　　아야메느라 아가야 아야메느라 아가야
　　진군낭군이 오셨단다 진주낭군이 어섰단다 어서 방으로 들어가라
　　씨은 빨래를 툭툭털어 줄에다 털썩 걸쳐놓고 뒷방으로 들어가니
　　열두가지 안주를 놓고 기생첩을 옆에다 끼고 노랫가락을 하는구나
　　하도나하도나 기가막혀 뒷방으로 들어가서
　　아홉가지 약을목고 명지수건 넉자에다 목을매어 죽었구나

본처낭군이 니말씀듣고 보선발로 뛰여나와
본처에정은 삼년이요 후처에정은 석달이라
싱퉁글망퉁글 하드란다.

(장덕순 외, 「구비문학개설」)

【문제2】

다음 〈보기〉는 古事成語를 서사적인 방법으로 쓴 글이다. 이와 같이 주어진 고사성어를 서사적으로 기술하시오.

보 기

변방 가까이에 점을 잘 치는 노인이 살고 있었다. 하루는 말이 까닭 없이 호나라로 도망갔다. 이에 사람들이 모두 와서 위로를 해주었다. 그러나 노인이 말하기를 "이것이 어찌 복이 되지 않는다 하리오"했다. 얼마 후 그 말이 호나라 준마를 데리고 돌아왔다. 그러자 사람들이 모두 와서 축하를 해 주었다.

그러자 노인이 말하기를 "이것이 어찌 화가 되지 않는다 하리오"했다. 하루는 말타기를 좋아하는 아들이 그만 말에서 떨어져 다리를 분질렀다. 이에 사람들이 모두 와서 위로를 해주었다.

그 노인이 다시 말하기를 "이것이 어찌 복이 되지 않는다 하리오"했다. 1년 후 호나라가 쳐들어 왔다. 모든 젊은 사람들이 전쟁터로 끌려가게 되었는데 끌려간 사람은 열에 아홉은 죽게 되었다. 그러나 노인이 아들은 다리를 다쳐 전쟁터에 나가지 않게 되어 부자가 함께 목숨을 지킬 수 있었다.

(무릇 화와 복이 바뀌어 서로 생기는 데는 그 변화를 알 수 없고, 깊이도 가히 알 수 없다.)

---

① 臥薪嘗膽　　② 四面楚歌　　③ 孟母三遷　　④ 漁父之利

【문제3】

다음 주어진 상황에서 일어날 수 있는 일을 서사적 양식으로 기술하시오.

① 앞으로 한달 밖에 살 수 없다면……
② 버스를 타고 보니 돈, 승차권, 아는 사람이 하나도 없다면……
③ 누군가가 현실적으로 가능한 세 가지 소원을 들어주겠다고 하면……
④ 갑자기 거지가 되어 버렸다면……
⑤ 동물원의 원숭이가 되었다면……

종합연습문제

【문제1】 자신이 읽은 책 가운데 감명 깊었던 작품을 다음의 〈보기〉처럼 다른 사람에게 소개하는 글로 쓰시오.

> **보 기**
>
> 「꺼리 1, 2, 3」 방문주 엮음, 455쪽 5천 5백원, 삶과 함께刊

　「꺼리」(전3권)는 우리가 어린 시절 할머니에게서 듣던 옛날 이야기를 모은 이야기 책이다. 첫째권은 조상들의 「지혜」 둘째 권은 「사랑」, 마지막이 「해학」에 얽힌 이야기들이다. 베스트셀러마다 나름의 뒷 이야기를 가지고 있지만 이 책에 얽힌 것도 재미있는 이야깃거리다. 지난해 3월 삶과 함께라는 무명의 출판사에 중국동포가 찾아들었다. 원고뭉치를 한보따리 들고 있었다. 교포작가 방문주씨는 석상준 사장에게 「그냥이라도 책을 내 달라」고 부탁했다. 출국일은 코앞으로 다가왔는데 만나는 출판사마다 거절이었기 때문에 다급했다. 첫 권이 그 해 9월 나왔고 3개월씩 터울로 그해 12월까지 완간됐다. 1년 남짓 만에 1백만 권을 돌파했다. 꾀죄죄한 교포의 보따리가 이만한 보물단지가 될 줄 누가 꿈이라도 꾸었겠는가. 이 책은 우리 조상들이 지혜롭기 한량없고, 여유만만하고, 멋진 사람들이었다는 사실을 재미있게 구체적으로 들려준다. 정조시절 벼슬이 의정대신에 이르렀던 정홍순의 이야기. 「정홍순이 호조판서로 있을 때 수족같이 부리던 모범 부하직원이 있었는데 최고참이었음에도 불구하고 늘 폐포파립 차림이었다. 궁금해진 판서가 가만히 불러 물었다. 이유를 들어보니 집에 식구가 20명이나 되기 때문이라는 것이다.」 정홍순은 1년 뒤 그를 다시 불러 물었더니 파면되고 나자 군식구들이 모두 제 살곳을 찾아 갔고 비로소 자기 식구만 있었다. 그동안 모아놓았던 1년치 월급을 주고는 다시 복직시켰다. 그대로 두었다가는 평생 남의 식구를 부양하리라는 것을 내다본 판서의 현명한 결정이었다. 이 책 이후 「우리의 것은 좋은 것이야」라는 메시지를 담은 책은 홍수를 이루며 쏟아지고 있다.

문체와 수사법

9.1 문체

문체는 '내용을 바르고 효과적으로 전달하는 개성 있고 특징적인 표현'이라고 정의할 수 있다. 실제로 글을 쓸 때는 문체의 개념이나 그 종류에 마음을 쓰기 보다는 마음먹은 바를 어떻게 나타낼까 하는 문제에 마음을 쓰는 것이 좋은 문체의 글을 마련하는 길이다. 글 쓰는 목적, 독자와의 관계, 주제를 대하는 태도 등 그때그때 주어지는 글쓰기 경우에 맞게, 알맞고도 능률적인 글을 쓰면 자연히 좋은 문체의 글이 생기게 될 것이다.

문체의 종류를 도표화하면 다음과 같다.

〈문장 성분의 배열방식〉
낱말의 선택 – 국한문 혼용체, 한글체
문법 요소의 선택 – 논리적 요소, 감정적 요소
구성요소의 배열 – 문장 구성 성분의 배열 순서에 의해 다른 문체 형성

〈수사학적 방식〉
문장의 길이 - 간결체, 만연체
감성의 농도 - 건조체, 화려체
표현의 강도 - 강건체, 우유체
용어의 위상 - 구어체, 문어체

문체를 좀더 쉽게 설명하기 위하여 '말'에 비유한다면 글에서의 문체는 말에서의 말투와 같은 뜻이다. 우리는 알게 모르게 자신만의 말투가 있다. 습관적으로 자주 사용하는 낱말이 있다거나, 속담을 자주 인용한다거나 또는 말꼬리를 높게 울린다거나 하는 나만의 독창적인 말투가 있는데 이것을 글에서는 문체라고 할 수 있다.

가령, 어느 시인은 '무덤'이라는 시어를 자주 쓴다든지, 어느 소설가는 암울한 배경 묘사를 즐겨 쓴다든지, 누구는 종결어미 '하게나'를 꼭 쓴다든지 하는 것들이 다 문체와 관련이 있다.

다음 예문은 우리나라 사람들의 뜻뜨미지근한 표현 특징을 밝힌 글이다.

사람의 마음은 남에게 숨기고 사는 사적자기층(私的自己層)과 남에게 공개하고 사는 공적자기층이 상대적으로 양분돼 있는데, 서양 사람들은 공적자기층이 상대적으로 크고 우리 한국 사람들은 사적자기층이 상대적으로 크다. 바꾸어 말하면 서양 사람들보다 본심을 많이 그리고 잘 숨기고 산다는 것이 된다. 우리 한국 사람들은 자신의 의견이나 뜻을 흑백(黑白) 또는 O, X가 아니라 △표현을, 흑백이 아니라 회색 표현을, 대립이 아니라 완충(緩衝)표현을 한다.

독일에서 한국 사람을 「아마」博士라고 부른다던데, 이도저도 아닌 「아마」란 말을 너무 자주 쓰기에 얻은 별명인 것이다. 「-지 모른다」, 「-것 같다」, 「-라고 생각한다」, 「-가 보다」, 「-지 모르지만」등 본심을 표출하지 않으려는 완충어법이 일상 속에 깔려 있음을 알 수 있다. 한극 사람이 영어를 할 때 빈도 높게 쓰는 말이 「I think You know, Yes but, May be, Something like that」 같은 상대방의 반응을 배려한 말들이라 한다. 조상 대대로 더불어 살아온 촌락공동체인지라 자신의 의견을 분명히 밝힘으로써 상대방의 의견과 상충, 화(和)의 덕목을 깨지 않으려는 배려로 이 완충 표현을 설명하는 이도 있다.

이 한국인의 완충표현 가운데 대표격인 말이 「-적(的)」이다. 「자연적(自然的)-」하면 실제로는 자연이 아니면서 자연과 비슷하게 나타날 때 자연적이라 하고, 귀족은 아니면서 귀족행세를 할 때 귀족적이라고 한다. 「的」에 해당하는 영어는 「-tic」이다. 한 때 무슨 척을 하고 티를 낼 때 「-틱하다」는 말이 유행했었다. 「파우스트」는 난해하기로 소문난 작품으로 그 책을 끼고 다님으로써 아는 체하는 학생을 파우스틱 곧 파우스트적이라고 빗댔던 것이다. 식자의 일상 대화나 교수들의 강의나 저술에서 「的」자를 많이 쓰고, 그러해야만 유식해 보이는 시절도 없지 않았는데, 그것은 애매한 식견이나 입장을 도배질하기에 십상이기에 남용된 사례랄 수가 있다.

(이규태 칼럼 「쿠데타적 事件」 중에서)

요즘 들어 우리가 반성해야 할 말투가 있다. 존대어를 쓰지 않고 하대어나 비어, 은어 등을 너무 자주 내뱉는다. '-하시오'나 '-해주십시오'하면 좋을 것을 '-해야 한다', 아니 한 술 더 떠서 '-안 할거냐'하며 시비를 거는 투다. 우리 옛말에 "말 한 마디가 천냥 빚을 갚는다"는 말이 있다. 되도록 공손한 말투, 명료하고 효과적인 문체를 자기 것으로 만들어야겠다.

돌쇠라는 이름을 가진 한 백정에게 두 양반이 고기를 사러 왔다.
먼저 온 양반이 위세 좋게 백정에게 일렀다.
"야, 이놈 돌쇠야, 고기 한 근 쳐다오!" 돌쇠는 솜씨도 좋게 척척 고기를 베어 먼저 온 양반에게 주었다.
나중에 온 양반이 백정에게 부탁했다.
"이보게나 돌쇠네, 나도 고기 한 근만 주시게" 돌쇠는 이번에도 솜씨 좋게 고기를 베어 주었다. 그런데 보니 고기 양이 판이하게 다른지라 먼저 온 양반이 버럭 화를 내었다.
"이놈 돌쇠야! 같은 한 근이 어찌 이리도 다르더냐?" 그러자 돌쇠는 빙그레 웃으며 한마디 했다.
"네 그것은 말입죠, 손님 것은 돌쇠놈이 자른 것입구요, 이 어른 것은 돌쇠네가 자른 것이라 그런 것 같습니다요, 네"

(한국민화)

【문제1】

다음 두 글의 느낌이 어떻게 다른지 이야기 해보자.

(가) 자유라는 것은, 내 마음대로 행동하는 것을 의미하는 것은 아니다. 그것은 단지 혼란한 자기 마음을 그대로 내던지는 것밖에 안 된다. 자유라는 것은, 우선 자기 내부를 정리하고, 질서를 세운 데서 출발한다. 자기 자신을 정리하지 않은 행동은 임자 없이 멋대로 달리는 말이나 다름없다. 목표가 없는 행동은 하나의 방종이다. 모든 자유로운 원칙은 그 내부에 질서가 있고, 목표가 분명한 점에 있다.

(나) 동쪽 지평선이 희어지기 시작하였다. 오른쪽 농장에서 수탉 하나가 울었다. 딴 닭들이 왼쪽 농장에서 이에 화답하였다. 그 목울음소리는 닭장의 울 너머 훨씬 먼데서 들려오는 것 같았다. 그리고 모르는 동안에 희어진 하늘의 그 무한대한 궁륭 속에서 별들이 온통 사라져 없어지는 중이었다. 어디선지 조그만 새 소리가 들려왔다. 나뭇잎 사이에서 나는 그 울음소리는 처음에는 소심하였으나 이윽고 대담해지면서, 떨리는 기쁜 소리가 되어, 가지에서 가지로 나무에서 나무로 번져 나갔다. 잔느는 별안간 휘황한 빛을 느꼈다. 그래서 두 손으로 가렸던 얼굴을 들다가 그 미명의 광휘에 눈이 부시어 두 눈을 감아 버리고 말았다.

【문제2】

다음 글을 소리내어 읽기에 편한 글로 고쳐라.

(가) 태초에 말삼이 계시니라. 이 말살미 하나님과 함께 계셨으니 이 말삼은 곧 하나님이시리라. 그가 태초에 하나님과 함께 계셨고 만물

이 그로 말미암아 지은 바 되었으니 지은 것이 하나도 그가 없이는 된 것이 없나니라. 그 안에 생명이 있었으니 이 생명은 사람들의 빛이라. 빛이 어두움에 비추되 어두움이 깨닫지 못하더라.

(나) 오등은 자에 아조선의 독립국임과 조선인의 자주민임을 선언하노라. 차로써 세계만방에 과하야 인류평등의 대의를 극명하며 차로써……

희라, 구래의 억울을 선창하려 하면 시하의 고통을 파탈하려 하면 장래의 협위를 삼제하려 하면…… 오등은 자에 분기하도다……

(다) 더욱이 노동과 생산, 혁명과 투쟁에서 문학적 창의와 구상을 얻는다는 것은 조금도 기대되지 못한 것이요 도리어 이러한 문제가 문학적 논변에 오르고 보면 반드시 반동적 흥분을 하는 것이며 진보적 작가의 경향적 작품에 대하여는

(朝鮮의 反省. 1948)

【문제3】

다음 상황 중 하나를 선택하여 조건에 맞게 글을 쓰라.

(1) 당신은 성실한 학생이다. 그런데 피치 못할 사정으로 전공 레포트를 기일 내에 제출하지 못하였다. 담당교수인 김 교수는 원칙주의자로 소문난 사람이다. 교수님이 납득할 수 있도록 사유를 써보라 (감정에 호소를 배제한 채)

(2) 나는 어떤 여학생(남학생)을 좋아한다. 그런데 그 학생은 전혀 나에게 관심이 없다. 그래서 '하십시오, 하소서, 하시옵소서' 등 공대어를 써서 관심을 끌 수 있는지 편지를 쓰기로 하였다.

(3) 친구가 돈을 빌려 갔는데 잊었는지 돌려주지 않는다. 달라고 하자니 쑥스럽고 돈이 필요하고... 친구의 기분을 상하지 않게 (또는 친구가 너무 미안하지 않게) 돈을 돌려 달라는 편지를 쓰라.

9.2 수 사

글을 쓰는 목적은 글쓴이의 사상·감정·주장을 드러내는 데 있다. 수사법은 이것들을 보다 효과적으로 표현하는데 그 목적이 있다. 일반적으로 '수사법이란 아름다운 문장을 만들기 위한 것'이라고 잘못 이해하고 있다. 그러나 수사법이란 아름답게 꾸미는 것이 아니며, 읽는 사람을 현혹하고자 하는 것은 더더욱 아니다. 우리는 다양한 수사법을 활용함으로써 나타내고자 하는 내용을 적극적으로 전달할 수 있다.

우선 지금까지 배운 수사법의 기초적인 개념을 정리해 보자.

비유법 – 직유. 은유. 의인. 활유. 의성. 의태. 풍유. 대유(제유, 환유).
강조법 – 과장. 영탄. 점층(점강). 반복. 대조. 대구. 미화. 열거. 연쇄.
　　　　 억양.
변화법 – 도치. 생략. 인용. 설의. 반어. 명령. 현재. 문답. 돈호.

【문제1】

〈보기〉와 같이 다음 문장들을 (　　)안의 이미지가 선명하게 드러나도록 고쳐 써라.

보 기

그가 나를 쳐다보고 있다. (음흉함 또는 징그러움)
　― 그의 눈빛은 배암의 혓바닥이 되어 내 전신을 핥고 있었다.

---

① 방안에는 선풍기만 돌뿐 아무도 말을 하지 않았다.
　(방안의 조용함)
② 탁자 위에는 빈 꽃병만이 놓여 있다. (고독함)
③ 먹구름이 해를 가렸다. (금방이라도 비가 올 것 같음)

④ 거리에는 빈 깡통이 구르고 있었다. (거리의 스산함)
⑤ 파도가 치고 있었다. (큰 파도에 대한 두려움)
⑥ 정미는 깡마른 체구의 소유자이다. (마른 체구 강조)

【문제2】

다음 문장을 〈보기〉를 참조하여 밑줄 친 말을 쓰지 않고, 그 이미지가 나타나도록 하라.

보 기

그녀의 눈은 맑고 초롱초롱하다.
— 그녀의 눈에는 하늘의 별들이 아름다운 꿈을 꾸고 있다.

---

① 그날 밤을 칠흑같이 어둡고 조용했다.
② 그 음식은 너무 매웠다.
③ 바람이 몹시 차다.
④ 꽃이 탐스럽게 피었다.
⑤ 사과가 빨갛게 잘 익었다.

【문제3】

다음 속담의 뜻을 알아보고, 그 속담이 들어가도록 짧은 글을 지어라.

> 보 기
>
> "계집애가 오랍아하니 사내도 오랍아 한다."
>
> 현대의 특성 중 하나가 대중화이다. 대부분의 사람들은 대중이길 원하고 '대중'의 무리에 끼여 자신의 개성을 잃어간다. 자신만인 것은 초라해 보이고, 모두 다 하는 것을 동경한다. "계집애가 오랍아하니 사내도 오랍아한다"는 격이다. 그러나 진정한 대중화란 무엇일까. 아마도 무조건적인 모방의 대중화가 아닌 자신의 것으로 소화시킨 후의 개성이 모인 대중화가 아닐까 한다.

① 가루는 칠수록 고와지고 말은 할수록 거칠어진다.
② 가는 년이 물길어다 놓고 갈까.
③ 개꼬리 삼 년 묵어도 황모(黃毛) 못된다.
④ 굽은 나무가 선산을 지킨다.
⑤ 장옷 쓰고 엿 먹기.

【문제4】

〈보기〉와 같이 하나의 상황을 여러 개의 문장으로 표현하라.
(다양한 수사법으로)

> 보 기
>
> 배가 고프다
> 뱃가죽이 등에 달라붙을 만큼 배가 고팠다.
> 말고기라도 먹을 수 있을 것 같다.
> 얼마나 배가 고픈지 하늘이 노랗게 보이고, 빙글빙글 돌았다.
> 뱃 속의 거지들이 먹을 것을 달라고 아우성이다.

① 노을이 지고 있다.
② 심한 파도가 일고 있다.

③ 비행기가 심한 소음을 내며 날아가고 있다.
④ 생선이 독한 냄새를 풍기며 썩고 있다.
⑤ 그녀(그 남자)의 미소는 내 마음을 들뜨게 한다.

【문제5】

다음 두 단어에서 연상되는 것들을 대구·대조가 이루어지도록 써라.

남자와 여자
· 남자는 울지 않지만 약하고, 여자는 울지만 강하다.
· 남자는 여자에게 자신이 첫사랑이길 원하고, 여자는 남자에게 자신이
  마지막 사랑이길 원한다.

① 전쟁,＿＿＿＿＿＿＿＿＿＿　　평화,＿＿＿＿＿＿＿＿＿＿＿＿
② 천재,＿＿＿＿＿＿＿＿＿＿　　바보,＿＿＿＿＿＿＿＿＿＿＿＿
③ 비,＿＿＿＿＿＿＿＿＿＿＿　　눈,＿＿＿＿＿＿＿＿＿＿＿＿＿
④ 부자의 지갑에는 ＿＿＿＿＿＿＿＿＿＿＿＿＿＿＿＿＿＿
   가난뱅이의 지갑에는 ＿＿＿＿＿＿＿＿＿＿＿＿＿＿＿＿

X

여러 글의 문장

10.1 사설의 문장

우선 사설의 문장은 철저하게 객관적이어야 한다. 사설은 개인의 입장에서 쓰는 것이 아니라, 신문사를 대표하여 쓴 공적인 글이기 때문에 '나는', '내 생각으로는' 등과 같은 주관적인 표현은 삼가여야 한다. 그리고 사설의 문장은 쉽고 명확해야 한다. 다른 글의 문장도 쉽고 명확해야 하겠지만, 특히 사설의 문장은 사설이 일반 대중을 대상으로 한다는 점을 인식하여 쉽고 명확하게 전달되도록 써야 한다. 신문의 사설은 시사적인 내용이 많아서 자칫 조금이라도 어렵고 복잡하게 쓰면 전달 자체에 문제가 있을 수 있다.

대학가에 선거바람이 불고 있다. 곳곳에 대자보와 팜플렛이 보이고 양복을 입은 후보들의 모습도 눈에 띈다. 많은 후보들과 같이 선거를 준비하는 이들은 학생회의 위기와 혁신을 이야기한다. 학생회는 열린 공간이라며 학생회의 변화를 말하는 이들도 있다. 과연 오늘의 학생회의 위기는 무엇이며 또 그 위기를 어떻게 돌파해야 하는가?

지금의 학생회의 위기는 의사소통의 단절로 귀결된다. 이 시대를 주도하는 것은 다양성이며 현재 학생회는 그 다양성을 소화해내지 못하고 있다. 학생들과 대화하려는 노력보다는 학생들을 하나로 묶으려는 궁리만을 하고 있는 것이 학생회의 모습이다. 학생회는 진정으로 학생들이 무엇을 원하는지에 대해 알지 못한다. 아직도 과거 학생회 깃발만 꽂으면 학생들이 모이던 때를 잊지 못하는 이들도 있을 것이다. 민주주의를 말하는 학생회 내부의 민주주의도 이루어지지 않고 있다. 백만의 조직이라는 한총련은 중앙위원회가 모든 것을 결정하는 독재기구였다. 의사소통의 확보를 전제하는 아래로부터의 민주주의는 학생회 내에서 전혀 이루어지지 않았고 그 결과 학생들은 학생회를 불신하게 됐다.

이제 우리는 학생회를 의사소통의 공간으로 혁신시켜야 한다. 학생들의 다양성과 그 차이를 인정하는 데서 의사소통은 시작된다. 학생들의 관심사와 사회를 보는 다양한 관점들을 파악하려는 노력을 해야 한다. 학생회 내부에 여러 소모임을 만들어 여러 담론을 활성화시키는 것도 좋은 방안이 될 것이다. 이제 더 이상 운동만을 논하는 학생회는 설 자리가 없다. 학생들의 의견 표출과 토론의 장, 그것이 오늘날 학생회의 모습이 되어야 할 것이다.

그러나 위에서 말한 것이 대중추수주의가 되어서는 안 된다. 운동만을 고민해서도 안되지만 운동을 고민하지 않는다면 그것은 더 이상 학생회가 아니다. 시대를 고민하고 비판하는 데 가장 자유로울 수 있는 계급이 대학생이다. 그것은 대학생에게 부여된 사회적 의무라고도 할 수 있다. 학생회가 학생들의 조직이라면 그 조직은 당연히 사회에 대한 고민과 비판의 최선두에 서야 한다. 학생들과의 만남과 대화 속에서 운동을 하나의 담론으로 이끌어내야 한다. 그리고 그 속에서 사회에 대한 비판적 안목을 키워내고 학생들과 함께 진보의 최일선에 학생회가 서야 한다.

이 사설은 네 문단으로 구성되어 있다. 첫 문단에서는 학생회가 위기를 맞고 있다는 '사실'을 서술하였다. 둘째 문단에서는 위기의 핵심이 아래로부터의 민주주의를 외면함으로써 빚어진 의사소통의 두절에 있다고 '평가'하였다. 셋째 문단에서는 학생회 내부에 소모임을 만들어 여러 담론을 활성화시키는 등 의사소통의 공간을 혁신해야 한다고 '대응방안'을 제시하였다. 넷째 문단에서는 의사소통은 제도화해야 하겠지만 그렇다고 대중추수주의에 빠져 운동을 외면해서는 안 된다는 점을 강조하였다. 이 문단은 위문단의 '대응방안'을 보완한 것으로 볼 수 있다. 이 사설은 전형적인 '사실-평가-대응방안'의 구성형식을 취한 일례이다.

이러한 구성 형식 속에서 문장 표현을 다듬으면서 사설 쓰기 훈련을 통한 문장 쓰기 훈련을 해 보자.

이 사설 가운데 '과거'는 빼야 하며, '백만의 조직'의 '의'도 삭제해야 한다. 그밖에 이텔릭체와 밑줄 친 부분은 화살표(→) 아래와 같이 고쳐야 한다.

- 지금의 학생회의 위기는 의사소통의 단절로 귀결된다.
  → 학생회의 위기는 의사소통의 단절에 기인한다.
- 학생회는 그 다양성을 소화해내지 못하고 있다.
  → 학생회는 그 다양성을 소화하지 못하고 있다.
- 학생들이 무엇을 원하는지에 대해 알지 못한다.
  → 학생들이 무엇을 원하는지 알지 못한다.
- 백만의 조직이라는 한총련은 중앙위원회가 모든 것을 결정하는 독재 기구였다.
  → 한총련은 백만 조직을 자랑하지만, 중앙위원회가 모든 것을 자의적으로 결정한다.
- 의사소통의 공간으로 혁신시켜야 한다.
  → 의사소통의 공간으로 혁신해야 한다.
- 학생회 내부에 여러 소모임을 만들어 여러 담론을 활성화시키는 것도 좋은 방안이 될 것이다.
  → 학생회에 여러 소모임을 만들어 담론을 활성화하는 것도 좋은 방안이다.
- 가장 자유로울 수 있는 계급이 대학생이다.
  → 가장 자유로울 수 있는 집단이 대학생이다.
- 학생들과의 만남과 대화 속에서 운동을 하나의 담론으로 이끌어내야 한다.
  → 학생들과 만나고 대화를 나누어 운동에 대한 공론을 창출해야 할 것이다.

- 사회에 대한 비판적 안목을 키워내고 학생들과 함께 진보의 최일선
  에 학생회가 서야 한다.
  → 사회에 대한 비판적 안목을 키워, 학생회가 진보의 최일선에 서
    야 한다.

10.2 칼럼의 문장

칼럼의 문장 역시 사설의 문장이 갖추어야 할 요소들을 모두 갖추고
있어야 한다. 그러나 사설의 문장보다는 더 부드럽고 일상적인 용어들로
문장을 기술하여야 한다는 것이다.

논리적이고 객관적인 문장 기술보다는 수필에 가까울 정도로 비유적이
고 정서적인 문장이 칼럼의 문장이 갖는 특징이라고 할 것이다. 이러한
칼럼의 특성 때문에 칼럼을 쓸 때에는 문장이 너무 길어지지 않게 항상
유념해야 한다. 그리고 어느 부분이 일화이고 글쓴이의 생각인지 분명하
게 구분될 수 있도록 문장을 기술하여야 한다.

어느 장애인의 호소

김포공항에 내리는 순간 다시 행동이 「마비」되고 말았다는 어느 장애인 유학생의 호소는 우리 사회의 장애인 편의시설 미비와 장애인에 대한 무관심을 보여주는 부끄러운 단면이다. 「장애인 천국」이라고 할 만큼 복지시설이 잘 돼 있는 미국과 우리를 비교할 수는 없지만, 시설이 없는 대신 편의라도 주려는 마음가짐조차 안돼 있는 현실이 문제다. 미국에서 귀국한 그는 장애인용으로 개조한 미니밴을 통관하는데 1천만원의 세금을 물어야 했다. 정상인이라면 마땅히 세금을 물어야 하지만, 장애인의 신체 일부나 다름없는 이동수단을 예외로 인정하지 않은 경직성이야말로 정부의 장애인 복지정책이 겉돌고 있다는 증거다. 특히 호텔 백화점 등 대중이 이용하는 공간에 편의시설이 안돼 있어 그가 겪어야 했던 불편은 안타까운 정도를 넘어 야박한 세태를 읽게 한다. 「장애인 먼저」는 커녕 「장애인 똑같이」라는 의식이 중요한 것이다.

법이 없는 것도 아니다. 공공시설에 장애인 편의시설을 의무적으로 설치토록 규정한 「장애인 노인 임산부 등의 편의증진 보장에 관한 법률」이 지난해 통과됐다. 이 법에 따라 지난 4월 이후 신축 및 증·개축하는 공공건물 종합병원 도로 공원 등에는 출입경사로, 휠체어 리프트, 전용화장실, 통신시설을 의무적으로 설치해야 한다. 기존시설 역시 8년 이내에 편의시설을 갖추도록 했다. 그러나 보건복지부가 지난 4월에 조사한 바로는 전국 공공건물의 장애인 시설은 41.9%에 불과하다.

심각한 문제는 1백만명 이상으로 추정되는 각종 장애인들이 실제 생활에서 운신하기가 너무 어렵다는 점이다. 시각장애인용 보도블록이 깔리는 등 일부 개선된 부분도 있으나 장애인들이 활동하기에는 아직도 막힌 곳이 많고 턱이 높다. 서울 등 대도시의 경우는 횡단보도가 미비한데다 건널목 신호는 건강한 사람도 건너기 어려워 장애인들에게는 공포대상이다. 특히 지하도와 육교 70%에 손잡이가 설치되지 않아 통행에 불편을 주고 있고, 지하철역도 승강기가 없는 곳이 많아 이용하기가 힘들다. 계단이 가로막아 휠체어가 올라갈 수 없는 건물들이 태반이고, 출입구 회전문은 철벽처럼 장애인을 가로막는다. 장애인 전용주차장도 표지뿐이다. 대학도 장애학생을 선발했으면 그들이 이용할 수 있는 편의시설을 마련하는 게 필수인데도 실상은 그렇지 않다. 비탈길과 가파른 난간, 손잡이 없는 복도는 장애학생들의 가슴을 멍들게 하고 있다. 어느 장애인 유학생이 겪은 불편은 새삼스런 일이 아니라고 말할 게 아니라 장애인에 대한 우리 사회의 인식을 바꾸는 경종으로 삼아야 한다.

예를 들어 위 사설의 첫 문단을 칼럼의 첫 문단 중 일화의 형식으로 바꾼다면 다음과 같을 것이다.

어느 장애인이 김포공항을 내리자마자 한 걸음도 움직일 수 없는 마비 상태를 경험하게 되었다. 모든 이동 공간에는 계단이 설치되 있어도 한발

자국도 나아갈 수가 없었다. 에스컬레이터가 설치된 곳도 장애인을 위한 장치는 아무 곳에서도 발견할 수가 없었다. 화장실에 가고 싶어 어렵게 화장실에 들어갔다 하여도 혼자서는 볼일을 볼 수가 없었다. 택시를 타려 해도 길턱은 턱없이 높았고, 택시 정류장에 도착하였다 하더라도 정상인들처럼 날쌘 행동을 할 수 없어 결국 택시 잡기를 포기해야만 했다. 장애인을 위한 시설의 부재에다가 장애인을 아껴주는 마음조차 없어 그 장애인은 한국의 푸른 하늘만 바라보면서 망연자실할 수밖에 없었다.

사설의 첫 문단이 사실과 그것에 대한 평가로 이루어졌다면, 칼럼의 첫 문단은 이처럼 판단을 생략한 채 장애인이 김포공항에서 겪었던 마비의 일화를 들려주는 문장 기술이 이루어져야 한다.

물론 모든 칼럼의 문장 기술이 이와 같이 이루어져야 한다는 것은 아니다. 단지 최근 칼럼의 문장들이 이와 같은 특성을 갖는다는 것뿐이다. 그러므로 칼럼의 문장을 쓰기를 훈련하기 위해서는 사설의 문장 쓰기 훈련에 덧붙여 서사적인 문장 쓰기 훈련과 더불어 대화체 형식의 문장 쓰기 훈련을 더해야 할 것이다.

10.3 기사문의 문장

일반적으로 기사문은 세 번 말한다고 한다. ① 표제(title), ② 전문(lead), ③ 본문(body)이 그것이다. 이 세 가지가 기사문의 구성 요소이다. 전형적인 '역 피라미드형'의 기사문을 전제로 하여 표제에 핵심적인 사실·사건을 제시하고 전문에서는 요약하고 본문에서는 그 내용을 중요도에 따라 차례로 기술한다.

표제 : 日축산물 수입금지
전문 : 광우병 소 첫 확인⋯ 1500마리에 같은 사료
본문 : 영국 수의연구소가 지난 10일 일본 지바(千葉)현에서 발견된 소가 광우병(소해면뇌상증·BSE)에 걸렸다고 공식 판정함에 따라 농림부는 23일

모든 일본산 축산물에 대해 수입금지조치를 내렸다.

농림부는 지난 10일부터 일본산 축산물에 대해 잠정적으로 검역을 중단하고 있다. 노경상 농림부 축산국장은 "수입금지조치에 따라 검역장에 대기 중인 일본산 축산물은 모두 반송할 예정"이라고 말했다.

이와 함께 농림부는 일본산 의약품·화장품과 원료 등을 수입할 때 일본 정부가 발행한 BSE 미감염증명서 제출을 의무화하기로 결정했다. 또 전국 시·도와 사료회사, 한우협회 및 낙농협회에 가축 사료에 육골분(肉骨粉) 사료를 사용하지 말 것을 지시했다.

이에 앞서 일본 정부는 지바현에서 지난 10일 발견된 광우병 감염의심 소를 영국 수의(獸醫)연구소에 검사 의뢰한 결과 광우병에 감염된 것으로 확인됐다고 22일 발표했다.

일본 언론은 야마가타현과 홋카이도(北海道), 군마(群馬), 사이타마(埼玉), 나가노(長野)현 등 5개현 26개 낙농가에서 감염원으로 추정되는 육골분과 혈분을 사용한 것으로 나타났으며 이들 낙농가에서 사육한 소는 적어도 1470마리에 이른다고 전했다.

(중앙일보, 2001. 9. 24 /金泳秀기자 yskim2@chosun.com
/東京=權大烈특파원)

기사문의 문장은 사건과 사실을 정확하게 전달하는데 있다. 사건과 사실을 정확하게 분석하고 이해하는 방법은 여러 가지가 있으나 '육하원칙'이 바탕이 된다. 바꾸어 말하면 "① 언제(When), ② 어디서(Where), ③ 누가(who), ④ 왜(Why), ⑤ 무엇을(What), ⑥ 어떻게(How)"의 여섯 가지 내용이 사건과 사실을 기술하거나 이해하는 데 없어서는 안될 기사문 문장의 요소이다.

최근 기사문의 경향은 '다양성'과 '전문성'이다. 육하원칙의 기술 원칙을 크게 벗어나지 않는 범위 안에서 기사문의 일반적인 형식이 파괴되고 있다. 이러한 다양한 형태의 기사문은 전문성을 바탕으로 하고 있다. 즉, 최근 신문 기사문은 수준이 높아진 독자층의 알권리를 충족시키기 위해 사실·사건에 대한 폭넓은 지식과 좀 더 깊은 분석을 덧붙이고 있다.

독자들의 의식 수준 향상과 알권리에 대한 높은 열정, 그리고 다양한 취향은 기사문에의 형태에도 커다란 변화를 가져왔다. 기사문 외에도 핵심 낱말에 대한 설명을 자세히 덧붙여 이해를 돕는다든지, 원인이나 결과·대책 등을 추적한다든지, 전문가의 의견을 밝힌다든지 주요 인물의 짤막한 생각이나 의견을 인터뷰 형식으로 소개하는 등 말 그대로 형식 파괴를 이룩하고 있다.

10.4 광고문의 문장

광고(Advertising, Advertisement)의 어원은 라틴어의 'Adverter'라는 말에서 나왔다. 'Adverter'는 '돌아보게 하다', '주의를 돌리다'의 뜻을 가지고 있다. 독일어와 불어에서는 광고를 각각 'Die Reklame'와 'Reclame'라고 하는데, 여기에서 'Klane'와 'Clame'는 모두 '부르짖다'라는 뜻을 지닌 라틴어 'Clamo'에서 파생된 말이며, 'Re-'는 '다시(再)'를 의미하므로 곧 이들은 '반복하여 부르짖다'는 뜻이 된다. 우리나라에서도 초기에는 광고인을 '널리 부르짖는 사람'이라는 뜻을 가진 '광호인(廣呼人)'이라고 불렀다.

이를 바탕으로 광고의 정의를 내려본다면 "광고는 의사소통 형식의 하나로서, 사회의 대량 정보 전달을 경제적 목적으로 활용한 것"이라고 할 수 있다. 즉 광고는 산업사회와 상업주의, 그리고 매스커뮤니케이션이 발달시킨 현대 사회의 새로운 의사 소통 방식이라 할 수 있다.

현대인은 생산자이자 소비자이다. 현대인은 물품이나 정보를 생산하고 또한 소비한다. 따라서 생산과 소비를 촉진시키는 의사 소통이 필요하고 그것에 대한 욕구가 점차 높아지고 있다. 현대의 광고는 단순히 상품을 알리기 위한 도구가 아니라 하나의 문화로 자리 잡고 있다. 현대인은 광고 속에서 살아가고 있다고 해도 과언이 아니다. 라디오나 텔레비전, 신문이나 잡지, 인터넷 공간에서까지 광고를 접하며 살고 있다. 그만큼 광고는 현대인의 일상 생활에 많은 영향을 미치고 있으며, 아울러 현대인은 광고를 떠나서는 생활할 수 없다.

현대인은 생산자와 소비자의 두 입장에서 광고를 대하고 생각한다. 그러나 광고를 대하는 입장은 언제나 소비자의 시각에 의해 결정된다. 생산자는 소비자의 구매 의욕을 높이기 위해 끊임없이 소비자의 시각을 고려하고 소비자의 입장에서는 더 좋은 물품을 구매하기 위해 소비자 자신의 시각에서 벗어나지 않으려고 노력한다.

즉, 광고는 다양한 소비자의 취향과 구매 의욕을 높이기 위해 소비자의 주의 환기를 중점으로 기획되고 표현된다. 또한 소비자의 주의 환기에서 그치는 것이 아니라 물품 구매라는 행동을 불러 일으켜야 하므로 항상 참신성과 강렬한 이미지를 만들어내기 위해 조직적이고 창조적이다.

이러한 특성상 광고는 일정한 형식이나 표현 기법이 있을 수 없다. 말 그대로 '형식 파괴', '내용 파괴'가 가장 빠르게 그리고 강렬하게 일어나는 곳이 바로 광고의 세계이다. 최근 광고의 경향은 아예 광고문 없이 강한 이미지만을 드러낸다거나 광고 상식을 뛰어넘는 광고들이 소비자의 눈을 끌고 있다.

광고의 형식이나 기법도 일정한 틀을 가지고 있지 않다. 아직도 노래 형식을 통해 광고를 만들거나 만화 영화를 포함한 영화나 드라마의 등장 인물을 내세우는 고전적인 전통을 차용하는 광고들이 있기는 하나 광고의 생명은 새로운 형식이나 기법을 꾸준히 창조하는 데 있다고 할 것이다.

그러나 최근의 광고가 모든 것을 파괴하고 창조의 영역을 넓혀가고 있다고는 하나 잊지 말아야 할 것이 있다. 그것은 광고가 상품이나 서비스 그리고 기업에 대한 정보를 많은 사람들에게 전달하는 설득적 의사 소통이라는 것이다. 즉 광고란 상품에 대한 정보를 효과적으로 전달하는 데 그치지 않고 소비자를 설득하여 상품을 구입하도록 하는 것을 목적으로 한다는 것이다. 따라서 광고에서는 설득이 매우 중요한 위치를 차지한다. 설득은 송신자가 원하는 수신자의 행동 변화를 위해 주로 메시지를 통해 달성하는 역동적 과정이다.

광고가 기호적 자극을 통해 수신자의 반응을 이끌어내는 행위라는 측면에서 볼 때 '광고 문장(copy)' 작성이 중요한 데 이 때 무엇보다 중요한 것은 창의성과 사고력이다. 뿐만 아니라 정확성과 도덕성도 요구된다. 이미 우리가 경험한 바와 같이 상품 판매라는 목적만을 달성하기 위한 허위·과대 광고, 상호 비방 광고, 반공공성 광고 등은 광고의 본질적인 의미에서 벗어난 광고이다.

광고 문장은 우선 표제(headline), 부제(sub-headline), 본문(body), 표어(slogan)로 이루어져 있다.

(1) 표제(headline)는 광고 문장 중 가장 눈에 잘 띄는 곳에 위에 위치하여 소비자의 관심을 순간적으로 이끌어내야 하므로 가장 중요한 역할을 한다. 표제는 소비자의 눈을 광고에 머물게 하고 나아가 본문을 읽게 해야만 한다. 따라서 상품의 특징이 무엇인가를 생각하고 상품을 사용할 소비자의 관심 사항, 나이, 성별 등을 면밀하게 따져 보아야 한다.

(2) 부제(sub-headline)는 표제의 위나 아래에 위치하나 본문의 중간 중간에 위치하기도 한다. 그러나 부제를 '작은 표제'라고 부르는 것처럼 그 크기는 표제보다 작고 그리고 본문보다는 큰 것이 일반적이며, 글씨체나 색깔을 표제를 달리 하기도 한다.

부제의 기능은 소비자의 구매 의욕을 유발할 수 있도록 상품의 필요성, 장점, 특징 등을 간략하지만 강하게 전하는 것이다. 다시 말하면 표제의 정보와 광고 주제를 보강해주는 것이 목적이라 할 수 있다. 즉 부제는 소비자가 광고에 좀더 관심을 갖도록 주의를 다시 한번 환기시키면서 본문의 핵심 내용과 관련이 깊다는 점에서 표제와 본문을 연결시켜주는 역할을 담당한다.

굳이 표제와 부제의 차이점을 찾는다면, 표제는 철저하게 소비자의 입장에 서서 표현한 문장이라면 부제는 여기에 생산자의 생각과 주장을 첨가하거나 생산자의 생각과 주장으로 전환하는 시점이라는 것이 다르다고 할 수 있다.

(3) 본문(body)은 상품이나 판매 방식, 서비스 등에 관한 자세한 정보를 제공하는 기능을 담당한다. 따라서 본문은 상품과 관련된 정보를 보다 자세하게 설명하는 형식을 취하게 된다. 따라서 본문은 소비자의 취향이나 필요성과 밀접한 관련이 있어야 하며, 상품이나 판매방식, 서비스 등이 소비자의 요구를 어떻게 만족시켜 줄 것

인가를 인상에 남도록 설명해야 한다.

본문의 문장은 마치 직접 대화하고 있다는 느낌이 들도록 쓰는 것이 일반적이다. 따라서 대화체를 충분히 활용하거나 편지투의 문장을 효과적으로 활용할 필요가 있다. 어떠한 기술 양식을 쓰든 소비자와 직접적인 의사 소통 형식을 갖추는 것이 좋다. 특히 광고는 소비자 혼자 읽는다는 점을 감안하여 1:1 의사 소통 방식 염두에 두고 문장을 작성하는 것이 좋을 것이다.

광고 문장은 그 자체가 훌륭한 아이디어야 하고 최종적으로 소비자의 이익을 강조하는 내용을 담고 있어야 한다. 그러면서도 간단 명료해야 한다. 소비자들, 특히 요즘 소비자들은 긴 문장이나 구구 절절한 설명을 좋아하지 않는다는 명심하여야 한다. 할 이야기는 모두 하되, 극단적으로 짧아야 한다. 그러므로 간단한 말로 많은 이야기를 할 수 있는 표현 기법을 익혀야 한다.

최근 광고 문장의 흐름은 '기술 양식의 극대화'라는 표현으로 정리할 수 있다. 즉, 서정이면 서정을 극대화하거나 서사면 서사를 극대화하는 특성을 보인다. 그러면서도 상품이 가지고 있는 기능과 역설적인 기법을 사용한다.

가령, 항상 휴대하고 다니면서 수시로 통화를 할 수 있다는 강점을 가진 휴대폰을 광고하면서 '잠시 꺼두어도 좋습니다'라는 문구를 사용하는 것은 서정을 극대화하면서 동시에 상품의 기능과는 역설적인 발상을 한 광고라 할 수 있다. 또 휴대폰 광고를 하면서 무슨 내용인지 알 수 없는 화면만이 나오다가 'TTL'하고 끝나는 광고는, 설명이나 설득이라는 광고의 일반적인 속성을 해체하고 묘사의 극대화 방식을 채택하여 강한 이미지를 소비자에게 심어주고 있는 셈이다.

⑷ 표어(slogan)는 표제와 유사한 기능을 하나 선언적·구호적 성격이 짙다는 점에서 표제와는 다르다. 표어는 광고의 상단 왼쪽이나 하단 중앙, 또는 본문의 위치에 따라 왼편 중앙이나 오른편 중앙에 위치하면서 몇 마디 말로 오랫동안 기억에 남도록 하는 기능을 담당한다. 그래서 때로는 어떠한 상품 광고인지는 잊고 표어만을 기억하는 경우도 있다.

표어는 무엇보다도 기억하기 좋아야 한다. 따라서 단순하고 반복하기 쉬워야 하며 새로운 감각을 나타내어야 한다. 표어를 쓸 때에는 리듬이나 운율 등도 염두에 두어야 하며 음색에도 신경을 써야 한다.

'침대는 가구가 아니라 과학입니다'라는 어느 침대 광고의 표어는 짧으면서도 새로운 감각을 갖추고 있으며 '○○이 아니라 ○○입니다'라는 일반적인 문장 구조의 리듬을 갖추고 있어 소비자의 기억에 오래도록 남는 것이다.

광고 문장은 표제(headline), 부제(sub-headline), 본문(body), 표어(slogan)할 것 없이 모두 다음과 같은 점에 유의하여 작성하여야 한다.

① 쉽게 읽히고 쉽게 이해될 수 있어야 한다. - 일상 생활에서 사용하기 쉬운 단어와 표현을 사용하고 어려운 단어나 잘 사용하지 않는 표현은 삼가 한다.

② 문장은 짧고 명료하게 - 광고 문장은 길어서는 안 된다. 문장이 길어지다 보면 주술 관계가 엉키게 되고 주술 관계가 명확하지 않으면 무슨 말을 하려는 것인지 파악할 수 없다. 따라서 광고 문장은 주술 관계가 분명한 짧은 문장이어야 한다.

③ 상투적인 표현이나 과장된 표현은 피한다. - 상투적인 표현은 소비자의 관심을 끌지 못하고 과장된 표현은 신뢰를 얻지 못한다. 뿐만 아니라 '끝내줍니다'. '일단 한번 와 보라니까요'와 같은 유행어도 깊이 생각해 보고 사용하여야 한다. 인기 연예인이 쓸 때에는 좋아 보이던 표현도 광고문으로 옮겨 놓고 보면 오히려 천박해 보이는 경우가 많기 때문이다.

④ 생산자나 광고주의 입장의 표현이나 내용은 피한다. - '광고주가 광고문을 작성하거나 기획하면 그 광고는 실패한다'는 속설이 있다. 이는 생산자나 광고주의 입장을 너무 살리려 하다보면 소비자의 입장에서 잘 읽히는 광고가 되지 못한다는 것을 의미한다. 광고는 철저하게 소비자 입장에서 만들어져야 하며, 그래야만 소비자를 설득하는 광고가 될 수 있다.

바꾸어 말하면 '우리 제품은 ～ 합니다' 식으로 시작되는 설명 위주의 광고보다는 '여러분에게 ～ 가져다 줄 것입니다'와 같은 식의 표현이 바람직한 광고 문장의 표현이라는 것이다.

⑤ 참신하고 독창적인 문장이어야 한다. - '광고는 아이디어 싸움'이라는
  말이 있다. 이 말은 광고는 항상 기존의 광고에 비해 새롭고 다른 광
  고와 구별될 때 본래의 효과를 얻을 수 있다는 말이다. 광고 문장에
  가장 중요한 것이 바로 '참신성'과 '독창성'이다.

【예시 1】

【예시 1】은 소주의 서민성을 표현한 광고이다. 많은 서민들이 힘들
고 괴로울 때 소주 한 잔으로 해소한다는 데 착안한 광고문이다. 즉 상
품의 주요 대상이 누구인가를 정확히 분석하고 주요 고객이 상품을 이용
하는 목적을 문장으로 표현한 것이다. 주요 고객의 공감을 먼저 사야 했
기에 상품의 이름은 제일 마지막에 위치해 있다.

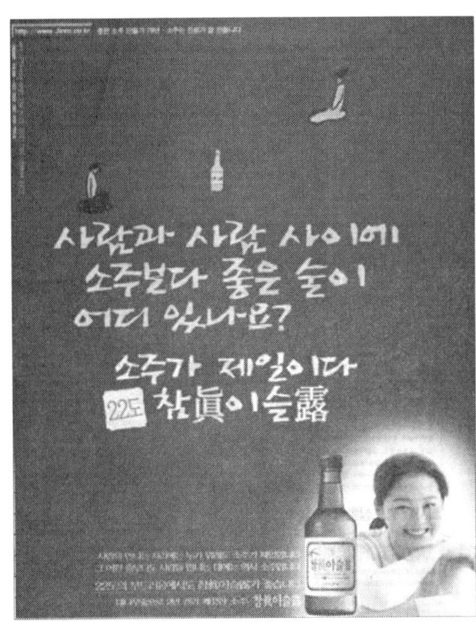

【예시 2】

　【예시 2】는 상품이 지니고 있는 인간적인 측면을 부각한 것이다.
　【예시 1】처럼 주요 고객이 서민층이라는 것도 고려하였을 것이다. 상품
이 인간 사회에서 어떤 기능을 하는 가를 휴머니틱하게 표현하였다. 즉 사
람과 사람을 이어주는 데에 소주가 제일이라는 공감에 바탕을 두면서도 소
주를 애용하지 않은 사람들에게 휴머니즘으로 접근하고 있는 것이다.
　【예시 2】역시 【예시 1】과 마찬가지로 상품의 이름은 제일 끝에 두
었다. 먼저 사람을 만나는 자리에는 소주가 제일이라는 것을 부각시키고
그 다음 술 중에서도 소주가 제일이라는 것을 반복하여 강조한 다음 상
품의 이름을 슬그머니 제시하고 있다.
　이처럼 광고문의 성격에 따라 상품 이름의 위치도 신중하게 고려해야 한다.

에는…
山에는 녹차가 들어있습니다!
*녹차는 숙취해소에 좋습니다!
소주와 녹차가 만나 아침이 산뜻 - 山

【예시 3】

【예시 4】

아침이 산뜻!
산뜻한 산을 마시니
아침이 두렵지 않다
소주와 녹차가 만나 아침이 산뜻 - 山

소주와 녹차가 만나 山이 되었다
소주와 녹차의 깨끗한 만남 - 山

【예시 5】

【예시 6】

소주여
山을 배워라
소주와 녹차의 산뜻한 만남 - 山
DOOSAN
www.doosan.com

【예시】3·4·5·6은 모두 동일한 제품의 광고이다. 그리고 녹차를 넣어 녹차의 효능을 제품에서 살렸다는 내용이다. 그러나 각기 광고문의 초점이 다르고 따라서 소비자가 느끼는 분위기가 다르다.

【예시 3】은 제품의 이름을 크게 제시하고 있다. 제품의 이름을 먼저 눈에 익숙하게 하려는 의도에서이다. 그 다음 녹차를 넣었고 녹차는 숙취 해소에 좋다는 효능을 설명하고 있다. 이러한 설명의 기법은 새로 출시한 제품을 제품 광고에 종종 쓰는 기법이다.

【예시 4】는 '아침이 산뜻'하다는 제품의 효능을 강조하고 있다. 소주를 마시고 아침에 속이 거북한 것을 경험한 소비자라면 쉽게 눈길을 줄 수 있는 광고이다. 짧은 광고에서 '산뜻하다'를 세 번 강조함으로써 상품이 지니고 있는 효능을 최대한 부각시키고 있다.

【예시 5】는 서사적인 문장으로 기술하고 있다. '소주와 녹차가 만나 산이 되었다'를 표제로 놓고 상품의 특징인 '녹차'에 대해 서술하고 있다. 상품에 쓴 녹차는 한라산과 지리산 기슭에서 자란 것이어서 순수 자연산이고 따라서 깨끗하다는 것을 은연중에 강조하고 있다. 사용한 단어도 '깨끗한', '개운한'을 반복하여 숙취가 없음을 강조하고 있다.

【예시 6】은 '소주여 산을 배워라'는 표제를 통해 다른 소주들이 자신들의 제품을 배우야 한다고 말하고 있다. 하지만 문맥적인 의미는 자기 회사의 제품이 다른 회사의 제품과는 다르다는 것을 나타내고 있다. 다른 제품들은 자기 제품을 따라 올 수 없다는 당당함을 표현함으로써 소비자들의 믿음을 이끌어 내는 전략을 쓰고 있다. '깨끗함'과 '산뜻함'이란 단어를 적절히 사용하여 제품의 효능과 이미지를 강조하고 있다.

이처럼 광고의 문장은 어디에 초점을 두느냐에 따라 다양하다. 시적인 문장도 가능하고, 서사적인 문장도 가능하고 대화문도 가능하다. 문제는 제품의 특성과 장점을 명확하게 드러내어 소비자의 소비 욕구를 자극하느냐 하는 것이다. 그러나 무엇보다 중요한 것은 광고를 통해 소비자들에게 '믿음'을 주는 것이다. 너무 현혹하는 광고문, 너무 과장된 광고문은 그 생명이 짧을 수밖에 없다.

부 록

- 부록Ⅰ 문제로 푸는 한글 맞춤법
- 부록Ⅱ 문제로 푸는 표준어 규정
- 부록Ⅲ 한글맞춤법·표준어규정
  종합문제
- 참고문헌

문제로 푸는 한글 맞춤법

제 1 장 총 칙

제 1 항 한글 맞춤법은 표준어를 소리대로 적되, 어법에 맞도록 함을 원칙으로 한다.

제 2 항 문장의 각 단어는 띄어 씀을 원칙으로 한다.

제 3 항 외래어는 '외래어 표기법'에 따라 적는다.

제 2 장 자 모

제 4 항 한글 자모의 수는 스물넉 자로 하고, 그 순서와 이름은 다음과 같이 정한다.

ㄱ(기역)	ㄴ(니은)	ㄷ(디귿)	ㄹ(리을)
ㅁ(미음)	ㅂ(비읍)	ㅅ(시옷)	ㅇ(이응)
ㅈ(지읒)	ㅊ(치읓)	ㅋ(키읔)	ㅌ(티읕)
ㅍ(피읖)	ㅎ(히읗)		

ㅏ(아)	ㅑ(야)	ㅓ(어)	ㅕ(여)
ㅗ(오)	ㅛ(요)	ㅜ(우)	ㅠ(유)
ㅡ(으)	ㅣ(이)		

[붙임1] 위의 자모로써 적을 수 없는 소리는 두 개 이상의 자모를
어울러서 적되, 그 순서와 이름은 다음과 같이 정한다.

ㄲ(쌍기역)   ㄸ(쌍디귿)   ㅃ(쌍비읍)
ㅆ(쌍시옷)
ㅉ(쌍지읒)   ㅐ(애)   ㅒ(얘)   ㅔ(에)
ㅖ(예)   ㅘ(와)   ㅙ(왜)   ㅚ(외)
ㅝ(워)   ㅞ(웨)   ㅟ(위)   ㅢ(의)

[붙임2] 사전에 올릴 적의 자모 순서는 다음과 같이 정한다.

자음 ㄱ ㄲ ㄴ ㄷ ㄸ ㄹ ㅁ ㅂ ㅃ ㅅ ㅆ ㅊ ㅈ ㅉ
      ㅊ ㅋ ㅌ ㅍ ㅎ
모음 ㅏ ㅐ ㅑ ㅒ ㅓ ㅔ ㅕ ㅖ ㅗ ㅘ ㅙ ㅚ ㅛ ㅠ
      ㅝ ㅞ ㅟ ㅠ ㅡ ㅢ ㅣ

제 3 장 소리에 관한 것

제 1 절 된소리

제 5 항 한 단어 안에서 뚜렷한 까닭 없이 나는 된소리는 다음 음절
의 첫소리를 된소리로 적는다.

1. 두 모음 사이에서 나는 된소리

소쩍새   어깨   오빠   으뜸   아끼다   기쁘다
깨끗하다   어떠하다   해쓱하다   거꾸로
부썩   어찌   이따금

2. 'ㄴ,ㄹ,ㅁ,ㅇ'받침 뒤에서 나는 된소리

산뜻하다   잔뜩   살짝   훨씬   담뿍   움찔
몽땅   엉뚱하다

다만, 'ㄱ, ㅂ'받침 뒤에서 나는 된소리는, 같은 음절이나 비슷한 음절이 겹쳐 나는 경우가 아니면 된소리로 적지 아니한다.

국수   깍두기   딱지   색시   싹둑(~싹둑)
법석   갑자기   몹시

(1) 밑줄 친 부분의 표기가 맞는 것은?

① 라면에 적당히 익은 <u>깍뚜기</u>와 찬밥은 그 누구도 부인할 수 없는 맛의 조화라니까.

② 오늘 새벽에 설날 귀성 열차표를 예매하려고 서울역에 갔는데 <u>야단법썩이</u> 났더라.

③ 골목에서 <u>갑짜기</u> 뛰어든 아이들 때문에 하마터면 교통 사고를 낼 뻔했어.

④ 혹시나 네가 치킨이라도 사올 줄 알고 <u>잔뜩</u> 기대하면서 안자고 있었단 말야.

(2) 밑줄 친 부분의 표기가 잘못 된 것은?

① 아내는 화가 나서 아무 말 없이 식탁 위에 놓인 김치를 <u>싹둑싹둑</u> 자르기만 했다.

② 그녀의 연두빛 가디건은 5월의 봄햇살보다도 더 <u>산뜻하고</u> 따스해 보였다.

③ 이제 어둑어둑해지고 손님도 없으니 그냥 떨이로 <u>담뿍</u> 담아 주시면 안돼요?

④ 다시 검은색으로 염색하니까 단정하고 학생다운 게 <u>훨신</u> 이쁘다.

제 2 절 구개음화

제 6 항 'ㄷ,ㅌ'받침 뒤에 종속적 관계를 가진 '-이(-)'나 '-히-'가 올
적에는 그 'ㄷ, ㅌ'이 'ㅈ, ㅊ'으로 소리나더라도 'ㄷ, ㅌ'으로 적는다
(ㄱ을 취하고, ㄴ을 버림)

ㄱ	ㄴ	ㄱ	ㄴ
맏이	마지	핥이다	할치다
해돋이	해도지	걷히다	거치다
굳이	구지	닫히다	다치다
같이	가치	묻히다	무치다
끝이	끄치		

  (3) 밑줄 친 부분의 표기가 잘못 된 것은?

    ① 이 엄마는 아무리 힘들어도 우리 <u>맏이</u>만 보면 든든하단다.

    ② 정동진으로 가는 <u>해돋이</u> 열차에는 모두 연인들뿐이었다.

    ③ 비가 그치고 나면 구름이 <u>거치고</u> 우리에게도 밝은 햇살이 가득할 거야.

    ④ 문이 <u>닫히면서</u> 손까락이 낄 수도 있으니 항상 조심해야 한다.

제 3 절 'ㄷ' 소리 받침

제 7 항 'ㄷ' 소리로 나는 받침 중에서 'ㄷ'으로 적을 근거가 없는 것
은 'ㅅ'으로 적는다.

덧저고리	돗자리	엇셈	웃어른	핫옷	무릇
사뭇	얼핏	자칫하면	뭇[衆]	옛	첫	헛

  (4) 밑줄 친 부분의 표기가 맞는 것은?

    ① <u>돋자리</u>가 없으면 신문지라도 깔고 앉으면 되니 너무 까다롭게 굴지
마라.

② <u>덛저고리</u>가 너무 큰데, 품을 좀 맞춰야 하지 않을까요?
③ 깜빡 졸다가 <u>자칫하면</u> 중앙선을 넘어 거꾸로 달릴뻔 했다.
④ 아이들은 어렸지만 <u>사문</u> 진지하게 경청하는 분위기였다.

제 4 절 모 음

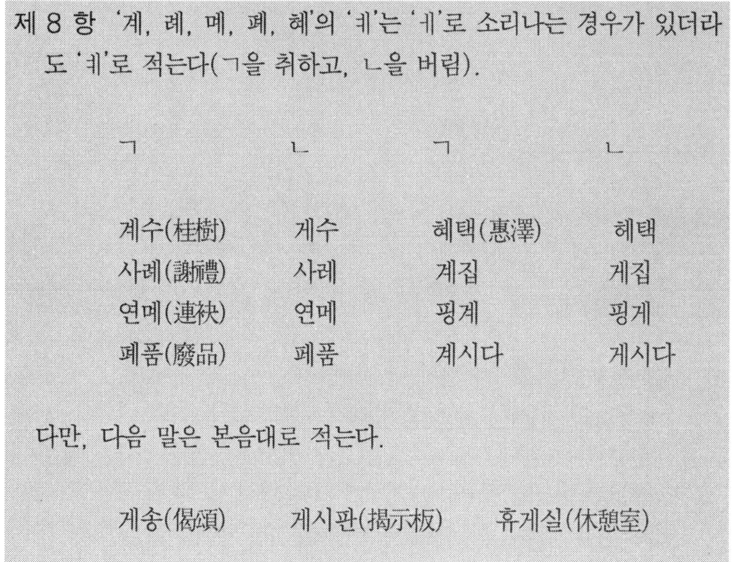

제 8 항 '계, 례, 몌, 폐, 혜'의 'ㅖ'는 'ㅔ'로 소리나는 경우가 있더라
도 'ㅖ'로 적는다(ㄱ을 취하고, ㄴ을 버림).

ㄱ	ㄴ	ㄱ	ㄴ
계수(桂樹)	게수	혜택(惠澤)	헤택
사례(謝禮)	사레	계집	게집
연몌(連袂)	연메	핑계	핑게
폐품(廢品)	페품	계시다	게시다

다만, 다음 말은 본음대로 적는다.

게송(偈頌)	게시판(揭示板)	휴게실(休憩室)

(5) 밑줄 친 부분의 표기가 잘못 된 것은?
① 쓰지 않게 된 <u>폐품</u>이라도 반드시 쓸 때가 있으니 함부로 버리는 게
아니다.
② 말이 되는 <u>핑계</u>를 지어내야 내가 믿을 거 아냐?.
③ 취업공고문은 밖에 있는 <u>계시판</u>에 붙어 있으니 참고하시기 바랍니다.
④ 독립 기념일인데도 거리에는 국기를 <u>게양</u>한 곳을 찾아보기 힘들 정
도다.

> **제 9 항** '의'나, 자음을 첫소리로 가지고 있는 음절의 'ㅢ'는 'ㅣ'로 소
> 리나는 경우가 있더라도 'ㅢ'로 적는다(ㄱ을 취하고 ㄴ을 버림).
>
> | ㄱ | ㄴ | ㄱ | ㄴ |
> |-----------|----------|-------------|----------|
> | 의의(意義) | 의이 | 닁큼 | 닝큼 |
> | 본의(本義) | 본이 | 띄어쓰기 | 띠어쓰기 |
> | 무늬〔紋〕 | 무니 | 씌어 | 씨어 |
> | 보늬 | 보니 | 틔어 | 씨어 |
> | 오늬 | 오니 | 희망(希望) | 히망 |
> | 하늬바람 | 하니바람 | 희다 | 히다 |
> | 닐리리 | 닐리리 | 유희(遊戱) | 유희 |

(6) 밑줄 친 부분의 표기가 잘못 된 것은?

　① 연푸른 <u>잔디</u> 위에서 놓친 풍선을 잡으려고 뛰어 다니는 아이들을 우
　　두커니 바라보았다.

　② 이 <u>무늬</u>는 정교한 손길이 많이 들어가는 거라 새기려면 꽤 비쌀 텐데
　　괜찮으세요?

　③ 할머니는 "<u>닐리리야 닐리리야</u> 니나노." 민요를 부르시며 덩실덩실 어
　　깨춤을 추셨다.

　④ 서쪽에서 <u>하늬바람</u>이 불어올 때쯤 온다고 하셨던 아빠는 그 해에도
　　돌아오지 않으셨다.

제 5 절　두음 법칙

> **제 10 항**　한자음 '녀, 뇨, 뉴, 니'가 단어 첫머리에 올 적에는 두음
> 법칙에 따라 '여, 요, 유, 이'로 적는다(ㄱ을 취하고 ㄴ을 버림).

ㄱ	ㄴ	ㄱ	ㄴ
여자(女子)	녀자	유대(紐帶)	뉴대
연세(年歲)	년세	이토(泥土)	니토
요소(尿素)	뇨소	익명(匿名)	닉명

다만, 다음과 같은 의존 명사에서는 '냐, 녀' 음을 인정한다.

냥(兩)   냥쭝(兩-)   년(年)(몇 년)

[붙임1] 단어의 첫머리 이외의 경우에는 본음대로 적는다.

남녀(男女)   당뇨(糖尿)   결뉴(結紐)   은닉(隱匿)

[붙임2] 접두사처럼 쓰이는 한자가 붙어서 된 말이나 합성어에서,
뒷말의 첫소리가 'ㄴ'소리로 나더라도 두음 법칙에 따라 적는다.

신여성(新女性)   공염불(空念佛)   남존여비(男尊女卑)

[붙임3] 둘 이상의 단어로 이루어진 고유 명사를 붙여 쓰는 경우에
도 붙임 2에 준하여 적는다.

한국여자대학   대한요소비료회사

(7) 밑줄 친 부분의 표기가 잘못 된 것은?
① 1920년대 <u>신여성</u>이란 단어는 허울만 좋은 겉치레일 뿐이었다.
② 밀레니엄 시대에 아직도 <u>남존녀비</u> 운운하는 너의 구시대적 발상은 정
말 놀랍다 놀라워!
③ <u>연세</u>가 많이 드셨으니 이제는 자식들만 챙기지 말고 당신 삶을 즐기
면서 사세요.

④ 가지고 있는 패물이라곤 작년에 우리 딸이 준 은 두 <u>냥쭝</u>밖에 없다오.

제 11 항 한자음 '랴, 려, 례, 료, 류, 리'가 단어의 첫머리에 올 적
에는 두음 법칙에 따라 '야, 여, 예, 요, 유, 이'로 적는다.
(ㄱ을 취하고 ㄴ을 버림).

ㄱ	ㄴ	ㄱ	ㄴ
양심(良心)	량심	용궁(龍宮)	룡궁
역사(歷史)	력사	유행(流行)	류행
예의(禮儀	례의	이발(理髮)	리발

다만, 다음과 같은 의존 명사는 본음대로 적는다.

리(里) : 몇 리냐?
리(理) : 그럴 리가 없다.

[붙임1] 단어의 첫머리 이외의 경우에는 본음대로 적는다.

개량(改良)	선량(善良)	수력(水力)	협력(協力)
사례(謝禮)	혼례(婚禮)	와룡(臥龍)	쌍룡(雙龍)
하류(下流)	급류(急流)	도리(道理)	진리(眞理)

다만, 모음이나 'ㄴ' 받침 뒤에 이어지는 '렬', '률'은 '열', '율'로 적는
다(ㄱ을 취하고 ㄴ을 버림).

ㄱ	ㄴ	ㄱ	ㄴ
나열(羅列)	나렬	분열(分裂)	분렬
치열(齒列)	치렬	선열(先烈)	선렬
비열(卑劣)	비렬	진열(陳列)	진렬
규율(規律)	규률	선율(旋律)	선률
비율(比率)	비률	전율(戰慄)	전률
실패율(失敗率)	실패률	백분율(百分率)	백분률

[붙임2] 외자로 된 이름을 성에 붙여 쓸 경우에도 본음대로 적을 수
있다.

신립(申砬)   최린(崔麟)   채륜(蔡倫)   하륜(河崙)

[붙임3] 준말에서 본음으로 소리나는 것은 본음대로 적는다.

국련(국제연합)   대한교련(대한교육연합회)

[붙임4] 접두사처럼 쓰이한 한자가 붙어서 된 말이나 합성어에서 뒷
말의 첫소리가 'ㄴ' 또는 'ㄹ' 소리가 나더라도 두음 법칙에 따라
적 는다.

역이용(逆利用)   연이율(年利率)   열역학(熱力學)
해외여행(海外旅行)

[붙임5] 둘 이상의 단어로 이루어진 고유 명사를 붙여 쓰는 경우나
십진법에 따라 쓰는 수(數)도 붙임 4에 준하여 적는다.

서울여관   신흥이발관   육천육백육십육(六千六白六十六)

(8) 밑줄 친 부분의 표기가 맞는 것은?

① 우리 학원은 전국에서 명문대 진학율이 가장 높으니 믿고 따라 오십시오.

② 제 2의 IMF로 올해 대학 졸업생의 취업율이 20%정도를 밑돌 것으로 예상된다.

③ 이런 분위기로는 능율이 오를 것 같지 않으니 단합대회라도 가졌으면 합니다.

④ 통계 수치의 백분율로 제시하는 것이 사람들의 마음에 실제적으로 와 닿을 텐데요.

(9) 밑줄 친 부분의 표기가 잘못 된 것은?

① 별주부는 토끼를 용궁으로 데리고 갔다.

② 꿈에 쌍용이 내게 달려들어 여의주를 떨어뜨렸지 뭐야.

③ 유유상종이라더니 너희들을 두고 한 얘기구나.

④ 강은 하류로 내려갈수록 유속이 완만해지며 굵은 줄기를 이룬다.

제 12 항 한자음 '라, 래, 로, 뢰, 루, 르'가 단어의 첫머리에 올 적에는 두음법칙에 따라 '나, 내, 노, 뇌, 누, 느'로 적는다.
(ㄱ을 취하고 ㄴ을 버림).

ㄱ	ㄴ
낙원(樂園)	락원
내일(來日)	래일
노인(老人)	로인
뇌성(雷聲)	뢰성
누각(樓閣)	루각
능묘(陵墓)	릉묘

[붙임1] 단어의 첫머리 이외의 경우는 본음대로 적는다.

쾌락(快樂) 극락(極樂)   거래(去來)   왕래(往來)
부로(父老) 연로(年老)   지뢰(地雷)   낙뢰(落雷)
고루(高樓) 광한루(廣寒樓) 동구릉(東九陵) 가정란(家庭欄)

[붙임2] 접두사처럼 쓰이는 한자가 붙어서 된 단어는 뒷말을 두음 법칙에 따라 적는다.

내내월(來來月) 상노인(上老人)   중노동(重勞動)
비논리적(非論理的)

(10) 밑줄 친 부분의 표기가 잘못 된 것은?
　① 무녕왕능은 2,500여점에 달하는 부장품이 발굴된 백제 문화의 보고이다.
　② 고랭지 채소는 제 철이 아닐 때 시장에 공급할 수 있으므로 투자가치가 있다.
　③ 괜히 허튼소리 써놓지 말고 제발 답란에는 정답만 쓰길 바란다.
　④ 밀턴의 장편 서사시 실낙원을 읽어보았니?

(11) 밑줄 친 부분의 표기가 잘못 된 것은?
　① 영월각이란 노각에 올라 달을 맞이하니 옛 선인들의 고적함을 느낄 수 있었다.
　② 옛날에 그렇게 정정하시던 분이 연로하시니 마음이 되게 안 좋더라.
　③ 이 잡지에서 볼만한 것은 가정란밖에 없다.
　④ 그 분은 평생 현세에 뜻을 두지 않고 극낙왕생을 꿈꾸며 불도를 닦으셨습니다.

제 6 절 겹쳐 나는 소리

제 13 항 한 단어 안에서 같은 음절이나 비슷한 음절이 겹쳐 나는 부분은 같은 글자로 적는다(ㄱ을 취하고 ㄴ을 버림).

ㄱ	ㄴ
딱딱	딱닥
쌕쌕	쌕색
씩씩	씩식
똑딱똑딱	똑딱똑딱
쓱싹쓱싹	쓱싹쓱싹
연연불망(戀戀不忘)	연련불망
유유상종(類類相從)	유류상종
누누이(屢屢－)	누루이

ㄱ	ㄴ
꼿꼿하다	꼿곳하다
놀놀하다	놀롤하다
눅눅하다	눅눅하다
밋밋하다	밋밋하다
싹싹하다	싹싹하다
쌉쌀하다	쌉쌀하다
씁쓸하다	씁쓸하다
짭짤하다	짭잘하다

(12) 밑줄 친 부분의 표기가 잘못 된 것은?

　① 이 가구는 신혼가구치고는 너무 <u>밋밋한</u> 거 같다.

　② 돌아오지 않을 사람을 <u>연연불망</u> 기다리는 것처럼 어리석은 짓은 없다.

　③ 형과 나는 <u>연년생</u>으로 태어나서 부모님 고생이 더욱 심했다.

④ 어머니는 비오는 날의 <u>눅눅한</u> 느낌이 싫어 여름날에도 방에 불을 때
 곤 하셨다.

제 4 장 형태에 관한 것

제 1 절 체언과 조사

> **제 14 항** 체언은 조사와 구별하여 적는다.
>
> | | | | | |
> |---|---|---|---|---|
> | 떡이 | 떡을 | 떡에 | 떡도 | 떡만 |
> | 손이 | 손을 | 손에 | 손도 | 손만 |
> | 팔이 | 팔을 | 팔에 | 팔도 | 팔만 |
> | 밤이 | 밤을 | 밤에 | 밤도 | 밤만 |
> | 집이 | 집을 | 집에 | 집도 | 집만 |
> | 옷이 | 옷을 | 옷에 | 옷도 | 옷만 |
> | 콩이 | 콩을 | 콩에 | 콩도 | 콩만 |
> | 낮이 | 낮을 | 낮에 | 낮도 | 낮만 |
> | 꽃이 | 꽃을 | 꽃에 | 꽃도 | 꽃만 |
> | 밭이 | 밭을 | 밭에 | 밭도 | 밭만 |
> | 앞이 | 앞을 | 앞에 | 앞도 | 앞만 |
> | 밖이 | 밖을 | 밖에 | 밖도 | 밖만 |
> | 넋이 | 넋을 | 넋에 | 넋도 | 넋만 |
> | 흙이 | 흙을 | 흙에 | 흙도 | 흙만 |
> | 삶이 | 삶을 | 삶에 | 삶도 | 삶만 |
> | 여덟이 | 여덟을 | 여덟에 | 여덟도 | 여덟만 |
> | 곬이 | 곬을 | 곬에 | 곬도 | 곬만 |
> | 값이 | 값을 | 값에 | 값도 | 값만 |

(13) 밑줄 친 부분의 표기가 맞는 것은?

① 내가 스물 <u>여덜에</u>는 날아가는 새를 바라보기만 해도 떨어졌었지.

② 아는 사람 아무도 없는 한적한 시골에 집을 짓고, <u>바츨</u> 일구며 살고 싶다.

③ 서울은 <u>집값이</u> 너무 비싸 사람 살 곳이 못 된다.

④ 마음 속에 남들이 다가올 수 없는 <u>골만</u> 만들며 사는 사람은 나누는 삶을 살 수 없다.

제 2 절 어간과 어미

제 15 항 용언의 어간과 어미는 구별하여 적는다.

먹다	먹고	먹어	먹으니
신다	신고	신어	신으니
믿다	믿고	믿어	믿으니
울다	울고	울어	(우니)
넘다	넘고	넘어	넘으니
입다	입고	입어	입으니
웃다	웃고	웃어	웃으니
찾다	찾고	찾아	찾으니
좇다	좇고	좇아	좇으니
같다	같고	같아	같으니
높다	높고	높아	높으니
좋다	좋고	좋아	좋으니
깎다	깎곳	깎아	깎으니
앉다	앉고	앉아	앉으니
많다	많고	많아	많으니
늙다	늙고	늙어	늙으니
젊다	젊고	젊어	젊으니
넓다	넓고	넓어	넓으니
훑다	훑고	훑어	훑으니

읊다	읊고	읊어	읊으니
옳다	옳고	옳아	옳으니
없다	없고	없어	없으니
있다	있고	있어	있으니

〔붙임1〕 두 개의 용언이 어울려 한 개의 용어이 될 적에, 앞말의 본뜻이 유지되고 있는 것은 그 원형을 밝히어 적고, 그 본뜻에서 멀어진 것은 밝히어 적지 아니한다.

(1) 앞말의 본뜻이 유지되고 있는 것

넘어지다	늘어나다	늘어지다	돌아가다
되짚어가다	들어가다	떨어지다	벌어지다
엎어지다	접어들다	틀어지다	흩어지다

(2) 본뜻에서 멀어진 것

드러나다	사라지다	쓰러지다

〔붙임2〕 종결형에서 사용되는 어미 '-오'는 '요'로 소리나는 경우가 있더라도 그 원형을 밝혀 '오'로 적는다(ㄱ을 취하고 ㄴ을 버림).

ㄱ	ㄴ
이것은 책이오.	이것은 책이요.
이리로 오시오.	이리로 오시요.
이것은 책이 아니오.	이것은 책이 아니요.

> [붙임3] 연결형에서 사용되는 '이오'는 '이요'로 적는다.
>   (ㄱ을 취하고 ㄴ을 버림)
>
> | ㄱ | ㄴ |
> |---|---|
> | 이것은 책이요, 저것은 붓이요, 또 저것은 먹이다. | 이것은 책이오, 저것은 붓이오, 또 저것은 먹이다. |

(14) 밑줄 친 부분의 표기가 잘못 된 것은?
  ① 당신이 진정 풍족할 때가 아닌 가난으로 허덕일 때 당신의 쌀을 퍼 <u>주십시오.</u>
  ② 이것은 수채화 붓이요, 저것은 유화용 <u>붓이요,</u> 그것은 수묵화용 붓이니 구별 잘 해라.
  ③ 오늘 누추한 집에 찾아주시니 감사하고, 안녕히 <u>가십시요.</u>
  ④ 봄이 되어 겨울 내 쌓인 눈이 녹듯 이젠 가을 내 바래가던 은행잎이 지고 <u>있어요.</u>

(15) 밑줄 친 부분의 표기가 잘못 된 것은?
  ① <u>업어지면</u> 코 닿을 데니까 걱정하지 말고 타세요.
  ② 경사가 급해서 <u>넘어지면</u> 큰일나니 조심히 내려오세요..
  ③ 이번 폭풍으로 땀흘려 키워놓은 벼들이 다 <u>쓰러졌다.</u>
  ④ 낙엽이 하나 둘 투명한 가을하늘로 <u>흩어졌다.</u>

> 제 16 항 어간의 끝음절 모음이 'ㅏ, ㅗ'일 때에는 어미를 '-아'로 적고, 그 밖의 모음일 때에는 '-어'로 적는다.
>
>   1. '-아'로 적는 경우
>
> | | | |
> |---|---|---|
> | 나아 | 나아도 | 나아서 |
> | 막아 | 막아도 | 막아서 |
> | 얇아 | 얇아도 | 얇아서 |
> | 돌아 | 돌아도 | 돌아서 |
> | 보아 | 보아도 | 보아서 |

2. '-어'로 적는 경우

개어	개어도	개어서
겪어	겪어도	겪어서
되어	되어도	되어서
베어	베어도	베어서
쉬어	쉬어도	쉬어서
저어	저어도	저어서
주어	주어도	주어서
피어	피어도	피어서
희어	희어도	희어서

(16) 밑줄 친 부분의 표기가 잘못 된 것은?

① 보내고 나서 평생 후회하지 말고 사랑한다면 <u>잡어라.</u>

② 가슴이 답답해서 견딜 수 없는 날은 절 뒷산에서 온 산이 울려라 나무를 <u>베었다.</u>

③ 미친 운전자로 인해 무고한 시민이 다 죽는걸 <u>막아야하는</u> 것이 종교의 역할 아닙니까?

④ 아무리 <u>저어</u> 가도 닿을 수 없는 항구도 있는 것이다.

제 17 항 어미 뒤에 덧붙는 조사 '-요'는 '-요'로 적는다.

읽어	읽어요
참으리	참으리요
좋지	좋지요

(17) 밑줄 친 부분의 표기가 잘못 된 것은?

① 요즘에는 시간이 소중하다는 생각 때문에 조각 시간을 이용해서 시집을 <u>읽어요.</u>

② 아우가 와야지 형이 다 늙어서 거기까지 <u>가리오.</u>

③ 그 논문에 대한 자료가 필요하다면 언제든지 나를 <u>찾아오시오.</u>
④ 아름다운 요양원이라서 여행가는 기분으로 당신을 만나러 가는 것은 나에게도 <u>좋지요.</u>

제 18 항 다음과 같은 용언들은 어미가 바뀔 경우, 그 어간이나 어미가 원칙에 벗어나면 벗어나는 대로 적는다.

1. 어간의 끝 'ㄹ'이 줄어질 적

갈다:	가니	간	갑니다	가시다	가오
놀다:	노니	논	놉니다	노시다	노오
불다:	부니	분	붑니다	부시다	부오
둥글다:	둥그니	둥근	둥급니다	둥그시다	둥그오
어질다:	어지니	어진	어집니다	어지시다	어지오

[붙임] 다음과 같은 말에서도 'ㄹ'이 준 대로 적는다.

마지못하다　　마지않다　　(하)다마다　　(하)자마자

2. 어간의 끝 'ㅅ'이 줄어질 적

긋다:	그어	그으니	그었다
낫다:	나아	나으니	나았다
잇다:	이어	이으니	이었다
짓다:	지어	지으니	지었다.

(하)지마라　　(하)지 마(아)　3. 어간의 끝 'ㅎ'이 줄어질 적

그렇다:	그러니	그럴	그러면	그럽니다	그러오
까맣다:	까마니	까말	까마면	까맙니다	까마오
동그랗다:	동그라니	동그랄	동그라면	동그랍니다	동그라오

퍼렇다:　퍼러니　　퍼럴　　퍼러면　　퍼럽니다　**퍼러오**
하얗다:　하야니　　하얄　　하야면　　하얍니다　**하야오**

4. 어간의 끝 'ㅜ, ㅡ'가 줄어질 적

푸다:　　　　퍼　　　　펐다
끄다:　　　　꺼　　　　껐다
담그다:　　　담가　　　담갔다
따르다:　　　따라　　　따랐다
뜨다:　　　　떠　　　　떴다
크다:　　　　커　　　　컸다
고프다:　　　고파　　　고팠다
바쁘다:　　　바빠　　　바빴다

5. 어간의 끝 'ㄷ'이 'ㄹ'로 바뀔 적

걷다[步)]:　　걸어　　　걸으니　　걸었다
듣다[聽]:　　들어　　　들으니　　들었다
묻다[問]:　　물어　　　물으니　　물었다
싣다[載]:　　실어　　　실으니　　실었다

6. 어간의 끝 'ㅂ'이 'ㅜ'로 바뀔 적

깁다:　　　　기워　　　기우니　　기웠다
굽다[炙]:　　구워　　　구우니　　구웠다
괴롭다:　　　괴로워　　괴로우니　　괴로웠다
맵다:　　　　매워　　　매우니　　매웠다
무겁다:　　　무거워　　무거우니　　무거웠다
밉다:　　　　미워　　　미우니　　미웠다
쉽다:　　　　쉬워　　　쉬우니　　쉬웠다

다만, '돕-, 곱-'과 같은 단음절 어간에 어미 '아'가 결합되어 '와'로
소리나는 것은 '-와'로 적는다.

돕다〔助〕:　　도와　　도와서　　도와도　　도왔다
곱다〔麗〕:　　고와　　고와서　　고와도　　고왔다

7. '하다'의 어미 활용에서 어미 '-아'가 '-여'로 바뀔 적

하다:　　하여　　하여서　　하여도　　하여라　　하였다

8. 어간의 끝음절 '르' 뒤에 오는 어미 '-어'가 '-러'로 바뀔 적

이르다〔至〕: 이르러　　　　　　이르렀다
노르다:　　　　　노르러　　　　　노르렀다
누르다:　　　　　누르러　　　　　누르렀다
푸르다:　　　　　푸르러　　　　　푸르렀다

9. 어간의 끝음절 '르'의 '─'가 줄고, 그 위에 오는 어미 '-아/-어'가
　'-라/-러'로 바뀔 적

가르다:　　　　갈라　　　갈랐다
거르다:　　　　걸러　　　걸렀다
구르다:　　　　굴러　　　굴렀다
벼르다:　　　　별러　　　별렀다
부르다:　　　　불러　　　불렀다
오르다:　　　　올라　　　올랐다
이르다:　　　　일러　　　일렀다
지르다:　　　　질러　　　질렀다

(18) 밑줄 친 부분의 표기가 잘못 된 것은?

　① 이렇게 옥상에 앉아 수많은 집들의 불빛들을 바라보면 살아있음이 <u>아름다워져.</u>

　② 네가 그렇게 인생을 함부로 뒹굴리는 걸 보는 내 마음은 더 <u>괴로와</u> 죽겠다.

　③ 맨날 투정만 부리지 말고 아프신 어머니 좀 <u>도와 드려라.</u>

　④ 우리 고향집은 제주도에서도 성산 일출봉과 아주 <u>가까워.</u>

(19) 밑줄 친 부분의 표기가 맞는 것은?

　① <u>멀지않아</u> 다시 기회가 돌아올 거라고 생각해.

　② 이 끈으로 <u>잇어서</u> 연결해 보자.

　③ 예쁜 강아지 집을 <u>짓어서</u> 선물해 주면 좋아할꺼에요.

　④ 입이 닳도록 말해 <u>마지못해</u> 하는 건 나도 원치 않아.

제 3 절　접미사가 붙어서 된 말

제 19 항　어간에 '-이'나 '-음/-ㅁ'이 붙어서 명사로 된 것과 '-이'나 '-히'가 붙어서 부사로 된 것은 그 어간의 원형을 밝히어 적는다.

　1. '-이'가 붙어서 명사로 된 것

길이	깊이	높이	다듬이	땀받이	달맞이
먹이	미닫이	벌이	벼훑이	살림살이	쇠붙이

　2. '-음/-ㅁ'이 붙어서 명사로 된 것

걸음	묶음	믿음	얼음	엮음	울음	웃음
졸음	죽음	앎	만듦			

3. '-이'가 붙어서 부사로 된 것

    갈이   굳이   길이   높이   많이   실없이   좋이
짓궂이

4. '-히'가 붙어서 부사로 된 것

    밝히   익히   작히

다만, 어간에 '-이'나 '-음'이 붙어서 명사로 바뀐 것이라도 그 어간의 뜻과 멀어진 것은 그 원형을 밝히어 적지 아니한다.

    굽도리   다리〔髢〕   목거리(목병)   무녀리
    코끼리   거름〔비료〕   고름〔膿〕   노름(도박)

〔붙임〕 어간에 '-이'나 '음'이외의 모음으로 시작된 접미사가 붙어서 다른 품사로 바뀐 것은 그 어간의 원형을 밝히어 적지 아니한다.

(1) 명사로 바뀐 것

    귀머거리   까마귀   너머   뜨더귀   마감   마개
    마중   무덤   비렁뱅이   쓰레기   올가미   주검

(2) 부사로 바뀐 것

    거뭇거뭇   너무   도로   뜨덤뜨덤   바투
    불긋불긋   비로소   오긋오긋   자주   차마

(3) 조사로 바뀌어 뜻이 달라진 것

    나마   부터   조차

(20) 밑줄 친 부분의 표기가 잘못 된 것은?

    ① 저기 저 산 <u>너머</u>에 네 어미가 묻혀있단다.

    ② 이 고개만 <u>넘으면</u> 정상이 코앞인데 그냥 갈 수는 없어.

    ③ 학교도 못 다니고 어깨 <u>넘어로</u> 공부해서 여기까지 왔어.

    ④ 사람들과 연락을 끊고 이 섬에 온 지도 한 달이 <u>넘었다.</u>

(21) 밑줄 친 부분의 표기가 맞는 것은?

    ① 비록 <u>살림사리</u>는 초라하지만 서로 아껴주는 사랑이 있으니 남부럽지 않다.

    ② <u>궂이</u> 직접 오실 필요는 없습니다.

    ③ <u>귀먹어리</u>이지만 입모양을 통해 무슨 말을 하는지 알아들을 수는 있어요.

    ④ 오늘은 달이 탐스러우니 할머니 모시고 뒷산으로 <u>달맞이</u> 가자.

(22) 밑줄 친 부분의 표기가 맞는 것은?

    ① 그는 부인이 죽고 난 후 알콜중독에 <u>놀음</u>까지 폐인이 돼버렸다.

    ② 아무리 말해도 <u>곧이듣지</u> 않으니 이제 나도 상관하지 않겠다.

    ③ 넉넉히 만들어서 먹고, <u>남어지</u>는 반찬거리로 싸주려고 한다.

    ④ 말을 너무 함부로 했지만, 여자라서 <u>참아</u> 때릴 수는 없었다.

제 20 항 명사 뒤에 '-이'가 붙어서 된 말은 그 명사의 원형을 밝히어 적는다.

1. 부사로 된 것

  곳곳이   낱낱이   몫몫이   샅샅이   앞앞이   집집이

2. 명사로 된 것

    곰배팔이   바둑이   삼발이   애꾸눈이   육손이
    절뚝발이/절름발이

> [붙임] '-이' 이외의 모음으로 시작된 접미사가 붙어서 된 말은 그 명사의 원형을 밝히어 적지 아니한다.
>
> 꼬락서니　　끄트머리　　모가치　　　바가치　　　바깥　　　사타구니
> 싸라기　　　이파리　　　지붕　　　지푸라기　　짜개

(23) 밑줄 친 부분의 표기가 잘못 된 것은?
　　① 일은 안하고 게으름만 피우면서 자기 <u>모가치는</u> 다 챙기는 게 얄밉다.
　　② 세월이 가도 잊지 않고 <u>간간이</u> 연락해주니 고마울 뿐이다.
　　③ <u>모가지</u>에 칼이 들어와도 절대 꿈쩍 안할걸세.
　　④ 이 길의 <u>끝으머리</u>에는 미지의 인생이 기다리고 있을 것이다.

> 제 21 항　명사나 혹은 용언의 어간 뒤에 자음으로 시작된 접미사가 붙어서 된 말은 그 명사나 어간의 원형을 밝히어 적는다.
>
> 1. 명사 뒤에 자음으로 시작된 접미사가 붙어서 된 것
>
> 값지다　　홅지다　　넋두리　　빛깔　　옆댕이　　잎사귀
>
> 2. 어간 뒤에 자음으로 시작된 접미사가 붙어서 된 것
>
> 낚시　　　늙정이　　　덮개　　　뜨게질　　　갉작갉작하다
> 갉작거리다　　　　　뜯적거리다　　　　뜯적뜯적하다
> 굵다랗다　　　　　　굵직하다　　　　　깊숙하다
> 넓적하다　　　　　　높다랗다　　　　　늙수그레하다
> 얽죽얽죽하다
>
> 다만, 다음과 같은 말은 소리대로 적는다.

> (1) 겹받침의 끝소리가 드러나지 아니하는 것
>
>   할짝거리다   널따랗다   널찍하다   말끔하다   말쑥하다
>   말짱하다   실쭉하다   실큼하다   얄따랗다   얄팍하다
>   짤따랗다   짤막하다   실컷
>
> (2) 어원이 분명하지 아니하거나 본뜻에서 멀어진 것
>
>   넙치   올무   골막하다   납작하다

(24) 밑줄 친 부분의 표기가 맞는 것은?

  ① <u>밤낚시</u>의 진정한 맛은 고기를 낚는데 있는 게 아니고 밝아오는 새벽을 낚는데 있다.

  ② 네가 슈퍼에 갔다오면 그동안 내가 집안을 <u>말금하게</u> 치워놓고 있을께.

  ③ 고기는 이 강물 속에 넉넉히 있으니 이제부터 <u>맛갈스럽게</u> 매운탕 끓일 준비나 하게.

  ④ 한 마리도 못잡으면 <u>넙치라도</u> 한 마리 사들고 가야지 이놈의 마누라 핀잔을 안듣지.

(25) 밑줄 친 부분의 표기가 맞는 것은?

  ① 심리학적으로 사람은 머쓱해질 때면 무의식적으로 머리를 <u>글적거린다고</u> 한다.

  ② 우리 손자가 이렇게 <u>말숙하게</u> 차려입으니 다 늙은 이 할망구 가슴도 설레는구나.

  ③ 네가 아무리 외쳐도 돌아오지 않을 <u>넉두리</u>라는 걸 왜 알지 못하는 거니?

  ④ 마을 어귀의 <u>널따란</u> 평상에는 늘 할머니들이 모여 정겨운 이야기를 하신다.

제 22 항 용언의 어간에 다음과 같은 접미사들이 붙어서 이루어진 말들은 그 어간을 밝히어 적는다.

1. '-기-, -리-, -이-, -히-, -구-, -우-, -추-, -으키-, -이카-, -애-'가 붙는 것

맡기다	옮기다	웃기다	쫓기다	뚫리다	울리다
낚이다	쌓이다	핥이다	굳히다	굽히다	넓히다
앉히다	얽히다	잡히다	돋구다	솟구다	돋우다
갖추다	곧추다	맞추다	일으키다	돌이키다	없애다

다만, '-이-, -히-, -우-'가 붙어서 된 말이라도 본뜻에서 멀어진 것은 소리대로 적는다.

도리다(칼로 ~)	드리다(용돈을 ~)	고치다
바치다(세금을 ~)	부치다(편지를 ~)	거두다
미루다	이루다	

2. '-치-, -뜨리-, -트리-'가 붙는 것

놓치다	덮치다	떠받치다	받치다	밭치다	부딪치다
뻗치다	엎치다	부딪뜨리다/부딪트리다		쏟뜨리다/쏟트리다	
젖뜨리다/젖트리다	찢뜨리다/찢트리다		흩뜨리다/흩트리다		

[붙임] '-업-, -읍-, -브-'가 붙어서 된 말은 소리대로 적는다.

미덥다	우습다	미쁘다

(26) 밑줄 친 부분의 표기가 잘못 된 것은?

　① 경사가 심하니 기반 작업을 위해 땅을 <u>돋아</u> 평탄하게 만들어야 합

니다.
② 새벽에 집에서 나와 하얀 눈이 쌓인 길을 가로등과 함께 걸었다.
③ 우린 이미 실타래처럼 <u>얼켜버려서</u> 그 누구도 풀 수 없는 관계가 되
어 버렸다.
④ 부모님께 조금만 <u>굽히면</u> 될텐데 왜 네 맘대로 하려고만 하니?

(27) 밑줄 친 부분의 표기가 맞는 것은?
① 그 편지는 <u>붙이지</u> 못하고 늘 가방 한켠에 넣어서 다녔다.
② 돈과 정성을 <u>드려</u> 산 물건인데 내 맘에 안든다고 버릴 수야 있겠느냐?
③ 늘 월급의 대다수를 세금으로 <u>받혀도</u> 개선되는 사항이 없으니 이민
붐이 이는 것이다.
④ 동학의 거센 함성은 대부분이 못배우고 못사는 농민들이 <u>일으킨</u> 운
동이었다.

제 23 항   '-하다'나 '-거리다'가 붙는 어근에 '-이'가 붙어서 명사가
된 것은 그 원형을 밝히어 적는다(ㄱ을 취하고 ㄴ을 버림).

ㄱ	ㄴ
깔쭉이	깔쭈기
꿀꿀이	꿀구리
눈깜짝이	눈깜짜기
더펄이	더퍼리
배불뚝이	배불뚜기
삐죽이	삐주기
살살이	살사리
쌕쌕이	쌕쌔기
오뚝이	오뚜기
코납작이	코납자기
푸석이	푸서기
홀쭉이	홀쭈기

[붙임] '-하다'나 '-거리다'가 붙을 수 없는 어근에 '-이'나 또는 다른 모음으로 시작되는 접미사가 붙어서 명사가 된 것은 그 원형을 밝히어 적지 아니한다.

개구리	귀뚜라미	기러기	깍두기	꽹과리	날라리
누더기	동그라미	두드러기	딱따구리	매미	부스러기
뻐꾸기	얼루기	칼싹두기			

(28) 밑줄 친 부분의 표기가 맞는 것은?

① 한 번 앓고 나더니 왜 이렇게 <u>홀쭈기</u>가 되었니?

② 결코 쓰러지지 않는 <u>오뚜기</u>처럼 굳세게 버텨내야 한다.

③ 청소 다 해놨는데 이렇게 과자 <u>부스러기</u>를 흘려놓으면 어떡하니?

④ 개굴개굴 <u>개굴이</u> 노래를 한다. 아들 손자 며느리 다 모여서.

제 24 항 '-거리다'가 붙을 수 있는 시늉말 어근에 '-이다'가 붙어서 된 용언은 그 어근을 밝히어 적는다(ㄱ을 취하고 ㄴ을 버림).

ㄱ	ㄴ
깜짝이다	깜짜기다
꾸벅이다	꾸버기다
끄덕이다	끄더기다
뒤척이다	뒤처기다
들먹이다	들머기다
망설이다	망서리다
번득이다	번드기다
번쩍이다	번쩌기다
속삭이다	속사기다
숙덕이다	숙더기다
울먹이다	울머기다
움직이다	움지기다

<table>
<tr><td>지껄이다</td><td>지꺼리다</td></tr>
<tr><td>퍼덕이다</td><td>퍼더기다</td></tr>
<tr><td>허덕이다</td><td>허더기다</td></tr>
<tr><td>헐떡이다</td><td>헐떠기다</td></tr>
</table>

(29) 밑줄 친 부분의 표기가 맞는 것은?

① 급한 일인 줄 알고 이렇게 <u>헐떠기며</u> 뛰어왔는데 고작 이런 일이야?

② 그때 날카로운 칼이 <u>번쩌기며</u> 허공을 가르더니 처참한 비명소리가 울려나왔어요.

③ 자네는 겉으로 보기에 둔한데 <u>번득이는</u> 아이디어를 내서 가끔씩 나를 놀래키는군.

④ 고개를 <u>끄더겨서</u> '다 알아듣거니' 했거늘 여태까지 잤단 말인가?

제 25 항 '-하다'가 붙는 어근에 '-히'나 '-이'가 붙어서 부사가 되거나, 부사에 '-이'가 붙어서 뜻을 더하는 경우에는 그 어근이나 부사의 원형을 밝히어 적는다.

1. '-하다'가 붙는 어근에 '-히'나 '-이'가 붙는 경우

급히   꾸준히   도저히   딱히   어렴풋이   깨끗이

[붙임] '-하다'가 붙지 않는 경우에는 반드시 소리대로 적는다

갑자기   반드시(꼭)   슬며시

2 부사에 '-이'가 붙어서 역시 부사가 되는 경우

곰곰이   더욱이   생긋이   오뚝이   일찍이   해죽이

(30) 밑줄 친 부분의 표기가 맞는 것은?
　　① 내가 힘들 때 <u>슬며시</u> 다가와 내 곁에 앉아 내 이야길 들어줄 사람이 필요해.
　　② 오십 평생 살아오면서 <u>일찌기</u> 이렇게 황당한 적은 처음이라네.
　　③ 이번 시험은 <u>반듯이</u> 합격해서 부모님 실망시켜드리지 말아야 하는데.
　　④ 그렇게 <u>생그시</u> 웃는다고 봐줄 줄 알아?

제 26 항 '-하다'나 '-없다'가 붙어서 된 용언은 그 '-하다'나 '없다'를 밝히어 적는다.

1. '-하다'가 붙어서 용언이 된 것

　　딱하다　　숱하다　　착하다　　텁텁하다　　푹하다

2. '-없다'가 붙어서 용언이 된 것

　　부질없다　　상없다　　시름없다　　열없다　　　하염없다

---

(31) 밑줄 친 부분의 표기가 맞는 것은?
　　① 자네도 <u>따칸</u> 처지지만 집주인으로서 나가라고 말할 수밖에 없네.
　　② 잘 안 봉해놔서 바람이 셌는지 그새 과자가 <u>눅누케졌다.</u>
　　③ 늘 지갑을 잃어버리니 다 큰애가 왜 저렇게 <u>칠치라지 못한지</u>…
　　④ 버스 떠난 후에 돌아오라고 소리쳐 봐도 모두 <u>부질없는</u> 짓이다.

제 4 절　합성어 및 접두사가 붙은 말

제 27 항　둘 이상의 단어가 어울리거나 접두사가 붙어서 이루어진 말은 각각 그 원형을 밝히어 적는다.

국말이	꺾꽂이	꽃잎	끝장	물난리
밑천	부엌일	싫증	옷안	웃옷
젖몸살	첫아들	칼날	팥알	헛웃음
홀아비	홀맘	흙내		
값없다	겉늙다	굶주리다	낮잡다	맞먹다
받내다	벋놓다	빗나가다	빛나다	새파랗다
샛노랗다	시꺼멓다	싯누렇다	엇나가다	엎누르다
엿듣다	옻오르다	짓이기다	헛되다	

[붙임1] 어원은 분명하나 소리만 특이하게 변한 것은 변한 대로 적는다.

할아버지   할아범

[붙임2] 어원이 분명하지 아니한 것은 원형을 밝히어 적지 아니한다.

골병   골탕   끌탕   며칠   아재비   오라비
업신여기다   부리나케

[붙임3] '이〔齒, 虱〕'가 합성어나 이에 준하는 말에서 '니' 또는 '리'로 소리날 때에는 '니'로 적는다.

간니   덧니   사랑니   송곳니   앞니   어금니
윗니   젖니   톱니   틀니   가랑니   머릿니

(32) 밑줄 친 부분의 표기가 잘못 된 것은?

① 충치보다 더 무서운 것은 <u>잇몸병</u>이니 자일리톨이 들어간 치약이나 껌을 사용하세요.

② 맨날 저녁에 양치질 안 하고 자니까 <u>어금이</u>에 충치가 생기지.

③ 화장실에 유리잔 안에는 그가 빼어놓은 <u>틀니</u>가 흉물스럽게 담겨 있었다.

④ <u>아랫니</u>가 빠지자 헌 이빨 가져가고 새 이빨 달라고 외치며 이빨을
지붕으로 던졌다.

(33) 밑줄 친 부분의 표기가 잘못 된 것은?

① 버스에서 발을 내딛자 어머니의 살내음같은 <u>흙내</u>가 코끝을 찡하게
했다.

② 철수는 병정놀이에도 곧 <u>실증</u>을 냈다.

③ 아빠가 부르면 곧장 '네'하고 <u>부리나케</u> 달려와야지!

④ 맨날 너 깨우느라 이 엄마가 <u>골병</u>들겠다

(34) 제 밑줄 친 부분의 표기가 맞는 것은?

① 그 아이의 눈동자에는 <u>샛파란</u> 하늘이 담겨 있었다.

② 덕수궁을 걷다가 <u>샛노란</u> 은행잎 하나를 주워 책갈피에 끼웠다.

③ 이번 크리스마스에는 <u>샛하얀</u> 눈이 온 세상을 덮었으면.

④ 후레쉬도 없는 <u>싯꺼먼</u> 산길을 나 혼자서 헤메이고 다녔다.

제 28 항 끝소리가 'ㄹ'인 말과 딴 말이 어울릴 적에 'ㄹ' 소리가 나
지 아니하는 것은 아니 나는 대로 적는다.

다달이(달-달-이)	따님(딸-님)	마되(말-되)
마소(말-소)	무자위(물-자위)	바느질(바늘-질)
부나비(불-나비)	부삽(불-삽)	부손(불-손)
소나무(솔-나무)	싸전(쌀-전)	여닫이(열-닫이)
우짖다(울-짖다)	화살(활-살)	

---

(35) 밑줄 친 부분의 표기가 맞는 것은?

① 너는 자신의 몸이 타죽는 지도 모르고 빛을 향해 네 몸을 부딪히는
<u>불나비</u> 같아.

② 매월 <u>달달이</u> 20만원의 집세와 관리비를 이층 주인집에 내 주십시
오.

③ 이 <u>여닫이문</u>은 어찌나 빽빽한지 장정 둘이 힘을 줘도 꼼짝도 안할
꺼야.

④ 조그만 돌 하나에도 <u>물자위</u>가 강을 뒤흔들 듯 파문은 누그러들지 않고 계속되었다.

제 29 항 끝소리가 'ㄹ'인 말과 딴 말이 어울릴 적에 'ㄹ' 소리가 'ㄷ' 소리로 나는 것은 'ㄷ'으로 적는다.

반짇고리(바느질〜)	사흗날(사흘〜)	삼짇날(삼질〜)
섣달(설〜)	숟가락(술〜)	이튿날(이틀〜)
잗주름(잘〜)	푿소(풀〜)	섣부르다(설〜)
잗다듬다(잘〜)	잗다랗다(잘〜)	

---

(36) 밑줄 친 부분의 표기가 맞는 것은?

① 오랜만에 온 애를 그렇게 달달 볶으니 <u>이틀날</u> 올라가 버리잖아요!

② 너는 사내자식이 여름에 생풀만 먹고 자란 <u>푿소</u>같으니 어디다 써먹겠냐?

③ 어머니는 시집가는 딸을 위해 <u>바느질고리</u>며, 가재도구를 꼼꼼히 챙겨 주셨다.

④ 삼월 <u>삼질날</u>은 산에 핀 진달래꽃을 꺽어다 화전을 부쳐먹는 날이다.

(37) 밑줄 친 부분의 표기가 맞는 것은?

① 다음 달 <u>초사흗날</u> 들놀이나 갈까?

② <u>반짓고리</u>는 여성의 필수품이다.

③ <u>이튿날</u>은 영희의 생일이었다.

④ 이번 <u>삼짇날</u>에는 화전놀이 가는 것이 어때요?

제 30 항 사이시옷은 다음과 같은 경우에 받치어 찍는다.

1. 순 우리말로 된 합성어로서 앞말이 모음으로 끝난 경우

(1) 뒷말의 첫소리가 된소리로 나는 것

고랫재	귓밥	나룻배	나뭇가지	냇가	댓가지
뒷갈망	맷돌	머릿기름	모깃불	못자리	바닷가
뱃길	볏가리	부싯돌	선짓국	쇳조각	아랫집
우렁잇속	잇자국	잿더미	조갯살	찻집	쳇바퀴
킷값	핏대	햇볕	혓바늘		

(2) 뒷말의 첫소리 'ㄴ, ㅁ' 앞에서 'ㄴ' 소리가 덧나는 것

멧나물	아랫니	텃마당	아랫마을	뒷머리
잇몸	깻묵	냇물	빗물	

(3) 뒷말의 첫소리 모음 앞에서 'ㄴㄴ'소리가 덧나는 것

도래깻열	뒷윷	두렛일	뒷일	뒷입맛
베갯잇	욧잇	깻잎	나뭇잎	댓잎

2. 순 우리말과 한자어로 된 합성어로서 앞말이 모음으로 끝난 경우

(1) 뒷말의 첫소리가 된소리로 나는 것

귓병	머릿방	뱃병	봇둑	사잣밥
샛강	아랫방	자릿세	전셋집	찻잔
찻종	촛국	콧병	탯줄	텃세
핏기	햇수	횟가루	횟배	

(2) 뒷말의 첫소리 'ㄴ, ㅁ' 앞에서 'ㄴ' 소리가 덧나는 것

곗날	제삿날	훗날	툇마루	양칫물

> (3) 뒷말의 첫소리 모음 앞에서 'ㄴㄴ'소리가 덧나는 것
>
>   가욋일   사삿일   예삿일   훗일
>
> 3. 두 음절로 된 다음 한자어
>
>   곳간(庫間)   셋방(貰房)   숫자(數字)
>   찻간(車間)   툇간(退間)   횟수(回數)

(38) 밑줄 친 부분의 표기가 맞는 것은?

① 나는 칫과에 가는 것이 죽기보다도 더 싫다.

② 이 방 저 방 셋방살이를 더해갈수록 아내는 점점 말이 없어졌다.

③ 아래마을에 가면 큰 슈퍼가 있으니 그리로 가면 살 수 있을 거예요.

④ 아무리 소리쳐도 뒷일이 두려워서 아무도 도와주지 않았다.

(39) 밑줄 친 부분의 표기가 맞는 것은?

① 오늘 뉴스의 초점은 70년만에 불어닥친 한파에 관한 것이었다.

② 옛날에는 사글세방 하나에서 다섯 식구가 모여 살아도 좁은 줄 몰
랐었는데.

③ 만난 지 4년째 되었을 때 당신은 나루배 위에서 반지를 끼워주며
청혼했어요.

④ 고물상의 쇠조각을 모아서 현대의 삭막함을 표현하는 작품을 만들
어보자.

(40) 밑줄 친 부분의 표기가 잘못 된 것은?

① 머리말이 본문보다 길면 어떡하라는 거냐?

② 나잇살이 찌는지 허리띠 구멍이 점점 바깥으로 밀려나오는 구나.

③ 얼마나 굶었는지 배가죽이 허리에 붙을 것 같다.

④ 치마를 걷어 올려 허리춤에 찌르고 개다리 춤을 추는 모습에 모두
기절하고 말았다.

(41) 밑줄 친 부분의 표기가 잘못 된 것은?

① <u>양칫물</u>인지를 깜빡 잊고 그만 삼켜버리고 말았다.

② 참치에 <u>깻잎</u>을 싸 먹으면 별미지.

③ 서러움 때문에 눈물로 <u>베게닛</u>이 다 젖었다.

④ 대나무에 흰 꽃이 핀걸 보니 <u>예삿일</u>이 아니구나.

(42) 밑줄 친 부분의 표기가 잘못 된 것은?

① 큰 강에서 줄기가 갈려 섬을 이루고, 다시 본류와 합류하는 것을 <u>샛강</u>이라 한다.

② 아침에 <u>머리방</u>에 가면 모닝컷으로 값이 싸니까 아침에 만나자.

③ 교통사고로 성모병원 <u>내과</u>에 입원해 계세요.

④ 이 작은 노점상 하나 하는데도 <u>자릿세</u>를 내야하다니 정말 못살겠구나.

제 31 항 두 말이 어울릴 적에 'ㅂ' 소리나 'ㅎ' 소리가 덧나는 것은 소리대로 적는다.

1. 'ㅂ' 소리가 덧나는 것

댑싸리(대ㅂ싸리)	멥쌀(메ㅂ쌀)	볍씨(벼ㅂ씨)
입때(이ㅂ때) 입쌀(이ㅂ쌀)	접때(저ㅂ때)	
좁쌀(조ㅂ쌀) 햅쌀(해ㅂ쌀)		

2. 'ㅎ' 소리가 덧나는 것

머리카락(머리ㅎ가락)	살코기(살ㅎ고기)	수캐(수ㅎ개)
수컷(수ㅎ것)	수탉(수ㅎ닭)	안팎(안ㅎ밖)
암캐(암ㅎ개)	암컷(암ㅎ것)	암탉(암ㅎ닭)

---

(43) 밑줄 친 부분의 표기가 맞는 것은?

① <u>입때껏</u> 살면서 뭘 했길래 나이 마흔에 네 집 하나 없이 떠돌이라더냐?

② 선생님! 질문 있는데요, <u>수닭</u>인지 <u>암닭</u>인지 어떻게 구분하나요?

③ 재봉에 들어가기에 앞서 천의 <u>안밖</u>을 잘 살펴서 박도록 해라.
④ <u>머리가락</u>도 손질을 안 해주니까 빗자루처럼 퍼석거리는 구나.

제 5 절 준 말

제 32 항 단어의 끝모음이 줄어지고 자음만 남은 것은 그 앞의 음절
에 받침으로 적는다.

(본말)	(준말)
기러기야	기럭아
어제그저께	엊그저께
어제저녁	엊저녁
온가지	온갖
가지고, 가지지	갖고, 갖지
디디고, 디디지	딛고, 딛지

제 33 항 체언과 조사가 어울려 줄어지는 경우에는 준 대로 적는다.

(본말)	(준말)
그것은	그건
그것이	그게
그것으로	그걸로
나는	난
나를	날
너는	넌
너를	널
무엇을	무얼/뭘
무엇이	뭣이/무에

제 34 항 모음 'ㅏ, ㅓ'로 끝난 어간에 '-아/-어, -았-/-었-'이 어울 릴적에는 준 대로 적는다.

(본말)	(준말)	(본말)	(준말)
가아	가	가았다	갔다
나아	나	나았다	났다
타아	타	타았다	탔다
서어	서	서었다	섰다
켜어	켜	켜었다	켰다
펴어	펴	펴었다	폈다

[붙임1] 'ㅐ, ㅔ' 뒤에 '-어, -었-'이 어울려 줄 적에는 준 대로 적는다.

(본말)	(준말)	(본말)	(준말)
개어	개	개었다	갰다
내어	내	내었다	냈다
베어	베	베었다	벴다
세어	세	세었다	셌다

[붙임2] '하여'가 한 음절로 줄어서 '해'로 될 적에는 준 대로 적는다.

(본말)	(준말)	(본말)	(준말)
하여	해	하였다	했다
더하여	더해	더하였다	더했다
흔하여	흔해	흔하였다	흔했다

제 35 항 모음 'ㅗ, ㅜ'로 끝난 어간에 '-아/-어, -았-/-었-'이 어울 려 'ㅘ/ㅝ, ㅘㅆ/ㅝㅆ'으로 될 때에는 준 대로 적는다.

(본말)	(준말)	(본말)	(준말)
꼬아	꽈	꼬았다	꽜다
보아	봐	보았다	봤다
쏘아	쏴	쏘았다	쐈다
두어	둬	두었다	뒀다
쑤어	쒀	쑤었다	쒔다
주어	줘	주었다	줬다

〔붙임1〕 '놓아'가 '놔'로 줄 적에는 준 대로 적는다.

〔붙임2〕 'ㅚ' 뒤에 '-어, -었-'이 어울려 'ㅙ, ㅚ'으로 될 적에도 준 대로 적는다.

(본말)	(준말)	(본말)	(준말)
괴어	괘	괴었다	괬다
되어	돼	되었다	됐다
뵈어	봬	뵈었다	뵀다
쇠어	쇄	쇠었다	쇘다
쐬어	쐐	쐬었다	쐤다

제 36 항 'ㅣ' 뒤에 '-어'가 와서 'ㅕ'로 줄 적에는 준 대로 적는다.

(본말)	(준말)	(본말)	(준말)
가지어	가져	가지었다	가졌다
견디어	견뎌	견디었다	견뎠다
다니어	다녀	다니었다	다녔다
막히어	막혀	막히었다	막혔다
버티어	버텨	버티었다	버텼다
치이어	치여	치이었다	치였다

제 37 항 'ㅏ, ㅕ, ㅗ, ㅜ, ㅡ'로 끝난 어간에 '-이-'가 와서 각각 'ㅐ, ㅖ, ㅚ, ㅟ, ㅢ'로 줄 적에는 준 대로 적는다.

(본말)	(준말)
싸이다	쌔다
펴이다	폐다
보이다	뵈다
누이다	뉘다
뜨이다	띄다
쓰이다	씌다

제 38 항 'ㅏ, ㅗ, ㅜ, ㅡ' 뒤에 '-이어'가 어울려 줄어질 적에는 준 대로 적는다.

(본말)	(준말)	
싸이어	쌔여	싸여
보이어	뵈어	보여
쏘이어	쐬어	쏘여
누이어	뉘어	누여
뜨이어	띄어	
쓰이어	씌어	쓰여
트이어	틔어	트여

제 39 항 이미 '-지' 뒤에 '않-'이 어울려 '-잖-'이 될 적과 '-하지' 뒤에 '않-'이 어울려 '찮-'이 될 적에는 준 대로 적는다.

(본말)	(준말)
그렇지 않은	그렇잖은
적지 않은	적잖은
만만하지 않다	만만찮다
변변하지 않다	변변찮다

(44) 밑줄 친 부분의 표기가 맞는 것은?

① <u>그렇찮아도</u> 이번 주 쯤에 병문안을 드릴 참이었는데 회복이 빠르다니 다행입니다.

② 어른 앞에서 허락도 없이 담배를 피워 물다니 참 <u>점잖잖다.</u>

③ 매일 매일 우리는 우리에게 부딪쳐오는 <u>적쟎은</u> 문제와 시련을 직면하며 살아간다.

④ 이 식당은 반찬 가지 수는 많아도 음식 맛은 <u>변변잖아서</u> 젓가락 둘 데가 없다.

(45) 밑줄 친 부분의 표기가 맞는 것은?

① 우리 딸이 이렇게 성실하고 좋은 남자 만나서 결혼하니 <u>남부럽잖다.</u>
래 애들 싫어하는 양반이 손자는 이쁜지 <u>귀찮찮은게</u> 신기할 뿐이다.

③ 요즘 시대에는 부모님을 모시고 살려하는 부부가 <u>많찮다.</u>

④ 나이 들어서 신세대 문화를 배우는 것도 <u>만만잖은</u> 일이다.

제 40 항 어간의 끝음절 '하'의 'ㅏ'가 줄고 'ㅎ'이 다음 음절의 첫소리와 어울려 거센소리로 될 적에는 거센소리로 적는다.

(본말)	(준말)
간편하게	간편케
연구하도록	연구토록
가하다	가타
다정하다	다정타
정결하다	정결타
흔하다	흔타

[붙임1] 'ㅎ'이 어간의 끝소리로 굳어진 것은 받침으로 적는다.

않다	않고	않지	않든지
그렇다	그렇고	그렇지	그렇든지
아무렇다	아무렇고	아무렇지	아무렇든지
어떻다	어떻고	어떻지	어떻든지
이렇다	이렇고	이렇지	이렇든지
저렇다	저렇고	저렇지	저렇든지

[붙임2] 어간의 끝음절 '하'가 아주 줄 적에는 준 대로 적는다.

(본말)	(준말)
거북하지	거북지
생각하건대	생각건대
생각하다 못해	생각다 못해
깨끗하지 않다	깨끗지 않다
넉넉하지 않다	넉넉지 않다
못하지 않다	못지않다
섭섭하지 않다	섭섭지 않다
익숙하지 않다	익숙지 않다

[붙임3] 다음과 같은 부사는 소리대로 적는다.

결단코	결코	기필코	무심코	하여튼	요컨대
정녕코	필연코	하마터면	하여튼	한사코	

(46) 밑줄 친 부분의 표기가 맞는 것은?

　① 너는 영영 못 보게 될지도 모르는데 인사조차 못하고 떠나는게 <u>섭서치</u> 않니?

　② <u>생각타 못해</u> 떠날 결심을 한 것이니 붙잡을 생각은 하지 마세요.

　③ 대기가스 오염을 줄일 수 있는 방안을 <u>연구토록</u> 해 주기 바란다.

　④ 미루어 <u>생각컨대</u> 아무래도 그는 심각한 병에 걸렸음에 틀림이 없다.

(47) 밑줄 친 부분의 표기가 맞는 것은?

　① <u>요컨대</u> 이 논문의 주제는 컴퓨터로 인해 야기되는 하이퍼 리얼리티에 관한 것입니다..

　② 이번 결승에서는 내 생명을 걸고 <u>기필고</u> 승리하고 말꺼야.

　③ <u>아무렇치</u> 않게 웃는 그 심정이 오죽하겠나?

　④ 계획만 세워봤자 소용없고, <u>실천도록</u> 노력을 해야하는 것이다.

(48) 밑줄 친 부분의 표기가 맞는 것은?

① 내일은 등산을 할 예정이니, 복장은 <u>간편케</u> 차려 입고 오십시오.

② 너무 과음하지 마시고 속이 <u>거북치</u> 않게 적당히 좀 드세요.

③ <u>익숙치</u> 않은 곳을 가는 거니까 정신 바짝차리고 운전하세요.

④ <u>이렇튼지 저렇튼지</u> 우리야 안내자만 따라가면 되니까 걱정하지 맙시다.

제 5 장 띄어쓰기

제 1 절 조 사

> **제 41 항** 조사는 그 앞말에 붙여 쓴다.
>
> | | | | | |
> |---|---|---|---|---|
> | 꽃이 | 꽃마저 | 꽃밖에 | 꽃에서부터 | 꽃으로만 |
> | 꽃이나마 | 꽃이다 | 꽃입니다 | 꽃처럼 | 어디까지나 |
> | 거기도 | 멀리는 | 웃고만 | | |

(49) 아래의 문에서 올바르게 띄어 쓴 것은?

① 부모님 하고 친구한테서 만은 돈을 빌리지 말았어야지.

② 부모님하고 친구 한테서 만은 돈은 빌리지 말았어야지.

③ 부모님 하고 친구 한테서만은 돈을 빌리지 말았어야지.

④ 부모님하고 친구한테서만은 돈을 빌리지 말았어야지.

제 2 절 의존 명사, 단위를 나타내는 명사 및 열거하는 말 등

> **제 42 항** 의존명사는 띄어 쓴다.
>
> | | |
> |---|---|
> | 아는 것이 힘이다. | 나도 할 수 있다. |
> | 먹을 만큼 먹어라. | 아는 이를 만났다. |
> | 네가 뜻한 바를 알겠다. | 그가 떠난 지가 오래다. |

(50) 아래의 문에서 올바르게 띄어 쓴 것은?
  ① 밀려난다는것은 억울한 일이다. 지난번에 은행에서 밀려날때도 어쩔수가 없었다.
  ② 밀려난다는 것은 억울한일이다. 지난번에 은행에서 밀려날 때도 어쩔 수가 없었다.
  ③ 밀려난다는 것은 억울한 일이다. 지난 번에 은행에서 밀려날 때도 어쩔 수가 없었다.
  ④ 밀려 난다는 것은 억울한 일이다. 지난 번에 은행에서 밀려 날때도 어쩔 수가 없었다.

(51) 아래의 문에서 올바르게 띄어 쓴 것은?
  ① 찬성할 이도 반대할 이만큼이나 많을 것이다.
  ② 찬성할이도 반대할이만큼이나 많을 것이다.
  ③ 찬성할이도 반대할이 만큼이나 많을 것이다.
  ④ 찬성할 이도 반대할 이 만큼이나 많을 것이다.

(52) 아래의 문에서 올바르게 띄어 쓴 것은?
  ① 네가 말하는 바는 알겠지만, 나는 그것을 할 수 없다.
  ② 네가 말하는바는 알겠지만 나는 그것을 할수없다.
  ③ 네가 말하는바는 알겠지만 나는 그것을 할 수 없다.
  ④ 네가 말하는 바는 알겠지만 나는 그것을 할수 없다.

(53) 아래의 문에서 올바르게 띄어 쓴 것은?
  ① 배운 대로 하면 틀림없이 잘 될 거야.
  ② 부디 당신 뜻대로 하십시오.
  ③ 너는 너대로 나는 나대로 따로 가자.
  ④ 이젠 나도 모르겠다. 될대로 되라!

제 43 항 단위를 나타내는 명사는 띄어 쓴다.

한 개	차 한 대	금 서 돈
소 한 마리	옷 한 벌	열 살
조기 한 손	연필 한 자루	버선 한 죽
집 한 채	신 두 켤레	북어 한 쾌

다만, 순서를 나타내는 경우나 숫자와 어울리어 쓰이는 경우에는
붙여 쓸 수 있다.

두시 삼십분 오초	제일과	삼학년	육층
1446년 10월 9일	2대대	16동 502호 제 1 실습실	

(54) 아래의 문에서 올바르게 띄어 쓴 것은?
　① 두 시 삼십 분까지 3 학년은 모두 모여라.
　② 두 시 삼십 분까지 3학년은 모두 모여라.
　③ 두시 삼십분까지 3학년은 모두 모여라.
　④ 두시 삼십분까지 3 학년은 모두 모여라.

(55) 아래의 문에서 올바르게 띄어 쓴 것은?
　① 생일 선물로 양말 한켤레와 옷 한 벌을 받았다.
　② 생일 선물로 양말 한 켤레와 옷 한 벌을 받았다.
　③ 생일 선물로 양말 한켤레와 옷 한 벌을 받았다.
　④ 생일 선물로 양말 한 켤레와 옷한벌을 받았다.

제 44 항 수를 적을 적에는 '만(萬)' 단위로 띄어 쓴다.

십이억 삼천사백오십육만	칠천팔백구십팔
12억 3456만	7898

(56) 다음 문에서 띄어쓰기가 잘못 된 것은?

　① 일금 : 삼십일만오천육백칠십팔원정.

　② 3243조 7867억 8927만 6354

　③ 십이억삼천사백 오십육만칠천 육백구십팔 : 1,234,567,698

　④ 13억 5897만 8752

제 45 항　두 말을 이어 주거나 열거할 적에 쓰이는 다음의 말들은 띄어 쓴다.

국장 겸 과장	열 내지 스물
청군 대 백군	책상, 걸상 등이 있다.
이사장 및 이사들	사과, 배, 귤 등등
사과, 배 등속	부산, 광주 등지

---

(57) 아래의 문에서 올바르게 띄어 쓴 것은?

　① 가게에 가서 사과를 열개 내지 열두개쯤 사오너라.

　② 가게에 가서 사과를 열 개 내지 열두 개쯤 사오너라.

　③ 가게에 가서 사과를 열 개내지 열두 개쯤 사오너라.

　④ 가게에 가서 사과를 열개 내지 열 두 개쯤 사오너라.

(58) 아래의 문에서 올바르게 띄어 쓴 것은?

　① 이사장 및 이사들은 모두 부산, 광주등지로 출장을 갔다.

　② 이사장 및 이사들은 모두 부산, 광주 등지로 출장을 갔다.

　③ 이사장 및 이사들은 모두 부산, 광주 등지로 출장을 갔다.

　④ 이사장 및 이사들은 모두 부산, 광주등지로 출장을 갔다.

(59) 아래의 문에서 올바르게 띄어 쓴 것은?

　① 교실에는 열내지 스무개의 책상, 걸상등이 있었다.

　② 교실에는 열 내지 스무 개의 책상, 걸상 등이 있었다.

　③ 교실에는 열 내지 스무 개의 책상, 걸상등이 있었다.

　④ 교실에는 열내지 스무 개의 책상, 걸상 등이 있었다.

제 46 항 단음절로 된 단어가 연이어 나타날 적에는 붙여 쓸 수 있다.

그때 그곳 좀더 큰 것 이말 저말 한잎 두잎

(60) 다음 문에서 띄어쓰기가 잘못 된 것은?

① 20년 우정에 내것 네것이 어디 있겠냐?
② 한잔 술에 온갖 시름을 덜어 버린다.
③ 사람의 욕심은 항상 좀 더 큰 새집을 바라며 그칠 줄 모른다.
④ 나는 이제 힘들어서 더 못 가니 너희 마음대로 해라.

제 3 절 보조 용언

제 47 항 보조 용언은 띄어 씀을 원칙으로 하되, 경우에 따라 붙여
도 허용한다(ㄱ을 취하고 ㄴ을 버림).

ㄱ	ㄴ
불이 꺼져 간다.	불이 꺼져간다.
내 힘으로 막아 낸다.	내 힘으로 막아낸다.
어머니를 도와 드린다.	어머니를 도와드린다.
그릇을 깨뜨려 버렸다.	그릇을 깨뜨려버렸다.
비가 올 듯하다.	비가 올듯하다.
그 일은 할 만하다.	그 일은 할만하다.
일이 될 법하다.	일이 될법하다.
비가 올 성싶다.	비가 올성싶다.
잘 아는 척한다.	잘 아는척한다.

다만, 앞말에 조사가 붙거나 앞말이 합성 동사인 경우, 그리고 중
간에 조사가 들어갈 적에는 그 뒤에 오는 보조 용언은 띄어 쓴다.

잘도 놀아만 나는구나! 책을 읽어도 보고…

> 네가 덤벼들어 보아라.   강물에 떠내려가 버렸다.
> 그가 올 듯도 하다.   잘난 체를 한다.

(61) 다음 문에서 띄어쓰기가 잘못 된 것은?

　① 분명히 초등학교 동창인데 모르는체한다.

　② 별이 하나도 보이지 않는 걸 보니 비가 올듯도하다.

　③ 과일을 권해도 드시지 않길래 직접 깍아 드렸다.

　④ 보증을 서준다는데 믿을 만은 한거니?

(62) 다음 문에서 띄어쓰기가 잘못 된 것은?

　① 내가 이때까지 저한테 해준 것을 생각하면 도와줄 법하다.

　② 이 책은 알려지진 않았지만 정신분석 면에서는 읽어볼만하다.

　③ 평소에는 별로 친하지도 않다가 필요할 때면 잘 아는척한다.

　④ 시작부터 일이 술술 풀리는 걸 보니 일이 될법하다.

제 4 절 고유 명사 및 전문 용어

제 48 항 성과 이름, 성과 호 등은 붙여 쓰고, 이에 덧붙는 호칭어, 관직명 등은 띄어 쓴다.

> 김양수(金良洙)   서화담(徐花潭)   채영신 씨
> 최치원 선생   박동식 박사   충무공 이순신 장군

다만, 성과 이름, 성과 호를 분명히 구분할 필요가 있을 경우에는 띄어 쓸 수 있다.

> 남궁억/남궁 억   독고준/독고 준
> 황보지봉(皇甫芝峰)/황보 지봉

(63) 다음 문에서 띄어쓰기가 잘못 된 것은?
　　① 충무공 이순신 장군　　② 채영신 씨　　③ 독고 준　　④ 김사장

제 49 장　성명 이외의 고유명사는 단어별로 띄어 씀을 원칙으로 하되, 단위 별로 띄어 쓸 수 있다(ㄱ을 원칙으로 하고 ㄴ을 허용함).

ㄱ	ㄴ
대한 중학교	대한중학교
한국 대학교 사범 대학	한국대학교 사범대학

(64) 다음 문에서 띄어쓰기가 잘못 된 것은?
　　① 대통령 직속 국가안전보장회의
　　② 서울대공원관리사업소 관리부 동물관리과
　　③ 한국 대학교 사범 대학
　　④ 한국대학교 의과 대학 부속병원

제 50 장　전문 용어는 단어별로 띄어 씀을 원칙으로 하되, 붙여 쓸 수 있다(ㄱ을 원칙으로 하고 ㄴ을 허용함).

ㄱ	ㄴ
만성 골수성 백혈병	만성골수성백혈병
중거리 탄도 유도탄	중거리 탄도 유도

(65) 다음 문에서 띄어쓰기가 잘못 된 것은?
　　① 긴급 재정 처분
　　② 모음조화
　　③ 탄소 동화 작용
　　④ 도면그리기와도면읽기

제 6 장 그 밖의 것

제 51 항 부사의 끝음절이 분명히 '이'로만 나는 것은 '-이'로 적고,
'히'로만 나거나 '이'나 '히'로 나는 것은 '히-'로 적는다.

1. '이'로만 나는 것

가붓이	깨끗이	나붓이	느긋이	둥긋이
따뜻이	반듯이	버젓이	산뜻이	의젓이
가까이	고이	날카로이	대수로이	번거로이
많이	적이	헛되이		
겹겹이	번번이	일일이	집집이	틈틈이

2. '히'로만 나는 것

극히	급히	딱히	속히	작히	족히
특히	엄격히	정확히			

3. '이, 히'로 나는 것

솔직히	가만히	간편히	나른히	무단히
각별히	소홀히	슬슬히	정결히	
과감히	꼼꼼히	심히	열심히	
급급히	답답히	섭섭히	공평히	능히
당당히	분명히	상당히	조용히	간소히
고요히	도저히			

(66) 밑줄 친 부분의 표기가 맞는 것은?

　① 그렇게 멀리 있지 말고 내 곁에 <u>가까히</u> 앉아라.

　② 이렇게 손님이 많을 때는 <u>느긋이</u> 음악이나 들으면서 쉬는 꿈을 꾼

답니다.

③ <u>솔직이</u> 말해서 중간고사 때 백지 내고 나왔으니 이 점수가 나오는 건 당연한 일이지.

④ 한꺼번에 벼락치기로 하지 말고 평소에 <u>틈틈히</u> 해뒀으면 이런 일이 없잖아.

(67) 밑줄 친 부분의 표기가 잘못 된 것은?

① 좀더 <u>일찍이</u> 이 책을 읽었다면 내 인생은 180도 바뀌어졌을 텐데.

② <u>꾸준히</u> 노력하고 아끼면, 반드시 이 경제난을 극복할 수 있어.

③ 유리창을 <u>깨끗이</u> 닦으면서 내 마음의 먼지도 투명해짐을 느낄 수 있었다.

④ 처음부터 제가 맡은 프로젝트이니 <u>확실이</u> 믿고 맡겨 주십시오.

(68) 밑줄 친 부분의 표기가 잘못 된 것은

① 아무리 <u>샅샅이</u> 뒤져도 찾아낼 수 없었다.

② 사고가 날 때마다 이렇게 <u>번번히</u> 폐를 끼치니 면목이 없습니다.

③ 그는 봄비처럼 <u>고요히</u> 내 가슴에 다가왔다.

④ 당신에 대한 이야기는 <u>익히</u> 들어 알고 있습니다.

제 52 항 두 가지로 구별하여 적던 다음 말들은 한 가지로 적는다. (ㄱ을 취하고 ㄴ을 버림)

ㄱ	ㄴ	ㄱ	ㄴ
맞추다	마추다	뻗치다	뻐치다
(입을 맞추다. 양복을 맞추다)		(다리를 뻗치다.)	

제 53 항 한자어에서 본음으로도 나고 속음으로도 나는 것은 각각 그 소리에 따라 적는다.

(본음으로 나는 것)	(속음으로 나는 것)
승낙(承諾)	수락(受諾), 쾌락(快諾), 허락(許諾)
만난(萬難)	곤란(困難), 논란(論難)

안녕(安寧)	의령(宜寧), 회령(會寧)
분노(忿怒)	대로(大怒), 희로애락(喜怒哀樂)
토론(討論)	의논(議論)
오륙십(五六十)	오뉴월, 유월(六月)
목재(木材)	모과(木瓜)
십일(十日)	시방정토(十方淨土), 시왕(十王), 시월(十月)
팔일(八日)	초파일(初八日)

(69) 밑줄 친 부분의 표기가 잘못 된 것은?

① 안그래도 이 문제에 대해 <u>논란</u>이 많아서 검토하고 있으니 결과를 기다려 보십시오.

② 믿었던 친구가 나를 배신했다는 걸 알았을 때 <u>분노(忿怒)</u>와 함께 허탈감이 엄습해왔다.

③ 문지방에 붙여 놓은 부적을 떼어버렸을 때 할아버지께서는 <u>대노(大怒)</u> 하셨다.

④ <u>오뉴월</u> 감기는 개도 안 걸린다는데 때아닌 감기에 걸려 겔겔대고 있다.

제 54 항 다음과 같은 어미는 예사소리로 적는다.

  (ㄱ을 취하고, ㄴ을 버림)

ㄱ	ㄴ
-(으)ㄹ거나	-(으)ㄹ꺼나
-(으)ㄹ걸	-(으)ㄹ껄
-(으)ㄹ게	-(으)ㄹ께
-(으)ㄹ세	-(으)ㄹ쎄
-(으)ㄹ세라	-(으)ㄹ쎄라
-(으)ㄹ수록	-(으)ㄹ쑤록
-(으)ㄹ시	-(으)ㄹ씨
-(으)ㄹ지	-(으)ㄹ찌

-(으)ㄹ지니라	-(으)ㄹ찌니라
-(으)ㄹ지라도	-(으)ㄹ찌라도
-(으)ㄹ지어다	-(으)ㄹ찌어다
-(으)ㄹ지언정	-(으)ㄹ찌언정
-(으)ㄹ진대	-(으)ㄹ찐대
-(으)ㄹ진저	-(으)ㄹ찐저
-올시다	-올씨다

다만, 의문을 나타내는 다음 어미들은 된소리로 적는다.

-(으)ㄹ까?   -(으)ㄹ꼬?   -(스)ㅂ니까?   -(으)리까?
-(으)ㄹ쏘냐?

(70) 다음 문에서 표기가 잘못 된 것은?

① 모든 것을 잃게 될지라도 한 번 부딪쳐 볼꺼야.

② 아빠! 다음엔 시험 공부 열심히 해서 꼭 일등 할게.

③ 저 말하는 꼴 좀 보게. 제는 도대체 누구를 닮아서 저 모양일고.

④ 나의 모든 것을 포기하고 선택한 이 길이 정말 옳은 걸까?

(71) 밑줄 친 부분의 표기가 맞는 것은?

① 잡으면 터질쎄라 불면 날아갈쎄라 귀하게 키웠건만 다 컸다고 이럴 수가 있느냐?

② 모두들 살려고 아둥바둥인데 나라고 그냥 앉아서 절망과 후회만 하고 있을쏘냐?

③ 그렇게 죽은 걸 보면 그냥 이웃인 나도 괴로울찐대 그 부모 심정은 오죽하겠나?

④ 내가 지금은 이렇게 늙었소만은 그 당시엔 베트남전까지 참전했던 사람이올씨다.

제 55 항 다음과 같은 접미사는 된소리로 적는다(ㄱ을 취하고 ㄴ을
버림).

ㄱ	ㄴ
심부름꾼	심부름군
익살꾼	익살군
일꾼	일군
장난꾼	장난군
지게꾼	지겟군
때깔	땟갈
빛깔	빛갈
성깔	성갈
귀때기	귓대기
볼때기	볼대기
판자때기	판잣대기
뒤꿈치	뒷굼치
팔꿈치	팔굼치
이마빼기	이맛배기
코빼기	콧배기
객쩍닷	객적다
겸연쩍다	겸연적다.

(72) 밑줄 친 부분의 표기가 맞는 것은?

① 모여 든 <u>구경꾼들</u> 때문에 나는 더 이상 아무 말도 못하고 돌아와
버렸다.

② 아니, 제 부모 생일인데 어찌 이 집 자식들은 <u>콧배기도</u> 볼 수 없
소?

③ 누나와 나는 아버지가 돌아오시는 <u>언덕빼기</u>에서 늘 해질녘까지 기
다리곤 했다.

④ <u>귓대기라도</u> 맞을 각오로 죽기 살기로 열심히 하기 바란다!

(73) 밑줄 친 부분의 표기가 맞는 것은?

① 할머니는 <u>고들배기</u> 김치를 좋아하셨다.

② 모기가 하필이면 <u>발뒤꿈치</u>를 물었다.

③ 널을 뛸 넓고 긴 <u>판대기</u>를 구해오너라.

④ 청아한 한복의 <u>빛갈이</u> 너의 자태를 더욱 아름답게 하는구나.

(74) 밑줄 친 부분의 표기가 잘못 된 것은?

① 아침도 못 먹었으니 제 것은 <u>곱빼기</u>로 담아주십시오.

② 그 아저씨는 내가 어렸을 때부터 지독한 <u>주정배기</u>였다.

③ 시금치 나물이 <u>맛적으니</u> 소금을 더 넣어서 간을 맞춰보거라.

④ 이런 자리에 <u>멋적게</u> 이런 옷을 입고 오다니 파격적이다.

제 55 항 두 가지로 구별하여 적던 다음 말들은 한 가지로 적는다.
(ㄱ을 취하고 ㄴ을 버림)

ㄱ	ㄴ
맞추다(입을 맞춘다. 양복을 맞춘다)	마추다
뻗치다(다리를 뻗친다. 멀리 뻗친다)	뻐치다

---

(75) 밑줄 친 부분의 표기가 맞는 것은?

① 세상에서 가장 비싼 요리사가 만든 음식일지라도 내 입맛에는 네 요리가 <u>안성마춤</u>이야.

② 바위에 걸터 앉느니 차라리 다리를 쭉 <u>뻗치고</u> 쉬기 좋은 땅바닥에서 쉬겠어요.

③ 내일은 결혼식 예복으로 입을 양복을 <u>마춘다.</u>

④ 그 일이 탄로나지 않기 위해 세시간 동안 입을 <u>마춘다.</u>

제 56 항 '-더라, -던'과 '-든지'는 다음과 같이 적는다.

1. 지난 일을 나타내는 어미는 '-더라, -던'으로 적는다
   (ㄱ을 취하고 ㄴ을 버림)

<table>
<tr><td align="center">ㄱ</td><td align="center">ㄴ</td></tr>
<tr><td>지난 겨울은 몹시 춥더라.</td><td>지난 겨울은 몹시 춥드라.</td></tr>
<tr><td>깊던 물이 얕아졌다.</td><td>깊든 물이 얕아졌다.</td></tr>
<tr><td>그렇게 좋던가?</td><td>그렇게 좋든가?</td></tr>
<tr><td>그 사람 말 잘하던데!</td><td>그 사람 말 잘하든데!</td></tr>
<tr><td>얼마나 놀랐던지 몰라.</td><td>얼마나 놀랐든지 몰라.</td></tr>
</table>

2. 물건이나 일의 내용을 가리지 아니하는 뜻을 나타내는 조사와 어미는 '(−)든지'로 적는다(ㄱ을 취하고 ㄴ을 버림).

<table>
<tr><td align="center">ㄱ</td><td align="center">ㄴ</td></tr>
<tr><td>배든지 사과든지 마음대로 먹어라.</td><td>배던지 사과던지 마음대로 먹어라.</td></tr>
<tr><td>가든지 오든지 마음대로 해라.</td><td>가던지 오던지 마음대로 해라.</td></tr>
</table>

(76) 밑줄 친 부분의 표기가 맞는 것은?

① 겨울이 되면서 깊든 물이 얕아지고 겨울산도 수척해졌다.

② 매일 실천하지는 못하면서 말은 잘하든데!

③ 어차피 결정은 네가 하는 거니까 사던지 말던지 마음대로 해라.

④ 너와 헤어진 그 해 겨울은 왜 그리도 춥던지.

제 57 항 다음 말들은 각각 구별하여 적는다.

가름	둘로 가름
갈음	새 책상으로 갈음하였다.
거름	풀을 썩인 거름
걸음	빠른 걸음
거치다	영월을 거쳐왔다.
걷히다	외상값이 잘 걷힌다.
걷잡다	걷잡을 수 없는 상태

그러므로(그러니까)　그는 부지런하다. 그러므로 잘 산다.
그럼으로(써)　　　그는 열심히 공부한다. 그럼으로(써)
　　　　　　　　　은혜에 보답한다.
(그렇게 하는 것으로)

노름　　　　　　　노름판이 벌어졌다.
놀음(놀이) 즐거운 놀음

느리다　　　　　　진도가 너무 느리다.
늘이다　　　　　　고무줄을 늘인다.
늘리다　　　　　　수출량을 더 늘린다.

다리다　　　　　　옷을 다린다.
달이다　　　　　　약을 달인다.

다치다　　　　　　부주의로 손을 다쳤다.
닫히다　　　　　　문이 저절로 닫혔다.
닫치다　　　　　　문을 힘껏 닫쳤다.

마치다　　　　　　벌써 일을 마쳤다.
맞히다　　　　　　여러 문제를 더 맞혔다.

목거리　　　　　　목거리가 덧났다.
목걸이　　　　　　금 목걸이, 은 목걸이

바치다　　　　　　나라를 위해 목숨을 바쳤다.
받치다　　　　　　우산을 받치고 간다.

받히다　　　　　　쇠뿔에 받혔다.
밭치다　　　　　　술을 체에 밭친다.

반드시	약속은 반드시 지켜라.
반듯이	고개를 반듯이 들어라.
부딪치다	차와 차가 마주 부딪쳤다.
부딪히다	마차가 화물차에 부딪혔다.
부치다	힘이 부치는 일이다.
	편지를 부치다.
	논밭을 부친다.
	빈대떡을 부친다.
	식목일에 부치는 글
	회의에 부치는 안건
	인쇄에 부치는 원고
	삼촌 집에 숙식을 부친다.
붙이다	우표를 붙이다.
	책상을 벽에 붙였다.
	흥정을 붙인다.
	불을 붙인다.
	감시원을 붙인다.
	조건을 붙인다.
	취미를 붙인다.
	별명을 붙인다.
시키다	일을 시킨다.
식히다	끓인 물을 식히다.
아름	세 아름 되는 둘레
알음	전부터 알음이 있는 사이
앎	앎이 힘이다.

안치다	밥을 안친다.
앉히다	윗자리에 앉힌다.
어름	두 물건의 어름에서 일어난 현상
얼음	얼음이 얼었다.
이따가	이따가 오너라.
있다가	돈은 있다가도 없다.
저리다	다친 다리가 저린다.
절이다	김장 배추를 절인다.
조리다	생선을 조린다. 통조림, 병조림
졸이다	마음을 졸인다.
주리다	여러 날을 주렸다.
줄이다	비용을 줄인다.
하노라고	하노라고 한 것이 이 모양이다.
하느라고	공부하느라고 밤을 새웠다.
-느니보다(어미)	나를 찾아 오느니보다 집에 있거라
-는 이보다(의존 명사)	오는 이가 가는 이보다 많다.
-(으)리만큼(어미)	나를 미워하리만큼 그에게 잘못한 일이 없다.
-(으)ㄹ 이만큼(의존 명사)	
	찬성할 이도 반대할 이만큼이나 많을 것이다.

-(으)러(목적)	공부하러 간다.
-(으)려(의도)	서울 가려 한다.
-(으)로서(자격)	사람으로서 그럴 수는 없다.
-(으)로써(수단)	닭으로써 꿩을 대신했다.
-(으)므로(어미)	그가 나를 믿<u>으므로</u> 나도 그를 믿는다.
(-ㅁ, -음)으로(써)(조사)	그는 믿음으로(써) 산 보람을 느꼈다.

(77) 밑줄 친 부분의 표기가 맞는 것은?

　① 인간이 한평생 살 것 같지만 <u>반듯이</u> 죽기 때문에 신에게 자신을 의탁하는 것이다.

　② 과일주를 오래 놔두면 썩기 때문에 2년 정도 되면 술을 체로 <u>받힌다.</u>

　③ 너는 맨날 말리지는 못할 망정 싸움을 <u>붙이는구나.</u>

　④ 밥과 국만 <u>앉혀</u> 놓으면 제사 준비는 얼추 끝납니다.

(78) 밑줄 친 부분의 표기가 잘못 된 것은?

　① 친구<u>로서</u> 하는 말이니 기분 나쁘게 듣지 말아줘.

　② 내가 <u>그럼으로써</u> 너에게 도움이 된다면 다행이다.

　③ 오직 인내와 <u>사랑으로써만</u> 그 병을 고칠 수 있다.

　④ 우리 인내<u>로서</u> 끝까지 포기하지 말고 지켜봅시다.

(79) 밑줄 친 부분의 표기가 잘못 된 것은?

　① 6.25는 동족상잔의 전쟁<u>으로써</u> 많은 피해를 냈다.

　② 톱<u>으로(써)</u> 나무를 자른다.

　③ 나는 피해자<u>로써</u> 고소할 권리가 있습니다.

　④ 우리 이제 사랑<u>으로(써)</u> 하나 될 때이다.

(80) 밑줄 친 부분의 표기가 잘못 된 것은?

　① 소설을 <u>읽음으로</u> 내가 겪어보지 못한 숱한 삶을 경험할 수 있다.

② 너가 나를 <u>믿음으로</u> 나도 너를 믿는다.

③ 그는 늘 해맑은 <u>웃음으로</u> 사람들을 대한다.

④ 날씨가 <u>차므로</u>, 돌아다니는 사람이 없다.

(81) 밑줄 친 부분의 표기가 잘못 된 것은?

① 언어영역에서 남들보다 20점 정도를 더 <u>마쳐서</u> 합격할 수 있었다.

② 문이 세게 <u>닫치는</u> 부주의한 사고로 인해 그는 손가락 하나를 잃게
되었다.

③ 밤 세워 약을 <u>달이는</u> 네 엄마의 정성을 생각해서 쓰더라도 꾹 삼켜봐.

④ 젓갈을 만들려면 우선 소금에 푹 <u>절이거라.</u>

(82) 밑줄 친 부분의 표기가 맞는 것은?

① 수출 부진으로 재정 적자가 심하니, 수출량을 더 <u>늘여주십시오.</u>

② 바지가 길어서 걸을 때 밟히니, 바지 길이를 <u>늘려</u> 주세요.

③ 규정이 <u>그러므로</u> 아쉽지만 기회를 더 줄 수는 없습니다.

④ 네가 자꾸 속을 <u>썩이므로</u> 어머니의 병세가 더 악화되셨다.

문장 부호의 이름과 그 사용법은 다음과 같이 정한다.

Ⅰ. 마침표〔終止符〕

1. 온점(.), 고리점(。)

가로쓰기에는 온점, 세로쓰기에는 고리점을 쓴다.

(1) 서술, 명령, 청유 등을 나타내는 문장의 끝에 쓴다.

젊은이는 나라의 기둥이다.
황금 보기를 돌같이 하라.
집으로 돌아가자.

다만, 표제어나 표어에는 쓰지 않는다.

압록강은 흐른다(표제어)
꺼진 불도 다시 보자(표어)

(2) 아라비아 숫자만으로 연월일을 표시할 적에 쓴다.

1919. 3. 1. (1919년 3월 1일)

(3) 표시 문자 다음에 쓴다.

1. 마침표   ㄱ. 물음표   가. 인명

(4) 준말을 나타내는 데 쓴다.

　　　서. 1987. 3. 5.(서기)

2. 물음표(?)

의심이나 물음을 나타낸다.

(1) 직접 질문할 때에 쓴다.

　　　이제 가면 언제 돌아오니?
　　　이름이 뭐지?

(2) 반어나 수사 의문(修辭疑問)을 나타낼 때 쓴다.

　　　제가 감히 거역할 리가 있습니까?
　　　이게 은혜에 대한 보답이냐?
　　　남북 통일이 되면 얼마나 좋을까?

(3) 특정한 어구 또는 그 내용에 대하여 의심이나 빈정거림, 비웃음 등을 표
　　시할 때, 또는 적절한 말을 쓰기 어려운 경우에 소괄호 안에 쓴다.

　　　그것 참 훌륭한(?) 태도야.
　　　우리 집 고양이가 가출(?)을 했어요.

〔붙임 1〕 한 문자에서 몇 개의 선택적인 물음이 겹쳤을 때에는 맨 끝의 물음
　　에만 쓰지만, 각각 독립된 물음인 경우에는 물음마다 쓴다.

　　　너는 한국인이냐, 중국인이냐?
　　　너는 언제 왔니?　 어디서 왔니? 무엇하러?

〔붙임 2〕 의문형 어미로 끝나는 문장이라도 의문의 정도가 약할 때에는 물음
　　표 대신 온점(또는 고리점)을 쓸 수도 있다.

> 이 일을 도대체 어쩐단 말이냐.
> 아무도 그 일에 찬성하지 않을 거야. 혹 미친 사람이면 모를까.

3. 느낌표(！)

감탄이나 놀람, 부르짖음, 명령 등 강한 느낌을 나타낸다.

(1) 느낌을 힘차게 나타내기 위해 감탄사나 감탄형 종결어미 다음에 쓴다.

> 앗!
> 아, 달이 밝구나!

(2) 강한 명령문 또는 청유문에 쓴다.

> 지금 즉시 대답해!
> 부디 몸조심하도록!

(3) 감정을 넣어 다른 사람을 부르거나 대답할 적에 쓴다.

> 춘향아!
> 예, 도련님!

(4) 물음의 말로써 놀람이나 항의의 뜻을 나타내는 경우에 쓴다.

> 이게 누구야!
> 내가 왜 나빠!

〔붙임〕 감탄형 어미로 끝나는 문장이라도 감탄의 정도가 약할 때에는 느낌표 대신 온점(또는 고리점)을 쓸 수도 있다.

> 개구리가 나온 것을 보니, 봄이 오긴 왔구나.

Ⅱ. 쉼표〔休止符〕

1. 반점(,), 모점(、)

가로쓰기에는 반점, 세로쓰기에는 모점을 쓴다.

문장 안에서 짧은 휴지를 나타낸다.

(1) 같은 자격의 어구가 열거될 때에 쓴다.

　　근면, 검소, 협동은 우리 겨레의 미덕이다.
　　충청도의 계룡산, 전라도의 내장산, 강원도의 설악산은 모두 국립 공원이다.

다만, 조사로 연결될 적에는 쓰지 않는다.

　　매화와 난초와 국화와 대나무를 사군자라고 한다.

(2) 짝을 지어 구별할 필요가 있을 때에 쓴다.

　　닭과 지네, 개와 고양이는 상극이다.

(3) 바로 다음의 말을 꾸미지 않을 때에 쓴다.

　　슬픈 사연을 간직한, 경주 불국사의 무영탑
　　성질 급한, 철수의 누이동생이 화를 내었다.

(4) 대등하거나 종속적인 절이 이어질 때에 절 사이에 쓴다.

　　콩 심으면 콩 나고, 팥 심으면 팥 난다.
　　흰 눈이 내리니, 경치가 더욱 아름답다.

(5) 부르는 말이나 대답하는 말 뒤에 쓴다.

　　애야, 이리 오너라.
　　예, 지금 가겠습니다.

(6) 제시어 다음에 쓴다.

> 빵, 이것이 인생의 전부이더냐?
> 용기, 이것이야말로 무엇과도 바꿀 수 없는 젊은이의 자산이다.

(7) 도치된 문장에 쓴다.

> 이리 오세요, 어머님.
> 다시 보자, 한강수야.

(8) 가벼운 감탄을 나타내는 말 뒤에 쓴다.

> 아, 깜빡 잊었구나.

(9) 문장 첫머리의 접속이나 연결을 나타내는 말 다음에 쓴다.

> 첫째, 몸이 튼튼해야 된다.
> 아무튼, 나는 집에 돌아가겠다.

다만, 일반적으로 쓰이는 접속어(그러나, 그러므로, 그리고, 그런데, 등) 뒤에는 쓰지 않음을 원칙으로 한다.

> 그러나 너는 실망할 필요가 없다.

(10) 문장 중간에 끼여든 구절 앞뒤에 쓴다.

> 나는 솔직히 말하면, 그 말이 별로 탐탁하지 않소.
> 철수는 미소를 띠고, 속으로는 화가 치밀었지만, 그들을 맞았다.

(11) 되풀이를 피하기 위하여 한 부분을 줄일 때에 쓴다.

> 여름에는 바다에서, 겨울에는 산에서 휴가를 즐겼다.

(12) 문맥상 끊어 읽어야 할 곳에 쓴다.

갑돌이가 울면서, 떠나는 갑순이를 배웅했다.
갑돌이가, 울면서, 떠나는 갑순이를 배웅했다.
철수가, 내가 제일 좋아하는 친구이다.
남을 괴롭히는 사람들은, 만약 그들이 다른 사람에게 괴롭힘을 당해 본다
면, 남을 괴롭히는 일이 얼마나 나쁜 일인지 깨달을 것이다.

(13) 숫자를 나열할 때에 쓴다.

1, 2, 3, 4

(14) 수의 폭이나 개략의 수를 나타낼 때에 쓴다.

5, 6 세기   6, 7 개

(15) 수의 자릿점을 나타낼 때에 쓴다.

14,314

2. 가운뎃점(·)
열거된 여러 단위가 대등하거나 밀접한 관계임을 나타낸다.

(1) 쉼표로 열거된 어구가 다시 여러 단위로 나누어질 때에 쓴다.

철수 · 영이, 영수 · 순이가 서로 짝이 되어 윷놀이를 하였다.
공주 · 논산, 천안 · 아산 · 천원 등 각 지역구에서 2 명씩 국회 의원을 뽑는
다.
시장에 가서 사과 · 배 · 복숭아, 고추 · 마늘 · 조기 · 명태 · 고등어를 샀다.

(2) 특정한 의미를 가지는 날을 나타내는 숫자에 쓴다.

3 · 1 운동   8 · 15 광복

(3) 같은 계열의 단어 사이에 쓴다.

경북 방언의 조사·연구
충북·충남 두 도를 합하여 충청도라고 한다.
동사·형용사를 합하여 용언이라고 한다.

3. 쌍점(:)

(1) 내포되는 종류를 들 적에 쓴다.

문장 부호 : 마침표, 쉼표, 따옴표, 묶음표 등
문방사우 : 붓, 먹, 벼루, 종이

(2) 소표제 뒤에 간단한 설명이 붙을 때에 쓴다.

일시 : 1984년 10월 15일 10시
마침표 : 문장이 끝남을 나타낸다.

(3) 저자명 다음에 저서명을 적을 때에 쓴다.

정약용 : 목민심서, 경세유표
주시경 : 국어 문법, 서울 박문서관, 1910.

(4) 시(時)와 분(分), 장(章)과 절(節) 따위를 구별할 때나, 둘 이상을 대비할
때에 쓴다.

오전 10 : 20 (오전 10시 20분)
요한 3 : 16 (요한복음 3장 16절)
대비 65 : 60 (65대 60)

4. 빗금(/)

(1) 대응, 대립되거나 대등한 것을 함께 보이는 단어와 구, 절 사이에 쓴다.

남궁만/남궁 만   백이십오 원/125원
착한 사람/악한 사람   맞닥뜨리다/맞닥트리다

(2) 분수를 나타낼 때에 쓰기도 한다.

3/4 분기   3/20

Ⅲ. 따옴표〔引用符〕

1. 큰따옴표(" "), 겹낫표(『 』)

가로쓰기에는 큰따옴표, 세로쓰기에는 겹낫표를 쓴다.
대화, 인용, 특별 어구 따위를 나타낸다.

(1) 글 가운데서 직접 대화를 표시할 때에 쓴다.

"전기가 없었을 때는 어떻게 책을 보았을까?"
"그야 등잔불을 켜고 보았겠지."

(2) 남의 말을 인용할 경우에 쓴다.

예로부터 "민심은 천심이다."라고 하였다.
"사람은 사회적 동물이다."라고 말한 학자가 있다.

2. 작은 따옴표(' '), 낫표(「 」)

가로쓰기에는 작은따옴표, 세로쓰기에는 낫표를 쓴다.

(1) 따온 말 가운데 다시 따온 말이 들어 있을 때에 쓴다.

"여러분! 침착해야 합니다. '하늘이 무너져도 솟아날 구멍이 있다.'고 합니다."

(2) 마음 속으로 한 말을 적을 때에 쓴다.

　　　'만약 내가 이런 모습으로 돌아간다면 모두들 깜짝 놀라겠지.'

〔붙임〕 문장에서 중요한 부분을 두드러지게 하기 위해 드러냄표 대신에 쓰기
　도 한다.

　　　지금 필요한 것은 '지식'이 아니라 '실천'입니다.
　　　'배부른 돼지'보다는 '배고픈 소크라테스'가 되겠다.

Ⅳ. 묶음표〔括弧符〕

1. 소괄호(( ))

(1) 언어, 연대, 주석, 설명 등을 넣을 적에 쓴다.

　　　커피(coffee)는 기호 식품이다.
　　　3·1 운동(1919) 당시 나는 중학생이었다.
　　　'무정(無情)'은 춘원(6·25때 납북)의 작품이다.
　　　니체(독일의 철학자)는 이렇게 말했다.

(2) 특히 기호 또는 기호적인 구실을 하는 문자, 단어, 구에 쓴다.

　　　(1) 주어　　　(ㄱ) 명사　　　(라) 소리에 관한 것

(3) 빈 자리임을 나타낼 적에 쓴다.

　　　우리 나라의 수도는 (　)이다.

2. 중괄호({　})

여러 단위를 동등하게 묶어서 보일 때에 쓴다.

<pre>
                    ┌ 이 ┐   ┌ 국토 ┐
    주격 조사   {   }   국가의 삼 요소 { 국민 }
                    └ 가 ┘   └ 주권 ┘
</pre>

3. 대괄호(〔 〕)

(1) 묶음표 안의 말이 바깥 말과 음이 다를 때에 쓴다.

나이〔年歲〕   낱말〔單語〕   手足〔손발〕

(2) 묶음표 안에 또 묶음표가 있을 때에 쓴다.

명령에 있어서의 불확실〔단호(斷乎)하지 못함.〕은 복종에 있어서의 불확실〔모호(模糊)함.〕을 낳는다.

Ⅴ. 이음표〔連結符〕

1. 줄표(—)

이미 말한 내용을 다른 말로 부연하거나 보충함을 나타낸다.

(1) 문장 중간에 앞의 내용에 대해 부연하는 말이 끼여들 때 쓴다.

그 신동은 네 살에—보통 아이 같으면 천자문도 모를 나이에—시를 지었다.

(2) 앞 말을 정정 또는 변명하는 말이 이어질 때 쓴다.

어머님께 말했다가 — 말씀드렸다가 — 꾸중만 들었다.
이건 내 것이니까 — 아니, 내가 처음 발견한 것이니까 — 절대로 양보할 수가 없다.

2. 붙임표(-)

(1) 사전, 논문 등에서 합성어를 나타낼 적에, 또는 접사나 어미임을 나타낼 적에 쓴다.

겨울-나그네   불-구경   손-발
휘-날리다   슬기-롭다   -(으)ㄹ걸

(2) 외래어와 고유어 또는 한자어가 결합되는 경우에 쓴다.

나일론-실   다-장조   빛-에너지   염화-칼륨

3. 물결표(~)

(1) '내지'라는 뜻에 쓴다.

9월 15일 ~ 9월 25일

(2) 어떤 말의 앞이나 뒤에 들어갈 말 대신 쓴다.

새마을 : ~ 운동 ~ 노래
-가(家) : 음악~   미술~

VI. 드러냄표〔顯在符〕

1. 드러냄표(˙, ˚)

˙이나 ˚을 가로쓰기에는 글자 위에, 세로쓰기에는 글자 오른쪽에 쓴다.
문장 내용 중에서 주의가 미쳐야 할 곳이나 중요한 부분을 특별히 드러내 보
일 때 쓴다.

한글의 본 이름은 훈민정음이다.

중요한 것은 왜 사느냐가 아니라 어떻게 사느냐 하는 문제이다.

〔붙임〕 가로쓰기에서는 밑줄(____, ~~~~~)을 치기도 한다.

다음 보기에서 명사가 <u>아닌</u> 것은?

Ⅶ. 안드러냄표〔潛在符〕

1. 숨김표(××, ○○)

알면서도 고의로 드러내지 않음을 나타낸다.

(1) 금기어나 공공연히 쓰기 어려운 비속어의 경우, 그 글자의 수효만큼 쓴다.

> 배운 사람 입에서 어찌 ○○○란 말이 나올 수 있느냐?
> 그 말을 듣는 순간 ×××란 말이 목구멍까지 치밀었다.

(2) 비밀을 유지할 사항일 경우, 그 글자의 수효만큼 쓴다.

> 육군 ○○ 부대 ○○○명이 작전에 참가하였다.
> 그 모임의 참석자는 김 ×× 씨, 정 ×× 씨 등 5명이었다.

2. 빠짐표(□)

글자의 자리를 비워 둠을 나타낸다.

(1) 옛 비문이나 서적 등에서 글자가 분명하지 않을 때에 그 글자의 수효만큼 쓴다.

> 大師爲法主□□賴之大□薦 (옛 비문)

(2) 글자가 들어가야 할 자리를 나타낼 때 쓴다.

> 훈민정음의 초성 중에서 아음(牙音)은 □□□의 석 자다.

3. 줄임표(……)

(1) 할 말을 줄였을 때에 쓴다.

> "어디 나하고 한 번……."

하고 철수가 나섰다.

(2) 말이 없음을 나타낼 때에 쓴다.

"빨리 말해!"
"……."

문제로 푸는 표준어 규정
(문교부 고시 제88-2호)

제 1 장 총 칙

제 1 항 표준어는 교양 있는 사람들이 두루 쓰는 현대 서울말로 정함을 원칙으로 한다.

제 2 항 외래어는 따로 정한다.

제 2 장 발음 변화에 따른 표준어 규정

제 1 절 자음

제 3 항 다음 단어들은 거센소리를 가진 형태를 표준어로 삼는다. (ㄱ을 표준어로 삼고, ㄴ을 버림.)

ㄱ	ㄴ	비 고
끄나풀	끄나불	
나팔-꽃	나발-꽃	
녘	녁	동~, 들~, 새벽~, 동틀~.
부엌	부억	
살-쾡이	삵-괭이	
칸	간	1. ~막이, 빈~, 방 한~. 2. '초가삼간, 윗간'의 경우에는 '간'임.
털어-먹다	떨어-먹다	재물을 다 없애다.

(1) 다음 중 밑줄 친 부분이 표준어가 아닌 것은?

　① <u>새벽녘</u>이 되니 모든 물건들이　하나 둘씩 제 형태를 찾아갔다.

　② 우리 중에 경찰의 <u>끄나풀</u>이 있을지도 모른다.

　③ 외지 생활 하다보면 집 <u>한 간</u> 없이 몸만 고되기 한이 없다.

　④ 그 집의 담벽에는 보라색 <u>나팔꽃</u> 줄기가 덩굴로 뻗어있다.

(2) 다음 중 밑줄 친 부분이 표준어가 아닌 것은?

　① <u>초가삼간</u>이 다 타도 빈대 죽는 것만 시원하다.

　② 그 집 큰아들이 사업한답시고 집도 땅도 다 <u>털어먹었다.</u>

　③ 저 <u>삵쾡이</u>처럼 노려보는 것 좀 보게.

　④ 엄마, 이제 나도 대학생인데 내 방 <u>한 칸</u> 주면 안돼?

(3) 다음 밑줄 친 부분이 표준어로 맞게 표기된 것은?

　① <u>동틀녁</u> 수평선의 광경은 정말 아름답다.

　② <u>새벽녘</u> 어느 집에선가 희미한 자명종 소리가 들려온다..

　③ <u>부억에</u> 가서 아버지 드실 물 좀 가져오너라.

　④ <u>북녁</u> 하늘을 바라보면 고향 생각이 난다.

제 4 항　다음 단어들은 거센소리로 나지 않는 형태를 표준어로 삼는다. (ㄱ을 표준어로 삼고, ㄴ을 버림.)

ㄱ	ㄴ	비　고
가을-갈이	가을-카리	
거시기	거시키	
분침	푼침	

(4) 다음 중 밑줄 친 부분이 표준어가 아닌 것은?

　① <u>거시기</u> 그게 뭐였더라. 도통 생각이 나지 않는구면.

　② 부지런한 농부는 다음 해의 농사를 위해 미리 <u>가을-카리</u>를 해 놓을 줄 안다.

　③ 아무 준비도 없이 일도 거의 끝나갈 때 왔으면서 자기 <u>모가치</u>는 다 챙기는군.

④ 항상 약속 시간에 늦는 습관 때문에 내 시계의 <u>분칩</u>은 늘 남들보다
  10분 더 앞서있다.

제 5 항 어원에서 멀어진 형태로 굳어져서 널리 쓰이는 것은, 그것을
표준어로 삼는다. (ㄱ을 표준어로 삼고, ㄴ을 버림.)

ㄱ	ㄴ	비　고
강낭-콩	강남-콩	
고삿	고샅	겉~, 속~.
사글-세	삭월-세	'월세'는 표준어임.
울력-성당	위력-성당	떼를 지어서 이르고 협박하는 일.

다만, 어원적으로 원형에 더 가까운 형태가 아직 쓰이고 있는 경우에
는, 그것을 표준어로 삼는다. (ㄱ을 표준어로 삼고, ㄴ을 버림.)

ㄱ	ㄴ	비　고
갈비	가리	~구이, ~찜, 갈빗-대.
갓모	갈모	1. 사기 만드는 물레 밑그릇. 2. '갈모'갓 위에 쓰는, 유지로 만든 우비.
굴-젓	구-젓	
말-곁	말-겻	
물-수란	물-수랄	
밀-뜨리다	미-뜨리다	
적-이	저으기	적이 – 나, 적이나 – 하면.
휴지	수지	

(5) 다음 중 밑줄 친 부분이 표준어가 아닌 것은?
  ① 그렇게 <u>울력성당</u>으로 밀어 부친다고 해서 될 일이 아니니 돌아가게.
  ② 나는 <u>강낭콩</u>이 들어간 밥을 싫어한다.
  ③ 혼수상태에서 깨어났다니까 <u>저으기</u> 마음이 놓이네요.
  ④ 요즘에는 <u>사글셋방</u> 구하기가 더 힘들더라.

> **제 6 항** 다음 단어들은 의미를 구별함이 없이, 한 가지 형태만을 표준어로 삼는다. (ㄱ을 표준어로 삼고, ㄴ을 버림.)
>
> | ㄱ | ㄴ | 비 고 |
> | --- | --- | --- |
> | 돌 | 돐 | 생일, 주기. |
> | 둘-째 | 두-째 | '제2, 두 개째의 뜻'. |
> | 셋-째 | 세-째 | '제3, 세 개째의 뜻'. |
> | 넷-째 | 네-째 | '제4, 네 개째의 뜻'. |
> | 빌리다 | 빌다 | 1. 빌려주다, 빌려오다. |
> | | | 2. '용서를 빌다'는 '빌다'임. |
>
> 다만, '둘째'는 십 단위 이상의 서수사에 쓰일 때에 '두째'로 한다.
>
> | ㄱ | ㄴ | 비 고 |
> | --- | --- | --- |
> | 열두-째 | | 열두 개째의 뜻은 '열둘째'로. |
> | 스물두-째 | | 스물두 개째의 뜻은 '스물둘째'로. |

(6) 다음 중 밑줄 친 부분이 표준어가 아닌 것은?

　① 나의 <u>스물두째</u> 생일날 나는 텅 빈 방에 홀로 앉아서 깡소주를 마셨다.

　② 나는 <u>셋째로</u> 태어나서 그런지 부모님의 별 기대 없이 자랐다.

　③ 합격자 대기 번호 <u>열둘째</u>로 있다가 아슬아슬하게 대학에 합격했다.

　④ 어제는 우리 이쁜 조카 민성이의 <u>돌잔치</u>가 있었다.

(7) 다음 중 밑줄 친 부분이 표준어가 아닌 것은?

　① 게으르면 거지처럼 평생 <u>빌어먹는</u> 수밖에 없다.

　② 파티복이 하나도 없어 <u>빌어입을</u> 수밖에 없었다.

　③ 네게 <u>빌린</u> 돈을 빨리 갚았으면 싶다.

　④ 네가 잘못했으면 당연히 용서를 <u>빌어야지.</u>

> **제 7 항** 수컷을 이르는 접두사는 '수-'로 통일한다. (ㄱ을 표준어로 삼고, ㄴ을 버림.)

ㄱ	ㄴ	비　고
수-꿩	수-꿩, 숫-꿩	'장끼'도 표준어임.
수-나사	숫-나사	
수-놈	숫-놈	
수-사돈	숫-사돈	
수-소	숫-소	'황소'도 표준어임.
수-은행나무	숫-은행나무	

다만 1. 다음 단어에서는 접두사 다음에서 나는 거센소리를 인정한다. 접두사 '암-'이 결합되는 경우에도 이에 준한다. (ㄱ을 표준어로 삼고, ㄴ을 버림.)

ㄱ	ㄴ	비　고
수-캉아지	숫-강아지	
수-캐	숫-개	
수-컷	숫-것	
수-키와	숫-기와	
수-탉	숫-닭	
수-탕나귀	숫-당나귀	
수-톨쩌귀	숫-돌쩌귀	
수-퇘지	숫-돼지	
수-평아리	숫-병아리	

다만 2. 다음 단어의 접두사는 '숫-'으로 한다. (ㄱ을 표준어로 삼고, ㄴ을 버림.)

ㄱ	ㄴ	비　고
숫-양	수-양	
숫-염소	수-염소	
숫-쥐	수-쥐	

(8) 다음 중 밑줄 친 부분이 표준어가 아닌 것은?

　① <u>수꿩</u> 한 마리가 콩알을 먹으려다 덫에 걸리고 말았다.

　② 저기 풀을 뜯고 있는 암소와 <u>수소</u> 중 누가 더 일을 잘해요?

　③ 저 <u>숫강아지</u> 우리가 데려가서 키우면 안돼요?

④ 이 집에서는 <u>숫양</u>을 기른다

(9) 다음 중 밑줄 친 부분이 표준어가 아닌 것은?
① 암말과 <u>수탕나귀</u> 사이에서 난 것이 노새이다.
② <u>수은행나무</u>와 암은행나무가 같이 있어야 열매가 맺는다.
③ 암기와 사이에 엎어 놓는 기와를 <u>수키</u>와라고 한다.
④ 학교 앞에서 파는 닭은 다 <u>숫병아리</u>라서 알을 나을 수 없단다.

제 2 절 모음

제 8 항　양성 모음이 음성 모음으로 바뀌어 굳어진 다음 단어는 음성 모음 형태를 표준어로 삼는다. (ㄱ을 표준어로 삼고, ㄴ을 버림.)

ㄱ	ㄴ	비　고
깡충-깡충	깡총-깡총	큰말은 '껑충껑충'임.
-둥이	-동이	←童-이. 귀-, 막-, 선-, 쌍-, 바람-.
발가숭이	발가송이	센말은 '빨가숭이',
		큰말은 '벌거숭이', '뻘거숭이'임.
보퉁이	보통이	
봉죽	봉족	←奉足. ~꾼, ~들다.
뻗정-다리	뻗장-다리	
아서, 아서라	앗아, 앗아라	하지 말라고 금지하는 말.
오뚝-이	오똑-이	부사도 '오뚝-이'임.
주추	주초	←柱礎. 주춧-돌.

다만, 어원 의식이 강하게 작용하는 다음 단어에서는 양성모음 형태를 그대로 표준어로 삼는다. (ㄱ을 표준어로 삼고, ㄴ을 버림.)

ㄱ	ㄴ	비　고
부조(扶助)	부주	~금, 부좃-술.
사돈(査頓)	사둔	밭~, 안~.
삼촌(三寸)	삼춘	시~, 외~, 처~.

(10) 다음 중 밑줄 친 부분이 표준어가 아닌 것은?

① 옆집 꼬마는 <u>오뚝이</u> 같이 배가 불룩한 게 너무 귀엽다.

② 외숙모의 동생과 나는 <u>사돈간</u>이라고 한다.

③ <u>아서라!</u> 모닥불도 빨리 타오르면 빨리 식는 법이니 너무 서두르지 말거라.

④ <u>뻗장다리</u>로는 오래 달릴 수 없다.

(11) 다음 중 밑줄 친 부분이 표준어가 아닌 것은?

① 무엇이든지 <u>주춧돌</u>을 잘 세우지 못하면 사상누각(沙上樓閣) 격이 되어버리고 만다.

② 큰집 혼사 때 <u>부조</u>는 단순한 돈보다 우리 마음이 담겨진 걸로 했으면 해요.

③ 마치 내가 그 많은 사람들 앞에 <u>발가숭이</u>로 서있는 듯 했다.

④ 나는 작은아버지보다 <u>외삼촌</u>이 훨씬 더 좋아요.

제 9 항 'ㅣ' 역행 동화 현상에 의한 발음은 원칙적으로 표준 발음으로 인정하지 아니하되, 다만 다음 단어들은 그러한 동화가 적용된 형태를 표준어로 삼는다. (ㄱ을 표준어로 삼고, ㄴ을 버림.)

ㄱ	ㄴ	비　고
-내기	-나기	서울-, 시골-, 신출-, 풋-.
냄비	남비	
동댕이-치다	동당이-치다	

[붙임 1] 다음 단어는 'ㅣ' 역행동화가 일어나지 아니한 형태를 표준어로 삼는다. (ㄱ을 표준어로 삼고, ㄴ을 버림.)

ㄱ	ㄴ	비　고
아지랑이	아지랭이	

[붙임 2] 기술자에게는 '-장이', 그 이외에는 '-쟁이'가 붙는 형태를 표준어로 삼는다. (ㄱ을 표준어로 삼고, ㄴ을 버림)

ㄱ	ㄴ	비　고
미장이	미쟁이	
유기장이	유기쟁이	
멋쟁이	멋장이	
소금쟁이	소금장이	
담쟁이-덩굴	담장이-덩굴	
골목쟁이	골목장이	
발목쟁이	발목장이	

(12) 다음 중 밑줄 친 부분이 표준어가 아닌 것은?

　① 아버지가 조금 꾸중을 했더니 밥상에 숟가락을 <u>내동댕이</u>치고 나가
　　버렸다.

　② 찌개를 퍼놓고 그 <u>남비</u>에 밥을 해야겠는데?

　③ 입사한지 6일밖에 안된 <u>신출내기</u>가 무엇을 알겠니?

　④ 붉은 벽돌이 온통 <u>담쟁이</u> 덩굴로 덮인 대학로의 한 커피숍에서 우
　　리는 만났다.

(13) 다음 중 밑줄 친 부분이 표준어가 아닌 것은?

　① 그녀와 헤어지고 돌아오는 길에 흐린 날인데도 눈가에 <u>아지랭이</u>가
　　한없이 피어올랐다.

　② 우리집에 왔던 그 <u>유기장이</u> 꽤 <u>멋장이</u>더군.

　③ 그렇게 온 골목을 휘어잡고 다니니 <u>골목쟁이</u>라는 말을 듣지.

　④ <u>시골내기</u> 주제에 감히 나와 겨루겠다는 거야?

(14) 다음 중 밑줄 친 부분이 표준어로 맞게 표기된 것은?

　① 갑자기 밝은 데로 나오자 눈앞에 <u>아지랭이</u> 같은 게 아른거렸다.

　② '<u>난장이</u>가 쏘아올린 작은 공'이라는 소설을 읽어 봤니?

　③ 그 숲에는 물방개와 <u>소금장이</u>가 살고 있는 조그마한 연못이 있다.

　④ <u>풋내기</u> 주제에 감히 내 앞에서 시건방을 떨다니.

(15) 다음 중 밑줄 친 부분이 표준어인 것은?

　① 노인은 그 소녀의 꿈을 지키기 위해 <u>담쟁이</u>에 마지막 잎새를 벽에

그리고 죽었던거야..

② 겉모습만 <u>멋장이</u>였던게 아니라 매너도 정말 좋은 사람이더라구.

③ 오늘쯤이면 <u>미쟁이</u>가 동네에 올테니 구멍난 솥이나 손봐야할 연장을 챙겨두거라.

④ <u>소금장이</u>가 헤엄도 치치 않고 물 위에 떠있는 걸 보면 정말 신기하다.

제 10 항 다음 단어는 모음이 단순화한 형태를 표준어로 삼는다. (ㄱ을 표준어로 삼고, ㄴ을 버림)

ㄱ	ㄴ	비 고
괴팍-하다	괴팍-하다/괴팩-하다	
-구먼	-구면	
미루-나무	미류-나무	←美柳～.
미륵	미력	←彌勒. ～보살, ～불, 돌～.
여느	여늬	
온-달	왼-달	만 한 달.
으레	으례	
케케-묵다	켸켸-묵다	
허우대	허위대	
허우적-허우적	허위적-허위적	허우적-거리다.

---

(16) 다음 중 밑줄 친 부분이 표준어가 아닌 것은?

① 물에 빠져 <u>허위적대는</u> 사람을 구하지 않고 뭐하고 있는 거요.

② <u>미루나무</u> 꼭대기에 조각 구름이 걸려 있네.

③ <u>여느</u> 때처럼 나를 둘러싼 그 무엇도 변하지는 않았지만 무언가 달라져 있었다.

④ 사내자식이 멀쩡한 <u>허우대로</u> 그것 하나 들지 못하다니.

(17) 다음 중 밑줄 친 부분이 표준어로 맞게 표기된 것은?

① 정말이지 귀신이 곡을 할 <u>일이구면.</u>

② <u>여늬때</u>와 다름없이 그날도 지하철을 타고 출근하고 있었다.

③ 그렇게 <u>케케묵은</u> 생각에 사로잡혀 있다간 얼마 안가서 <u>괴팍한</u> 사람으로 치부되고 만다.

④ 말하지 않아도 <u>으레</u> 챙겨 놓으실 줄 알았는데 이거 조금 실망인데요.

제 11 항 다음 단어에서는 모음의 발음 변화를 인정하여, 발음이 바뀌어 굳어진 형태를 표준어로 삼는다. (ㄱ을 표준어로 삼고, ㄴ을 버림.)

ㄱ	ㄴ	비　　고
-구려	-구료	
깍쟁이	깍정이	1. 서울~, 알~, 찰~. 2. 도토리, 상수리 등의 받침은 '깍정이'임.
나무라다	나무래다	
미수	미시	미숫-가루.
바라다	바래다	'바램(所望)'은 비표준어임.
상추	상치	~쌈.
시러베-아들	실업의-아들	
주책	주착	←主着. ~망나니, ~없다.
지루-하다	지리-하다	←支離.
튀기	트기	
허드레	허드래	허드렛-물, 허드렛-일.
호루라기	호루루기	

(18) 다음 중 밑줄 친 부분이 표준어가 아닌 것은?

　① 지루한 강의 시간에 노트에 너의 이름 세자를 끄적여 본다.

　② 이번 겨울에는 따뜻한 늑대목도리에 싸여 다녔으면하는 바램을 가져본다.

　③ 저 사람은 정상적인 한국인이 아닌 튀기라던데?

　④ 바쁘시면 미숫가루라도 타주겠으니 후루룩 마시고 가세요.

(19) 다음 중 밑줄 친 부분이 표준어가 아닌 것은?

　① 깍정이가 떨어진 도토리 열매는 제 값을 못 받는다.

　② 여보, 여행 한 번 제대로 시켜주지 못하고 항상 고생만 시키는구료.

　③ 이제 나도 허드레일만 하는게 아니라 내 이름 석자를 걸고 일하고 싶어.

　④ 언젠가 네가 돌아올 날만을 바라고 살아온 나다.

(20) 다음 중 밑줄 친 부분이 표준어로 맞게 표기된 것은?

　① 서울 사람들은 모두 <u>깍정이야.</u>

　② <u>상치</u> 없이 고기를 무슨 맛으로 먹냐?

　③ 꾸중보다는 칭찬이 꿈이 되니 아이들을 너무 <u>나무라지</u> 말거라.

　④ <u>호루루기</u> 소리가 울리자 아이들의 함성소리와 함께 줄다리기 경주
　　가 시작되었다.

제 12 항 ‘웃-’ 및 ‘윗-’은 명사 ‘위’에 맞추어 ‘윗-’으로 통일한다.
　(ㄱ을 표준어로 삼고, ㄴ을 버림.)

ㄱ	ㄴ	비　　　고
윗-넓이	웃-넓이	
윗-눈썹	웃-눈썹	
윗-니	웃-니	
윗-당줄	웃-당줄	
윗-도리	웃-도리	준말은 ‘윗동’임.
윗-동아리	웃-동아리	
윗-마귀	웃-마귀	
윗-머리	웃-머리	
윗-목	웃-목	
윗-몸	웃-몸	～ 운동.
윗-바람	웃-바람	
윗-배	웃-배	
윗-벌	웃-벌	
윗-변	웃-변	수학 용어.
윗-사랑	웃-사랑	
윗-세장	웃-세장	
윗-수염	웃-수염	
윗-입술	웃-입술	
윗-잇몸	웃-잇몸	
윗-자리	웃-자리	
윗-중방	웃-중방	

다만 1. 된소리나 거센소리 앞에서는 ‘위’로 한다. (ㄱ을 표준어로 삼
고, ㄴ을 버림.)

ㄱ	ㄴ	비 고
위-짝 위-쪽 위-채 위-층 위-치마 위-턱 위-팔	웃-짝 웃-쪽 웃-채 웃-층 웃-치마 웃-턱 웃-팔	~ 구름.

다만 2. '아래, 위'의 대립이 없는 단어는 '웃-'으로 발음되는 형태를 표준어로 삼는다. (ㄱ을 표준어로 삼고, ㄴ을 버림.)

ㄱ	ㄴ	비 고
웃-국 웃-기 웃-돈 웃-비 웃-어른 웃-옷	윗-국 윗-기 윗-돈 윗-비 윗-어른 윗-옷	~ 걷다.

(21) 다음 중 밑줄 친 부분이 표준어가 아닌 것은?

① 내 <u>윗입술</u>은 왜 이렇게 튀어나왔는지 아프리카 토인 같잖아.

② <u>윗어른</u>을 제대로 공경할 줄 알아야 사람이지.

③ <u>윗니</u>가 벌어진 게 콤플렉스라서 웃을 때 입을 가리고 웃는 습관이 있어요.

④ <u>위층</u>은 사람이 살지 않은지 1년이 넘은 것 같습니다.

(22) 다음 중 밑줄 친 부분이 표준어가 아닌 것은?

① 시댁에 인사드리러 가는 사람이 <u>웃도리</u>가 너무 달라붙는 거 아니냐?

② <u>웃돈</u>까지 얹어 주고 산 콘서트 표인데 버리긴 아깝잖아.

③ 더운데 <u>웃옷</u>은 벗고 있거라.

④ 주인집은 <u>위층</u>이고 저희가 1층을 쓰고 있습니다.

제 13 항 한자 '구(句)'가 붙어서 이루어진 단어는 '귀'로 읽는 것을 인정하지 아니하고, '구'로 통일한다. (ㄱ을 표준어로 삼고, ㄴ을 버림.)

ㄱ	ㄴ	비 고
구법(句法)	귀법	
구절(句節)	귀절	
구점(句點)	귀점	
결구(結句)	결귀	
경구(警句)	경귀	
경인구(警人句)	경인귀	
난구(難句)	난귀	
단구(短句)	단귀	
단명구(短命丘)	단명귀	
대구(對句)	대귀	~법(對句法).
문구(文句)	문귀	
성구(成句)	성귀	~어(成句語).
시구(詩句)	시귀	
어구(語句)	어귀	
연구(聯句)	연귀	
인용구(引用句)	인용귀	
절구(絕句)	절귀	

다만, 다음 단어는 '귀'로 발음되는 형태를 표준어로 삼는다. (ㄱ을 표준어로 삼고, ㄴ을 버림.)

ㄱ	ㄴ	비 고
귀-글	구-글	
글-귀	글-구	

(23) 다음 중 밑줄 친 부분이 표준어로 맞게 표기된 것은?

① 단 한 줄의 <u>시귀</u> 속에도 밤을 지새우며 고뇌한 시인의 삶과 아픔이 들어있단다.

② "아직과 이미 사이의 푸른 희망의 사람이어야 해" 라는 <u>귀절</u>이 정말 좋았어.

③ 몇 번 배우지도 않았는데 다 깨우치는걸 보면 넌 참 <u>글귀</u>가 밝구나.

④ 2행과 4행의 문장은 서로 <u>대귀</u>가 된다.

제 3 절 준말

제 14 항 준말이 널리 쓰이고 본말이 잘 쓰이지 않는 경우에는, 준말만을 표준어로 삼는다. (ㄱ을 표준어로 삼고, ㄴ을 버림.)

ㄱ	ㄴ	비 고
귀찮다	귀치 않다	
김	기음	~ 매다.
똬리	또아리	
무	무	~강즘, ~말랭이, ~생채, 가랑~, 갓~, 왜~, 총각~.
미다	무이다	1. 털이 빠져 살이 드러나다. 2. 찢어지다.
뱀	배암	
뱀-장어	배암-장어	
빔	비음	설~, 생일~.
샘	새암	~바르다, ~바리.
생-쥐	새앙-쥐	
솔개	소리개	
온갖	온-가지	
장사-치	장사-아치	

(24) 다음 중 밑줄 친 부분이 표준어로 맞게 표기된 것은?

① 구렁이가 기왓장 위에 <u>또아리</u>를 틀고 앉아 있었다.

② 푸른 가을 하늘을 가르는 <u>소리개</u>

③ 요즘에는 옷이 너무 많으니까 설이라고 <u>설빔</u>을 사주는 사람은 거의 없다.

④ 나 지금 완전 비맞은 <u>새앙쥐</u>처럼 덜덜 떨고 있으니 빨리와.

(25) 다음 중 밑줄 친 부분이 표준어가 아닌 것은?

① <u>온갖</u> 부귀와 권력과 명성을 다 준다고 하여도 변치 않을 각오가 돼있다.

② 오늘 저녁에는 시원하게 <u>무우국</u>이나 끓여서 먹자꾸나.

③ <u>장사치</u>들이 하나도 남는 거 없다고 하는 것은 뻔한 거짓말이다.

④ 너를 보내고 난 후 나의 마음은 <u>미어지는</u> 슬픔으로 가득했다.

제 15 항 준말이 쓰이고 있더라도, 본말이 널리 쓰이고 있으면 본말을 표준어로 삼는다. (ㄱ을 표준어로 삼고, ㄴ을 버림.)

ㄱ	ㄴ	비 고
경황-없다	경-없다	
궁상-떨다	궁-떨다	
귀이-개	귀-개	
낌새	낌	
낙인-찍다	낙-하다/낙-치다	
내왕-꾼	냉-꾼	
경황-없다	돗	
뒤웅-박	뒹박	
뒷물-대야	뒷-대야	
마구-잡이	막-잡이	
맵자-하다	맵자다	모양이 제격에 어울리다.
모이	모	
벽-돌	벽	
부스럼	부럼	정월 보름에 쓰는 '부럼'은 표준어임.
살얼음-판	살-판	
수두룩-하다	수둑-하다	
암-죽	암	
어음	엄	
일구다	일다	
죽-살이	죽-살	
퇴박-맞다	퇴-맞다	
한통-치다	통-치다	

〔붙임〕 다만, 다음과 같이 명사에 조사가 붙은 경우에도 이 원칙을 적용한다. (ㄱ을 표준어로 삼고, ㄴ을 버림.)

ㄱ	ㄴ	비 고
아래-로	알-로	

(26) 다음 중 밑줄 친 부분이 표준어가 아닌 것은?

　　① 정월 대보름날 아침에는 밤·잣·호두·땅콩 따위의 <u>부럼</u>을 까먹는다.

② 자꾸 긁으면 <u>부스럼</u>이 생기니 꾹 참고 손대지 말아야 한다.

③ 어디를 둘러보건 <u>수둑한</u> 이 정도의 실력으로 우리 회사에 지원했다니 배짱이 있구만.

④ 무슨 <u>모의</u>들을 하고 있는지 낌새가 이상하니 자네가 현장 파악을 해야겠네.

제 16 항 준말과 본말이 다 같이 널리 쓰이면서 준말의 효용이 뚜렷이 인정되는 것은, 두 가지 다 표준어로 삼는다. (ㄱ은 본말이며, ㄴ은 준말임.)

ㄱ	ㄴ	비　고
거짓-부리	거짓-불	작은말은 '가짓부리, 가짓불'임.
노을	놀	저녁~.
막대기	막대	
망태기	망태	
머무르다	머물다	ㄱ 모음 어미가 연결될 때에는
서두르다	서둘다	︱ 준말의 활용형을 인정하지
서투르다	서툴다	ㄴ 않음.
석새-삼베	석새-베	
시-누이	시-뉘/시-누	
오-누이	오-뉘/오-누	
외우다	외다	외우며, 외워 : 외며, 외어.
이기죽-거리다	이죽-거리다	
찌꺼기	찌끼	'찌꺽지'는 비표준어임.

---

(27) 다음 중 밑줄 친 부분이 표준어가 아닌 것은?

① 어른이 <u>거짓부리</u>를 하면 쓰나.

② 물이 든 시험관에 암모니아수를 넣고 <u>유리 막대기</u>로 1분간 저어 주세요.

③ 너의 어깨 위로 지는 <u>저녁놀</u>이 매우 아름답다.

④ <u>음식찌꺽지</u>가 많이 나오지 않도록 적당량만 퍼 가세요.

제 4 절   단수 표준어

제 17 항 비슷한 발음의 몇 형태가 쓰일 경우, 그 의미에 아무런 차이가 없고, 그 중 하나가 더 널리 쓰이면, 그 한 형태만을 표준어로 삼는다. (ㄱ을 표준어로 삼고, ㄴ을 버림.)

ㄱ	ㄴ	비　고
거든-그리다	거둥-그리다	1. 거든하게 거두어 싸다. 2. 작은 말은 '가든-그리다'임.
구어-박다	구워-박다	사람이 한 군데에서만 지내다.
귀-고리	귀엣-고리	
귀-띔	귀-틤	
귀-지	귀에-지	
까딱-하면	까땍-하면	
꼭두-각시	꼭둑-각시	
내색	나색	감정이 나타나는 얼굴빛.
내숭-스럽다	내흉-스럽다	
냠냠-거리다	얌냠-거리다	냠냠-하다.
냠냠-이	냠얌-이	
너[四]	네	~돈, ~말, ~발, ~푼.
넉[四]	너/네	~냥, ~되, ~섬, ~자.
다다르다	다닫다	
댑-싸리	대-싸리	
더부룩-하다	더뿌룩하다/듬뿌룩-하다	
-던	-든	선택, 무관의 뜻을 나타내는 어미는 '-든'임. 가-든(지) 말-든(지), 보-든(가) 말-든(가).
-던가	-든가	
-던걸	-든걸	
-던고	-든고	
-던데	-든데	
-던지	-든지	

-(으)려고	-(으)ㄹ려고/ -(으)ㄹ라고	
-(으)려야	-(으)ㄹ려야/ -(으)ㄹ래야	
망가-뜨리다	망그-뜨리다	
멸치	며루치/메리치	
반빗-아치	반비-아치	'반빗' 노릇하는 사람. 찬비(饌婢). '반비'는 밥짓는 일을 맡은 계집종.
보습	보십/보섭	
본새	뽄새	
봉숭아	봉숭화	'봉선화'도 표준어임.
뺨-따귀	뺌-따귀/뺨-따구니	'뺨'의 비속어임.
뻐개다[斫]	뻐기다	두 조각으로 가르다.
뻐기다[誇]	뻐개다	뽐내다.
사자-탈	사지-탈	
상-판대기	쌍-판대기	
서[三]	세/석	~돈, ~말, ~발, ~푼.
석[三]	세	~냥, ~되, ~섬, ~자.
설령(設令)	서령	
-습니다	-읍니다	먹습니다, 갔습니다, 있습니다, 좋습니다. 모음 뒤에는 '-ㅂ니다'임.
시름-시름	시늠-시늠	
씁벅-씁벅	썸벅-썸벅	
아궁이	아궁지	
아내	안해	
어-중간	어지-중간	
오금-팽이	오금-탱이	
오래-오래	도래-도래	돼지 부르는 소리.
-올시다	-올습니다	
옹골-차다	공골-차다	
우두커니	우두머니	작은말은 '오도카니'.
잠-투정	잠-투세/잠-주정	
재봉-틀	자봉-틀	발~, 손~.
짓-무르다	짓-물다	
짚-북데기	짚-북세기	'짚북더기'도 비표준어임.

쪽	짝	편(便). 이~, 그~, 저~. 다만, '아무-짝'은 '짝'임. '천정부지(天井不知)'는 '천정'임.
천장[天障]	천정	
코-맹맹이	코-맹녕이	
흥-업다	흥-헙다	

(28) 다음 중 밑줄 친 부분이 표준어로 맞게 표기된 것은?

① 이제 남의 <u>꼭둑각시</u> 노릇은 그만하고 나의 삶을 살고 싶다.

② 키가 이렇게 크다니 <u>까딱하면</u> <u>천정에</u> 닿게 생겼구나.

③ 이 건물은 부실하니 헐고 다시 <u>짓든가</u> 해라.

④ 이번 가을에는 꼭 그녀와 결혼<u>하려고</u> 해.

(29) 다음 중 밑줄 친 부분이 표준어로 맞게 표기된 것은?

① 도박하는 버릇으로 그 가정까지 <u>망가뜨리게</u> 된걸 모르다니.

② 여자가 <u>귀거리</u>를 하면 세배로 예뻐 보인데.

③ 엄마는 언니의 <u>빰따구니</u>를 때리고 안방으로 들어가서 소리 죽여 우셨다.

④ 우리 며느리도 왔으니 <u>아궁지</u>에 불을 가득 때야겠구나.

(30) 다음 중 밑줄 친 부분이 표준어로 맞게 표기된 것은?

① 쌀집에 가서 쌀 <u>서</u> 말만 받아오너라.

② 옷감 <u>세</u> 자만 주세요.

③ 이 반지는 금 <u>석 돈</u> 짜리이다.

④ 노자돈으로 <u>네</u> 냥이면 충분하겠지?

(31) 다음 중 밑줄 친 부분이 표준어로 맞게 표기된 것은?

① 쪼그리고 앉아 있었더니 <u>오금탱이</u>가 펴지지도 않네.

② 아직 날도 밝지 않았는데 동자승이 <u>댑싸리</u>로 절 마당을 쓸고 있었다.

③ 그 놈 참 <u>얌냠거리며</u> 잘도 먹는다.

④ 크리스마스가 오기 전까지 <u>봉숭화물</u>이 손톱에 있으면 사랑이 이루어진다.

(32) 다음 중 밑줄 친 부분이 표준어로 맞게 표기된 것은?

① 남이야 뭘 <u>사든지</u> 무슨 상관이람.

② 막 저녁 <u>할려고</u> 하는 참이었는데 같이 좀 드세요.

③ 그 양반 지금도 <u>정정하시든데.</u>

④ 신문을 <u>보든가 말든가</u> 맘대로 해라.

제 5 절 복수 표준어

제 18 항 다음 단어는 ㄱ을 원칙으로 하고, ㄴ도 허용한다.

ㄱ	ㄴ	비 고
네	예	
쇠—	소—	~가죽, ~고기, ~기름, ~머리, ~뼈.
괴다	고이다	물이 ~, 밑을 ~.
꾀다	꼬이다	어린애를 ~, 벌레가 ~.
쐬다	쏘이다	바람을 ~.
죄다	조이다	나사를 ~.
쬐다	쪼이다	볕을 ~.

제 19 항 어감의 차이를 나타내는 단어 또는 발음이 비슷한 단어들이 다 같이 널리 쓰이는 경우에는, 그 모두를 표준어로 삼는다. (ㄱ, ㄴ을 모두 표준어로 삼음.)

ㄱ	ㄴ	비 고
거슴츠레-하다	게슴츠레-하다	
고까	꼬까	~신, ~옷.
고린-내	코린-내	
교기(驕氣)	갸기	교만한 태도.
구린-내	쿠린-내	
꺼림-하다	께름-하다	
나부랭이	너부렁이	

제 3 장 어휘 선택의 변화에 따른 표준어 규정

제 1 절 고어

제 20 항 사어(死語)가 되어 쓰이지 않게 된 단어는 고어로 처리하고, 현재 널리 사용되는 단어를 표준어로 삼는다. (ㄱ을 표준어로 삼고, ㄴ을 버림.)

ㄱ	ㄴ	비 고
난봉	봉	
낭떠러지	낭	
설거지-하다	설겆다	
애달프다	애닯다	
오동-나무	머귀-나무	
자두	오얏	

(33) 다음 중 밑줄 친 부분이 표준어로 맞게 표기된 것은?

　　① 밀린 <u>설겆이</u> 다 해주면 그 때 말해줄게!

　　② <u>오얏나무</u>가 모두 몇 그루인가요?

　　③ 어머니가 돌아가신 후에 <u>애닯은</u> 가슴으로 얼마나 울었는지 모릅니다.

　　④ <u>난봉</u> 자식이 마음 잡아야 사흘이다.

제 2 절 한자어

제 21 항 고유어 계열의 단어가 널리 쓰이고 그에 대응되는 한자어 계열의 단어가 용도를 잃게 된 것은, 고유어 계열의 단어만을 표준어로 삼는다. (ㄱ을 표준어로 삼고, ㄴ을 버림.)

ㄱ	ㄴ	비 고
가루-약	말-약	
구들-장	방-돌	
길품-삯	보행-삯	
까막-눈	맹-눈	

꼭지-미역	총각-미역	
나뭇-갓	시장-갓	
늙-다리	노닥다리	
두껍-닫이	두껍-창	
떡-암죽	병-암죽	
마른-갈이	건-갈이	
마른-빨래	건-빨래	
메-찰떡	반-찰떡	
박달-나무	배달-나무	
밥-소라	식-소라	큰 놋그릇.
사래-논	사래-답	묘지기나 마름이 부쳐 먹는 땅.
사래-밭	사래-전	
삯-말	삯-마	
성냥	화곽	
솟을-무늬	솟을-문	
외-지다	벽-지다	
움-파	동-파	
잎-담배	잎-초	
잔-돈	잔-전	
조-당수	조-당죽	
죽데기	피-죽	'죽더기'도 비표준어임.
지겟-다리	목-발	지게 동발의 양쪽 다리.
짐-꾼	부지-군(負持~)	
푼-돈	분전/푼전	
흰-말	백-말/부루-말	'백마'는 표준어임.
흰-죽	백-죽	

(34) 다음 중 밑줄 친 부분이 표준어가 아닌 것은?

① 푼전을 아껴 쓸 줄 알아야 부자가 될 수 있다.

② 한시도 가만있지 못하고 그렇게 방정을 떠니 구들장 무너지겠다.

③ 재산이라고 해봤자 한 떼기 남직한 사래밭이 전부다.

④ 박달나무는 목질이 단단하여 바퀴·기계·기구 따위의 재목으로 쓰
   인다.

제 22 항 고유어 계열의 단어가 생명력을 잃고 그에 대응되는 한자어 계열의 단어가 널리 쓰이면, 한자어 계열의 단어를 표준어로 삼는다. (ㄱ을 표준어로 삼고, ㄴ을 버림.)

ㄱ	ㄴ	비 고
개다리-소반	개다리-밥상	
겸-상	맞-상	
고봉-밥	높은-밥	
단-벌	홑-벌	
마방-집	마바리-집	馬房~.
민망-스럽다/면구-스럽다	민주-스럽다	
방-고래	구들-고래	
부항-단지	뜸-단지	
산-누에	멧-누에	
산-줄기	멧-줄기/멧-발	
수-삼	무-삼	
심-돋우개	불-돋우개	
양-파	둥근-파	
어질-병	어질-머리	
윤-달	군-달	
장력-세다	장성-세다	
제석	젯-돗	
총각-무	알-무/알타리-무	
칫-솔	잇-솔	
포수	통-댕이	

(35) 다음 중 밑줄 친 부분이 표준어가 아닌 것은?

　① 할머니는 한번 심하게 앓고 나신 후로 <u>어질병</u>으로 고생하고 계십니다.

　② <u>부항단지</u>로 뜸을 뜬 자리에 보기 흉한 빨간 반점 같은 게 생겼어요.

　③ 옛날에는 남녀가 유별하여 부부간에도 <u>겸상</u>하지 못하였다.

　④ <u>알타리무</u>는 처녀들이 더 좋아한다더라.

제 3 절 방언

제 23 항 방언이던 단어가 표준어보다 더 널리 쓰이게 된 것은, 그것을 표준어로 삼는다. 이 경우, 원래의 표준어는 그대로 표준어로 남겨두는 것을 원칙으로 한다. (ㄱ을 표준어로 삼고, ㄴ도 표준어로 남겨 둠.)

ㄱ	ㄴ	비 고
멍개	우렁쉥이	
물-방개	선두리	
애-순	어린-순	

제 24 항 방언이던 단어가 널리 쓰이게 됨에 따라 표준어이던 단어가 안 쓰이게 된 것은, 방언이던 단어를 표준어로 삼는다. (ㄱ을 표준어로 삼고, ㄴ을 버림.)

ㄱ	ㄴ	비 고
귀밑-머리	귓-머리	
까-뭉개다	까-무느다	
막상	마기	
빈대-떡	빈자-떡	
생인-손	생안-손	준말은 '생-손'임.
역-겹다	역-스럽다	
코-주부	코-보	

(36) 다음 중 밑줄 친 부분이 표준어가 아닌 것은?

　① 아버지의 <u>귀밑머리</u>가 하얗게 센걸 보니 세월의 그늘은 어쩔 수 없나보다.

　② 맨날 밥하기 귀찮아서 라면만 먹었더니 이제 라면 냄새만 맡아도 <u>역겹다.</u>

　③ 비오는 날은 따뜻한 방에 배 깔고 누워 <u>빈대떡</u> 부쳐먹는 게 최고라니까.

　④ <u>코보</u> 아저씨는 코가 크대요.

제 4 절 단수 표준어

제 25 항 의미가 똑같은 형태가 몇 가지 있을 경우, 그 중 어느 하나가 압도적으로 널리 쓰이면, 그 단어만을 표준어로 삼는다. (ㄱ을 표준어로 삼고, ㄴ을 버림.)

ㄱ	ㄴ	비 고
~게끔	~게시리	
겸사-겸사	겸지-겸지/	
	겸두-겸두	
고구마	참-감자	
고치다	낫우다	병을 ~.
골목-쟁이	골목-자기	
광주리	광우리	
괴통	호구	자루를 박는 부분.
국-물	먹-국/말-국	
군-표	군용-어음	
길-잡이	길-앞잡이	'길라잡이'도 표준어임.
까다롭다	까닭-스럽다/	
	까탈-스럽다	
까치-발	까치-다리	선반 따위를 받치는 물건.
꼬창-모	말뚝-모	꼬창이로 구멍을 뚫으면서 심는 모.
나룻-배	나루	'나루〔津〕'는 표준어임.
납-도리	민-도리	
농-지거리	기롱-지거리	다른 의미의 '기롱지거리'는 표준어임.
다사-스럽다	다사-하다	간섭을 잘 하다.
다오	다구	이리 ~.
담배-꽁초	담배-꼬투리.	
	~꽁치, ~꽁추	
담배-설대	대-설대	
대장-일	성냥-일	
뒤져-내다	뒤어-내다	
뒤통수-치다	뒤꼭지-치다	
등-나무	등-칡	
등-때기	등-떠리	'등'의 낮은 말.

등잔-걸이	등경-걸이	
떡-보	떡-충이	
똑딱-단추	딸꼭-단추	
매-만지다	우미다	
먼-발치	먼-발치	
며느리-발톱	뒷-발톱	
명주-붙이	주-사니	
목-메다	목-맺히다	
밀짚-모자	보릿짚-모자	
바가지	열-바가지/열-박	
바람-꼭지	바람-고다리	튜브의 바람을 넣는 구멍에 붙은. 쇠로 만든 꼭지.
반-나절	나절-가웃	
반두	독대	그물의 한 가지.
버젓-이	뉘연-히	
본-받다	법-받다	
부각	다시마-자반	
부끄러워-하다	부끄리다	
부스러기	부스럭지	
부지깽이	부지팽이	
부항-단지	부항-항아리	부스럼에서 피고름을 빨아 내기 위하여 부항을 붙이는 데 쓰는, 자그마한 단지.
붉으락-푸르락	푸르락-붉으락	
비켜-덩이	옆-사리미	김맬 때에 흙덩이를 옆으로 빼내는 일, 또는 그 흙덩이.
빙충이	빙충-맞이	작은말은 '뱅충이'.
빠-뜨리다	빠-치다	'빠트리다'도 표준어임.
뻣뻣-하다	왜긋다	
뽐-내다	느물다	
사로-잠그다	사로-채우다	자물쇠나 빗장 따위를 반 정도만 걸어 놓다.
살-풀이	살-막이	
상투-쟁이	상투-꼬부랑이	상투 튼 이를 놀리는 말.
새앙-손이	생강-손이	

샛-별	새벽-별	
선-머슴	풋-머슴	
섭섭-하다	애운-하다	
속-말	속-소리	국악 용어 '속소리'는 표준어임.
손목-시계	팔목-시계/ 팔뚝-시계	
손-수레	손-구루마	'구루마'는 일본어임.
쇠-고랑	고랑-쇠	
수도-꼭지	수도-고동	
숙성-하다	숙-지다	
순대	골집	
술-고래	술-꾸러기. ~부대, ~보, ~푸대	
식은-땀	찬-땀	
신기-롭다	신기-스럽다	'신기하다'도 표준어임.
쌍동-밤	쪽-밤	
쏜살-같이	쏜살-로	
아주	영판	
안-걸이	안-낚시	씨름 용어.
안다미-씌우다	안다미-시키다	제가 담당할 책임을 남에게 넘 기다.
안쓰럽다	안-슬프다	
안절부절-못하다	안절부절-하다	
앉은뱅이-저울	앉은-저울	
알-사탕	구슬-사탕	
암-내	곁땀-내	
앞-지르다	따라-먹다	
애-벌레	어린-벌레	
얕은-꾀	물탄-꾀	
언뜻	펀뜻	
언제나	노다지	
얼룩-말	워라-말	
-에는	-에는	
열심-히	열심-으로	

열어-제치다	열어-젖뜨리다	
입-담	말-담	
자배기	너벅-지	
전봇-대	전선-대	
주책-없다	주책-이다	'주착→주책'은 제11항 참조.
쥐락-펴락	펴락-쥐락	
-지만	-지만서도	← -지마는.
짓고-땡	지어-땡/짓고-땡이	
짧은-작	짜른-작	
찹쌀	이-찹쌀	
청대-콩	푸른-콩	
칡-범	갈-범	

(37) 다음 중 밑줄 친 부분이 표준어가 아닌 것은?

　① 힘들어하는 너에게 다가가지 못하고 <u>먼 발치에서</u> 늘 바라볼 수밖에 없었다.

　②이거 내 남자친구하고 같이 한 커플 <u>손목시계야.</u>

　③ 그래도 자기 하는 일에는 얼마나 <u>까탈스러운지</u> 믿음은 가더라.

　④ 엄마도 눈치 없이 그런 말을 물어보다니 진짜 <u>주책없다.</u>

(38) 다음 중 밑줄 친 부분이 표준어가 아닌 것은?

　① 사내들의 심한 <u>농지거리</u>에 숙희는 얼굴을 붉혔다.

　② 겨울의 지리산은 <u>길앞잡이</u>가 있어야만 오를 수 있는 장대한 산이다.

　③ 배 부르고 <u>등때기</u>가 따뜻하니까 네가 속 편한 소리만 하는구나.

　④ 밤톨이 이렇게 동굴동굴하니 <u>쌍동밤</u>은 없을 것 같구나.

(39) 다음 중 밑줄 친 부분이 표준어로 맞게 표기된 것은?

　① 건데기 한 점 없이 맹맹한 <u>멀국</u>을 무슨 맛으로 먹냐?.

　② 제작 년에 심은 감나무에서 딴 감이 <u>광우리</u>로 하나 가득이란다.

　③ <u>식은땀</u>이 어찌나 나는지, 애먹었다.

　④ <u>참감자</u>는 조선시대에 수입되었다.

(40) 다음 중 밑줄 친 부분이 표준어로 맞게 표기된 것은?

　① 이렇게 <u>열심으로</u> 준비했는데 포기한다는 게 아깝지 않니?

　② 엄마가 열심히 간호했으니 빨리 네 병을 <u>낫워야지.</u>

　③ 매일 깨워도 안 일어나던 애가 데이트라고 새벽부터 설치는 모습이
　　정말 <u>신기롭다!</u>

　④ 원래 의젓하고 속이 깊은 애라서 저토록 <u>안절부절하는</u> 건 처음 봅
　　니다.

제 5 절　복수 표준어

제 26 항　한 가지 의미를 나타내는 형태 몇 가지가 널리 쓰이며 표준어 규정에 맞으면, 그 모두를 표준어로 삼는다.

복수 표준어	비　고
가는-허리/잔-허리	
가락-엿/가래-엿	
가뭄/가물	
가엾다/가엽다	가엾어/가여워, 가엾은/가여운.
감감-무소식/감감-소식	
개수-통/설거지-통	'설겆다'는 '설거지-하다'로.
개숫-물/설거지-물	
갱-엿/검은-엿	
-거리다/-대다	가물-, 출렁-.
거위-배/횟-배	내 ～, 네 ～, 뉘 ～.
것/해	
게을러-빠지다/게을러-터지다	
고깃-간/푸줏-간	'고깃-관, 푸줏-관, 다림-방'은 비표준어임.
곰곰/곰곰-이	
관계-없다/상관-없다	
교정-보다/준-보다	
구들-재/구재	
귀퉁-머리/귀퉁-배기	'귀퉁이'의 비어임.

극성-떨다/극성-부리다	
기세-부리다/기세-피우다	
기승-떨다/기승-부리다	
깃-저고리/배내-옷/배냇-저고리	
꼬까/때때/고까	
꼬리-별/살-별	~신, ~옷
꽃-도미/붉-돔	
나귀/당-나귀	
날-걸/세-뿔	윷판의 쩰밭 다음의 셋째 밭.
내리-글씨/세로-글씨	
넝쿨/덩굴	'덩쿨'은 비표준어임.
녘/쪽	동~, 서~.
눈-대중/눈-어림/눈-짐작	
느리-광이/느림-보/늘-보	
늦-모/마냥-모	← 만이앙-모.
다기-지다/다기-차다	
다달-이/매-달	
-다마다/-고말고	
다박-나룻/다박-수염	
닭의-장/닭-장	
댓-돌/툇-돌	
덧-창/겉-창	
독장-치다/독판-치다	
동자-기둥/쪼구미	
돼지-감자/뚱딴지	
되우/된통/되게	
두동-무니/두동-사니	윷놀이에서, 두 동이 한데 어울려 가는 말.
뒷-갈망/뒷-감당	
뒷-말/뒷-소리	
들락-거리다/들랑-거리다	
딴-전/딴-청	
땅-콩/호-콩	
땔-감/땔-거리	
-뜨리다/-트리다	깨-, 떨어-, 쏟-.

뜬-것/뜬-귀신	
마룻-줄/용총-줄	돛대에 매어 놓은 줄.
	'이어줄'은 비표준어임.
마-파람/앞-바람	
만장-판/만장-중(滿場中)	
만큼/만치	
말-동무/말-벗	
매-같이/매-조미	
매-통/목-매	
먹-새/먹음-새	'먹음-먹이'는 비표준어임.
멀찌감치/멀찌가니/멀찍이	
멱통/산-멱/산-멱통	
면-치레/외면-치레	
모-내다/모-심다	모-내기/모-심기.
모쪼록/아무쪼록	
목판-되/모-되	
목화-씨/면화-씨	
무심-결/무심-중	
물-봉숭아/물-봉선화	
물-부리/빨-부리	
물-심부름/물-시중	
물추리-나무/물추리-막대	
물-타작/진-타작	
민둥-산/벌거숭이-산	
밑-층/아래-층	
바깥-벽/밭-벽	
바른/오른[右]	~손, ~쪽, ~편.
발-모가지/발-목쟁이	'발목'의 비속어임.
버들-강아지/버들-개지	
벌레/버러지	'벌거지, 벌러지'는 비표준어임.
변덕-스럽다/변덕-맞다	
보-조개/볼-우물	
보통-내기/여간-내기/예사-내기	'행-내기'는 비표준어임.
볼-따구니/볼-퉁이/볼-때기	'볼'의 비속어임.
부침개-질/부침-질/지짐-질	'부치개-질'은 비표준어임.

불똥-앉다/등화-지다/등화-앉다	
불-사르다/사르다	
비발/비용(費用)	
뾰두라지/뾰루지	
살-쾡이/삵	삵-피.
삽살-개/삽사리	
상두-꾼/상여-꾼	'상도-꾼, 향도-꾼'은 비표준어임.
상-씨름/소-걸이	
생/새앙/생강	
생-뿔/새앙-뿔/생강-뿔	'쇠뿔'의 형용.
생-철/양-철	1. '서양철'은 비표준어임.
	2. '生鐵'은 '무쇠'임.
서럽다/섧다	'설다'는 비표준어임.
서방-질/화냥-질	
성글다/성기다	
-(으)세요/-(으)셔요	
송이/송이-버섯	
수수-깡/수숫-대	
술-안주/안주	
-스레하다/-스름하다	거무-, 발그-.
시늉-말/흉내-말	
시새/세사(細沙)	
신/신발	
신주-보/독보	
심술-꾸러기/심술-쟁이	
쌉쓰레-하다/쌉쓰름-하다	
아귀-세다/아귀-차다	
아래-위/위-아래	
아무튼/어떻든/어쨌든/하여튼/여하튼	
앉음-새/앉음-앉음	
알은-척/알은 체	
애-갈이/애벌-갈이	
애꾸눈-이/외눈-박이	외대-박이, 외눈-퉁이'는 비표준어임.

양념-감/양념-거리	
어금버금-하다/어금지금-하다	
어기여차/어여차	
어림-잡다/어림-치다	
어이-없다/어처구니-없다	
어저께/어제	
언덕-바지/언덕-배기	
얼렁-뚱땅/엄벙-뗑	
여왕-벌/장수-벌	
여쭈다/여쭙다	
여태/입때	'여직'은 비표준어임.
여태-껏/이제-껏/입때-껏	'여지-껏'은 비표준어임.
역성-들다/역성-하다	'편역-들다'는 비표준어임.
연-달다/잇-달다	
엿-가락/엿-가래	
엿-기름/엿-길금	
엿-반대기/엿-자반	
오사리-잡놈/오색-잡놈	'오합-잡놈'은 비표준어임.
옥수수/강냉이	~떡, ~묵, ~밥, ~튀김.
왕골-기직/왕골-자리	
외겹-실/외올-실/홀-실	'홑겹-실, 올-실'은 비표준어임.
외손-잡이/한손-잡이	
욕심-꾸러기/욕심-쟁이	
우레/천둥	우렛-소리/천둥-소리.
우지/울-보	
울러-대다/울러-메다	
의심-스럽다/의심-쩍다	
-이에요/-이어요	
이틀-거리/당-고금	학질의 일종임.
일일-이/하나-하나	
일찌감치/일찌거니	
입찬-말/입찬-소리	
자리-옷/잠-옷	
제-가끔/제-각기	
자물-쇠/자물-통	

장가-가다/장가-들다	'서방-가다'는 비표준어임.
재롱-떨다/재롱-부리다	
좀-처럼/좀-체	'좀-체로, 좀-해선, 좀-해'는 비표준어임.
줄-꾼/줄-잡이	
중신/중매	
짚-단/짚-뭇	
쪽/편	오른~, 왼~.
차차/차츰	
책-씻이/책-거리	
척/체	모르는 ~, 잘난 ~.
천연덕-스럽다/천연-스럽다	
철-따구니/철-딱서니/철-딱지	'철-때기'는 비표준어임.
추어-올리다/추어-주다	'추켜-올리다'는 비표준어임.
축-가다/축-나다	
침-놓다/침-주다	
통-꼭지/통-젖	통에 붙은 손잡이.
파자-쟁이/해자-쟁이	점치는 이.
편지-투/편지-틀	
한턱-내다/한턱-하다	
해웃-값/해웃-돈	'해우-차'는 비표준어임.
혼자-되다/홀로-되다	
흠-가다/흠-나다/흠-지다	

한글 맞춤법·표준어 규정 종합문제

다음 밑줄 친 곳을 바르게 고쳐라.

1. 그 중소기업의 직원들은 10억불 수출의 탑을 <u>넘보며</u> 열심히 땀을 흘리고 있습니다.
2. <u>저희나라</u>는 국민의 사치와, 정치의 부패, 기업의 횡포로써 IMF라는 국난을 겪게 되었습니다.
3. 겨울비가 추적추적 내리고 나더니 <u>강추위</u>가 들이닥쳐서 닭들까지 얼어죽었다지 뭐야.
4. 오늘은 영화 '서편제'로 한국의 정신을 세계에 알린 <u>장본인</u> 임권택 감독을 만나보겠습니다.
5. 아주머니! 여기 <u>쇠고기 수육</u> 한 접시와 제육, 편육 한 접시씩 가득 주십시오.
6. 장님이 호수라고 생각하여 늪으로 걸어 들어가고 있는 것과 <u>꼭 같은</u> 어리석은 행동이야.
7. 너는 올해 나이가 몇인데, 매일 <u>말괄량이</u> 사내아이들하고 노는 것이니?
8. 형! <u>歸天</u>이라는 한자를 잘 모르겠는데, 토 좀 달아 줄래?
9. 우리는 모든 아픔, 모든 슬픔, 눈물까지도 함께한 아주 <u>막연한</u> 친구 사이라고 할 수 있죠.
10. 검찰은 대기업의 뇌물 수수혐의를 밝혀내기 위해 본격적인 증인 <u>심문</u>에 들어갔습니다.
11. <u>비행기 값</u>은 얼마든지 내가 책임질테니까 하루라도 내려와서 푹 쉬고 가!
12. 설 귀경 길을 15시간이나 걸려 도착하니 도저히 다음 설에는 내려 올 <u>엄두</u>가 나지 않아요.
13. 젊어서 그렇게 고생시키고 이제는 어린 자식들까지 놔두고 가다니 참 <u>못 쓸</u> 사람!
14. 아버지가 교통사고로 돌아가셨다는 소리에 <u>애끓는</u> 슬픔을 참을 수 없었

습니다.

15. 대출 서류 중에서 <u>빠친</u> 것이 있나없나 다시 한 번 확인하십시오.

16. 전화로 통화하는 것보다 사무실에 <u>들려</u> 직접 그 도안을 보시고 결정하
    시지요.

17. 전세가 더 좋다는 건 알고 있지만 <u>몫돈</u>이 없으니 사글세에 사는 수밖
    에……

18. 내가 퀴즈를 낼테니 ①, ②, ③, ④번 중에서 <u>알맞는</u> 답을 골라봐!

19. 이래뵈도 나는 고등학교 시절 우리학교 육상부의 <u>넓이뛰기</u> 대표선수였
    습니다.

20. 이렇게 덥고 짜증나는 날은 친구랑 호프집에 앉아 시원한 맥주나 쭉 <u>들
    이키고</u> 싶다.

21. <u>어스름</u> 달밤에 동네 어딘가에서 들려오는 희미한 노래 소리에 귀를 기
    울이며 잠 못 들다.

22. 산 <u>넘어</u> 저 곳에 무엇이 있는지, <u>옛부터</u> 멍한 눈으로 저 곳만을 바라보
    며 앉아 있구나.

23. 팬시점에서 도둑으로 몰리는 곤혹을 당하고도 아무 말도 못하는 바보가
    어디 있니?

24. 기차 건널목을 <u>건네다가</u> 자동차 시동이 꺼져 옴짝달싹 못하고 끔찍한
    참변을 당했습니다.

25. 면접회장에서 갑자기 아무 생각도 나지 않아 <u>멋적게</u> 머리만 긁적이다가
    나오고 말았다.

26. 먹고 싶은 것도 안 사먹고 <u>푼푼히</u> 모은 돈이지만 너에게 주는 거라면
    아깝지 않아.

27. 우리 막내딸 결혼식까지 내 손으로 <u>치루고</u> 나니 이제 죽어도 여한이 없
    겠구나.

28. 직접 만나서 말하기에는 서로 부담스러운 문제이므로 이렇게 용기내어
    <u>글로서</u> 적습니다.

29. 이번 저의 고별 연주회에 시장님 내외를 <u>모시고저</u> 하오니 부디 참석해
    주시기 바랍니다.

30. 이번 가을동안 이 별장을 <u>빌어</u> 쓰기로 친구한테 말해놓았으니 편안하게
    쉬도록 해.

31. 위에 있는 <u>두째</u> 항과 <u>세째</u> 항은 우리의 판매 전략에 부합하지 않는 것
    같습니다.

32. 요즘 회사의 분위기를 보면 상부에서 뭔가 <u>심상찮은</u> 일이 벌어지고 있는 것 같습니다.

33. 그 해 여름은 고시원에 들어가 <u>공부하노라고</u> 밤을 지새는 일이 다반사였다.

34. 당신은 <u>누구시길래</u> 남의 가슴에 들어와 잔잔한 파문을 일으키고 가십니까?

35. 얼음이 녹아서 스케이트 타기 위험하니 제발 <u>강가엘랑</u> 가지 말거라.

36. 해질 무렵 들길을 산책하는 당신의 <u>바지가랭이</u>를 적시는 들꽃으로 피어나고 싶습니다.

37. 비도 오고 적적한데 어디 재미있는 옛날 이야기나 하나 해 <u>주시구료.</u>

38. 정말 내가 이 가게 주인이라고 생각하고 모두 <u>열심으로</u> 일해주기 바랍니다.

39. 재산상속 때문에 형제를 찔러 죽이는 <u>믿기지</u> 않는 사건들이 실제로 일어나고 있습니다.

40. 국민의 녹(祿)을 먹는 공무원이 귀찮다고 해서 그렇게 <u>졸속스런</u> 행정처리를 하면 됩니까?

41. 사람이 젊을 때는 가난해도 괜찮지만 늙어서 남한테 손 벌리고 다니면 <u>추접하게</u> 보인다.

42. 시끄러워서 안들리니까 지금 전화기를 <u>들으시고</u> 좀 조용한 곳으로 가서 통화해 주시죠.

43. <u>딱다구리</u>는 날카롭고 단단한 부리로 나무를 쪼아 구멍을 내고 그 속의 벌레를 잡아먹는다.

44. 처음 서울에 올라갔을 때는 돈이 없어서 홍제동 마을버스 종점의 <u>언덕배기</u>에서 살았었다.

45. 오직 살 수 있다는 믿음과 끊임없는 <u>사랑으로서</u> 그 아이의 병을 치료할 수 있습니다.

46. 자기가 주인공인데 연습을 하나도 못했으니, 무대에 서려면 <u>저으기</u> 걱정이 되기도 하겠지.

47. 경매가 끝난 새벽시장에서 몇몇 <u>장사아치</u>들이 모닥불을 피워놓고 불을 쬐고 있었다.

48. 키가 <u>짝달막하다고</u> 그 사람을 무시했다가 큰 코 다친 이가 한두 명이 아닙니다.

49. 한여름에는 <u>깡보리밥</u>에 열무김치, 풋고추 반찬이면 한 그릇은 뚝딱 해

치우지요.

50. 성격이 <u>두리뭉실하여</u> 모나지 않으니 대인관계 때문에 걱정할 일은 없겠구나.

51. <u>티각태각거리며</u> 웬 사랑싸움을 그렇게들 하는지, 애인없는 사람은 서러워서 살겠냐?.

52. 그는 음주운전으로 단속에 걸리자 지갑에서 수표를 꺼내 경찰관에게 <u>넌즈시</u> 건네주었다.

53. 저는 다른 것은 몰라도 절대로 남을 속이거나 거짓말은 하지 않는 <u>사람이올습니다.</u>

54. 태풍이 몰아쳐서 배가 끊겼으므로 우리는 그 섬에서 <u>옴짝달싹</u>할 수 없게 되었다.

55. 여기 있는 것은 좋지만, 당신에게 조금이라도 <u>거치장스러운</u> 존재가 되는 것은 싫습니다.

56. 물에 빠진 사람 구해줬더니 보따리 내노라 한다더니 <u>되려</u> 나에게 화를 내는 당신을 도저히 이해할 수 없군요.

57. 저 먼 하늘을 <u>날으는</u> 새처럼 모든 것을 잊고 훨훨 날아갈 수만 있다면.

58. 매일 그 섬이 생각날 때마다 네가 준 소라 <u>껍질</u>을 귀에 대고 바다의 파도 소리를 들어.

59. 오손도손 행복하게 살자고 맹세해 놓고, <u>개나리봇짐</u> 달랑 싸들고 도망을 가다니……

60. 자네가 끝 마무리를 <u>시시무지</u>하니까, 결국 주문해놓은 물량마저 전부 취소되고 말았잖나!

61. 순대 2인분 주시구요 저희 여기 단골이니까 대신 양은 <u>곱배기</u>로 주셔야 해요.

62. 너는 여자애가 돼서 <u>칠칠맞게</u> 어찌 그리 물건을 놓고 다니니?

63. 이번 내 생일에는 네 품만큼이나 따뜻하고 <u>두터운</u> 목도리 받고 싶어.

64. 3월, 유관순 누나의 얼을 <u>쫓아</u> 조국에 대해 사랑하는 마음을 키워야 한다.

65. 그는 그의 손에 들어간 어떤 문제라도 척척 풀어 <u>제키는</u> 수학 천재였습니다.

66. 그는 정말 유능함에도 불구하고 <u>비양거리는</u> 버릇으로 인해 되려 사람들의 미움을 산다.

67. 자라 보고 놀랜 가슴 솥뚜껑 보고도 <u>놀랜다더니</u> 내가 딱 그짝 났지 뭐

니?

68. 강한 헤드라이트 불빛이 <u>비치는</u> 순간 몸이 굳어 움직일 수 없기 때문에 사고가 나는 거죠.

69. 싸한 가을 아침 공기가 나를 깨울 때면 <u>웬지</u> 모르게 삶이 참 적막하다는 생각이 든다.

70. 내일은 태풍 사오마이의 세력이 한반도까지 <u>뻗칠</u> 예정이오니 철저히 대비하십시오.

71. 그 결혼식에는 정계, 재계에서 <u>내노라</u>하는 사람이 다 모였습니다.

72. 자버리고 시험 공부 하나도 못했다고 <u>안절부절하는</u> 모습 이번 학기 내 사전엔 없어!

73. 4학년이나 돼서 새내기들 노는데 끼면 <u>주착없다는</u> 소리를 듣기 일쑤죠.

74. 김장에 쓰려고 하니 너는 빨리 슈퍼에 가서 <u>황새기젓</u>과 멸치젓 좀 사오너라.

75. 요즘에는 절개하지 않고 매몰시켜서 만드는 <u>쌍까풀</u> 수술이 더 인기가 있습니다.

76. 방 값은 다른 데 보다 싸지만 <u>으시시한</u> 이곳 분위기가 마음에 들지 않습니다.

77. 내 전 재산을 <u>통털어도</u> 아내의 수술비를 댈 수 없는 내 현실이 더 가슴 아팠습니다.

78. 번개와 <u>우뢰</u>가 칠 때 잘 관찰해보면, 빛이 소리보다 더 빠르다는 것을 알 수 있습니다.

79. 6.25 전쟁 때, <u>주검</u>의 순간이 어디 한 두 번이었습니까?

80. 아이는 시장에서 배추잎 <u>나부래기</u>를 주워 담던 어머니가 부끄러워 멀리 떨어져 걸었다.

81. 심심한데 책가방 들고 갈 사람을 <u>심지뽑기</u>로 정해서 한번에 몰아주기로 한자.

82. 인형이나 과자로 초등학생들을 <u>꼬셔서</u> 성추행한 주한 미군에게 아무런 사법권도 행사할 수 없는 정부의 무력함은 SOPA협정의 허구성을 드러내고 있다.

83. 구세군의 <u>자선남비</u>가 사람들의 무관심 속에 혹독한 날씨만큼이나 차갑게 서있다.

84. 올 가을에는 <u>알타리무</u> 시세가 괜찮을 것 같으니 무김치를 담죠!

85. 결승에서 상대 선수를 경기 경험이 없는 <u>신출나기</u>라고 얕보았다가 지고

말았습니다.

86. 일주일동안의 <u>지리한</u> 장마가 끝나자 불볕더위가 기승을 부리기 시작했다.

87. <u>가리마같이</u> 곧게 난 논길 위로 해가 뉘엿뉘엿 지며 긴 그림자를 만들었습니다.

88. 우리 민족의 유일한 <u>바램인</u> 남북통일이 머지않아 실현될 것으로 보입니다.

89. 손으로 막 파지말고 고막에 상처나지 않게 <u>귀후비개로</u> 조심 조심 파렴.

90. 어렸을 때 <u>트기라고</u> 놀리는 아이들을 피해서 늘 혼자서 구석에 숨어있곤 했습니다.

91. 무늬가 있는 천의 바느질을 할 때에는 <u>이음새를</u> 잘 맞추는 것이 가장 힘들다.

92. 아무리 돈이 없고 가난한 사람이라고, 겉모습만 보고 <u>업수이여길게</u> 아니다.

93. 청년은 한창 <u>푸르름이</u> 더해가는 6월의 나무처럼 멈추지 않고 성장해야 한다.

94. 경쟁자가 많았지만 무난히 1차 예선을 통과해서 24명이 <u>겨누는</u> 본선에 진출했습니다.

95. 대기업에 그 땅을 불하해 버린 것을 보면 <u>알쪼가</u> 아니겠습니까?

96. 오늘이 첫 출근인데 빈둥거리다 늦어서 허둥대지 말고 아침 일찍 <u>차비</u>를 서두르거라.

97. 너는 나이가 몇인데 다 큰놈이 <u>조무라기</u>들을 모아놓고 전쟁놀이를 하고 있니?

98. 소위 출세한 친구들이 나를 은근히 <u>괄세</u>하는 것 같아서 이제 동창모임에 나가지 않는다네.

99. 평소에 자기 욕심만 채우며 <u>심뽀를</u> 나쁘게 쓰더니 천벌을 받은 게 분명해.

100. <u>잔전</u>이라고 함부로 쓰는 게 아니라 한 푼 두 푼 아끼는 게 절약의 근본임을 명심해라.

101. 술에 취하면 평소에는 드러나지 않는 그 사람의 본성을 <u>적나나하게</u> 볼 수 있다.

102. <u>허위대만</u> 멀쩡하고 속은 비었으니 속 빈 강정이 따로 없구나.

103. <u>살고기</u>만 골라 먹는 걸 보니 너는 진짜 고기의 맛을 모르는 구나.

104. 일제의 <u>끄나불</u> 노릇을 한 사람들은 오히려 부와 권력을 쥐고 떵떵거리
며 살고있습니다.
105. 투표인 열 명 중 <u>과반수 이상</u>인 여섯 병이 찬성했기 때문에, 이 안건
은 통과됐습니다.
106. 그때는 가진 것이 없어도 젊음 하나 만으로 무슨일이든지 <u>무데뽀</u>로 부
디쳤었어.
107. 여자는 어디서나 <u>단도리</u>를 잘 해야 한다고 엄마는 귀에 못이 박히도록
애기하셨다.
108. 술에 취하시면 아버지는 아버지의 <u>18번</u> '눈물 젖은 두만강'을 부르시
고는 하셨습니다.
109. 하늘거리는 <u>소라색</u> 원피스를 입은 그녀가 내 마음에 나비처럼 사뿐히
들어와 앉았다.
110. 면접 보러 가는 거니까 밝은 색보다는 <u>곤색</u> 원피스가 더 차분해 보일
것 같아.
111. 우리아이는 야채는 전혀 안먹고 햄, 소시지, <u>돈까스</u> 같은 것만 좋아하
니 큰일이에요.
112. 이 레스토랑의 <u>비후까스</u>는 육질이 연하고 소스맛이 일품입니다.
113. 이렇게 지저분하게 놔두지 말고 어디서 <u>보루박스</u>를 구해서 재활용 쓰
레기 함을 만들자.

부록답안

한 글 맞 춤 법 문 제 답 안

(1)	④	(11)	④	(21)	④	(31)	④	(41)	③	(51)	①
(2)	④	(12)	①	(22)	②	(32)	②	(42)	②	(52)	①
(3)	③	(13)	③	(23)	④	(33)	②	(43)	①	(53)	④
(4)	③	(14)	③	(24)	①	(34)	②	(44)	②	(54)	③
(5)	③	(15)	①	(25)	④	(35)	③	(45)	①	(55)	②
(6)	②	(16)	①	(26)	③	(36)	②	(46)	③	(56)	③
(7)	②	(17)	②	(27)	④	(37)	③	(47)	①	(57)	②
(8)	④	(18)	②	(28)	③	(38)	④	(48)	①	(58)	③
(9)	②	(19)	④	(29)	③	(39)	①	(49)	④	(59)	②
(10)	①	(20)	③	(30)	①	(40)	③	(50)	③	(60)	③

(61)	②	(71)	②	(81)	①
(62)	②	(72)	①	(82)	③
(63)	④	(73)	②		
(64)	④	(74)	④		
(65)	④	(75)	②		
(66)	②	(76)	④		
(67)	④	(77)	③		
(68)	②	(78)	④		
(69)	③	(79)	③		
(70)	③	(80)	②		

표 준 어 규 정 문 제 답 안

(1)	③	(11)	①	(21)	②	(31)	②
(2)	③	(12)	②	(22)	①	(32)	④
(3)	②	(13)	②	(23)	③	(33)	④
(4)	②	(14)	④	(24)	③	(34)	①
(5)	③	(15)	①	(25)	②	(35)	④
(6)	③	(16)	①	(26)	③	(36)	④
(7)	②	(17)	③	(27)	④	(37)	③
(8)	④	(18)	②	(28)	④	(38)	②
(9)	④	(19)	②	(29)	①	(39)	③
(10)	④	(20)	③	(30)	①	(40)	④

종합문제답안

【정 답】

1	바라보고	20	들이켜고	39	믿어지지
2	우리나라	21	으스름	40	졸속한
3	추위	22	너머, 예부터	41	추접스럽게
4	주인공	23	곤욕	42	드시고
5	수육	24	건너가다	43	딱따구리
6	똑같은	25	멋쩍게	44	언덕빼기
7	개구쟁이	26	푼푼이	45	성실로써
8	독음, 한자음	27	치르고	46	적이
9	막역한	28	글로써	47	장사치
10	신문	29	모시고자	48	작달막하지만
11	비행기 삯, 비행기 요금	30	빌려	49	꽁보리밥
12	엄두	31	둘째, 셋째	50	두루뭉술
13	몹쓸	32	심상찮은	51	티격태격
14	애끊는	33	공부하느라고	52	넌지시
15	빠뜨린	34	누구시기에	53	올시다
16	들러	35	강가에는	54	옴쭉달싹
17	목돈	36	바짓가랑이	55	거추장-
18	알맞은	37	주시구려	56	되레
19	멀리뛰기	38	열심히	57	나는

58	껍데기	82	꼬여, 꾀어	106	천둥벌거숭이
59	오순도순, 괴나리봇짐	83	자선냄비	107	채비, 준비
60	흐지부지	84	총각무	108	애창곡
61	곱빼기	85	신출내기	109	하늘색
62	칠칠찮게	86	지루한	110	감색, 감청색
63	두꺼운	87	가리마	111	포크커틀릿
64	좇아	88	바람	112	비프커틀릿
65	제끼는	89	귀이개	113	골판지
66	비아냥거리는	90	튀기		
67	놀란다	91	이음매		
68	비추는	92	업신여길게		
69	왠지	93	푸름		
70	뻗칠	94	겨루는		
71	내로라	95	알조		
72	안절부절못하는	96	채비		
73	주책없다는	97	조무래기		
74	황석어젓	98	괄시		
75	쌍꺼풀	99	심보		
76	으스스한	100	잔돈		
77	통틀어도	101	적나라하게		
78	우레	102	허우대		
79	죽음	103	살코기		
80	나부랭이	104	끄나풀		
81	제비뽑기	105	과반수 ⇒ 반수 이상		

참고문헌

김경주, 「과제분석전략을 이용한 쓰기 능력 신장방안 연구」, 서울대학교 석사학위 논문, 1998.

김도남, 「문제 해결 중심의 작문 지도 방법 연구」, 한국교원대학교 석사학위 논문, 1997.

김동식 외, 「문제 해결 학습을 위한 CIA프로그램 전형(Prototype) 개발」, 연구 보고 RR 92-17, 한국교육개발원, 1992.

김민애, 「쓰기 지도를 위한 과제 진술 방법 연구」, 서울대학교 국어교육과 석사학위 논문, 1993.

김원석, 「질문 생성 전략이 논술 과제 수행 능력에 미치는 효과」, 서울대학교 석사 학위 논문, 1997.

김장수, 「아이디어 생성 훈련이 문단 작문 능력에 미치는 효과」, 한국 교원대학교 석사학위 논문, 1997.

남기심 외, 『당신은 우리말을 새롭고 바르게 쓰고 있습니까?』, 샘터, 1995.

리오도, 『말을 잘 하고 글을 잘 쓰려면 꼭 알아야 할 것들』, 석필, 1997.

박갑수, 『국어문체론』, 대한교과서, 1994.

박갑수, 『올바른 언어생활』, 한샘출판사, 1994.

박갑수, 『우리말, 바로 써야 한다』, 집문당, 1995.

박미희, 「아이디어 생성 훈련이 작문의 질에 미치는 효과」, 이화여자대학교 석사학위 논문, 1994.

박영목, 「의미의 구성에 관한 설명 방식」, 선청어문 제 22집, 서울대학교 국어교육연구회, 1994.

박태호, 「사회구성주의 패러다임에 따른 작문교육이론 연구」, 한국교원대학교 석사학위논문, 1996.

박갑수, 『우리말, 바로 써야 한다.』, 집문당, 1995.

서정수, 『글쓰기의 기본 이론과 서사문/기술문 쓰기』, 정음문화사, 1995.

서정수, 『논리적인 글쓰기 설명문과 논술문』, 정음사, 1995.

서정수, 『생각하는 힘을 기르는 문장력 향상의 길잡이』, 한강문학사, 1991.

서정수, 『작문의 이론과 방법』, 새문사, 1985.

성일제 외, 「사고와 교육」, 한국교육개발연구원, 1989.

손영애 외, 「국어 표현력 신장방안 연구-작문력을 중심으로」, 한국교육개발원, 1992.

송석중, 『한국어 문법의 새 조명』, 지식사업사, 1993.

엄 훈, 「전략 중심의 쓰기 교수 학습 방법 연구」, 서울대학교 석사학위논문, 1996.

원진숙, 『논술교육론』, 박이정, 1995.

육우균, 「논술문 쓰기 지도 방법 연구-전략 지도를」, 고려대학교 교육대학원 석사학위
　　　논문, 1996.

이대규, 『수사학』, 신구문화사, 1995.

이민섭, 『문 열어라! 논리적 사고력』, 도서출판, 1993.

이세천, 「모둠 토론을 통한 논술문 지도 연구」, 전남대학교 교육대학원 석사학위 논문,
　　　1997.

이승훈, 『글을 어떻게 쓸 것인가』, 문학아카데미, 1994.

이오덕, 『우리 문장 쓰기』, 한길사, 1992.

이용숙 외, 「교수-학습 활용 실태 및 교수-학습 방법에 관한 인류학적 국제 비교 연구」,
　　　한국교육개발원 연구보고 RR 86-39.

이용숙, 「국민학교 수업 방법의 개선을 위한 문화기술적 연구(I,II)」,
　　　한국교육개발원, 1988.

이재기, 「소집단 협동적 작문활동에 관한 고찰」, 청람어문학 제 17집, 청람어문학회,
　　　1997.

이재기, 「작문학습에서의 동료평가활동 과정 분석」, 한국교원대학교 석사학위논문,
　　　1997.

이재승, 『국어교육의 원리와 방법』, 박이정, 1997.

이정숙, 「인지적 도제를 통한 작문교육 연구」, 한국교원대학교 석사학위논문, 1997.

이호근, 「사전쓰기 지도 방법 연구」, 한국교원대학교 석사학위논문, 1998.

이희승 외, 『한글 맞춤법 강의』, 신구문화사, 1989.

인혜련, 「쓰기 학습 과정에 대한 질적 연구」, 서울대학교 석사학위논문, 1998.

임천택, 「쓰기 포트롤리오를 통한 초등학생의 자기 평가 반응에 관한 연구」, 한국교원
　　　대학교 석사학위논문, 1998.

조은수, 「작문 능력 발달에 영향을 미치는 요인 연구」, 한국교원대학교 석사학위논문,
　　　1996.

지화영, 「창의적인 논설문 쓰기 지도의 효과 연구-초등학교에서의 다양한 논지 주장

쓰기를 통하여」, 한국교원대학교 석사학위논문, 1996.

최기호, 『사전에 없는 토박이말 2400』, 토담, 1995.

최병흔, 「쓰기 수행 평가에 관한 연구—쓰기 활동철 평가를 중심으로」, 한국교원대학교 석사학위논문, 1998.

최현섭 외, 『국어교육학의 이론화 탐색』, 일지사, 1995.

하희주, 『바른 말 바른 글』, 을지출판공사, 1990.

한효석, 『이렇게 해야 바로 쓴다』, 한겨레신문사, 1995.

황경식, 『재미있는 논리와 논술이야기』, 열림원, 1993.

황희숙, 「초인지적 학습 전략 훈련이 학습 전략의 사용 및 독해 과제 수행에 미치는 효과」, 부산대학교 박사학위논문, 1993.

저자 소개

정기철

- 문학박사
- 한남대학교 문예창작과 교수

주요 저서

- 읽기 교육의 이론과 실제
- 한국 기행가사의 새로운 조명
- 논술교육과 토론(개정 증보판)
- 창의력 개발을 위한 독서 지도법과 독서신문 만들기
- 인성교육과 국어교육

문장의 기초

- 초판 1쇄 발행 2001년 8월 27일
- 초판 2쇄 발행 2004년 6월 17일
- 지은이 정 기 철
- 펴낸이 이 대 현
- 펴낸곳 도서출판 역락 / 서울 성동구 성수2가 3동 301-80
          (주)지시코별관 3층
- Tel 3409-2058, 3409-2060 / FAX 3409-2059
- E-mail yk3888@kornet.net / youkrack@hanmail.net
- 등록 1999년 4월 19일 제2-2803호

ISBN 89-5556-132-6-93710

정가 14,000원

* 잘못된 책은 교환해 드립니다.